북한학 입문

북한학 입문

ⓒ 민병천 외 2001

초판 1쇄 발행_2001년 4월 20일
초판 3쇄 발행_2009년 3월 19일

지은이_민병천 외
펴낸이_이정원

펴낸곳_도서출판 들녘
등록일자_1987년 12월 12일
등록번호_10-156
주소_경기도 파주시 교하읍 문발리 출판단지 513-9
전화_마케팅 031-955-7374 편집 031-955-7381
팩시밀리_031-955-7393
홈페이지_www.ddd21.co.kr

ISBN 89-7527-233-8 (03340)

북한학 입문

北 韓 學 入 門

· 민병천
· 김수민
· 곽승지
· 고유환
· 전신욱
· 김용현
· 권오윤
· 유광진
· 강성윤
· 김연철
· 진희관
· 신효숙

들녘

이제는 새로운 시각과 관점에서 북한을 조명해야 할 때

우리 민족의 최대의 과제이면서 아주 풀기 어려운 문제가 통일이다. 그것은 우리 민족 자체의 문제이면서도 주변국과의 관계에서 풀어가야 할 복잡한 문제이기 때문이다. 따라서 조국의 통일문제든 민족의 생존문제든 이들 유관국에 대한 심층적 파악을 할 때만이 그 해답을 찾을 수 있을 것이다.

그 가운데에서도 남한과 북한의 의도와 상황, 그리고 두 개체간의 상호관계에 대한 파악이 중요하다. 통일도 그렇고, 평화도 그렇고 남과 북이 더 주도적으로 해결해야 하기 때문이다.

그럼에도 불구하고 남과 북은 서로를 너무도 알지 못하거나 잘못 알고 있는 것이 아닌가 생각된다. 2000년 남북 정상회담 이후에 표면적으로 나타나고 있는 현상들을 보면 쌍방이 다 상대를 정확히 이해하고 있지 못하는 것 같다. 그렇게 된 것은 너무도 오래, 또 너무도 철저하게 담을 쌓고 살아 상대방에 대한 지식을 충분히 갖지 못했기 때문이다.

그 동안 북한을 이해시킬 수 있는 도서와 논문들이 적지 않게 발표되었다. 특히 1990년대 이후에는 더욱 그러하다. 그러나 그것들의 대부분은 몇 가지 점에서 제한적인 것들이다. 하나는 정치, 경제, 군사, 사회, 문화의 전 분야를 종합적으로 다룬 북한학 도서가 적었다는 점이다. 즉, 한쪽 분야에 치중되어서 북한을 종합적, 전반적으로 이해하기가 어려운 책들이 많았다.

다른 하나는 2000년 이전에 쓰여진 북한학 관련 도서들은 종전의 상황 논리에 바탕을 두고 있어서 새로운 상황과 거리가 있다는 점이다. 이데올로기적인 그림자가 내용에 드리워 있거나 미래지향성이 약했다고 볼 수 있다. 새로운 시각과 관점에서 북한을 조명해야 할 때인 것이다.

그러한 뜻에서 이 책은 북한에 대한 기초적 이해를 위한 개설적인 내용으로 꾸며졌다. 일차적으로 북한을 종합적으로 그리고 쉽게 이해할 수 있어야 하기 때문이다. 북한에 관심을 갖는 젊은 대학생과 지식인, 해당분야 업무에 종사하는 분들에게 도움을 줄 것이기 때문이기도 하다.

이 책은 한 사람이 전체를 집필하지 않아서 부분적으로 논지나 강조점이 다를 수밖에 없는 약점이 있다. 그러나 한 사람이 전분야를 다룰 경우에는 전문성이 떨어질 수 있다. 그래서 이 책은 분야별 전문가들이 집필했지만 가급적 하나의 방향으로 체계화시키려 노력했다.

아무쪼록 이 책이 북한학에 접근하려는 사람들과 북한을 이해하려고 시도하는 분들에게 입문서로서의 길잡이가 되었으면 한다. 강의와 연구에 바쁜데도 공동집필에 참여한 모든 분들과 출판을 기꺼이 맡아주신 도서출판 들녘 식구들께 감사드리는 바이다.

2001년 2월 25일

공동집필자를 대표하여
민병천 씀

제1장 북한 정권의 형성과 통치이념

제3장 북한의 군사력과 군사전략

제4장 북한 외교와 대남통일정책

제6장 북한의 사회

제7장 북한의 교육 · 문화

북한 정권의 형성과 통치이념

제1절 북한 체제의 형성과 전개과정 • 김수민
제2절 북한의 통치이데올로기와 주체사상 • 곽승지

제1절
북한 체제의 형성과 전개과정

한반도는 해방과 함께 미국과 소련의 점령하에서 남북으로 분단됐고 그 결과 두 개의 적대적인 정부가 들어섰다. 남쪽에는 민주주의 형태의 정부가, 북쪽에는 공산주의 형태의 정부가 세워진 것이다. 두 정부는 자신의 정부만이 한반도를 대표한다고 주장하고 상대방의 존재를 인정하지 않았다. 상대방을 무너뜨려 자신의 체제를 이식하는 것이 두 정부가 추구한 정책이었다. 북한의 김일성은 무력통일을 위해 기습 남침을 시도했고 유엔의 개입으로 뜻을 이루지 못했다. 한국전 후 권력기반을 더욱 공고히 한 김일성은 자신이 창안한 주체사상에 기초해 사회주의 체제를 만들었다. 반세기 가까이 북한을 통치해온 그가 1994년 7월 사망한 후 그의 아들 김정일이 뒤를 이어 북한을 통치하고 있다. 서로 다른 정치문화를 형성한 남북의 두 정부는 냉전 기간 내내 한반도 내에서는 물론 국제사회에서도 각각의 동맹국을 중심으로 소모적인 대결을 계속해왔다. 그러나 국제적인 냉전이 끝나면서 한반도에도 서서히 해빙의 기운이 찾아왔고 2000년에는 남북 정상회담이 열렸다. 남북한은 이제 적대적인 대결에서 평화적 공존을 논의하는 단계로 들어섰고 상호 교류와 협력의 길도 모색할 수 있게 됐다. 냉전시대의 남북은 서로의 존재를 인정하지 않았지만 이제는 서로의 실체를 인정하고 상대방을 바르게 이해해야 할 때다.

1. 해방과 분단 : 단독정부 수립

해방 후 곧바로 독립된 국가를 세울 것이라는 우리의 기대와 달리 한반도가 남북으로 분단됐다. 일본군 무장해제라는 명목으로 38선 이북에는 소련군이 들어오고 이남에는 미군이 진주했다. 당시 38선은 미군과 소련군의 작전상 편의를 위한 일시적인 경계선이었다.[1] 어느 누구도 38선이 남과 북을 갈라놓는 공고한 분단선이 되리라고는 생각하지 않았다. 그러나 미국과 소련을 비롯한 강대국은 모스크바 삼상회의를 통해 신탁통치안을 내놓고 우리의 독립을 지연시켰다.[2] 제2차 세계대전 중 연합국의 일원으로 서로 협력했던 미국과 소련이 시간이 지나면서 이념적으로 대립하게 되고 한반도에도 미군과 소련군을 중심으로 한 정치질서가 형성돼 두 개의 적대적인 정권이 들어섰다.

한반도에 들어온 소련군은 우리 민족의 내부 사정에 어두웠고 북한 지역 점령에 대해서도 준비가 안 된 상태였다.[3] 소련군은 점령 초기에는 조만식을 중심으로 한 민족주의자들의 영향력을 인정하고 그들을 지도자로 한 정부를 세울 계획까지 가졌다.[4] 그러나 소련군은 신탁통치를 거부한 민족주의자들을 제거하고 33세의 젊은 청년 김일성을 내세워 점령정책을

---

1) Soon Sung Cho, *Korea in World Politics : 1940~1950*(Berkeley and Los Angeles : University of California Press, 1967), pp. 54~55.

2) 미국, 영국, 소련의 외상들은 1945년 12월 17일부터 모스크바에서 모임을 갖고 전후 세계문제와 한국의 신탁통치 방안에 대해 논의했다. 이 회의에서 한국인에 의한 임시정부 수립, 미소공동위원회의 설치, 미·영·중·소에 의한 5년간의 신탁통치안이 결정됐다. 그러나 한국인의 격렬한 반대에 부딪쳐 이 안은 실현되지 못했다.

3) Dae-Sook Suh, *Kim Il Sung : The North Korean Leader*(New York : Columbia University Press, 1988), p. 63. 소련군의 북한 점령은 주로 군사적인 면에 집중됐으며 북한의 중심도시가 평양이라는 사실 자체도 모른 채 북한에 들어왔다.

4) 중앙일보 특별취재반, 『비록 : 조선민주주의인민공화국』(상)(서울 : 중앙일보사, 1994), pp. 56~64.

시행해 나갔다. 김일성이 지도자로 선택된 것은 당시 소련이 잘 알고 있는 조선공산당 지도자가 없었던 점, 소련군의 훈련을 받은 점, 항일독립투쟁으로 민족의 영웅으로 알려져 있는 점, 소련의 권위에 도전할 수 있는 국내기반이 없는 점 등이 고려된 결과일 것이다.

1) 김일성의 공산당 장악

이미 알려진 대로 김일성은 1932년경 중국인민혁명군에서 무장투쟁을 시작했고 중국인민혁명군이 동북항일연군으로 이어지면서 만주 일대에서 항일투쟁을 벌였다. 동북항일연군은 중국 공산당이 조직한 유격대로 조선인과 중국인 혼성 부대였으며 총사령관은 중국인 양징위였다. 김일성은 이 부대 제1로군의 제2군 제6사의 사장을 역임했고 1938년 동북항일연군 제1로군이 3개의 방면군으로 재편되면서 제2 방면군 군장이 됐다. 제6사 사장 시절인 1937년 6월에는 100명 남짓의 유격대원을 이끌고 국경을 넘어와 함경남도 보천보에서 일본경찰을 살해했다. 이밖에도 일본 토벌군 마에다 부대를 대파하는 등 몇몇 전투에서 전과를 올렸다.

그러나 노조에 쇼토쿠 소장이 지휘하는 일본군 토벌대에 쫓겨 1941년 3월 훈춘현 메이리를 거쳐 소련 연해주로 피신했다. 그곳에서 동북항일연군의 동료들과 만난 김일성은 소련 극동군 산하의 88여단에 편입됐고 해방이 될 때까지 소련군 장교로서 훈련을 받았다.[5] 김일성은 1945년 9월 19일 88여단의 빨치산 동료들과 함께 소련 전함 푸가초프호를 타고 원산항을 통해 귀국했다.[6] 김일성은 귀국한 지 한 달 가까이 지난 10월 14일 평양시 공설운동장에서 열린 군중대회에서 북한 주민에게 처음으로 모습

---

5) Dae-Sook Suh, *op.cit.*, pp. 15~54.
6) 김학준, 『북한 50년사』(서울 : 동아출판사, 1995), p. 87.

을 드러냈으며 여기서 항일투쟁의 영웅으로 소개된다.

그렇다고 김일성이 곧바로 전권을 장악한 것은 아니다. 당시 북한에는 김일성이 경쟁해야 할 네 개의 공산주의 집단이 있었고 이들의 연합에 의해 북한 정국이 이끌어졌다. 첫째, 국내 공산주의자들이다. 국내파로도 불리며 박헌영이 중심인물이다. 둘째, 빨치산파다. 동북항일연군에서 항일투쟁을 했던 조선인들이다. 김일성이 지도자다. 셋째, 중국 연안지역에서 중국공산당과 연계를 갖고 독립운동을 벌인 연안파다. 중심인물은 김두봉이다. 넷째, 소련에 살고 있다가 소련군의 요청으로 북한에 온 조선인들이다. 소련파로도 불리며 허가이가 대표적인 인물이다. 해방 직후에는 이들 네 집단이 잠재적인 정치 집단이었지만 아직 중심 권위가 형성되기 전이어서 어느 집단도 상대방에 대한 우위를 확보하지 못하고 있었다.

이런 상황에서 소련군은 김일성을 북한의 지도자로 선택하고 그를 전적으로 지지했다. 소련의 지지를 배경으로 김일성은 다른 세 집단을 제압하고 그를 정점으로 하는 단일체제를 갖춰나갔다.

김일성이 북한에 들어와 맨 먼저 관심을 둔 것은 공산당 내의 권력기반을 강화하는 것이었다. 김일성을 비롯한 빨치산파는 서울 중앙과는 별도의 당조직을 평양에 두려 했고, 이 같은 시도는 서울의 조선공산당에 충성하는 국내 공산주의자들과 갈등을 일으켰다. 빨치산 그룹과 일부 국내 공산주의자들은 북조선 분국을 설치하자고 주장했으나 오기섭을 비롯한 국내 공산주의자들은 '일국일당주의'를 내세워 반대했다.[7] 그럼에도 김용범을 책임비서로 한 조선공산당 북조선 분국이 설치돼 북한 지역 다섯 개 도를 총괄하게 된다. 이때까지만 해도 김일성이 분국 설치를 주도했다 하더라도 당을 장악할 수 있는 상태는 아니었다. 김일성은 책임비서인 김용범

---

7) 일국일당주의란 한 나라를 대표하는 공산당은 하나여야 한다는 국제공산주의 운동의 원칙을 말한다.

이 건강상의 이유로 사임한 것을 계기로 1945년 12월에 북조선 분국 책임 비서가 된다. 아무런 국내기반이 없던 김일성이 북한에 들어온 지 3개월 만에 북한 공산당의 중심인물로 부상한 것이다. 소련의 전폭적인 지지가 없었다면 불가능한 일이다. 북조선 분국의 책임비서가 된 김일성은 서울의 당중앙으로부터 독립을 시도해 분국의 명칭을 북조선공산당으로 바꾸게 된다.

김일성이 기반을 확보하고 있을 때 김두봉을 비롯한 연안파 지도자들은 1945년 12월에야 중국에서 북한으로 돌아왔다. 이때는 이미 소련군이 김일성을 적극 지원하는 상황이었고 연안파는 김일성을 중심으로 한 기존 정치질서를 인정하지 않을 수 없었다. 이들은 조선신민당을 만들어 정국의 추이를 지켜보다 북조선공산당에 합당을 제의했고 1946년 8월에 두 당이 통합해 북조선로동당을 탄생시켰다. 북조선로동당의 탄생은 북조선공산당과 조선신민당의 자발적인 합당제의와 수용이라는 형식을 취했지만 대중정당을 만들려는 소련군의 주도 면밀한 계획 아래 이루어진 것이다. 북조선로동당의 위원장에는 김두봉이 선출됐고 김일성은 국내파 지도자 주영하와 함께 부위원장에 뽑혔다. 김일성은 위원장은 아니었지만 여전히 당의 중심이었다. 북조선로동당 창립대회에서 위원장인 김두봉마저 '우리의 지도자 김일성장군 만세'를 외쳤다.

북한에서 북조선공산당과 조선신민당이 합해서 북조선로동당이 된 것을 계기로 남한에서도 조선공산당, 남조선신민당, 조선인민당이 통합해 남조선로동당을 결성했다. 허헌이 위원장에, 박헌영과 이기석이 부위원장에 선출됐다. 이 당시 박헌영은 미군정의 체포를 피해 북한으로 와서 남한의 공산주의 활동을 원격 조정하고 있었는데, 남쪽의 활동 근거지와 지지자들로부터 차츰 멀어져 조선공산당 중심인물로서의 권위를 잃어가고 있었다.[8] 결국 1949년 6월 남북의 노동당이 합당해 조선로동당이 탄생하게 된다. 김일성이 위원장으로 선출돼 명실상부한 전 조선공산주의자의 지도자로 부상한다.

2) 군대의 창설

　김일성은 북한에 들어오자마자 경찰과 군대를 조직하기 시작했다. 소련군은 김일성이 군사력을 조직하는 데 적극 지원했고 김일성의 빨치산 동료들은 군이나 보안대의 주요 지휘관으로 참여해 무력을 장악해 나갔다. 김일성은 군과 정치 간부를 양성하기 위해 평양학원을 세웠으며 나중에는 소련군관학교를 본떠서 보안간부학교도 열었다. 군대를 창설하겠다는 김일성의 계획은 1946년 2월 보안대대 본부의 조직으로 구체화됐다. 최용건이 책임자인 보안대대 본부는 실질적으로 군사령부였으나 창설 자체를 극비에 부치고 경찰본부로 위장했다. 보안대대 본부의 명칭이 보안훈련대대 본부로 바뀌고 1946년 12월에는 소련군 장교들이 북한군 훈련단위에 고문관으로 배치됐다. 또 이때부터 소련군의 무기가 북한군에 인도되기 시작했다. 1947년 5월에는 보안훈련대대 본부의 명칭이 인민군 집단군총사령부로 바뀌면서 전 장병에게 계급장이 주어지고 새로운 군복을 지급했다.

　조선인민군이 창설된 것은 1948년 2월 8일이었다.[9] 조선인민군 총사령관은 빨치산파의 최용건이었다. 김일성은 정부가 세워지기도 전에 독자적인 군대를 갖게 된 것이다. 조선인민군은 1948년 6월에 3개 사단에 4만7천여 명의 병력이 있었고 1949년에는 6만여 명으로 늘어났다. 조선인민군

---

8) 미군정은 정판사 위조지폐 사건을 계기로 《해방일보》 등 좌익계 신문을 정간하고 그 배후로 박헌영을 지목해 1946년 9월초 체포령을 내렸다. 박헌영은 이에 대해 9월 총파업과 10월의 대규모 군중투쟁으로 맞서다가 북한으로 도피했다. 박헌영은 해주에 연락사무소를 설치하고 남로당을 지휘했지만 결국에는 김일성의 식객으로 전락하고 말았다.

9) 북한은 1978년부터 군 창건 기념일을 4월 25일로 변경했다. 북한은 조선인민군의 뿌리를 김일성이 1932년 4월 25일 조직했다는 안도반일인민유격대까지 소급하고 있다.

은 빨치산파와 연안파의 조선의용군 출신, 그리고 소련에서 온 조선인들이 참여했지만 그 중에서 빨치산파가 군대 내의 주요 지위를 차지했다. 조선인민군은 김일성의 지위를 뒷받침했으며 어느 집단도 무력으로 김일성에 맞설 수 없었다.

3) 단독정부 수립

해방 직후 평양에서는 민족주의자들이 조만식을 위원장으로 하는 건국준비위원회 평안남도 지부(평남 건준)를 결성했고 공산주의자들도 조선공산당 평안남도 지부를 설립했다. 평양에 들어온 소련군은 평남 건준과 공산당 평남지부의 합작을 요구했고, 그 결과 민족주의자와 공산주의자 각각 16명씩으로 구성된 평안남도 인민정치위원회가 탄생했다.[10] 위원장은 조만식이었고 오윤선과 현준혁이 부위원장이었다. 이런 조직은 북한 각지에서 만들어졌지만 북한 전체를 관장하는 조직은 아직 없었다. 1945년 10월 북한 지역 5도 인민위원회 연합회의는 전체를 총괄하는 중앙조직을 만들기로 합의해 11월에 조만식을 위원장으로 하는 5도 행정국이 조직됐다. 그러나 5도 행정국을 통해 민족주의자와 공산주의자의 연합에 의한 북한 통치라는 소련군의 방침은 1945년 말 한반도에 불어닥친 신탁통치 논란과 더불어 조만식이 제거되면서 종지부를 찍는다.[11] 1946년 2월에는 5도 행정국 대신에 김일성을 위원장으로 한 북조선임시인민위원회가 출범한다. 김일성은 공산당을 장악한 데 이어 북한의 행정권도 손에 넣은 것이다.

북조선임시인민위원회는 토지개혁을 비롯해서 노동법, 남녀 평등법 등 긴급한 현안들을 시행해 주민들의 마음을 잡아나가는 한편 정부를 구성히

---

10) ae-Sook Suh, *op.cit.*, p. 66.

11) 조만식은 소련군정의 찬탁 종용에도 불구하고 반탁 소신을 굽히지 않았으며 이로 인해 소군정에 의해 숙소인 철도호텔에 연금돼 외부와의 연락이 끊어졌다.

기 위한 수순에 들어갔다. 북조선임시인민위원회가 통과시킨 선거법에 따라 김두봉을 위원장으로 하는 북조선인민회의가 구성됐고 북조선임시인민위원회를 대체해서 북조선인민위원회를 설립했다. 북조선인민회의의 결의에 따라 1948년 8월 25일에 최고인민회의 대의원 선거가 실시됐으며 그 결과 최고인민회의가 구성됐다. 최고인민회의는 조선민주주의인민공화국 헌법을 통과시키고 김일성을 수상으로 선출한다. 북한에 조선민주주의인민공화국의 수립이 선포된 것은 1948년 9월 9일이었다. 남한에 대한민국이 선포된 1948년 8월 15일보다 25일 늦게 선포된 것이지만 그렇다고 단독정부 수립에 대한 책임이 면제되는 것은 아니다. 통일정부를 세우려는 노력은 수포로 돌아가고 남북 양쪽에 두 개의 정부가 들어선 것이다.

2. 무력통일 시도 : 한국전쟁

남북의 두 정부는 한반도 전체가 자신의 영토이며 자신의 정부만이 한반도 유일의 정통 정부임을 주장했다. 대한민국은 조선민주주의인민공화국을 반국가단체로 규정하고 무력에 의한 북진통일로 실지를 회복한다는 방침을 천명했고, 조선민주주의인민공화국 역시 국토완정론을 펴면서 공산화를 통한 남조선 해방을 주장했다. 김일성은 군대의 양성과 군수물자 확보에 힘쓰는 한편, 모스크바를 직접 방문해 스탈린에게 무력통일을 위한 남침계획을 설명하고 군사적 지원을 요청했다. 처음에는 신중한 태도를 보이던 스탈린이 중국 모택동의 동의를 전제로 북한의 남침을 승인하고 군사적 지원을 약속했다. 김일성은 중국을 방문해 모택동의 승낙까지 받아냈다. 북한 내부에서도 연안파나 소련파, 빨치산파 모두 김일성의 조국해방전쟁을 지지했으며, 특히 박헌영을 비롯한 국내 공산주의자들은 통일 후 남쪽에서의 지지기반 회복과 그에 따른 정치적 입지 강화 등을 고려

해 남침을 적극 지지했다.[12]

김일성은 1950년 6월 25일 새벽 전면 남침을 감행해 공격개시 사흘 만인 6월 28일 서울을 점령했다. 북한군의 기습남침에 유엔군이 즉각 개입했지만 소련제 탱크를 앞세운 북한군의 공세에 낙동강 방어선까지 밀렸다. 전열을 정비한 유엔군은 낙동강 전선에서 반격에 성공했고 인천 상륙작전으로 전세를 뒤집었다. 유엔군은 서울을 탈환하고 한때 압록강 초산까지 북진했지만 중국군의 개입으로 완전한 통일은 이루지 못했다. 38선을 돌파한 중국군과 북한군은 평택―안성―장호원―제천―영월―삼척 선까지 남하했다가 유엔군의 반격으로 다시 38선까지 밀렸다. 이때부터 38선 일대에서 전선이 교착됐다. 미국과 소련은 전쟁 이전의 상태를 회복하는 선에서 휴전을 희망했고 휴전회담이 시작된 지 2년여 만인 1953년 7월 27일에 정전협정이 조인된다.[13]

김일성은 무력으로 한반도를 통일하기 위해 기습남침을 했으나 예상하지 못한 유엔군의 개입으로 뜻을 이루지 못했다. 그는 전쟁의 목적은 달성하지 못했지만 전쟁기간 중 연안파의 무정, 소련파의 허가이, 그리고 박헌영을 비롯한 국내 공산주의자들을 숙청해 정치적으로 자신의 입지를 더욱 굳혔다. 무정에게는 전쟁 중 봉건군벌처럼 행세한 것과 평양 방위 실패, 그리고 야전병원 의사를 임의로 총살한 책임을 물었다. 소련을 등에 업은 허가이는 공산당을 대중정당으로 만들려는 김일성의 방침을 거부하고 소련식의 엘리트 정당으로 운영하려다 당에서 추방됐으며 결국 자살로 생을 마감했다. 박헌영을 따르던 국내 공산주의자들은 전쟁중이던 1953년 군대를 동원해 김일성을 제기하고 박헌영을 지도자로 추대하려다 체포됐다.[14] 이들 주모지 대부분이 처형됐으며 박헌영은 이들과 별노의 재판을 받고

---

12) 김학준, 앞의 책, pp. 143~147.

13) 정전협정은 유엔군, 북한군, 중국 인민지원군의 각 최고사령관이 서명했으나 한국군은 휴전에 반대하는 정부의 뜻에 따라 서명하지 않았다.

처형됐다.

3. 김일성 유일지배체제

1) 전후 복구와 1인 지배체제 확립

김일성은 전쟁이 끝나자 파괴된 경제를 복구하는 한편, 자신의 지도노선에 반대하는 집단들을 차례로 숙청해 나갔다. 조선로동당은 1953년 8월 중앙위원회 전원회의를 열어 '중공업 우선과 경공업과 농업의 동시 발전'이라는 기본 방침을 정하고 전후 경제 복구를 3단계로 추진키로 결정했다. 제1단계는 1953년 말까지 경제복구 준비를 하고 이어 제2단계는 1954년부터 1956년 말까지 3개년계획을 추진해 모든 경제 분야에서 전쟁 이전 수준으로 회복시키며 제3단계는 1957년부터 1961년까지 제1차 5개년계획을 수립해 사회주의 공업화의 토대를 마련한다는 것이다.

이러한 계획은 외부의 지원이 없이는 불가능한 것이어서 김일성은 소련과 중국을 방문해 지원을 요청했고 동유럽 국가들로부터도 원조를 받았다. 그 결과 3개년계획이 성공적으로 수행돼 공업과 농업 부문에서 큰 성과가 있었으며 이를 토대로 5개년계획을 추진했다. 북한은 이 기간 동안 농업의 집단화와 상공업의 사회주의화를 추진했고 생산을 독려하기 위해 천리마 운동을 전개했다. 김일성은 현지지도를 통해 농업 부문에서 '청산리 방법'과 공업 부문에서 '대안의 사업체계'라는 대중동원 방법을 제시하기도 했다. 북한의 이러한 노력이 결실을 보아 5개년계획이 끝날 무렵에

---

14) 리승엽과 그 지지자들은 박헌영이 없을 때 박헌영의 집 거실에서 김일성을 제거하는 군사쿠데타를 모의했다. 이 사실이 김일성 일파에 발각돼 체포됐다. 체포된 사람들은 리승엽, 조일명, 림화, 배철, 박승원, 윤순달, 리강국 등 12명이었다.

는 남한을 앞서는 경제력을 갖게 됐다.

정치적으로는 김일성이 도전세력을 제거해 확실한 권력기반을 구축했다. 스탈린 사후 등장한 흐루시초프는 스탈린의 일인독재와 개인숭배를 비판하면서 집체적 지도체제를 들고 나왔고 이것이 북한에도 영향을 미쳤다. 1956년 8월 최창익, 서휘, 윤공흠 등 연안파가 소련파인 박창옥 등과 손잡고 김일성의 개인숭배와 지도노선을 비판하면서 집체적 지도체제를 도입하자고 주장한 것이다. 그러나 김일성은 이들의 움직임을 반당종파행위로 몰아세워 당에서 추방하거나 당직과 정부직책을 박탈했다.[15]

1957년에 들어 김일성은 연안파 지도자 김두봉을 반당 종파분자로 낙인찍어 숙청했으며 연안파와 소련파의 간부들도 제거했다. 북한의 지도층에 남은 사람은 김일성과 빨치산들뿐이었다. 숙청에서 살아남은 다른 집단의 일부 인사들은 김일성에 충성했고 더 이상 김일성의 권력에 도전할 수 있는 개인이나 집단은 없었다.

2) 자주노선과 주체사상

김일성은 국내적으로는 자신의 권력기반을 확고히 했지만 1960년대 들어 소련과 중국이 이념적으로 대결하는 등 국제적인 문제에 부딪쳤다. 김일성은 중국과 소련 사이에서 대체로 중립적인 태도를 보였다. 그는 때때로 친중국 또는 친소련 태도를 보이면서 비교적 능란한 외교를 펴오다 마침내 이들의 영향에서 벗어나려는 자주노선을 걷게 된다. 김일성은 1965년 인도네시아 알리 아르함 사회과학원 연설을 통해 사상에서의 주체, 정치에서의 자주, 경제에서의 지립, 국방에서의 자위를 추구하는 자주노선

---

15) 북한에서는 이를 '8월 종파사건' 이라고 부른다. 당시 중국은 펑더화이 국방부장을, 소련은 미코얀 부수상을 북한에 파견해 관련자의 원상복귀를 요구했고 북한은 중국과 소련의 압력에 굴복해 결정을 번복했다가 끝내는 관련자들을 숙청하고 만다.

을 선언했다. 이때부터 사회주의 진영에만 머물던 북한 외교가 제3세계나 비동맹권에도 펼쳐졌고 그 결과 세계비동맹국가회의에도 가입하고 수교국의 수도 늘어났다. 그러나 북한이 관계한 비동맹권은 자본과 기술면에서 도움을 줄 수 있는 선진국가는 아니었다. 남한이 선진국가들과의 경제협력으로 비약적 발전을 이룬 데 반해, 이런 기회를 갖지 못한 북한은 1970년대 중반에는 경제적으로 남한에 추월당하게 된다.

북한의 자주노선과 깊은 관련을 갖고 있는 것이 주체사상이다. 김일성이 주체 문제를 처음 언급한 것은 1955년 12월 28일이었다. 김일성은 조선로동당 선전선동 간부들에게 "사상사업에서 교조주의와 형식주의를 퇴치하고 주체를 확립할 데 대하여"라는 연설을 통해 중국식 소련식만 따지는 형식주의는 필요없으며 외국 것을 배우되 우리식으로 만들어야 한다고 강조했다. 그는 또 북한의 역사와 전통을 무시하고 외국의 경험을 기계적으로 적용하는 것은 교조주의의 오류를 범하는 것이라고 지적했다. 김일성의 이 연설 이후 주체에 관해서는 북한의 공식매체에 간헐적으로 언급돼 오다가 10년이 지난 1965년 인도네시아를 방문한 김일성의 연설에서 처음으로 구체적인 내용이 언급됐다.

이때까지만 해도 주체사상은 중국과 소련의 영향에서 벗어나 국가의 자주성을 확립하려는 소박한 차원이었으나 1967년경부터는 주체사상이 김일성의 개인숭배와 맞물리면서 변화하기 시작한다. 북한은 주체사상을 김일성주의라고 부르면서 세계 어디서나 통할 수 있는 보편적 철학으로 격상시켰다. 이 김일성주의가 1980년대 김정일에 의해 혁명적 수령관, 사회정치적 생명체론, 후계자론 등과 결합하면서 유일지도체계로 자리잡아 갔다. 주체사상은 북한 사회 전체를 관통하는 삶의 지표가 됐다. 그러나 주체사상은 북한의 특수한 역사적·사회적 환경에서 태동한 북한식 민족주의이다. 북한은 주체사상을 모든 국가와 민족에게 적용될 수 있는 보편적 진리로 내세우고 있지만 이는 무리한 시도가 아닐 수 없다.

4. 김정일의 권력승계

해방 이후 반세기 가까이 북한을 통치해오던 김일성이 1994년 7월 82세를 일기로 사망했다. 오랫동안 후계자 수업을 받아온 아들 김정일이 김일성의 권력을 승계했다. 아버지와 아들간의 권력승계나 김정일이 권력을 승계한 방식 역시 북한만의 독특한 것이었다. 김정일은 규정된 절차에 의하지 않고 조선로동당 중앙위원회와 당중앙군사위원회의 추대라는 형식으로 1997년 당총서기에 취임하고 1998년에는 헌법을 개정하여 국방위원장에 재선됐다. 스탈린 격하나 모택동 후계자 임표의 반란 등을 보아온 김일성은 중국과 소련이 후계문제를 제대로 처리하지 못한 것으로 보고 자신의 아들을 후계자로 세워야 사후를 보장받을 수 있을 것으로 판단했을 것이다.[16]

김정일의 후계 수업은 조선로동당에서부터 시작됐다. 김정일이 조선로동당에 들어간 것은 김일성대학을 졸업한 직후인 1964년 6월경이었다.[17] 김정일은 아버지의 후광으로 당에서 요직을 맡았고 승진도 파격적이었다. 문화·예술 부문을 지도할 때는 김일성의 항일무장투쟁을 소재로 한 '피바다,' '꽃 파는 처녀' 등의 영화나 연극을 제작해서 주민들에게 김일성의 혁명전통을 강조했다. 이 작품들을 통해 김정일은 김일성과 빨치산 세대들로부터 능력을 인정받았고 당내에서의 위치도 굳혔다. 김정일은 마침내 1973년 9월 조선로동당 중앙위원회 제5기 제7차 전원회의에서 당비서로 선출됐고, 1974년 2월 제8차 전원회의에서는 당중앙위원회 정치국 위원으로 선출되면서 김일성의 후계자로 추대됐다. 이때 김정일의 나이 32세로 당에 들어온 지 10년이 채 못 되는 때였다. 북한은 이런 사실을 공표하

---

16) 정창현, 『곁에서 본 김정일』(서울 : 도서출판 토지, 1999), p. 100.
17) 서대숙, 『현대 북한의 지도자 : 김일성과 김정일』(서울 : 을유문화사, 2000), p. 179.

지 않다가 1980년 10월 조선로동당 제6차 당대회에서 발표했다. 후계자로 추대된 1974년부터 1980년까지는 언론에서 그에 대해 '당중앙'이란 호칭을 사용하고 '대를 이어' 혁명위업을 완수해야 한다는 표현도 등장했다.

김정일은 후계자로 공표된 이후 주체사상을 체계화하고 유일사상체계를 확립하는 데 힘썼다. 그는 먼저 '당의 유일사상체계 확립 10대 원칙'을 만들어 공표하고 북한 사회의 이념 해석권을 장악한다.[18] 김정일은 여기서 그치지 않고 학습, 강습, 대중강연 등을 조직해 10대 원칙을 주민들의 생활지침으로 확산시켜나갔다. 또 당조직기구 개편, 간부사업체계 및 지도검열체계 정비 등을 통해 당 조직을 장악하고, 군대내의 당 조직에 대한 일제 검열지도를 개시해 군대 내에서도 자신의 기반을 확보해갔다. 1982년에는 "주체사상에 대하여"라는 논문을 발표하여 주체사상의 철학적 원리, 사회역사 원리, 그리고 지도적 원칙을 세우는 한편, 후계자론을 만들어 후계체제의 정당성을 이론적으로 뒷받침했다. 김정일은 주체사상탑, 개선문, 김일성경기장 등 김일성의 업적을 기리는 대규모 상징물을 건립하는 데도 힘썼다. 이밖에 현지지도를 통해 사회 전반의 문제에 대해 관심을 표명하고 백두산 밀영 출생이라는 상징조작으로 후계자로서 정통성을 확보하기 위한 노력도 기울였다.[19] 김정일은 또 당지도부를 자신을 추종하는 젊은 세대로 차츰 교체해 당내 기반을 확보하는 한편, 1991년 군 최고사령관, 1992년에는 원수, 1993년에는 국방위원회 위원장에 취임해 군대내에서의 권력기반도 다졌다. 김일성이 사망하기 전에 김정일은 후계

---

18) 정창현, 앞의 책, pp. 136~137. 북한이 발표한 10대 원칙은 김일성에 대한 절대 충성, 교시 집행의 무조건성 등 김일성 우상화와 혁명위업을 대를 이어 계승·완성해야 한다는 내용으로 되어 있다.

19) 김정일은 1942년 2월 소련 88여단 브야츠크 야영지에서 태어났으며 러시아식 이름은 유라였다. 북한은 이 같은 사실을 숨기고 양강도 삼지연군에 있는 백두산 밀영에서 출생했다고 주장한다.

기반을 확고히 장악했고, 1980년 이후 김일성과 공동으로 북한을 통치해왔다.

5. 북한 체제의 변화 전망

1) 새로운 상황의 전개

1994년 7월 김일성의 사망은 북한 체제가 새로운 상황에 직면하는 직접적인 계기가 됐다. 50여 년 동안 지배해온 통치자의 교체는 90년대 초 사회주의권 붕괴로 맞이한 북한의 경제 및 대외관계를 최악의 상황으로 몰아넣은 것이다. 이러한 상황에서 김정일은 곧바로 아버지의 직위를 이어받지 않고 3년 동안 사망한 아버지의 권위를 빌어 통치하는, 이른바 유훈통치를 함으로써 상황을 타개하고자 했다.

그는 1997년 10월에 조선로동당 총비서에 추대됐고 1998년에는 헌법을 개정해 국가 최고 직책인 국방위원장에 취임했다. 북한의 개정헌법은 김일성을 공화국의 영원한 주석으로 추대, 사실상 국가주석제를 폐지하고 국방위원장을 최고지도자로 하는 새로운 체제를 채택했다. 이 체제는 현역 군인들이 국방위원회 위원의 대부분을 차지해 군부가 정치에 개입할 수 있도록 하고 있다는 점에서 군사지도체제의 성격을 지니고 있다.[20] 북한이 이처럼 군부를 중시하는 정치체제를 만든 것은 체제의 붕괴를 막고 정권의 생존을 유지하려는 데 있다. 냉전 이후 소련과 동유럽 국가들이 붕괴되면서 그 파급효과로 북한도 붕괴할 것이라는 관측이 나왔었다. 체제 위협을 느낀 김정일은 군대를 강화하고 '강성대국 건설'이라는 구호를 내

---

20) 서대숙, 앞의 책, p. 223.

세웠으며 한동안 공식 활동의 대부분을 군부대 시찰에 집중했다. 북한은 강성대국 건설을 과시하기 위해 대포동 미사일을 개발하고 다단계 로켓 광명성 1호를 발사해 주변국을 놀라게 하기도 했다. 이것은 체제에 대한 북한의 자신감을 표현한 것이라고 볼 수 있다. 북한의 군사국가적 체제는 북한 내부보다는 국제적인 여건의 변화에 달려 있으며 국제여건이 획기적으로 변하지 않는 한 상당기간 지속될 것으로 보인다.

김정일이 물려받은 북한은 심각한 경제난에 빠져 있었던데다 계속된 자연재해로 경제난이 더욱 가중돼 수많은 사람들이 기아에 허덕이는 사태로 번졌다. 김정일은 이 같은 상황을 타개하기 위해 '고난의 행군'과 '사회주의 강행군'이란 구호를 들고 나왔다. 다행히 외부의 지원으로 극심한 식량난의 고비는 넘겼지만 아직도 식량문제는 완전히 해결되지 않고 있다. 그러나 식량난이나 경제난이 사회적 불안으로 발전하기보다는 어려움을 참고 극복하자는 분위기로 나타나고 있어서 체제를 위협할 정도는 아닌 것 같다. 김정일은 20년 이상 통치체제를 구축해왔기 때문에 그의 체제 장악력은 확고한 상태이며 경제난이 체제 부정 쪽으로 나타나지는 않을 것으로 예상된다.

2) 변화를 향한 움직임

고난의 행군을 통해 차츰 당면한 최악의 상태에서 벗어나게 됨에 따라 북한은 새로운 국제정세에 맞춰 대남 및 대외부문에서 적극적인 변화를 모색하기 시작했다. 그동안 남한 정부의 실체를 인정하지 않던 북한은 2000년 6월에 남북정상회담에 응했다. 이를 계기로 한반도에도 평화 공존의 전기가 마련됐으며 남북간 경제협력의 길도 열렸다. 그 결과 남북간 인적·물적 교류가 냉전시대에는 상상할 수 없을 만큼 비약적으로 늘어났다. 그리고 이는 북한의 대외관계에도 큰 영향을 미쳐 서방 선진국가와 잇

따라 수교하는 등 국제사회로부터 북한에 대한 관심을 불러일으키는 계기가 됐다.

특히 주목되는 것은 북한은 21세기를 맞으면서 주민들에게 새로운 사고를 요구하는 등 보다 적극적인 변화를 추구하고 있다는 점이다. 김정일은 최근 21세기를 맞아 낡은 관념을 버리고 새로운 관점을 가져야 한다고 강조하고[21] 중국을 방문해 개혁·개방의 성과를 직접 확인하기도 한 것이다.[22] 이러한 움직임은 북한이 실용주의적 사고로 전환하고 있다는 징표임에 틀림없다.

북한이 오랜 고립에서 벗어나 진정한 개혁과 개방의 길로 들어서느냐의 여부는 전적으로 김정일과 북한 주민의 선택에 달려 있다. 그 선택은 동북아시아의 평화와 번영, 나아가 남북의 통일에도 영향을 미칠 것이다. 남한을 비롯한 주변국들이 북한이 현명한 선택을 할 수 있도록 적극 도와야 하는 까닭이 여기에 있다.

북한이 새로운 사고를 통해 개혁·개방으로 나가기 위해서는 남북정상회담의 합의사항을 얼마나 성실히 이행하느냐에 달려 있다. 북한이 가장 역점을 두어야 할 부문은 남한과의 관계개선이다. 남한과 관계개선이 이루어지지 않을 경우 경제협력은 물론 대외관계도 상당한 타격을 받게 될 것이기 때문이다. 그러나 북한의 개혁·개방은 국가 발전의 기회인 동시에 북한식 정치체제에는 위기일 수도 있다는 점에서 김정일의 선택이 주목된다.

---

21) http://www.joins.com/joongangilbo(검색일 : 2001. 1. 20). 김정일의 발언 원문은 2001년 1월 4일자 《로동신문》 2면에 실려 있다.

22) http://www.joins.com/joongangilbo(검색일 : 2001. 1. 21). 김정일은 2001년 1월 15일부터 20일까지 중국을 방문했다. 김정일은 이 기간 중 상하이를 둘러보고 중국이 추구해온 개혁의 길이 정확한 길이라는 것을 증명했다고 말한 것으로 전해졌다.

제2절
북한의 통치이데올로기와 주체사상

1. 북한의 통치이데올로기

1) 통치이데올로기에 대한 새로운 인식

사회주의 국가에서 이데올로기는 궁극적으로 '행위의 지침(guide to action)'으로서 관제 이데올로기적 성격을 지니고 있다. 따라서 사회주의 국가들은 당과 국가에 의해 채택된 이데올로기를 전체 주민들에게 일방적으로 강요하게 되는데 이것은 바로 사회주의 국가의 전체주의적 속성 때문이다. 전체주의체제는 일반적으로 사회 전체가 동일한 목표를 지향하도록 하기 위한 신념체계로서 공식적인 이데올로기를 제시하게 되고 이 이데올로기는 당과 국가의 행위를 정당화하는 데 이용된다.

따라서 사회주의 국가에서는 마르크스-레닌주의의 일반적 원칙에 의거하면서도 각 국가의 특수한 실정에 맞는 새로운 이데올로기를 지속적으로 생산하게 된다. 이와 같이 마르크스-레닌주의를 기반으로 하는 사회주의 이데올로기가 다양하게 변화됨에 따라 이데올로기간에도 위계적 구조가 형성하게 되었다. 이같은 이데올로기의 위계적 구조와 관련해서는 프란츠 슈만(Franz Schurman)이 순수이데올로기(pure ideology)와 실천이데올로기(practical ideology)로 구분한 것이 일반적으로 원용되고 있다. 그는 중국에서의 이데올로기 위계구조에 대해 마르크스-레닌주의를 상위개념인 순수이데올로기로, 모택동 사상을 하위개념인 실천이데올로기로 설정하여 설명한다. 즉, 마르크스-레닌주의가 사회주의 공산주의를 구현하기 위한 목표를 제공하는 순수이데올로기라면 모택동 사상은 중국에서 사회주의 공산주의를 실현하기 위한 혁명과 건설의 구체적 방법을 제시하는 실천이데올로기로 기능한다는 것이다.[23] 실제로 사회주의 국가들은 자국의 실정에 맞게 사회주의 건설을 도모하기 위해 혁명과 건설의 구체적 방안으로서 실천이데올로기를 다양하게 제기해온 것이 일반적 현상이다.

이러한 이데올로기의 위계적 구조론은 북한에도 적용된다. 즉, 중국의 경우와 마찬가지로 북한에서도 마르크스-레닌주의가 순수이데올로기이고 주체사상이 실천이데올로기로 기능한다는 것이다. 그러나 오늘날에는 북한에서의 이데올로기 위계구조를 이와 같은 일반론과는 다르게 인식하려는 경향이 늘고 있다. 왜냐하면 북한이 1980년 10월 노동당 제6차 대회에서 당규약에 마르크스-레닌주의를 주체사상으로 대체한 데 이어 1992년 4월 사회주의 헌법을 개정하면서 헌법에서마저 주체사상을 공산주의 건설을 위한 지도이념으로 규정함으로써, 적어도 규범적으로는 북한에서 마르크스-레닌주의가 존재하지 않기 때문이다.[24] 최근 국내 학계에서도 주체사상을 실천이데올로기가 아닌 순수이데올로기로 이해하는 것이 타당하다는 주장들이 제기되고 있다.[25]

---

23) Schurman, Franz, *Ideology and Organization in Communist China*(L. A. California : Univ. of California Press, 1970), pp. 21~22.

24) 그러나 규범적인 면과는 달리 실제적인 면에서는 북한 사회에 마르크스-레닌주의가 아직 존재하고 있는 것으로 보아야 할 것이다. 김정일은 1986년 7월 15일 발표한 자신의 논문「주체사상에서 제기되는 몇 가지 문제에 대하여」에서 "주체사상이 무엇 때문에 맑스-레닌주의의 혁명적 원칙을 버리겠습니까"라고 언급, 북한이 마르크스-레닌주의를 머리시 낳을 것임을 강조한 바 있다.

25) 이러한 주장에 대해서는 김성철, "주체사상의 이론적 변화", 민족통일연구원(서울), 1993년 ; 김연각, "김일성 주체사상에 관한 연구 : 그 민족주의적 성격에 대한 비판", 서울대학교 박사학위논문, 1993년 등 참조.

2) 통치이데올로기의 변화

(1) 마르크스-레닌주의 수용

마르크스-레닌주의가 북한의 노동당 규약에 통치이데올로기로 규정된 것은 1956년 3월 제3차 당대회에서다. 이전까지는 마르크스-레닌주의가 실질적으로 통치이데올로기로 기능하며 사회주의 건설을 도모해왔지만 규범적으로 나타나지는 않았다. 하지만 규범적인 것과는 달리 북한의 정권수립 초기부터 마르크스-레닌주의가 북한 정권의 이론적 토대임은 분명하다. 북한은 1946년 8월 28일 북조선로동당 제1차 대회에서 북한 사회가 아직 사회주의 단계에 이르지 못한 인민민주주의 단계에 머물러 있음을 분명히 하는 가운데 마르크스-레닌주의가 사회주의 건설을 위한 이념임을 밝힌 바 있다.[26]

북한에서 마르크스-레닌주의의 명문화가 늦은 이유는 우선 당시 북한이 소비에트 정권을 수립하는 과정에서 북한 지역에 있던 민족주의자를 포함한 비공산주의자들을 포섭하기 위한 정치전술상의 필요에서 비롯된 것으로 볼 수 있다. 자신들이 추구하는 이데올로기를 숨김으로써 마르크스-레닌주의에 대해 거부하는 인사들과의 통일전선을 형성하려 했다는 것이다.[27] 다음으로는 북한 정권의 정통성을 확보하려는 의도에서 비롯된 것으로 볼 수 있다. 해방 당시 남북한은 서로 유일한 합법정권임을 강조하며 상대방을 괴뢰정권이라고 비난했다.[28] 따라서 북한으로서는 마르크스-레닌주의를 통치이데올로기로 내세움으로써 스스로 소련의 예속정권임을

---

26) 『김일성선집』 제1권(평양, 1954), pp. 246~264 ; 김준엽 외(편), 『북한연구자료 1』(서울 : 고려대학교출판부, 1969), p. 136 재인용.

27) 김갑철 · 고성준, 『주체사상과 북한사회주의』(서울 : 문우사, 1988), p. 56.

28) 이정식, "남북한관계의 장래", 이홍구 · 스칼라피노 공편, 『북한과 오늘의 세계』(서울 : 법문사, 1986), p. 441.

드러낼 필요가 없었다는 것이다.

이러한 점에서 마르크스-레닌주의가 1956년 노동당 제3차 대회에서 당의 지도이념으로 명문화된 것과는 상관없이 북한에서는 마르크스-레닌주의가 정권 초기부터 통치이데올로기로 기능한 것으로 보아야 할 것이다. 특히 이 시기는 정권 초기의 특수한 상황하에서 아직 이데올로기의 분화가 이루어지지 않았기 때문에 마르크스-레닌주의가 순수이데올로기로서뿐만 아니라 정권초기의 체제건설을 위한 실천이데올로기로서의 기능을 동시에 수행했다고 할 수 있다.

(2) 마르크스-레닌주의에서 주체사상으로

북한에서 마르크스-레닌주의의 위상(位相)에 변화가 나타나기 시작한 것은 북한이 이른바 유일사상체계 확립을 체제문제와 결부시켜 추진하기 시작한 1967년경부터이다.[29] 주체사상이 북한 사회주의의 발전전략적 차원을 넘어서 김일성 유일지배체제를 구축하기 위한 이데올로기로 이념적 굴절을 시도하면서 마르크스-레닌주의에 대한 인식의 변화가 뒤따랐다. 이후 북한은 "주체사상은 가장 정확한 맑스-레닌주의적 지도사상"[30] 혹은 "주체사상만이 맑스-레닌주의와 로동계급의 혁명위업에 끝까지 충실할 수 있는 유일하게 정확한 지도사상"[31] 등으로 주체사상의 의미변화를 꾀하다가 급기야 1970년 11월 노동당 제5차 대회에서 채택된 당규약과 1972년 12월에 제정된 사회주의 헌법에 북한의 통치이데올로기로 명문화하기

---

29) 유일사상체계라는 말은 1967년 3월 열린 도·시·군 및 공장 당책임비서협의회에서 행한 김일성의 연설 "당의 유일사상체계를 세우는 것은 당건실에서 제기된 가장 근본적인 문제"에서 처음 사용되었으며, 1967년 6월 28일부터 7월 3일까지 개최된 노동당 제4기 16차 전원회의에서 유일사상체계 확립문제가 공개적으로 거론됐다.

30) 《로동신문》, 1968년 8월 30일.

31) 《로동신문》, 1969년 4월 29일.

에 이르렀다.

1972년에 제정된 사회주의 헌법 제4조는 "조선민주주의인민공화국은 맑스-레닌주의를 우리나라의 현실에 창조적으로 적용한 조선로동당의 주체사상을 자기 활동의 지도적 지침으로 삼는다"고 규정했다. 비록 마르크스-레닌주의의 창조적 적용이라는 단서를 붙이기는 했지만 주체사상을 북한의 통치이데올로기로 전면에 내세운 것이다. 이에 앞서 70년에 채택된 노동당 규약은 주체사상을 마르크스-레닌주의와 함께 통치이데올로기로 제시했었다.

마르크스-레닌주의의 이러한 위상변화는 주체사상의 이념적 굴절이 현재화(顯在化)[32]된 1974년에 이르러 보다 분명하게 드러난다. 김정일이 주체사상을 김일성주의로 칭하면서 주체사상을 마르크스-레닌주의와 차별화하기 위한 시도를 본격화한 것이다. 김정일은 1974년 2월 19일 전국당 선전활동가 강습회에서 행한 "온 사회를 김일성주의화하기 위한 당 사상사업이 당면한 몇가지 과업에 대하여" 제하의 연설에서 주체사상의 독창성을 강조하는 가운데 마르크스-레닌주의를 비판하고 나섰다.

김정일은 이 연설에서 마르크스-레닌주의의 이론은 어디까지나 100년 전, 50년 전의 자본주의와 제국주의를 분석한 데 기초하여 나온 것이기 때문에 오늘날의 시대적 상황에는 적합하지 않다면서 마르크스-레닌주의는 △세계관의 근본문제인 인간이 모든 것을 결정한다는 것을 해명할 수 없었던 점 △생산력의 발전과 생산관계의 모순에 의하여 사회가 발전하는 것이 아니라 인간의 투쟁에 의해 사회가 발전한다는 점 △사회주의 사회건설 단계에서 인간개조에 관해서는 어떤 해답도 줄 수 없다는 점 △식민

---

32) 이종석은 주체사상의 이념적 굴절이 중국의 문화혁명 및 베트남전쟁에 대한 대응과 관련한 북한-중국간의 갈등에서 비롯됐으며 1974년경 김일성주의가 천명됨으로써 현재화됐다고 말한다. 이종석, "조선로동당의 지도사상과 구조변화에 관한 연구", 성균관대 박사학위논문, 1992, p. 166.

지국가들의 혁명에 관해서는 고찰되지 않았다는 점 △그리고 자연과 사회를 개조하는 투쟁에서 지켜야 할 근본적 입장, 즉 자주성과 창조성에 관해 해결할 수 없다는 점 등의 문제점을 지니고 있다고 주장했다.[33]

또한 김일성은 북한에서 주체사상을 강조하는 이유를 북한이 처한 특수성과 지리적 환경, 그리고 혁명의 복잡성과 간고성을 들어 설명한다. 즉, 주체를 세우는 문제는 "우리나라 역사발전의 특수성과 우리나라가 처한 지리적 환경과 조건, 우리 혁명의 복잡성과 간고성으로 하여 우리에게 있어서 특별히 중요한 문제"로 된다는 것이다.[34] 역사발전의 특수성이란 북한에서 자본주의를 거치지 않고 사회주의 혁명이 시작된 것을 말하며, 지리적 환경은 남북한 분단상황을, 그리고 혁명의 복잡성과 간고성은 사회주의 혁명의 근본적 어려움을 의미하는 것으로 볼 수 있을 것이다. 특히 역사발전의 특수성은 북한이 자본주의 단계를 거치지 않고 반제반봉건민주주의 혁명과정을 통해 사회주의 혁명을 시작한, 북한에서의 사회주의 혁명 수행에 내재해 있는 생래적(生來的) 불안정성을 의미하는 것으로 볼 수 있다.

(3) 주체사상의 순수이데올로기화

북한에서 마르크스-레닌주의의 위상 변화과정은 주체사상의 순수이데올로기화 과정이다. 이 과정은 대체로 주체사상이 유일사상으로 제시되어 이념적으로 굴절된 1967년부터 북한 체제의 내적 변화의 일차적 귀결점인 후계체제 구축을 위해 김정일이 후계자로 추대된 1974년까지의 마르크스-레닌주의와의 공존기, 1980년 노동당 제6차 대회에서 유일지도이념으로 규정될 때까지의 마르크스-레닌주의 거부기, 그리고 이후부터 현재까

---

33) "력닝의 위대한 수령 김일성원수님의 불후의 고전적 로작 '조선로동당 30돐에 즈음하여'에 대한 간부강습제요", 『북괴간부 및 당원 학습자료』, pp. 58~65, 鐸木昌之, 『北朝鮮社會主義と 傳統の 共鳴』(東京 : 東京大學出版會, 1992), pp. 97~98 재인용.

34) 『김일성저작집』 제25권(평양 : 조선로동당출판사, 1983), p. 329.

지 순수이데올로기로의 고착기 등 3단계로 나누어볼 수 있을 것이다.

마르크스-레닌주의와의 공존기는 주체사상이 사회주의 발전전략에서 김일성의 유일지배체제를 구축하기 위한 이념적 굴절을 통해 자기 논리를 형성해가는 시기로 주체사상의 역할도 마르크스-레닌주의의 틀 안에서 모색되는 특징을 보인다. 그러나 1974년에 이르러 김정일이 후계자로 내정되는 등 유일지배체제가 확립되고, 이의 완결이라고 할 수 있는 후계체제를 구축하는 단계에 이르면서 주체사상은 마르크스-레닌주의와의 차별화를 통해 독자적인 이론체계를 형성한다. 즉, 이 시기는 주체사상이 마르크스-레닌주의에서 완전히 벗어나 새로운 이데올로기로서 북한 체제의 이념적 근간으로 역할하게 된다. 1980년에 개최된 노동당 제6차 대회에서 마르크스-레닌주의가 일체 언급되지 않은 가운데 주체사상이 노동당의 유일 지도이념으로 규정된 것이다.

그러나 이 시기에도 북한은 주체사상이 마르크스-레닌주의를 계승·발전시킨 것이냐 아니면 독창적인 것이냐 하는 문제와 관련해 약간의 혼선을 빚는다. 즉, 1980년대 중반까지는 주체사상과 마르크스-레닌주의의 관계에 대해 계승·발전이라는 논리를 간혹 제시한다. 김정일이 "주체사상은 맑스-레닌주의의 모든 혁명적 원칙을 다 계승하고 있다"면서 "주체사상은 맑스-레닌주의의 사상리론적 재부를 버리는 것이 아니라 력사발전의 요구에 맞게 그것을 더욱 발전 풍부화시키고 있다"[35]고 언급한 것이다.

그러나 이러한 주장은 1990년대에 들어서면서부터는 완전히 독창적인 새로운 이데올로기로 제시된다. 주체사상이 마르크스-레닌주의를 계승·발전시켰다는 기존의 논리에서 벗어나 독창성만을 강조한 것이다. "주체사상이 사회주의의 가장 올바른 사상적 기초로 되는 것은 그것이 전혀 새

---

35) 김정일, "주체사상교양에서 제기되는 몇가지 문제에 대하여", 『근로자』 1987년 제7호, pp. 7~8.

로운 사람중심의 세계관이며 그에 기초하는 완전히 독창적인 사람중심의
사회주의, 공산주의 학설이기 때문"[36]이라는 주장이다.

주체사상의 독창성에 대한 주장과 함께 기능면에서도 마르크스-레닌주
의와 다른 새로운 이념체계로 인식해야 할 필요성이 제기됐다. 주체사상은
일부 제한적 부분을 제외하고 철학적 기초에서부터 계급형성논리, 이상사
회의 내용에 이르기까지 모든 점에서 마르크스주의에서 벗어나고 있어 사
실상 마르크스-레닌주의의 변형이라기보다는 새로운 사상체계의 창조로
이해하는 것이 마땅하다는 것이다.[37] 실제로 많은 전문가들은 주체사상에
서 계승성은 선언적이고 형식적인 면이 강한 반면, 독창성은 더 구체적이
고 실제적[38]이라는 데 인식을 같이하고 있다.

2. 주체사상

1) 체계화 과정

주체사상이 북한의 통치이데올로기로 자리잡기 시작한 것은 대체로
1967년부터이다.[39] 이때까지는 주체사상이라는 표현도 극히 제한적으로
사용되었을 뿐 아니라 주체의 개념이 발전전략적 차원에서 다루어졌다.[40]
1967년을 기점으로 해 북한이 김일성 개인우상화를 겨냥한 유일사상체계

---

36) 김현경, "인민대중중심의 우리식 사회주의의 특징과 우월성", 『철학연구』 제46호(평양 : 과
학백과사전종합출판사, 1992), p. 8.
37) 이상우, "김일성체제의 신정적 특성", 『동아연구』 제15집(서울 : 서강대학교 동아연구소,
1988), p. 9.
38) 이종석, 『조선로동당연구』(서울 : 역사비평사, 1995), p. 45.
39) 이종석 박사는 주체사상에 대한 이러한 움직임을 '이념적 굴절'이라는 표현으로 묘사한다.
위의 책, pp. 86~92.

확립문제를 제시하면서 주체사상을 북한의 새로운 통치이데올로기로 삼기 위한 다양한 차원의 노력이 전개된다.[41]

그러나 오늘날 대부분의 전문가들은 김일성이 1955년 12월 28일 당선전선동원대회에서 한 "사상사업에서 교조주의와 형식주의를 퇴치하고 주체를 확립할 데 대하여"라는 연설[42]을 주체사상의 기원으로 삼는다. 주체라는 용어가 사상적 관점에서 처음으로 사용됐기 때문이다. 북한이 이 무렵 주체 확립의 필요성을 제시한 것은 당시의 시대상황과 밀접히 연관되어 있다. 우선 대내적으로는 6 · 25전쟁 이후 김일성체제를 구축하는 과정에서 정적들을 제거할 필요성이 제기됐으며 대외적으로는 스탈린 사후 소련에서 스탈린 격하운동 등 공산주의 운동에서의 새로운 경향이 북한에 미칠 영향 등을 감안한 것이었다. 결과적으로 김일성은 이 연설을 계기로 정적들을 제거하고 1인 지배체제를 구축하는 데 보다 유리한 상황을 만들 수 있었다.

60년대 중반 유일사상체계를 구축하면서 주체사상을 북한의 새로운 통치이데올로기로 내세우기 시작한 북한은 1970년 제5차 당대회에서 사상 · 정치 · 경제 · 국방 · 외교 등 모든 영역을 포괄하여 주체사상의 내용 체계를 종합화 · 이론화하기 시작했다. 1972년에는 새로이 제정된 사회주의 헌법에 주체사상을 통치이데올로기로 규범화했다. 그리고 1980년 노동당 제6차 대회에서는 주체사상을 "현시대 로동계급의 영생불멸의 지도리념"으로 묘사하면서 마르크스–레닌주의와의 차별화를 시도했다.

---

40) 북한은 김일성이 1930년 6월 중국 만주의 장춘현 카륜에서 열린 '공청 및 반제 청년동맹 지도간부회의'에서 처음으로 주체사상의 원리를 밝혔다면서 주체사상의 기원을 이 당시로 소급해 주장하고 있다.

41) 북한에서 주체사상이라는 용어가 보편적으로 사용되기 시작한 것도 1967년부터다.

42) 『김일성선집』 제4권(평양, 1960) 참조.

주체사상 체계의 형성과정

내　용	제기시기	배　경
사상에서의 주체	당선전선동원대회 (1955. 12. 28)	• 스탈린 사망 • 당내 국내파 숙청
경제에서의 자립	당중앙위원회 12월 전원회의 (1956. 12. 11)	• 대외원조 감소(5개년 경제 계획 수립 차질) • 당내 반김일성운동 고조
정치에서의 자주	당중앙위원회 12월 전원회의 (1957. 12. 5)	• 공산권내 개인숭배 반대 운동 • 당내 연안파 및 소련파 타도
국방에서의 자위	당중앙위원회 제4기 5차전원 회의(1962. 12. 10)	• 중·소분쟁의 심화와 미·소 공존 모색 • 남한의 군사쿠데타
정치(외교)에서의 자주	제2차 당대표자대회 (1966. 10. 5)	• 중·소분쟁의 확대 • 비동맹운동의 발전
종합체계화	당중앙위원회 제4기 16차 전원회의(1967. 6. 28) 및 제5차 당대회 (1970. 11. 12)	• 김일성 1인지배체제 확립 • 김일성 개인숭배운동 전개
김일성주의화	제6차 당대회 (1980. 10. 10)	• 부자세습체제의 공고화

출처 : 통일부, 『2000 북한개요』, p. 80.

2) 주체사상의 이론체계

　주체사상을 이해하는 기준은 두 가지다. 하나는 김정일이 1982년에 발표한 논문 「주체사상에 대하여」이며 다른 하니는 북한의 사회과학출판사가 1985년 10월 전10권으로 발행한 『주체사상총서』이다. 김정일논문에 따르면 주체사상은 철학적 원리, 사회역사 원리, 지도적 원칙 등 3부분으로 구성되어 있다. 그리고 주체사상 총서 1~3권에는 김정일논문 「주체사상에 대하여」에서 제시한 각 구성부분을 차례대로 수록한 가운데 반제반봉건민주주의 혁명과 사회주의 혁명이론(4권), 사회주의 공산주의 건설이론·세계혁명에 관한 이론·조국통일에 관한 이론(5권), 인간개조이론(6권), 사회주의 경제건설이론(7권), 사회주의 문화건설이론(8권), 영도체계(9권), 영도예술(10권) 등 주체의 이론과 방법을 망라하고 있다.

이 두 가지 기준으로 말미암아 주체사상에 대한 이해 또한 두 가지 형태로 갈리고 있다. 주체사상을 김정일논문에서 제시한 철학적 원리, 사회역사 원리, 지도적 원칙으로 구성되는 것으로 이해해야 한다는 주장[43]과 『주체사상총서』에서 제시한 것과 같이 사상·이론·방법을 포함하는 것으로 파악하는 경우[44]가 그것이다.

전자의 주장은 특히 『주체사상총서』에서 제시된 이론과 방법은 김정일논문에서 제시된 세 가지 구성부분의 하위개념으로 사용되었기 때문에 협의의 의미에서 볼 때 주체사상에서 분리하여야 한다는 것이다. 즉, 이론과 방법은 "주체의 ○○이론" "주체사상에 기초한 ○○이론" 등으로 표기됨으로써 앞의 세 가지 구성부분과 구별되어 있기 때문에 엄밀한 의미에서 주체사상의 구성요소가 아니라는 것이다.[45]

이와 함께 주체사상의 상위개념으로 김일성주의를 내세움으로써 양자를 절충하는 주장도 있다. 즉, 김정일논문에서 제시된 세 가지 구성부분은 주체사상의 기본체계로 인식하고 『주체사상총서』에서 제시된 이론과 방법은 주체사상과 함께 김일성주의를 구성하는 요소로 인식한다는 것이다.[46] 이것은 주체사상에 대한 두 가지 주장을 적절히 절충함으로써 주체사상을 이해하는 데는 유효하나 북한이 김일성주의라는 용어를 보편적으로 사용하지 않고 있다는 점에서 현실성이 없다 하겠다. 다만 북한이 김일

---

43) 김연각, "김일성주체사상에 관한 연구", 서울대학교 박사학위논문, 1993. 2, p. 80.

44) 고성준, "주체사상의 김일성주의화에 관한 연구", 건국대학교 박사학위논문, 1988, p. 82.

45) 김연각, 위의 논문, p. 77.

46) 이종석, 박사학위논문, pp. 43~57.

성주의라는 용어를 사용하는 것이 가져올 영향을 의식해 주체사상에 대한 광의의 의미로 '김일성의 혁명사상'을 설정, 그 안에 주체사상과 주체의 이론 및 방법을 두고 있다는 점[47]에서 내용상의 설득력은 있다 하겠다.

한편, 앞에서 살펴본 바와 같이 프란츠 슈만의 논리에 따라 주체사상을 순수이데올로기로 인식할 경우 그 대상은 협의의 의미여야 한다. 이 같은 인식은 북한이 "주체의 사상, 이론, 방법의 전일적 체계라는 정의는 김일성동지의 혁명사상이 내용에서 주체사상으로 일관되어 있고 구성에서 주체사상과 혁명이론, 영도방법의 체계를 이루고 있다는 것을 의미한다"면서 "김일성동지의 혁명사상에서 진수를 이루는 것은 주체사상이며 혁명이론과 영도방법은 주체사상에 기초하여 밝혀진 것"이라고 주장,[48] 주체사상을 혁명이론 및 영도방법과 구별하고 있는 데서 뒷받침된다.

북한은 또한 광의의 의미의 주체사상을 뜻하는 김일성 혁명사상과 협의의 의미의 주체사상과의 관계에 대해서도 "김일성동지의 혁명사상은 내용에서 주체사상을 진수로 하고 그에 기초하여 전개된 혁명사상"이라면서 "김일성동지의 혁명사상의 진수를 이루고 그 사상이론적, 방법론적 기초로 되는 것은 주체사상"이라고 언급,[49] 주체의 사상과 주체의 이론 및 방법을 명백히 구별하고 있다. 이 경우 주체의 이론과 방법은 협의의 의미의 주체사상을 실천적으로 뒷받침하기 위한 실천이데올로기로 기능한다고 볼 수 있다.

3) 순수이데올로기로서 주체사상의 내용

위와 같이 협의의 의미의 주체사상을 순수이데올로기로 해석할 경우 그 내용은 보다 명료해진다. 주체사상의 각 구성요소들을 마르크스-레닌주

---

47) 『철학사전』(평양 : 사회과학출판사, 1985), p. 107.
48) 사회과학출판사 편, 『주체사상의 철학적 원리』(서울 : 백산서당, 1989), p. 41.
49) 위의 책.

의와 비교하면 철학적 원리는 변증법적 유물론에, 사회역사 원리는 사적 유물론에 해당한다.[50] 그러나 지도적 원칙은 "당 및 국가활동, 혁명과 건설의 모든 분야에서 주체를 세우기 위한 지침"으로서 협의의 주체사상, 즉 순수이데올로기로서의 주체사상과 광의의 주체사상, 즉 주체의 이론과 방법을 포함하는 여타의 실천이데올로기들을 상호 연관지어주는, 말하자면 북한 사회를 운용하기 위한 총노선적 성격[51]을 지닌 명제들로 구성된, 북한 특유의 것이라고 할 수 있다.

주체사상의 세 가지 구성요소들은 상호 유기적 관계를 형성하면서 주체사상의 원리가 추상에서 구체로 나아가는 과정을 연역적으로 풀어가고 있다. 즉, 주체사상의 철학적 원리를 기초로 하여 이것이 사회역사 원리로, 다시 지도적 원칙으로 논의를 전개하는 방식을 취하고 있다. 따라서 주체사상의 세 가지 구성요소 중 철학적 원리가 가장 핵심적인 요소라고 할 수 있다.

주체사상의 철학적 원리는 "사람이 모든 것의 주인이며 모든 것을 결정한다"는 세계에서 사람이 차지하는 지위와 역할에 관한 것[52]과 세계에 대한 주체적 견해와 관점 및 입장에 관한 것[53]을 주요 내용으로 한다. 전자와 관련해 사람이 모든 것의 주인이라는 것은 "사람이 세계와 자기 운명의 주인이라는 것"이며 사람이 모든 것을 결정한다는 것은 "사람이 세계를 개조하고 자기 운명을 개척하는 데서 결정적 역할을 한다는 것"으로 해석된다. 이 원리는 "사람은 자주성과 창조성, 의식성을 가진 사회적 존재"라는 사람의 본질적 특성을 근거로 한다.[54] 자주성은 "세계와 자기 운

---

50) 강재륜, "북한에서의 마르크스-레닌주의의 수용", 『안보연구』 제20호, 1991년, p. 8.

51) 이종석, 박사학위논문, p. 47.

52) 사회과학출판사 편, 앞의 책, pp. 95~127 참조.

53) 위의 책, pp. 218~268 참조.

54) 위의 책, pp. 153~217 참조.

명의 주인으로서 자주적으로 살며 발전하려는 사회적 인간의 속성"으로 간주되며 사회적 존재인 사람의 사회·정치적 생명으로 규정된다. 창조성은 "목적의식적으로 세계를 개조하고 자기 운명을 개척해 나가는 사회적 인간의 속성"으로 정의된다. 그리고 의식성은 "세계와 자기 자신을 파악하고 개변하기 위한 모든 활동을 규제하는 사회적 인간의 속성"으로 규정된다. 북한은 철학적 원리를 근거로 하여 주체사상을 "사람을 중심으로 하여 철학의 근본문제를 제기한 사람중심의 철학"이라고 말한다. 북한의 주장에 따르면, 후자의 경우 세계에 대한 주체적 견해는 "세계는 사람에 의해 지배된다는 것"과 "세계는 사람에 의해 개조된다는 것"을, 세계에 대한 관점과 입장은 "사람의 이익으로부터 출발하여 세계를 대하는 것"과 "사람의 활동을 기본으로 하여 세계의 변화와 발전을 대하는 것"을 주요 내용으로 한다(〈표 1〉 참조).

주체사상의 철학적 원리는 주체사상이 유물론의 범주에 속하는 것임을 전제하고 그에 근거해 "세계에서 사람의 지위와 역할"의 문제를 근본문제로 설정하고 있다. 주체사상이 이와 같이 유물론을 전제로 하여 인간의 지위와 역할에 관한 문제를 근본문제로 다루고 있는 것은 인간의 능동적 의식작용과 혁명에 있어서의 사상의식의 적극적 역할 등 유물론을 통해서는 도출할 수 없는, 하지만 유일지배체제를 구축하기 위해서는 꼭 필요한 이데올로기로서의 면면을 갖추려는 목적론적(目的論的) 입장을 반영한 것으로 볼 수 있을 것이다.

인간론을 핵심으로 하는 철학적 원리에서 주목되는 점은 마르크스-레닌주의가 사회발전의 합법칙성(合法則性)을 강조하는 반면 주체사상은 '운명의 문제'를 제기하고 있다는 것이다. 즉, 마르크스-레닌주의의 변증법적 유물론이, 인간이 자연과 사회의 발전법칙을 인식하고 이용하는 문제에 관심을 가졌다면서 철학의 사명은 인간의 운명에 대해 답을 주는 것이라야 한다고 주장한다.

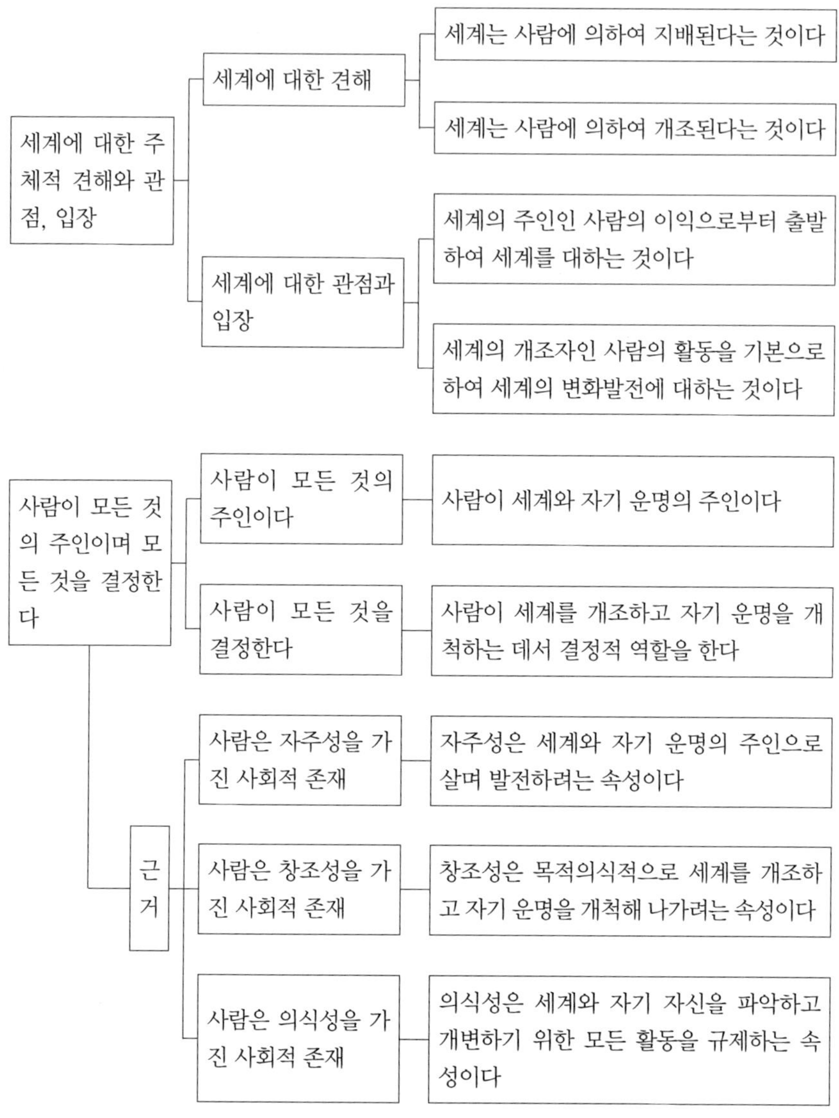

출처 : 『향도의 태양 김정일장군』(평양 : 평양출판사, 1995), p. 58.

사회역사 원리는 철학적 원리에 기초해 사회역사의 운동법칙에 대한 네 가지 기본원리를 밝힌 것이다. 네 가지 원리는 "인민대중이 사회역사의 주체"라는 주체사관의 기초원리, "인류역사는 인민대중의 자주성을 위한 투쟁의 역사"라는 사회역사적 운동의 본질, "사회역사적 운동은 인민대중의 창조적 운동"이라는 사회역사적 운동의 성격, 그리고 "혁명투쟁에서 결정적 역할을 하는 것은 인민대중의 자주적인 사상의식"이라는 사회역사적 운동의 추진력 등이다(〈표 2〉 참조).

그리고 지도적 원칙은 "당 및 국가활동, 혁명과 건설의 모든 분야에서 주체를 세우기 위한 지침"으로 규정되는 것으로서 모든 정치생활 단위가 주체사상의 철학적 원리와 사회역사 원리를 실제생활에서 견지하기 위해 필요한 원칙들을 구체적으로 밝힌 것이다. 따라서 지도적 원칙은 북한 사회를 운용하는 총노선적 성격을 지닌 3개의 명제들로 구성되어 있다. 첫 번째는 "자주적 입장을 견지할 것"으로서 당과 국가활동에서 자주성을 견지하고 이를 구현해 나가야 한다는 것이다. 두 번째는 "창조적 방법의 구현"으로서 이를 위해 "인민대중에 의거하는 방법"과 "실정에 맞게 하는

〈표 2〉 주체사상의 사회역사 원리

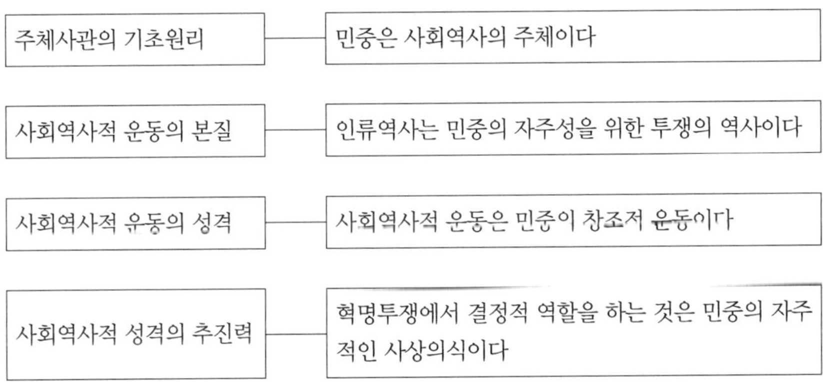

주체사관의 기초원리	민중은 사회역사의 주체이다
사회역사적 운동의 본질	인류역사는 민중의 자주성을 위한 투쟁의 역사이다
사회역사적 운동의 성격	사회역사적 운동은 민중이 창조적 운동이다
사회역사적 성격의 추진력	혁명투쟁에서 결정적 역할을 하는 것은 민중의 자주적인 사상의식이다

출처 : 『향도의 태양 김정일장군』(평양 : 평양출판사, 1995), p. 99.

방법"이 하위개념으로 제시되고 있다. 그리고 세 번째는 혁명과 건설에서 "사상을 기본으로 틀어줘어야 한다는 것"이다. 이것은 낮은 생산력수준에서 사회주의 혁명을 수행해온 북한 사회에서 특별히 강조되어온 사상혁명의 문제가 원칙으로 제시된 것이다. 이 원칙은 또한 "사상사업 선행"과 "정치사업 선행"을 하위원칙으로 제시하고 있다(〈표 3〉 참조).

그러나 북한은 이 같은 논리를 통해 주체사상이 마르크스–레닌주의의 한계를 극복한 대안이라고 주장하고 있지만 다음과 같은 점에서 분명한

〈표 3〉 주체사상의 지도적 원칙

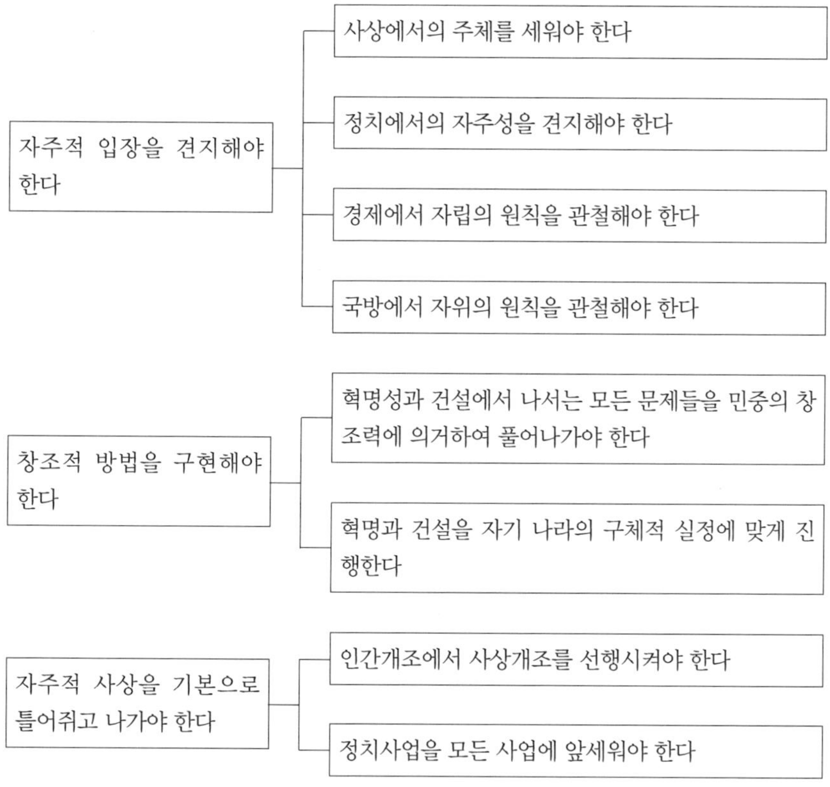

출처 : 『향도의 태양 김정일장군』(평양 : 평양출판사, 1995), p. 101

문제점을 지니고 있다.[55]

첫째는 철학의 근본문제를 물질-의식관계로 파악하는 마르크스-레닌주의와는 달리 사람-세계관계로 인식하고 있는 점이다. 둘째는 역사유물론에 대한 기계론적 이해이다. 이것은 기본적으로 북한 사회주의가 자본주의단계를 거치지 않고 사회주의로 이행하면서 나타난 "생산관계는 생산력발달에 조응한다"는 역사유물론의 기본논리와의 현실적 괴리를 이론적으로 합리화하기 위한 것으로 여겨진다. 그리고 셋째는 사회역사 원리에서 제시되고 있는 지도와 대중의 결합의 문제이다. 특히 주체사상은 사회역사 원리에서 인민대중을 역사의 주체로 규정하면서도 이들의 자주성 실현을 위해서는 반드시 수령의 지도가 필요하다고 언급함으로써 수령의 절대적 지위를 상정하고 있다. 이는 결국 인민의 자주성은 수령의 의지에 예속되는 것임을 규정한 것으로 논리적 모순이 아닐 수 없다.

4) 주체사상의 실천이데올로기들

주체의 사상, 즉 협의의 의미의 주체사상을 순수이데올로기로 이해할 때 이를 실천적으로 뒷받침할 실천이데올로기로는 주체의 이론과 방법, 그리고 80년대 중반 이후에 제시된 사회정치적 생명체론과 우리민족제일주의, 그리고 붉은기사상 등을 들 수 있다. 물론 광의의 의미의 주체사상에 포함되는 주체의 이론과 방법도 같은 범주에 포함시킬 수 있을 것이다. 순수이데올로기를 개개인에게 통일되고 의식적인 세계관(unified and conscious world view)을 부여하기 위하여 계획된 사상체계로 정의하고 실천이데올로기를 개개인에게 행동에 필요한 합리적 도구(rational instruments)를 제공하는 관념체계로 정의할 때[56] 주체의 이론과 방법은 대

---

55) 이종석, 『조선로동당 연구』, pp. 48~51 참조.

체로 개개인에게 자신의 행동이 정당함을 인식시키기 위한 실천이데올로
기적 성격을 지닌다고 할 수 있을 것이기 때문이다.

　이는 주체의 이론과 방법에 속해 있는 주의·주장들이 주체사상에 기초
하고 있는 것으로 주장될 뿐 아니라 내용 또한 북한에 사회주의를 건설하
는 과정에서 김일성 전주석에 의해 제시된 각종 이론과 방법들을 망라한,
실천적 의미를 지니고 있다는 점에서 적실성이 있다 하겠다.『주체사상총
서』에 따르면 주체의 이론은 △반제반봉건민주주의혁명과 사회주의혁명
이론 △사회주의 공산주의건설 이론, 세계혁명에 관한 이론, 조국통일에
관한 이론 △인간개조 이론 △사회주의 경제건설 이론 △사회주의 문화건
설 이론 등으로 구성되어 있다. 주체의 방법, 즉 영도방법은 △영도체계
△영도예술로 구성되어 있다.

　북한은 주체의 이론과 방법에서 특히 영도방법을 김정일 총비서의 사상
이론적 업적 가운데 가장 특기할 만한 것으로 꼽는다.[57] 영도체계란 수령
의 유일적 영도체계를 가리키는 것으로 수령에 의한 유일지배체제를 확립
하기 위한 구체적 실천방법을 제시하고 있는 것이며, 영도예술은 "인민대
중을 움직이는 방법" 또는 "당이 대중을 혁명과 건설에 조직동원하는 방
법, 묘술의 총체"를 지칭하는 것으로서 체제건설을 위한 대중운동 및 사
업방법들에 대한 실천방안들을 담고 있다. 또한 "령도방법은 혁명투쟁에
서 지도사상, 지도리론이 대신할 수 없는 독특한 역할을 한다"면서 "혁명
의 지도사상, 지도리론이 혁명투쟁에서 견지하여야 할 지도적 지침과 그
앞길을 밝혀준다면 령도방법은 인민대중을 혁명투쟁에로 조직동원하는
방법"이라고 말한다.[58] 그리고 "사상리론을 인민대중의 혁명투쟁과 결합

---

56) Franz Schumann, *op.cit.*, p. 22.

57)『향도의 태양 김정일장군』(평양 : 동방사, 1995), p. 92.

58) 한석진, "령도방법을 독자적인 구성부분으로 체계화하는 것은 위대한 김일성동지 혁명사상
　　의 중요한 공적",『철학연구』1998년 4호 (평양 : 과학백과사전종합출판사, 1998), p. 9.

시켜 현실에 구현하는 것은 령도방법에 달려 있다"면서 영도방법이 "혁명투쟁에서 리론적으로나 실천적으로 독자적인 의의를 가진다"고 주장한다. 이러한 점에서 광의의 의미에서 볼 때 북한이 80년대 중반 이후에 제시한 다양한 이데올로기들, 예컨대 사회정치적 생명체론, 우리민족제일주의론, 붉은기사상 등은 주체의 방법으로서 순수이데올로기인 주체의 사상을 실천적으로 뒷받침하기 위한 실천이데올로기로 보는 것이 타당할 것이다.

3. 김정일시대의 이념적 정향과 변화 전망

1) 이념적 정향

북한은 김일성 사망 이후 당면한 최악의 상황에서 벗어나면서 김정일시대를 구가하기 위한 체제정비를 서두르고 있다. 2000년 6월 역사적인 남북정상회담을 통해 변화의 길로 들어선 북한은 2001년에 접어들면서 변화의 속도를 더하고 있다. 《로동신문》에 게재한 '김정일말씀'[59]은 북한이 변화를 향한 보다 구체적인 실천의지를 지니고 있음을 보여준 것으로 평가된다. 북한의 움직임에서 주목되는 것은 고르바초프의 '신사고'를 연상시키는 가운데 20세기와 21세기를 구분, 21세기를 김정일세기로 규정한 점이다. 김일성시대와 김정일시대를 구분하여 제한적으로나마 과거와의 단절을 시도함으로써 21세기에 즈음해 김정일 총비서가 주도하는 새로운 시대를 만들어 가려는 변화 의지를 분명히 하고 있는 것이다.

21세기에 즈음한 북한의 변화 움직임은 이데올로기 부문에서도 나타나고 있다. 우선 김정일사상의 강조를 들 수 있다. 북한은 김일성 사후 당면

---

59) 《로동신문》, 2001년 1월 4일.

한 어려움을 극복하는 과정에서 김정일사상을 빈번히 언급하는 가운데 최근에는 새로이 제시된 이데올로기들을 김정일 총비서와 직·간접적으로 연관지으며 이를 김정일사상으로 부르고 있다. 북한에서는 이미 80년대 말부터 김일성사상 또는 김일성주의와 함께 김정일주의라는 용어가 일반적으로 사용되어 왔다.[60] 그러나 당시의 주장은 김정일 총비서를 사상·이론가로 내세우려는 의도에 따른 제한적으로 이루어진 것이지만 최근의 경향은 당시와는 다른 특별한 의미를 지니고 있다. 특히 21세기를 김정일시대로 구분하고 있는 것과 연관지을 때 이는 김정일시대에 북한이 지향할 이념적 정향에 변화가 있을 것임을 간접적으로 시사하는 것으로 볼 수 있다.

북한은 최근에는 김정일사상을 강조하는 가운데 "온 사회를 김정일사상으로 일색화하자"는 구호마저 제시하고 있다.[61] 여기서 주목되는 것은 김정일사상이 구체적으로 무엇이냐 하는 점이다. 북한의 주장을 감안할 때 김정일사상은 주체사상을 대체하는 것이라기보다는 80년대 중반 이후 김정일 총비서에 의해 제시된 이데올로기들을 총칭하는 것으로 이해할 수 있을 것이다. 이는 붉은기사상의 기원이 김일성의 항일투쟁에 있음을 언급하면서도 이를 김정일사상으로 부르고 있고, 선군정치를 김정일에 의해 확립된 획기적인 정치방식으로 주장하고 있으며, 과학중시사상의 이데올로기적 의미를 김정일의 의지에서 취하고 있는 것에서 근거를 찾을 수 있다. 김정일사상을 이와 같이 80년대 중반 이후 김정일에 의해 제시된 이데올로기로 이해할 경우 이는 주체의 사상, 즉 순수이데올로기로서의 주체사상을 실천적으로 뒷받침하기 위한 실천이데올로기를 말한다.

이 경우 북한이 김정일사상을 강조하고 있는 이유는 두 가지 측면에서 이해할 수 있을 것이다. 하나는 북한 체제에서 주체사상이 차지하고 있는

---

60) 내외통신사, 『북한용어300선집』(서울 : 내외통신사, 1993), pp.20~21.
61) 공동사설, 《로동신문》, 1999년 1월 1일.

위상을 고려할 때 순수이데올로기로서의 주체사상을 유지하는 가운데 이데올로기에서 상황변화에 맞는 변화를 꾀할 수 있다는 점이다. 이는 북한이 김정일사상을 "새로운 혁명실천이 제기하는 문제들에 독창적인 해답을 준 창조적 사상리론"[62]으로 정의하면서 김정일사상의 내용을 실천적 내용에서 구하고 있는 것에서 뒷받침된다.[63] 다른 하나는 새로운 시대, 즉 김정일시대인 21세기를 맞이해 이에 걸맞은 새로운 이데올로기의 필요를 반영한 것으로 볼 수 있다. 북한은 김일성 사후 최악의 어려움을 겪으며 체제유지 및 경제건설을 위해 새로운 논리의 필요성을 절감했다. 이러한 점에서 김정일시대에 즈음해 북한은 순수이데올로기로서의 주체의 사상, 즉 협의의 의미의 주체사상을 유지하는 가운데 향후 실천이데올로기로서의 김정일사상을 보다 강조할 것으로 전망된다.

2) 변화 전망

북한이 2000년 7월 과학중시사상을 제시한 것[64]은 김정일시대의 새로운 이념적 정향에 비추어 매우 주목되는 대목이다. 왜냐하면 과학중시사상이 기존의 이념정향과 다른 새로운 의미를 지니고 있기 때문이다. 그동안 북한에 의해 제시된 이데올로기들은 체제를 공고히 하기 위한 사상(紅 : ideology) 중심의 것들이었다. 따라서 북한의 이데올로기 해석 역시 교조적 관점에서 이루어져 왔다. 그러나 과학중시사상은 기술(專 : expert)에 초점을 두고 북한 사회에 변화의 기운을 북돋고 있다. 이러한 현상에

---

62) 장경률, "위대한 령도자 김정일동지의 사상과 령도는 곧 경애하는 수령 김일성동지의 사상과 령도", 『철학연구』 1995년 1호, p. 3.

63) 조총련 기관지 《조선신보》는 김정일사상의 핵심 내용으로 "선군정치사상, 사회주의고수사상, 자력갱생사상이 핵을 이룬다"고 적고 있다.《조선신보》, 1999. 1. 8.

64) 공동논설,《로동신문》, 2000년 7월 4일.

대해 북한이 규범적으로 분명한 입장을 취하지 않고 있어 아직 불확실하지만 김정일시대의 이데올로기가 시대상황에 대한 새로운 인식을 반영하고 있다는 점에 주목할 필요가 있다. 즉, 주체사상의 교조성 못지않게 사회주의 국가에서 이데올로기가 체제변화 및 혁신을 도모하는 기능[65]을 수행한다는 점을 간과해서는 안 된다는 것이다.

이는 중국이 마르크스-레닌주의 및 모택동사상을 유지하는 가운데 실사구시적인 개혁·개방정책을 추진한 것에 비추어볼 때 주체사상이 북한에서의 변화의 걸림돌이 되지 않을 수 있다는 것을 의미한다. 즉, 협의의 의미의 주체사상이 추상적이고 포괄적 의미를 담고 있다는 점에서 다양한 실천이데올로기를 수용할 수 있을 뿐 아니라 북한이 과학중시사상을 제시한 데서 보듯 실제로 전향적인 새로운 실천이데올로기를 생산할 가능성은 충분히 있다.

이러한 점을 감안할 때 북한에서 김정일사상의 강조는 북한의 이데올로기 구조하에서 김정일의 통치자적 지위를 강조하기 위한 것으로, 과학중시사상의 제시는 이데올로기의 새로운 방향성을 제시하는 구체적 사례로 이해할 수 있을 것이다.

---

[65] 이명남, "정치이데올로기의 구조와 기능에 관한 연구", 연세대학교박사학위논문, 1985년, pp. 85~86.

북한의 정치

북한 정치체제와 권력구조

1. 사회주의 정치체제의 일반적 특징

하나의 사회체제로서의 사회주의, 즉 '현실 사회주의'(really existing socialism)는 1917년 볼셰비키혁명 이후 약 80여 년간 생존하고 있다. '1989년 혁명'을 계기로 사회주의권이 붕괴됨으로써 '잔존 사회주의' 국가는 중국, 베트남, 쿠바, 북한 등이 있다. 사회주의 국가별로 다양성을 보이고 있기는 하지만, 붕괴 이전의 사회주의 체제는 대체로 다음과 같은 네 가지 뚜렷한 특징을 가지고 있었다.[1]

첫째, 사회주의(공산주의) 국가들은 마르크스-레닌주의라는 공식적 이데올로기에 기초해 있다. 이러한 공식적 이데올로기는 마르크스, 엥겔스, 레닌, 모택동 및 기타 토착 공산주의 지도자 등의 이론으로부터 도출된 것이며, 사회주의 국가의 지배자들이 권위를 행사하는 기초가 될 뿐만 아니라 이들 국가의 정치에 기본이 된다. 따라서 사회주의 체제의 정치적 특성은 강한 이념지향성을 띠게 되는데, 그것은 사회주의 체제 성립과정 자체가 마르크스-레닌주의의 혁명논리에 의해 합리화되었을 뿐만 아니라 이를 통하여 체제유지와 체제발전을 위한 정당화 논리를 찾고 있기 때문이다.

---

1) 사회주의 체제의 특징에 관해서는 Stephen White, John Gardner and George Schoflin, *Communist Political Systems : An Introduction*(London : Macmillan Education, 1987), pp. 3~4 ; 조정남, 『사회주의체제론』(서울 : 교양사, 1991), pp. 179~201 참조.

둘째, 사회주의 국가는 고도로 중앙집권화된 단일한 지배정당인 공산당에 의해서 배타적인 상황에서 통치되고 있다. 이러한 사실은 위계제(位階制)의 각 수준은 그것의 바로 위에 있는 수준의 결정에 절대 복종하지 않으면 안 된다는 '민주주의 중앙집권제'와 당내에서 반대파를 조직하는 것은 금지한다는 '파벌금지'의 원칙에서 확인된다. 이러한 의미에서 사회주의 정치체제를 일반적으로 '당-국가체제'(party-state system)라고 한다. 이는 당권(黨權)이 모든 여타 정치기구의 역할과 권한에 우선하고 있다는 것을 의미한다. 그리고 사회주의 체제에서의 독점적인 권한을 행사하는 당은 하나같이 '맑스-레닌주의 당'이라는 것이다. 또한 정당제도에 있어서도 유일당제이거나 아니면, 복수정당제를 도입하고 있는 경우에도 '경쟁적 정당제'(competitive party system)가 아닌 '헤게모닉 정당제'(hegemonic party system)라고 볼 수 있는 실질적인 유일당 지배체제가 대부분이다.[2] 따라서 사회주의 체제에서는 정치적 행위에 대한 당의 책임이 있을 수 없고 이를 평가할 별도의 견제기구가 현실적으로 마련되어 있지도 못하기 때문에 당의 무오류성(無誤謬性)이 강조되고 있다.[3]

셋째, 사회주의 국가에서는 입법부, 행정부는 물론 언론, 노조, 사법부와 같이 서구사회에서 정치적 권위당국자와 어느 정도 독립적인 제도조차도 당의 위계제의 철저한 통제하에 있다. 즉, 사회의 모든 부문에 걸쳐 당의 권력독점과 지도적 역할이 광범위하게 행사되고 있다는 것이다. 최근 급격한 변화를 겪기 이전의 사회주의 사회에 있어서 지배정당인 공산당은 국가와 사회에 대한 리더십과 지시·통제의 기능을 효율적으로 수행하기 위해서 국가의 행정조직과 일치하여 조직되었으며, 국가기관들은 당의 결정을 수행한다. 즉, 입법부는 당의 결정을 헌법과 법률로 구체화시키고 행

---

2) Giovanni Sartori, *Parties and Party Systems : A Framework of Analysis*(Cambridge : Cambridge University Press, 1976), p. 230.

3) 조정남, 앞의 책, p. 195.

정기관들은 법률을 집행한다. 사실, 입법부와 행정부는 당중앙위원회, 아니 오히려 사실상의 정부인 정치국과 비서국(서기국)의 결정과 지시를 수행한다. 그리고 당대회는 단순히 정치국과 비서국의 결정을 추인하는 갈채기능(acclamatory function)만을 가진다. 당의 의지를 국가기구와 사회조직으로 전이시키고 그것의 수행을 통제하기 위해서 ①한 사람이 당직과 정부의 직책을 겸직 ②노멘클라투라체계(the system of nomenklatura)[4] ③ 당의 결정과 지시의 구속력 등의 장치들이 사용된다.[5]

넷째, 사회주의 국가의 경제는 주로 또는 거의 전적으로 공유제이며, 생산은 대개 중앙의 계획기구에 의해서 수립되고 전국적인 경제계획에 의해서 수행되는 '명령경제' 또는 '관리경제'이다. 그리고 사회주의 경제체제는 전통적으로 집단소유(협동적 소유, 전인민적 소유), 중앙통제, 중공업우선정책 등의 특징을 가지고 있다.

이러한 사회주의 체제의 일반적 특징을 기초로 해서 사회주의 정치체제의 특징을 알아보면 다음과 같다.[6]

첫째, 최고국가권력은 당의 지도부 혹은 당의 최고지도자에 의해서 통제된다. 당의 지도부는 당 정치국, 비서국이나 중앙위원회 간부회 구성원들로 이뤄진다. 비록 사회주의 국가 헌법에서 최고국가권력이 최고소비에트(Supreme Soviet. 소련), 전국인민대표대회(全人大. 중국), 최고인민회의

---

4) 노멘클라투라는 국가행정부, 사법부, 재외공관, 기업, 군대 및 사회조직에서 지도적 지위를 점하는 인물들을 지칭하는 용어이다. 이들의 모든 직책의 임명은 공산당의 동의를 요구한다. 따라서 노멘클라투라체계는 당과 국가의 지배엘리트체계를 의미한다.

5) 이에 대한 자세한 내용은 Robert Furtak, *The Political Systems of the Socialist States : An Introduction to Marxist-Leninist Regimes*(Brighton, Sussex : Wheatsheaf Books LTD, 1986), pp. 9~12 참조.

6) Yan Jiaqi, "A Comparative Study of the Features of the Socialist Political System and Possible Reforms", Mel Gurtov(ed.), *The Transformation of Socialism : Perestroika and Reform in the Soviet Union and* China(Bould : Westview Press, 1990), pp. 89~90.

(북한) 등에 귀속된다고 명문화하고 있지만 실질적으로는 소수의 당 지도부 혹은 당의 최고지도자의 수중에 있다.

둘째, 국가의 행정업무를 관장하는 2개의 느슨하게 중첩된 체계(roughly overlapping systems)가 있다. 한 체계는 헌법상의 정부기관이며 다른 한 체계는 결정적인 권력을 가지고 있는 당기관으로 구성된다. 이 두 체계는 '권력의 피라미드'(pyramid of power) 구조를 형성하여 당의 최고지도부의 결정을 인민대중 수준까지 전달되도록 한다.

셋째, 당과 정부의 제한되지 않은 권력을 지적할 수 있다. 이것은 전체주의와 같은 것으로 당과 정부가 경제·사회·문화생활 전반에 걸친 간섭을 행하게 되고, 경우에 따라서는 인민의 사생활조차도 간섭하게 된다.

넷째, 최고권력의 이양을 위한 명확한 절차의 부재를 지적할 수 있다. 이는 권력투쟁을 불러일으키고 심각한 정치적 불안정을 유발하는 주요인으로 작용한다.

1985년 고르바초프 등장 이후 소련과 동구권의 개혁·개방정책은 사회주의 체제의 기본노선에 많은 변화를 가져왔다. 그 중에 공산당의 지도적 역할 포기, 다당제 수용, 그리고 사유재산의 인정과 시장경제 원리의 도입 등은 사회주의 체제의 근본적인 개혁으로 보지 않을 수 없다.

북한은 소련과 동구권의 체제개혁을 사회주의의 포기로 간주하고 이른바 '우리식 사회주의'를 고수하면서 '주체의 혁명과업' 수행을 고집하고 있다. 북한은 주체사상에 입각하여 사회주의를 건설한다는 기본노선을 견지하면서 당과 수령의 영도적 역할과 정치와 사상의 선도적 역할을 강조하면서 사상·기술·문화의 3대 혁명과업 추진과 인민정권 강화라는 기본 입장을 고수하고 있다.

사회주의권의 정치개혁의 핵심이 당의 영도적(지도적)역할 포기에 따른 당-정분리와 입법기관의 권한증대 및 다당제 수용이라고 할 수 있는데, 북한은 이와 대조적으로 당과 수령의 영도적 역할을 더욱 강화하고 있으

며, 김일성 사후 김정일 지도체제 구축을 위해 주체이데올로기(우리식 사
회주의론, 사회주의 과학론) 확립에 몰두하고 있다.

따라서 북한 사회주의 체제는 소련과 동구권이 변화하기 전에 사회주의
체제를 규정하던 일반적 특징을 그대로 적용하여도 큰 무리는 없을 것이
다. 첫째, 마르크스-레닌주의를 북한의 실정에 맞게 창조적으로 적용하였
다는 주체사상을 그들의 공식 이데올로기로 채택하고 있다. 둘째, 조선로
동당에 의한 일당지배체제가 계속 유지되고 있다. 셋째, 사회의 모든 영역
이 조선로동당의 지도적(영도적) 역할에 의해서 지배되고 통제를 받고 있
다. 넷째, 생산수단의 사유가 인정되지 않는 중앙집권식의 계획경제체제
를 유지하고 있다는 점 등을 지적할 수 있다.

그러나 초기 동원정권의 단계를 지난 사회주의 국가의 대부분이 체제관
리기로 접어들면서 사회주의 체제의 한계성에 직면하여, 법적·합리적 지
배로의 변화를 시도하면서, 체제개혁을 하고 있다는 점을 미루어볼 때 북
한의 변화 역시 필연적일 수밖에 없을 것이다.

2. 북한 정치체제의 작동원리

1) 주체사상의 지도적 원칙

북한은 주체사상을 정치, 경제, 사회, 문화, 군사, 외교 등 모든 분야에
서 유일한 지도이념으로 삼고 있다.[7] 따라서 북한의 사회주의 정치를 이

---

7) 조선로동당 규약 전문에는 "조선로동당은 오직 위대한 수령 김일성동지의 주체사상, 혁명사
   상에 의해 지도된다"고 규정하고 있다. 1998년 9월에 수정보충한 북한 사회주의헌법 제3조에
   서 "조선민주주의인민공화국은 사람중심의 세계관이며 인민대중의 자주성을 실현하기 위한
   혁명사상인 주체사상을 자기 활동의 지도적 지침으로 삼는다"고 밝히고 있다.

해하기 위해서 선행되어야 할 것은 주체사상의 지도적 원칙에 관한 이해일 것이다.

주체사상의 지도적 원칙은 주체사상의 '철학적 원리'[8](사람이 모든 것의 주인이며 모든 것을 결정한다는 원리)와 '사회역사 원리'[9](주체사상의 철학적 원리를 구현하여 근로인민대중을 중심으로 사회역사에 대한 견해와 역사발전과 사회혁명에 대하는 관점과 입장을 밝힌 주체의 사회역사관)를 전제로 하고 그것을 구현하는 것으로서 당과 국가활동, 혁명과 건설의 모든 분야에서 주체를 세우며 주체사상을 구현하기 위한 원칙을 밝힌 것이다. 다시 말하여 당과 국가가 주체를 세우고 주체사상을 구현하여 혁명과 건설을 수행해 나가기 위해서 견지하여야 할 근본원칙들을 밝혀준 것이 주체사상의 지도적 원칙이라는 것이다.[10]

북한은 주체사상의 지도적 원칙을 김일성이 독창적으로 밝히고 김정일이 전일적으로 집대성한 혁명사상의 중요 구성부분이라고 주장하면서 "주체사상의 지도적 원칙은 인민대중이 혁명과 건설의 모든 분야에서 자주성을 철저히 구현하며 창조적 힘을 최대한으로 발양시키고 자각성과 적극성을 높이게 함으로써 그들이 혁명의 주인으로서의 입장·지위를 지키고 역할을 다하게 한다"[11]고 주장한다.

주체사상의 중요 구성부분을 차지하는 주체사상의 지도적 원칙은 ①자주적 입장을 견지하는 원칙 ②창조적 방법을 구현하는 원칙 ③사상을 기본으로 하여 나가는 원칙 등이 있다.

---

8) 북한 사회과학출판사 편, 주체사상총서 제1권 『주체사상의 철학적 원리』(서울 : 백산서당, 1989) 참조.

9) 북한 사회과학출판사 편, 주체사상총서 제2권 『주체사상의 사회역사 원리』(서울 : 백산서당, 1989) 참조.

10) 북한 사회과학출판사 편, 주체사상총서 제3권 『주체사사상의 지도적 원칙』(서울 : 백산서당, 1988), p. 15.

11) 북한 사회과학원 철학연구소 지음, 『철학사전』(서울 : 도서출판 힘, 1988), p. 670.

첫째, '자주적 입장을 견지하는 데 대한 원칙'은 사상에서 주체, 정치에서 자주, 경제에서 자립, 국방에서 자위의 원칙을 관철해 인민대중이 주인다운 사상관점과 태도를 세우고 자기 인민을 위해 복무하며 자기 인민의 힘에 의거하는 정치와 경제, 자기의 힘으로 자기 나라를 보위하는 국방력을 이룩하게 함으로써 혁명의 주인으로서의 자주적 권리를 옹호하고 책임을 다하게 한다는 원칙이다.

둘째, '창조적 방법을 구현하는 데 대한 원칙'은 인민대중에 의거하는 방법과 실정에 맞게 하는 방법을 관철해 그들의 창조력을 최대한으로 동원하고 혁명과 건설에 나서서 모든 문제를 창조적으로 풀어나가게 함으로써 혁명의 주인으로서의 역할을 다하게 한다는 원칙이다.

셋째, '사상을 기본으로 틀어쥐고 나가는 데 대한 원칙'은 사상개조사업과 정치사업을 모든 사업에 앞세워 인민대중을 자기 수령과 당에 끝없이 충직한 참다운 공산주의 혁명가로 만들고, 그들의 혁명적 열의와 창조적 적극성을 높이 불러일으킴으로써 혁명의 주인으로서의 지위를 지키고 역할을 다하게 한다는 원칙이다.[12]

요컨대, 주체사상의 지도적 원칙은 당과 국가활동, 혁명과 건설의 모든 분야에서 주체를 세우고 주체사상을 구현하기 위한 지도적 원칙을 밝혀줌으로써 인민대중의 운명을 개척하기 위한 혁명투쟁을 성과적으로 수행하기 위한 근본원칙들을 제시해준다는 것으로, 온 사회를 주체사상화하겠다는 의지의 표현으로 볼 수 있다.

2) 사회정치적 생명체론

사회주의 사회는 집단주의에 기초하면서 공산주의 사회의 건설을 최고

---

12) 앞의 책, pp. 670~672.

의 목표로 삼고 있다. 이 집단주의란 주민구성에서 계급적인 대립과 갈등이 없이 같은 처지에 있는 사람들로 형성되어 있다는 것을 뜻하는데 이는 두 가지 측면에서 뒷받침된다. 그 하나는 모든 생산수단이 사회화됨으로써 사회경제적 차이가 없어진다는 것이며, 다른 하나는 논리적으로 볼 때 사회발전의 지향성과 그 집단주의 성원들이 추구하는 목표가 동일하다는 것이다. 따라서 집단주의체제는 그에 상응하는 권력구조와 사회발전의 방법론을 달리하고 있다.[13]

북한의 경우는 마르크스-레닌주의의 유물사관과는 달리 주체사관이라는 것으로 문제를 해결해 나가고 있는데, 주체사상은 수령, 당, 대중의 통일체를 역사와 혁명의 자주적인 주체로 본다. 북한은 혁명과 건설의 추진 과정에서 제기하고 풀어나간 '수령, 당, 인민대중'의 문제를 북한 사회주의 발전의 주체문제로 보고 그것을 중심으로 권력구조를 형성시켜나갔을 뿐 아니라 사회주의·공산주의 건설의 기본적인 방법론으로 택하고 있기 때문에 수령, 당, 대중이 운명을 같이하는 사회정치적 생명체라는 집단주의적 생명관을 이해하는 것은 북한의 독특한 집단주의체제, 즉 수령(김일성)과 지도자(령도자, 김정일)를 중심으로 하는 '주체의 영도체계'를 이해하는 데 기본적이고 관건적인 문제가 되는 것이다.

북한의 당이론가들은 그들이 지금까지 이루어놓은 혁명과 건설에서의 성과들은 수령, 당, 대중이 하나의 생명체와 같이 굳게 통일단결된 데 기초하여 이룩된 결실이라고 하면서, 김정일이 "주체사상의 원리에 기초하여 수령, 당, 대중이 오직 하나로 통일될 때 역사의 자주적인 주체로서의 생명을 가질 수 있다는 진리를 밝혀주었다"고 주장한다.[14]

그럼 여기서 김정일이 "주체사상교양에서 제기되는 몇가지 문제에 대

---

13) 김남식, "수령·당·대중조직", 김남식 외 공저, 『북한사회의 올바른 이해를 위하여』(서울 : 현장문학사, 1989), p. 209.
14) 김재성, "수령, 당, 대중의 통일체는 력사의 자주적인 주체", 『근로자』, 1987년 제7호, p. 32.

하여"라는 담화에서 최초로 밝혔다는 '수령, 당, 대중은 운명을 같이하는 사회정치적 생명체'에 관한 논리를 원문을 중심으로 살펴보면 다음과 같다.

인민대중이 혁명의 자주적인 주체로 되기 위하여서는 당과 수령의 령도 밑에 하나의 사상, 하나의 조직으로 결속되어야 합니다. 조직사상적으로 통일단결된 인민대중만이 자기 운명을 자주적으로, 창조적으로 개척해 나갈 수 있습니다. 혁명의 주체는 수령, 당, 대중의 통일체입니다.

인민대중은 당의 령도 밑에 수령을 중심으로 하여 조직사상적으로 결속됨으로써 영생하는 자주적인 생명력을 지닌 하나의 사회정치적 생명체를 이루게 됩니다. 개별적인 사람들의 육체적 생명은 끝이 있지만 자주적인 사회정치적 생명체로 결속된 인민대중의 생명은 영원합니다.(중략)

영생하는 사회정치적 생명은 수령, 당, 대중의 통일체인 사회정치적 집단을 떠나서는 생각할 수 없습니다. 개별적인 사람들은 오직 이러한 사회정치적 집단의 한 성원으로 됨으로써만 영생하는 사회정치적 생명을 지닐 수 있습니다.[15]

요컨대, 혁명의 주체는 수령, 당, 대중의 통일체이며 수령, 당, 대중은 운명을 같이하는 하나의 사회정치적 생명체를 이룬다는 것으로, 사회정치적 생명체의 특성과 그 생명력의 원천은 수령, 당, 대중이 하나의 생명으로 결합되어 일심동체를 이루며 인민대중의 자주성을 실현하기 위한 투쟁에서 생사고락을 같이 해나가는 혼연일체의 관계에 있다는 것이다. 그리고 수령, 당, 대중이 운명을 같이하는 사회정치적 생명체라는 것은 수령, 당, 대중이 하나로 결합되어 영생하는 자주적인 생명력을 가지고 투쟁해

---

15) 김정일, "주체사상교양에서 제기되는 몇가지 문제에 대하여",(조선로동당 중앙위원회 책임 일군들과 한 담화, 1986년 7월 15일), 『근로자』, 1987년 제7호, p. 13.

나간다는 것을 말한다.[16)

북한의 당이론가들은 김정일이 최초로 밝혔다는 사회정치적 생명체론을 생명유기체론(사회유기체론)에 기초하여 다음과 같이 설명한다.

생명유기체에서 여러 기관들의 위치와 기능은 서로 다르지만, 그것들이 하나로 결합되고 생명활동을 보장하는 데로 지향해 나가야 생명유기체는 자기 생명을 보존하고 발전해 나간다. 이와 마찬가지로 사회정치적 생명체에서도 수령, 당, 대중이 차지하는 지위와 역할은 다르지만 그들이 하나로 결합되고 자주성을 실현하는 데로 그 창조적 능력이 발양될 때 사회정치적 생명체의 생명활동이 보장되고 발전될 수 있는 것이다.[17)

김정일이 밝힌 수령, 당, 대중이 혁명과 건설에서 차지하는 지위와 역할은 다음과 같다.

(1) 수령

수령은 사회정치적 생명체의 최고뇌수, 생명의 중심이다. 수령은 인민대중의 자주적인 요구와 이해관계를 분석종합하여 하나로 통일시키는 중심인 동시에 그것을 실현하기 위한 인민대중의 창조적 활동을 통일적으로 지휘하는 중심이다.[18)

(2) 당

당은 수령을 중심으로 조직사상적으로 공고하게 결합된 인민대중의 핵

---

16) 김학봉, "수령, 당, 대중은 운명을 같이하는 사회정치적 생명체", 『근로자』, 1987년 제12호, p. 14.
17) 위의 논문, p.15.
18) 김정일, "주체사상교양에서 제기되는 몇가지 문제에 대하여", 앞의 담화, p. 13.

심부대로서 자주적인 사회정치적 생명체의 중추를 이룬다.[19] 당은 수령과 대중을 혈연적으로 결합시키는 역할을 한다. 당은 수령의 사상으로 대중을 무장시키고 혁명조직에 묶어세움으로써 그들을 수령의 두리에 튼튼히 결속시킨다. 당은 또한 대중을 수령이 제시한 사상과 노선, 정책을 관철하기 위한 투쟁에 조직동원한다.

(3) 인민대중

인민대중(노동자, 농민, 근로인텔리)은 자주적인 사회정치적 생명체의 담당자이다. 인민대중은 당과 수령의 영도 밑에 수령이 제시한 사상과 노선, 정책 관철에 자신의 창조적 능력을 최대한으로 발양하고 당과 수령을 옹호보위함으로써 사회정치적 생명체의 자주적 생명력을 더욱 증대시키고 그 생명활동을 강화한다는 것이다.[20]

김정일은 사회정치적 생명체의 담당자로서의 인민대중과 수령과의 '혈연적인 연계'에 대해서 다음과 같이 밝히고 있다.

> 개별적인 사람들은 당조직을 통하여 사회정치적 생명체의 중심인 수령과 조직사상적으로 결합되어 당과 운명을 같이하게 될 때 영생하는 사회정치적 생명을 지니게 됩니다. 사람들은 당조직과 당이 령도하는 사회정치조직의 한 성원으로서 조직사상생활에 적극 참여함으로써만 사회정치적 생명체의 중심인 수령과의 혈연적인 련계를 공고히 하고 자기의 사회정치적 생명을 빛내 나갈 수 있습니다.[21]

요컨대, 인민대중이 역사의 자주적인 주체로서의 지위를 차지하고 역할

---

19) 앞의 담화, p. 13.
20) 김학봉, 앞의 논문, p. 15.
21) 김정일, "주체사상교양에서 제기되는 몇가지 문제에 대하여", 앞의 담화, pp. 13~14.

을 다하자면 '지도와 대중'이 결합되고 수령, 당, 대중이 사상의지적으로 혼연일체로 통일단결되어야 한다는 것이다.

주체사상에서 말하는 '지도와 대중의 결합'은 인민대중에 대한 당과 수령의 영도이며 그것은 곧 인민대중을 의식화·조직화하여 수령의 두리에 조직사상적으로 통일단결시키는 과정을 의미한다.[22] 이는 인민대중이 역사의 자주적인 주체로 되기 위한 필수적 조건이라는 것을 강조하기 위한 것으로, 인민대중은 오직 옳은 지도를 받을 때에만 역사의 자주적인 주체로 될 수 있다는 것을 말한다.

또한 수령, 당, 대중이 운명을 같이하는 사회정치적 생명체라는 것은 이 사회정치적 생명체가 혁명적 의리와 동지애에 의하여 결합되어 있다는 것을 말하는데, '혁명적 의리와 동지애의 원리'는 집단주의적 생명관[23]에 기초한 것으로 개인의 생명의 모체인 수령, 당, 그리고 대중을 운명을 같이하는 사회정치적 생명체로 결합시키는 작용을 한다.

김정일이 사회정치적 생명체론을 통해서 강조하고자 하는 것은 ①혁명의 주체는 수령, 당, 대중의 통일체라는 명제 아래 혁명적 수령관을 확립하여 수령에 대한 충실성을 보장하며, ②인민대중을 당과 수령의 영도하에 조직사상적으로 통일단결시키며, ③집단주의적 생명관에 기초하여 개인의 육체적 생명의 유한성과 구별되는 사회정치적 생명의 영생을 강조함으로써 수령중심의 집단주의체제(전체주의적 독재체제)를 확립하고, 수령의 계승 즉, 김일성-김정일 권력승계를 정당화하고자 하는 데 그 근본목적이 있는 것으로 보인다.

---

22) 김재성, 앞의 논문, p. 33.

23) 주체사상에서 말하는 집단주의적 생명관은 개인과 집단, 육체적 생명과 사회정치적 생명 가운데서 집단, 사회정치적 생명을 더 귀중한 것으로 내세우는 생명관이다.

3. 북한의 통치체계 : 주체의 영도체계

주체의 영도체계는 "노동계급의 당과 수령의 영도를 실현하기 위한 조직과 기구들의 총체"이다. 그리고 "인민대중에 대한 노동계급의 당과 수령의 영도는 영도체계를 통하여 실현"되며 "영도체계는 당, 국가, 근로단체들로 구성"된다.[24]

1) 수령의 유일적 영도체계 : 수령중심의 유일체제

수령의 유일적 영도체계는 근로인민대중을 수령의 사상과 의도대로 사고하고 행동하도록 이끌어가는 체계인 '사상체계'로서의 측면과 근로인민대중을 수령의 사상을 실현하기 위한 혁명투쟁에로 조직동원하는 체계인 '조직지도체계'로서의 측면을 가지고 있다.

북한에서 말하는 "수령의 유일적 영도체계는 전당과 전체 인민을 수령의 혁명사상으로 튼튼히 무장시키며 수령을 중심으로 하는 전당과 전체 인민의 통일단결을 실현하며 수령의 명령, 지시를 무조건 접수하고 관철하는 혁명적인 사업체계와 질서를 전당과 온 사회에 확립하는 것을 본질적 내용으로 하는 영도체계이다."[25]

북한에서는 "수령의 유일적 영도체계를 허물고 수령의 권위와 위신을 헐뜯으려는 온갖 시도들은 수령의 영도적 역할을 말살하여 혁명과 건설을 파탄시키려는 반혁명적, 기회주의직 책동"으로 간주된다. 따라서 북한 당국의 주장에 의하면 "온갖 기회주의의 공격으로부터 수령의 유일적 영도체계를 철저히 옹호보위하는 것은 당과 프롤레타리아독재를 강화하며 인

---

24) 『철학사전』, 앞의 책, p. 462.
25) 북한 사회과학출판사 편, 주체사상총서 제 9권 『영도체계』, (서울 : 지평, 1989), p. 80.

민대중을 한결같이 조직동원하여 혁명과 건설을 승리에로 전진시키기 위한 결정적 담보"[26]라는 것이다.

주체사상에서는 '수령의 유일적 영도체계 확립의 기본요구와 방도'를 다음과 같이 밝히고 있다. 먼저, 수령의 유일적 영도체계 확립의 기본 요구로서는 ①수령에 대한 끝없는 충실성 배양 ②수령을 중심으로 하는 전당의 사상의지적 통일과 혁명적 단결 강화 ③노동계급의 수령이 지닌 고매한 공산주의적 풍모와 혁명적 사업방법, 인민적 사업작풍을 따라 배우는 것 ④수령의 혁명위업계승발전을 위한 지도체제를 세우는 것 등이 있다.[27]

다음으로, 수령의 유일적 영도체계 확립의 기본방도로서는 ①혁명적 수령관을 확립하는 것 ②사상전을 벌리는 것 ③혁명적 조직생활을 강화하는 것 ④수령의 유일적 영도체계확립을 위한 사업을 사회주의·공산주의를 건설하기 위한 혁명적 실천과 밀접히 결부하여 진행하는 것 등이 있다.[28]

일반적으로 프롤레타리아독재체계는 당, 국가, 근로단체 등으로 구성된다. 당은 프롤레타리아독재체계에서의 지도적 역할을 수행하며, 국가기관은 당의 노선과 정책을 집행하고 당과 대중을 연결시키는 포괄적인 인전대(引傳帶, transmmision belt)로서 군중을 교양하고 당정책 관철에로 조직동원하는 역할을 수행한다. 그리고 근로단체는 각계각층의 광범한 군중을 조직화·의식화하여 당을 중심으로 단결시키는 인전대 역할을 수행한다.

북한은 마르크스-레닌주의의 보편적 논리와는 달리 당, 국가, 근로단체라는 프롤레타리아독재체계의 상위에 '수령'이라는 절대권력자의 존재를 설정하고, 그가 프롤레타리아독재체계의 총체를 유일적으로 움직이며 영도한다는 것을 특별히 강조하고 있다. 따라서 북한의 권력구조는 다른 사

---

26) 앞의 책, p. 95.
27) 위의 책, pp. 96~102 참조.
28) 위의 책, pp. 102~109 참조.

회주의 국가들과는 달리 '수령중심의 유일체제'라고 할 수 있다. 사회정치적 생명체론에 입각한 '수령중심의 유일체제'를 도식화하면 다음과 같다.

〈그림 1〉 사회정치적 생명체론에 입각한 북한의 통치체계

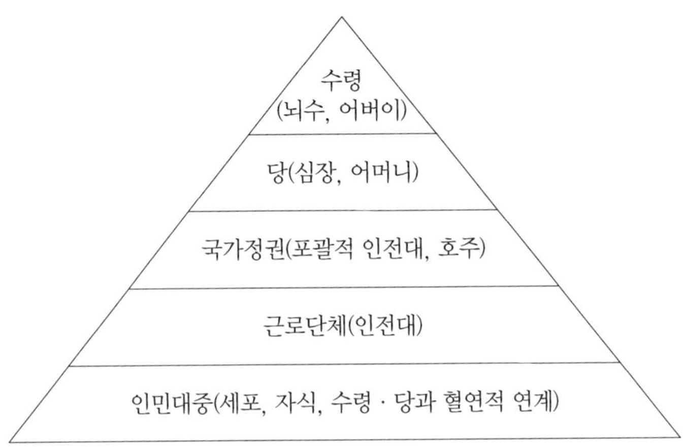

북한은 1967년 5월 조선로동당 중앙위원회 제4기 제15차 전원회의를 계기로 항일빨치산파 중심의 유일사상체계가 확립됨으로써 항일유격대의 혁명전통이 체제정당화의 근거로 자리잡게 되었다. 따라서 북한은 수령과 전사, 지도와 대중이 혈연적 연계를 바탕으로 하여 수령(최고뇌수, 어버이)—당(심장, 어머니)—국가(포괄적 인전대, 호주)—근로단체(인전대)—인민대중(세포, 자식)이 '혁명적 대가정'을 이룸으로써 하나의 사회정치적 생명체로 결합된 '유격대국가'(와다 하루끼)[29] 또는 '조합주의국가'(Bruce Cumings)[30]의 성격을 갖추게 되었다.

---

29) 와다 하루끼 저, 고세연 역, 『역사로서의 사회주의』(서울 : 창작과비평사, 1994), pp. 137~140.

30) Bruce Cumings, "The Corporate State in North Korea", Hagan Koo(ed.), *State and Society in Contemporary Korea*(Ithaca : Cornell University Press, 1993), pp. 197~230.

북한에서의 당의 유일사상체계 및 수령의 유일지도체제의 확립, 즉 '유일체제'의 형성은 사회주의적 민주주의의 요소를 말살시키는 계기가 되었으며, 체제경직성의 중요한 원인이 되었다. 민주주의 중앙집권제의 민주주의 요소는 축소되고 중앙집권제가 강화됨으로써 중요 정책결정 과정에서의 활발한 공개토론이 자취를 감춤으로써 당내 민주주의는 찾아보기 어렵게 되었다.

특히 후계체제의 조기 구축은 개혁을 추진할 수 있는 새로운 지도자의 출현을 원천적으로 봉쇄했다. 따라서 북한은 정치체제의 안정과 후계체제의 확립 및 공고화에 정책의 최우선 순위를 두는 수령과 지도자 중심의 '유일체제'(수령제)를 확립함으로써 고도 과학기술혁명, 특히 제3차 산업혁명인 지식·정보혁명을 수용할 수 있는 유연성을 갖추지 못했을 뿐만 아니라 급속한 국내외적인 환경변화에 적응하는 데도 실패했다.

북한에서의 유일체제와 수령제의 확립은 법과 제도에 의한 통치인 법치(法治)가 아니라 무오류성이 부여된 신격화된 수령(김일성)과 영도자(김정일)에 의한 자의적 지배, 즉 인치(人治) 또는 신치(神治)를 가능하게 하는 장치를 마련하는 계기가 되었다.

수령의 유일적 영도체계 확립의 기본요구와 방도에 비추어볼 때 북한에서의 통치권위는 조직이나 직위가 아닌 자연인의 신성(神性)에서 찾게 되는데, 이런 정치체제는 이미 '신정체제'(神政體制)로 인식된다는 것이다.[31] 북한 체제가 다른 전체주의체제와 다른 점은 지배권위의 타당 근거설정에서 찾을 수 있다. 레닌주의에서는 프롤레타리아독재를 공산체제로의 전이기, 즉 과도기에서 혁명의 전리품을 혁명의 적으로부터 지키기 위해 불가피한 조치로 정당화하면서 인민의 뜻을 바르게 대표하는 당을 지배권위의

---

31) 이상우, "김일성체제의 특질", 이상우 외 공저, 『북한 40년』(서울 : 을유문화사, 1988), pp. 24~25.

담당자로 내세우고 있다. 그러나 북한 정권에서는 모든 권위의 원천을 수령과 영도자, 즉 김일성-김정일로 한정하고 있다. 더욱이 북한은 수령의 유일적 영도를 대를 이어 계속 보장하기 위한 '수령의 혁명위업계승발전을 위한 지도체계 확립', 즉 김일성-김정일 권력승계체제를 구축해왔다.

2) 영도체계에서 당, 국가정권, 근로단체

주체사상에 의하면 수령의 유일적 영도는 프롤레타리아독재체계를 통하여 실현되며, 프롤레타리아독재체계는 혁명과 건설 전반에 대한 수령의 유일적 영도를 보장하기 위한 조직지도체계이며 영도체계이다. 프롤레타리아독재체계는 수령을 중심으로 노동계급의 당과 국가정권, 그리고 근로단체들로 이루어지는데, 여기서 영도체계에서의 각각의 지위, 역할, 기능 등을 알아보면 다음과 같다.

(1) 노동계급의 당 : 조선로동당

노동계급의 당은 영도체계에서 '향도적 역량'으로 노동계급과 근로대중의 다른 모든 조직들을 통일적으로 지도하는 최고형태의 조직이며, 혁명과 건설을 전적으로 책임지고 모든 사업을 조직지휘하는 '혁명의 참모부'이다.

주체사상에서는 노동계급의 당을 사회의 '심장'으로 간주한다. 이것은 당이 사회의 모든 성원들에게 수령의 혁명사상을 넣어주어 그들 모두가 수령의 혁명사상으로 살고 행동하게 함으로써 온 사회가 하나의 유기체와 같이 움직이도록 한다는 것을 의미한다. 그리고 전당이 수령의 혁명사상으로 완전히 일색화될 때 당건설위업은 종국적으로 완성된다고 주장한다. 다시 말하면, 사람의 몸에 한 가지 형의 피가 있어야 생존할 수 있는 것과 마찬가지로 당 안에는 오직 하나의 사상, 수령의 혁명사상만이 지배하여야 당이 수령의 당으로서 자기의 혁명적 본성을 고수하고 건전하게 발전할 수 있으며 자기의 역사적 사명을 다할 수 있다고 주장한다.[32]

당의 조직체계 역시 전일성이 보장되고, 당이 대중과 '혈연적인 연계'를 맺고 대중 속에 깊이 침투하며, 당조직체계를 확립하기 위해서 '민주주의 중앙집권제'를 철저히 관철할 것을 요구한다.[33]

조선로동당 규약 제11조에는 "당은 민주주의 중앙집권제 원칙에 의하여 조직한다"고 당의 조직원리를 밝히고 있다. 조선로동당은 민주주의 중앙집권제에 따라 다음과 같이 운영된다. 첫째, 각급 당조직의 지도기관은 민주주의적으로 선거하고, 선출된 당지도기관은 선거한 당조직에 대해 자기의 사업에 관해서 정기적으로 총화·보고해야 한다. 둘째, 당원은 당조직에 복종하며 소수는 다수에 복종하며 하급당조직은 상급당조직에 복종하며 모든 당조직은 당중앙위원회에 절대 복종해야 한다. 셋째, 모든 당조직은 당의 노선과 정책을 무조건 옹호·관철하며 하급당조직은 상급당조직의 결정을 의무적으로 집행해야 하며, 상급당조직은 하급당조직의 사업을 계통적으로 지도 검열하며 하급당조직은 상급당조직에게 자기의 사업에 대하여 정기적으로 보고해야 한다.

조선로동당의 중앙조직은 당대회, 당중앙위원회, 정치국과 정치국 상무위원회, 비서국, 군사위원회, 검열위원회 등이 있다. 이들 각각의 기능과 역할에 대해서는 조선로동당 규약에서 자세히 밝히고 있다.

당의 최고지도기관은 당대회이다. 당대회는 5년에 1회 당중앙위원회가 소집한다(당규약 제21조).[34] 당대회는 ①당중앙위원회 및 당중앙검사위원

---

32) 『영도체계』, 앞의 책, pp. 118~120.

33) 이에 대한 자세한 논의는 고유환, "조선로동당의 중앙조직과 지도적 역할", 『안보연구』, 제19호(서울 : 동국대 안보연구소, 1990), pp. 89~122 참조.

34) 역대 당대회가 개최된 기간은 1차 당대회(1946. 8. 28~30), 2차 당대회(1948. 3. 27~30), 3차 당대회(1956. 4. 23~29), 4차 당대회(1961. 9. 11~18), 5차 당대회(1970. 11. 2~13), 6

회 사업 총화 ②당강령과 규약의 채택 또는 수정보완 ③당노선과 정책 및 전략전술에 관한 기본문제 결정 ④당중앙위원회 및 당중앙검사위원회 선거 등의 기능을 수행한다.

당중앙위원회는 당대회 사이에 모든 당사업을 조직·지도한다. 당규약에 의하면 "당중앙위원회는 전당에 유일사상체계를 철저히 확립하며, 당의 로선과 정책을 수립하고 그 수행을 조직·지도하며 당과 혁명대열을 공고히 하고 행정 및 경제사업을 지도 조정하며 혁명적 무력을 조직, 그 전투능력을 높이고 기타 정당 및 국내외기관의 활동에 당을 대표하며 당의 재정을 관리한다"(당규약 제23조). 당중앙위원회는 당중앙위원회 전원회의를 6개월에 1회 이상 소집하도록 돼 있다. 당중앙위원회 전원회의는 해당시기에 당이 직면한 중요문제 등을 토의 결정하며, 정치국과 정치국 상무위원회를 선거하며, 총비서와 비서를 선거하고 비서국과 군사위원회를 조직한다. 그리고 당중앙위원회는 당중앙위원회 검열위원회를 선출한다(당규약 제24조).

당중앙위원회 정치국과 정치국 상무위원회는 전원회의와 전원회의 사이에 당중앙위원회 명의로 당의 모든 사업을 조직·지도하며(당규약 제25조), 당중앙위원회 비서국은 필요시, 당인사 및 당면문제 등 당내문제를 토의·결정하며 그 결정의 집행을 조직·지도한다(당규약 제26조).

3) 노동계급의 국가정권 : 조선민주주의인민공화국

주제사상에 의하면 혁명과 건설에 대한 수령의 유일적 영도는 당과 함

차 당대회(1980.10. 10~14) 등이다. 이상에서 보는 바와 같이 당대회가 규약에 따라 규칙적으로 열리지 않은 것을 알 수 있다. 특히 1980년 10월 6차 당대회 이후 20여 년간 당대회가 한 번도 열리지 못했다는 것을 주목할 때 북한에서의 당의 기능과 역할에 많은 문제가 있는 것으로 보인다.

께 당의 영도 밑에 노동계급의 국가정권을 통하여 실현되며, 국가정권은 주권적·행정적 기능을 통하여 사회주의·공산주의 건설에 대한 수령의 영도를 확고히 보장해야 한다. 또한 주체사상은 프롤레타리아독재정권에 대한 선행이론을 새로운 역사적 조건에 맞게 발전시켜 프롤레타리아독재정권의 새로운 형태인 '인민정권'에 대한 독창적인 이론을 내놓았다고 주장한다.[35]

북한에서 말하는 인민정권(국가정권)은 노동계급을 비롯한 근로인민대중의 이익에 맞게 사람들의 활동을 통일적으로 조직하고 지휘하는 가장 포괄적인 정치조직이며 당의 3대 혁명노선의 집행자이다. 즉, 영도체계에서 노동계급의 국가정권의 지위와 역할은 당과 대중을 연결시키는 가장 포괄적인 인전대이며, 당의 노선과 정책의 집행자이다.

북한의 당이론가는 인민정권의 임무에 대해서 다음과 같이 밝히고 있다.

> 인민정권은 사회주의 제도가 수립되기 이전시대에는 착취계급과 착취관계를 반대하는 투쟁을 통하여 근로인민대중의 사회정치적 자주성을 실현하는 것을 자기의 임무로 삼았다면 사회주의 제도가 확립된 다음에는 사상, 기술, 문화 분야에서 낡은 사회의 온갖 유물을 청산하고 인민대중의 자주성을 완전히 실현하는 것을 자기의 기본임무로 삼게 된다.[36]

국가정권(인민정권)은 당의 노선과 정책을 집행할 수 있는 기능과 그것을 수행하는 데 필요한 정치적·물질적·조직적 수단들을 가지고 있다. 국가정권의 기능은 ①인민의 이익을 침해하는 적대분자, 반혁명적 요소 등에 대한 '진압의 기능' ②국가의 법질서를 유지하기 위한 '통제적 기능'

---

35) 『영도체계』, 앞의 책, pp. 146~147.
36) 손성필, "인민정권의 기능과 역할을 높이는 것은 사회개조를 다그치기 위한 근본요구", 『근로자』, 1990년 제1호, p. 47.

③경제건설을 추진하는 '경제조직자적 기능' ④사상혁명과 문화혁명을 추진하는 '문화교양자적 기능' ⑤국토를 지키는 '방위적 기능' ⑥혁명의 국제적 임무를 수행하는 '대외적 기능' 등으로 집약된다.[37] 국가정권은 이러한 기능을 통해서 정치, 경제, 사회, 문화, 군사 등 사회생활의 모든 분야에서 당의 노선과 정책을 전면적으로 집행한다.

국가정권은 입법기관(최고인민회의), 행정기관(국방위원회, 내각), 사회안전기관(국가안전보위부, 사회안전성), 재판검찰기관(중앙재판소, 중앙검찰소) 등 권력기관들을 가지고 그것을 통하여 당이 제시한 방향에 따라 프롤레타리아독재의 기능을 수행하며 사법정책, 경제정책, 교육정책, 문예정책, 대외정책 등을 비롯한 당의 모든 정책집행을 조직하고 지도하며 감독·통제한다.

북한에서는 인민정권이 인민들의 생활을 완전히 책임지고 돌보는 '호주'(戶主)로서의 사명과 임무를 수행한다고 선전하면서, 인민정권이 호주로 되는 것은 "생산수단이 사회화되고 사회의 모든 생활이 계획적으로, 조직적으로 실현되는 사회주의 제도 자체의 근본요구이며, 사회주의 제도의 우월성을 발양시키기 위한 중요한 담보"[38]라고 주장한다. 그리고 "인민정권의 기능과 역할을 높여 사회개조사업을 다그쳐나가는 데서 무엇보다 중요한 것은" 김일성이 밝혔다는 "공산주의는 인민정권에 3대혁명을 더한 것"이라는 사상을 국가활동에 철저히 구현하는 것이라고 하면서 "인민정권을 끊임없이 강화하며 그 기능과 역할을 높여 사상, 기술, 문화의 3대혁명을 철저히 수행하면 인민대중의 자주성이 완전히 실현되는 공산주의 낙원이 건설된다"[39]고 선전한다.

---

37) 『영도체계』, 앞의 책, pp. 148~149 ; 『프롤레타리아 독재국가 건설에 관한 김일성의 사상』 (평양 : 사회과학출판사, 1971), pp. 273~283 ; 『북한개요 '91』(서울 : 통일원, 1991), pp. 65~66.
38) 『영도체계』, 앞의 책, p. 151.

요컨대, 주체의 영도체계에 관한 이론에 의해서 밝혀진 혁명적 영도체계
에서 국가정권기관이 차지하는 지위와 역할은 국가정권이 당과 인민대중
을 연결시키는 가장 포괄적인 인전대이며 당정책의 집행자이며 근로인민
대중의 자주적이며 창조적인 생활을 보장해주는 정치적 무기라는 것이다.

주체의 영도체계에 관한 이론은 민주주의중앙집권제원칙이 모든 국가
기관들의 조직과 활동의 기본원칙으로 된다는 것을 밝혔는데, "민주주의
중앙집권제의 철저한 관철은 국가사업과 국가활동의 모든 분야에서 강한
중앙집권적 규율과 혁명적 질서를 세워 모든 국가기관들과 국가기관일군
들의 행동상 통일을 확고히 보장하고 수령의 유일적 영도 밑에 하나와 같
이 움직일 수 있게 한다"[40]는 것을 의미한다.

북한의 국가통치구조는 외형상 입법, 사법, 행정의 삼권에 관한 제도를
헌법에 명문화해놓고 있지만 자유민주주의에서 말하는 삼권분립의 개념
을 인정하지 않고 있으며, 특히 사법기관은 행정기관의 보조기관에 불과
한 '수령의 유일지배체제'를 구축하고 있다.

국가기구체계에 속하는 최고인민회의, 국방위원회, 최고인민회의 상임
위원회, 내각, 지방인민회의, 지방인민위원회, 검찰소와 재판소의 임무와
권한 등은 북한 사회주의 헌법에서 자세히 밝히고 있다.

1948년 9월 9일 제정한 조선민주주의인민공화국 헌법은 최고주권기관
인 최고인민회의와 최고인민회의상임위원회, 국가중앙집행기관으로 내각
(수상, 부수상, 국가계획위원장, 상)을 두고 있다.

1972년 12월 채택한 사회주의 헌법의 가장 중요한 특징은 '혁명적 수령
론'을 헌법적으로 제도화한 주석제의 규정이다. 1972년 헌법에 의하면 공
화국 주석직은 국가의 수반이며 국가주권을 대표하는 직책으로 국가활동

---

39) 손성필, 앞의 논문, p. 50.
40) 『영도체계』, 앞의 책, p. 155.

에 대한 주석의 유일적 영도를 보장하기 위해서 주석이 중앙인민위원회를 직접 지도하며 필요에 따라 정무원회의를 소집하고 지도하며 북한의 전반적 무력의 최고사령관, 국방위원회 위원장으로서 국가의 일체 무력을 지휘·통솔하는 직위이다.

주석의 유일적 영도를 보장하기 위해서 만들어진 중앙인민위원회 역시 1972년 헌법 채택 당시 많은 주목을 받았다. 주석을 수위로 하는 중앙인민위원회는 '당-정-군 복합체'의 성격을 가진 북한 국가주권의 최고지도기관이었다. 1972년 헌법에 규정된 중앙인민위원회의 중요한 임무와 권한은 국가의 대내외정책을 세우며 정무원과 지방주권기관, 사법검찰기관들과 국방 및 정치보위 사업을 지도하며 국가기관들에 대한 주권감독을 실시하는 것이다.

이와 같이 1972년 사회주의 헌법의 권력구조의 핵은 수령의 유일적 영도(지배)를 헌법적으로 보장한 주석제의 채택이다. 서방식 대통령제에 대응한 주석제의 채택으로 북한의 권력은 "당에서 국가로 이전된 것"이라는 분석이 나올 정도로 주석과 중앙인민위원회의 권한은 절대적인 것이었다. 그러나 내각의 기능을 수행하는 정무원은 최고주권기관의 행정적 집행기관으로 주석과 중앙인민위원회의 지도 밑에서 사업을 한다고 함으로써 상대적으로 약화되었다.

북한의 1972년 헌법은 종전의 최고인민회의, 내각, 일부 사법기능을 통합·재조정하여 행정부에 모든 국가 임무를 집중시켰다. 행정부는 다시 국가주권의 최고지도기관인 중앙인민위원회와 행정적 집행기관인 정무원으로 분리하여 행정권을 지도기능과 집행기능으로 이원화했다.

이와 같이 1972년 헌법상의 국가권력구조는 주석-중앙인민위원회-정무원으로 이어지는 3단계 중앙행정체계를 이루고 행정부에 권한이 집중되어 있었다. 따라서 최고주권기관으로서의 최고인민회의는 형식상이나마 보유하던 권한이 대폭 축소되었다. 더욱이 사법기관인 중앙재판소와 중앙검찰소조차도 중앙인민위원회 지도 밑에 들어가게 되었다.

〈그림 2〉 주석의 권한체계(1972년 헌법)

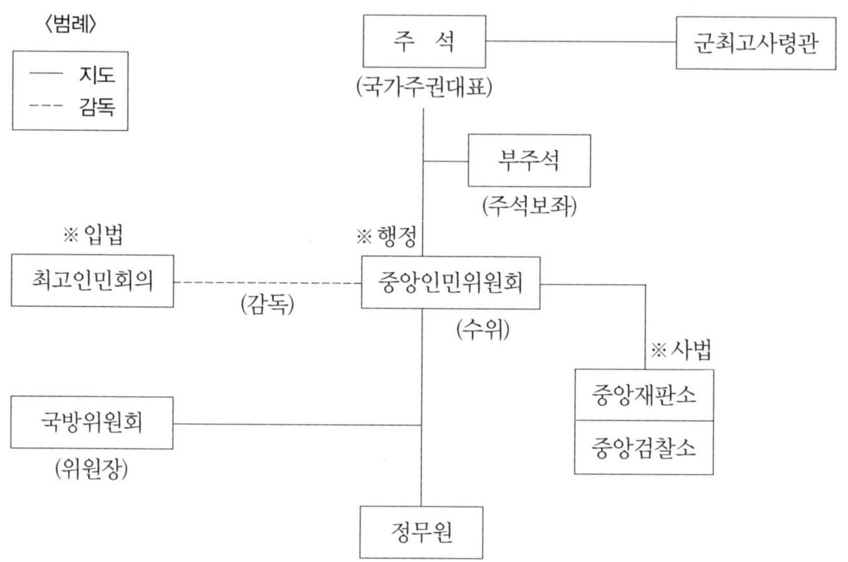

출처 : 『북한총람』(서울 : 북한연구소, 1983), p. 227.

　1998년 9월 최고인민회의 제10기 제1차 회의에서 수정보충된 개정헌법의 국가 권력구조 개편[41]의 가장 중요한 특징은 주석제를 폐지하고 내각제를 부활하여 국가 통치권력의 기능적 업무분담을 제도화한 것이라고 할 수 있다. 사상 · 군대사업은 국방위원회 위원장(김정일)이, 대외 · 외교사업은 최고인민회의 상임위원회 위원장(김영남)이, 그리고 대내 · 행정경제

---

41) 북한 당국은 최고인민회의 제10기 제1차 회의에서 김정일의 사상과 정치를 실현해 나갈 수 있는 '혁명적인 국가기구체계' 를 정비하였다고 하면서 그들의 국가정치체제는 김일성이 개척한 주체위업을 끝까지 완성해 나가기 위한 계승성 있는 정치체제이며 사회주의를 군건히 수호해 나갈 수 있는 '강위력한 정치체제' 라고 주장했다. 《로동신문》, 1999년 1월 1일자 공동사설.

사업은 내각총리(홍성남)가 각각 책임을 지는 업무분담 형태를 취한 것이다. 과거 국가주석과 중앙인민위원회가 가지고 있던 권한과 임무는 국방위원회, 최고인민회의 상임위원회, 내각 등으로 기능적으로 분산되었다. 국가수반의 권한과 임무는 국방위원회 위원장에게로, 외교권은 최고인민회의 상임위원회로, 국방을 제외한 행정경제사업에 대한 집행관리 및 책임은 내각으로 각각 이관되었다.

개정헌법에서 국가수반에 해당하는 직위인 국방위원회 위원장은 헌법상으로는 일체의 무력을 지휘통솔하며 국방사업 전반을 지도하는 직책이지만(헌법 제102조), 실질적으로는 "나라의 정치 · 군사 · 경제역량의 총체를 통솔 지휘하는 국가 최고직책"[42]으로 자리매김되었다. 최고인민회의 상임위원회 위원장은 의식상 · 외교상 국가를 대표하여 다른 나라 사신의 신임장, 소환장을 접수하는 임무가 부여되었다(헌법 제111조)[43]. 그리고 내각 총리는 조선민주주의인민공화국 정부를 대표한다(헌법 제120조)고 함으로써 북한의 행정부를 이끌면서 행정경제사업 전반에 대한 책임을 지고 경제를 활성화하여야 하는 임무를 부여받았다.

이와 같이 1998년 개정헌법[44]은 주석과 중앙인민위원회를 폐지하고 정

---

42) 최고인민회의 제10기 1차 회의에서 양형섭 대의원(전 최고인민회의 의장)이 개회사에서 밝힌 바에 의하면, 국방위원회 위원장은 "나라의 정치, 군사, 경제역량의 총체를 통솔지휘하여 사회주의 조국의 국가체제와 인민의 운명을 수호하며 나라의 방위력과 전반적 국력을 강화 발전시키는 사업을 조직 영도하는 국가의 최고직책"이라는 것이다.

43) 북한은 이번 헌법개정에서 과거의 최고인민회의 상설회의를 최고인민회의 상임위원회로 개편하고, 최고인민회의 상임위원회 위원장이 국가를 대표케 하는 임무를 부여했다. 이것은 1948년 헌법의 최고인민회의 상임위원회(위원장)가 갖는 임무와 유사한 것이다. 그리고 구소련의 경우도 최고 소비에트 간부회 의장이 소련의 의식상의 국가원수로 활동한 바 있다는 점에서 비슷한 사례를 찾을 수 있다.

44) 수정 보충된 사회주의 헌법에 대한 북한 당국의 해설은 《민주조선》 1998년 9월 23일, 9월 25일, 9월 29일, 10월 7일, 10월 13일, 10월 16일, 10월 20일자 등의 "사회주의헌법해설"을 참고 바람.

무원 총리를 내각총리로 개편함으로써 1948년 정권수립 당시의 권력구조로 회귀했다고 할 수 있다.

1972년 헌법의 국가주권의 최고지도기관으로 수령과 당의 의지를 국가정책으로 전이시키기 위한 국가기구인 중앙인민위원회(수위 주석)의 임무와 권한은 국방위원회로 이관된 것으로 보인다. 개정헌법 제100조에서 "국방위원회는 국가주권의 최고군사지도기관이며 전반적 국방관리기관이다"라고 규정하고 있지만, 국방위원회 위원장이 국가수반이라는 점에서 국방위원회[45]는 북한의 국가 최고권력기관으로 과거 중앙인민위원회가 행사했던 권한과 임무를 수행하고 있는 것으로 보인다.[46] 따라서 국방위원회는 '준전시적 위기관리체제'의 국가 중추기관으로 헌법에 규정된 군사·국방부문 사업뿐만 아니라 국가 행정경제사업 전반에 대한 지도권을 행사하고 있는 것으로 보인다.[47]

새헌법에서 밝힌 국방위원장의 임무와 권한은 구헌법과 큰 차이가 없지만 기존의 주석과 중앙인민위원회가 폐지됨으로써 국방위원회 위원장이 국가기구체계의 최상위직으로 국정전반을 이끌어간다는 것으로 볼 수

---

45) 국방위원회의 권한이 강화되면서 위원 수도 종래 5명에서 10명으로 확대되었다. 위원장 : 김정일, 제1부위원장 : 조명록, 부위원장 : 김일철·이용무, 위원 : 김영춘·연형묵·이을설·백학림·전병호·김철만 등 10명의 위원 중 7명이 당중앙군사위원, 기타 도당책, 정치국 후보위원 등을 겸직하고 있다.

46) 북한 당국은 국방위원회의 지위 상승을 다음과 같이 설명한다. "국방위원회가 이전과는 달리 국가주권의 최고군사지도기관일 뿐 아니라 전반적 국방관리기관이라고 규제함으로써 국방위원회의 지위가 더욱 높아지게 되다. 국방위원회의 지위에 관한 이러한 헌법적 규제에 의하여 국방위원회는 국방부문의 상설적인 최고주권 및 행정기관으로서 국방사업전반을 통일적으로 틀어쥐고 지휘하며 나라의 전반적 국력을 강화하고 국가의 최고리익을 수호하는 우리 혁명정권의 중추기관으로 되게 되었다."《민주조선》 1998년 9월 29일, "사회주의헌법해설 : 국방위원회는 국가주권의 최고군사지도기관이며 전반적 국방관리기관."

47) 국방 부문을 제외한 국가활동의 모든 분야에 대한 지도, 감독기능과 최고주권을 통일적으로 행사하는 기능은 최고인민회의 상임위원회가 맡고 있다. 《민주조선》 1998년 10월 7일, "사회주의헌법해설 : 최고인민회의 상임위원회는 상설적인 최고주권기관."

있다. 북한의 국가수반이 국방위원회 위원장이라는 것은 군사우위의 위기관리체제의 지속, 즉 '군사국가의 제도화'란 의미가 내포돼 있다고 볼 수 있다.

이렇게 볼 때 현단계 북한 사회주의 체제의 전반적 권력구조는 사상과 정치사업 전반은 조선로동당, 군사사업 및 국정전반은 국방위원회, 행정경제사업은 내각이 분담하는 통치권력구조를 구축한 것으로 보인다.

〈그림 3〉 북한의 국가기구체계(1998년 헌법)

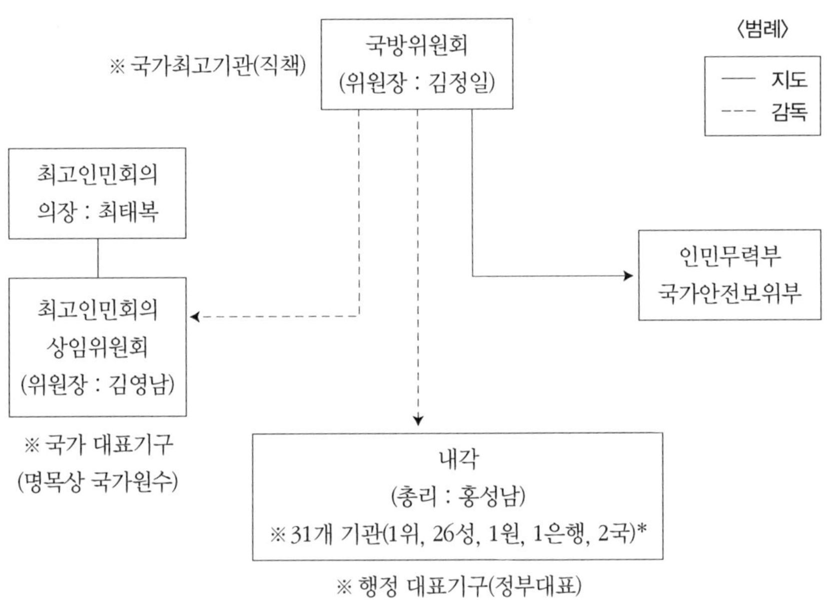

*2001년 2월 현재 33개 부서(2위원회, 27성, 1은행, 2국)

4) 근로단체

주체사상은, 혁명과 건설에 대한 수령의 유일적 영도는 당의 영도 아래 국가정권과 함께 근로단체들을 통하여 실현된다고 본다. 그리고 근로단체

는 프롤레타리아독재체계의 중요한 구성부분이며, 각계각층의 광범한 군
중은 근로단체들을 통하여 조직화·의식화되며 당과 수령을 중심으로 단
결하게 된다고 주장한다.

주체의 영도체계에 관한 이론은, 근로단체들은 당과 대중을 연결시키는
인전대로서 당의 믿음직한 방조자, 후비대라는 것을 밝혔다. 김정일은
"사회주의하에서 근로단체들은 광범한 군중에 대한 사상교양단체이며 당
의 외곽단체이다"[48]라고 밝혔는데, 이는 근로단체의 성격이 행정적 조직
이나 문화계몽단체 또는 구락부가 아니라 대중을 혁명화하고 교양개조하
여 공산주의 혁명가로 만드는 혁명적 정치조직이라는 것을 의미한다.[49]

근로단체의 기본임무는 동맹 안에 당의 유일사상체계를 수립하고 동맹
원들을 사회주의 건설에 조직동원하는 것이다.

〈표 1〉 근로단체 현황

단 체	창립일	맹원수
조선직업총동맹	1945. 11. 30	약 160만
조선농업근로자동맹	1965. 3. 27	약 130만
김일성사회주의청년동맹	1946. 1. 17	약 500만
조선민주녀성동맹	1945. 11. 18	약 20만

출처 : 방완주, 『조선개관』(평양 : 백과사전출판사, 1988), pp. 106~107 ;『2000 북한개요』(서울 :
　　통일부, 1999), p. 115.

4. 당 - 정관계

사회주의 정치체제의 주요문제(key issue)는 당-정관계이다. 사회주의

---

48) 김정일, "맑스-레닌주의와 주체사상의 기치를 높이들고 나가자", p. 26.
49) 『영도체계』, 앞의 책, p. 178.

국가에 있어 당-정 비분리(非分離)와 정부로서의 당(당에 의한 행정부 역할 대행, 즉 정부위의 "정부")은 규범화되어 있다. 당-정 비분리는 당이 정부 업무의 다양한 문제들에 관해서 명령할 수 있는 권위를 가진다는 것을 의미한다.

최근의 급격한 변화를 겪기 이전의 공산사회에 있어 지배정당인 공산당은 국가와 사회에 대한 리더십과 지시·통제의 기능을 효율적으로 수행하기 위해서, 국가의 행정조직과 일치하여 조직되며, 국가기구들은 당의 결정을 수행한다. 즉, 입법부는 당의 결정을 헌법과 법률로 구체화시키고, 행정기관들은 법률을 집행한다.

북한의 권력구조에 있어 조선로동당은 모든 권력의 원천이고 중핵이다. 김일성은 조선로동당을 "인민의 향도적 역량이며 조선혁명의 참모부"[50]라고 밝히면서 "조선로동당은 조선인민의 모든 승리의 조직자이며 고무자이다"[51]라고 주장했다. 그리고 그는 당의 지도적 역할에 대해서 다음과 같이 주장했다.

> 우리는 모든 분야에서 당적 지도와 통제를 강화함으로써 당의 유일한 령도 밑에 전체국가기관들과 근로단체들이 당정책을 관철하기 위한 투쟁에서 자기의 기능을 충분히 수행하도록 하여야 하겠다. 인민정권은 우리당의 모든 로선과 정책의 집행자이며 사회주의건설의 강력한 무기이며 우리혁명의 믿음직한 보위자이다.[52]

---

50) 『김일성저작선집』 제4권, p. 102.

51) 『김일성저작선집』 제1권, p. 494.

52) 김일성, 『조선로동당 제4차 대회에서 한 중앙위원회 사업총화보고』(평양 : 조선로동당출판사, 1961), p. 146 ; 박동운, 『북한통치기구론』(서울 : 고려대 아세아문제연구소, 1964), p. 82 재인용.

여기서 보듯이 국가정권이란 당의 노선과 정책을 실현하기 위한 집행자, 즉 도구로밖에 인정되지 않는다. 북한에서의 당과 행정의 관계는 "비유해서 말하면 배에서 키를 잡은 사람과 노를 젓는 사람과의 관계"와 같다.[53] 따라서 조선로동당은 북한의 권력구조에 있어 절대적이고 지배적인 지위에 군림하며 ①사상적 지도자로서, ②정책의 수립 및 결정자로서, ③정책집행의 감독자로서, ④대중적 운동의 조직자로서 광범위한 기능과 역할을 담당할 뿐만 아니라 초월적인 힘을 지닌 권력을 구사하고 있다.

북한에서의 당의 지도적 역할은 사회주의 헌법 제11조에서 "조선민주주의인민공화국은 조선로동당의 령도 밑에 모든 활동을 진행한다"라고 명문화하고 있다. 이와 같은 노동당의 지위에 대한 헌법적 보장은 종전의 국가기관 및 사회단체에 대한 당적 지도가 초헌법적 기능으로부터 헌법에 규정된 기능으로 변했다는 것을 의미한다. 또한 북한 헌법에서는 조선로동당의 지위와 함께 인민민주주의독재(프롤레타리아독재)를 규정하고 있는데,[54] 인민민주주의독재가 곧 공산당의 독재를 뜻하는 것이고 보면 이는 사실상 조선로동당의 독재를 합법화하고 있는 것이라 할 수 있다.

이상과 같은 노동당의 지도적 지위로 말미암아, 북한은 외형상 삼권분립체제인 최고인민회의(입법기관), 국방위원회와 내각(행정부) 및 중앙재판소와 중앙검찰소(사법부)로 분리되어 있으나 실질적으로는 조선로동당의 일당독재체제에 지나지 않는다. 즉, 북한의 조선로동당은 사회주의 헌법에서 최고주권기관이며, 입법기관이라고 규정한 최고인민회의를 비롯해서 내각과 사법기관 내지 인민군을 영도할 뿐만 아니라 모든 주민들의 사생활 영역까지 통제하는 지도적 기구이다.

일반적으로 프롤레타리아독재체계는 당, 국가, 근로단체 등으로 구성된

---

53) 김정일, "사회주의건설의 력사적 교훈과 우리 당의 총로선(조선로동당 중앙위원회 책임일군들과 한 담화, 1992년 1월 3일)",《로동신문》 1992년 2월 4일.
54) 1998년 9월 5일 수정보충한 북한 사회주의 헌법 제12조.

다. 그런데 북한의 경우는 이러한 마르크스-레닌주의의 보편적 논리의 주장과는 달리 당, 국가, 근로단체라는 프롤레타리아독재체계의 상위에 '수령'이라는 절대권력자의 존재를 설정하고, 그가 프롤레타리아독재체계의 총체를 유일적으로 움직이며 영도한다는 것을 특별히 강조하고 있다. 따라서 북한의 권력구조는 다른 공산국가들과는 달리 수령중심의 독재체제라고 말할 수 있다.[55]

5. 북한 정치체제 변화 전망

북한의 김정일 정권이 변화를 추구하는 데 있어서 장애요인으로 작용하는 것은 남북분단, 부자권력승계에 따른 태생적 한계, 주체사상에 기초한 우리식 사회주의 고수 등이 있다. 북한만이 가지고 있는 이러한 특수성으로, 단기적으로는 급격한 정치개혁의 가능성은 희박한 것으로 예측된다. 그러나 장기적으로는 과학기술혁명에 따른 '세계화시대'를 맞아 외부로부터의 개방압력이 가중되고, 내부적으로는 경제적 어려움이 계속되고 있으며, 더욱이 남북한간의 국력격차가 심화되고 있어 기존체제의 안정에 위협이 되지 않는 범위 내에서 부분적인 체제개혁을 추진할 것으로 보인다.

북한이 소련 및 동구식 개혁·개방정책을 비난하고 북한식 사회주의를 고수하는 것은 개혁·개방이 '사상오염' 현상을 낳을 수 있다는 두려움 때문이다. 그리고 정치개혁을 배제한 경제적 개혁·개방정책 역시 1989년에 있었던 중국의 민주화운동에서 보는 것처럼 정치적 부작용을 초래하는 것은 물론, 유일사상체계와 김정일 지도체제에도 부정적 영향을 줄 것으로

---

55) 김남식, "북한의 권력구조", 『사회과학연구』 제12집(서울 : 경희대 사회과학연구소, 1986), p. 6.

인식하기 때문에 급격한 개혁·개방을 거부하고 있는 것이다.

그러나 북한 역시 당면한 김정일 지도체제의 정통성 확보를 위한 경제난 해결과 국제적 고립 탈피, 그리고 대내외로부터 받는 변화의 압력 때문에 '위로부터의 개혁' 형식을 통해서 점진적으로 부분적인 개혁을 추진할 것으로 전망된다.

북한 정치체제의 변화 가능성 모델을 예측해보면 다음과 같다.

첫째, 주체사상의 지도적 역할과 수령(영도자)의 유일영도체계를 유지하는 가운데 여타 사회주의 체제에서 문제가 되었던 당과 국가기관의 관료주의와 권위주의적 병폐를 청산하는 제도적 장치를 마련할 가능성이 크며, 사회주의 혁명과 건설에서의 인민대중의 주체적 역할을 더욱 강조할 것이다.

둘째, 최고주권기관인 최고인민회의의 역할과 기능을 강화하며, 대의제(代議制)의 원리를 부분적으로 수용하여 지역대표와 함께 직능대표들을 정책결정과정에 적극 참여시킴으로써 주민들의 불만을 해소하고 '사회주의적 민주주의'를 확립하려는 움직임을 본격화할 것이다.

셋째, 고도기술 산업화시대에 맞게 국가행정체계를 구축하기 위해서 국가기관(인민정권)을 더욱 강화하면서 기능적인 전문화를 꾀할 것이다. 이를 위해 '붉은 전문가'(reddish experts), 즉 주체사상에 충실한 실용주의적 전문가 집단의 대거 등용이 예상된다.

끝으로, 이러한 모든 변화들은 대외적인 환경변화에 대한 현실인식을 바탕으로 당과 수령의 영도적 역할이 고수되는 '주체의 영도체계'의 기본 틀 속에서 이루어질 것이며 변화는 '위로부터의 개혁', 즉 통제된 변화(cotrolled change)의 형식을 취할 것이다.

따라서 북한은 소련 및 동구권에서처럼 공산당(조선로동당)의 영도적 역할과 권력독점 포기, 다당제 수용 등과 같은 급격한 정치체제의 개혁을 추진하지 않을 것이다.

제2절
정권기관과 행정체제

　북한은 당이 국가기관보다 우위에 있는 당-국가체제(party-state system)
이다. 북한의 사회주의 헌법은 제11조에 당의 독점적 지위를 규정, 노동당
이 북한 권력의 원천임을 밝히고 있다. 당 중심의 국가권력구조하에서 모
든 국가기관들은 당의 지도에 철저히 복종하는 중앙집권제의 원칙에 의하
여 조직·운영되고 있다. 따라서 북한의 정권기관은 원칙적으로 당에서
결정된 정책에 대한 집행기능을 통해 사회전반에 대한 통일적 지도를 수
행한다.

　그러나 1998년 9월에 개정된 '김일성헌법'[56]에 따르면 정권기관의 조직
체계에도 많은 변화가 있었다. 주요내용을 보면, ①국가주석, 중앙인민위
원회, 정무원, 지방행정경제위원회 등 4개 기관의 폐지 ②국방위원회의
기능 및 권한 확대 ③최고인민회의 상임위원회와 내각의 부활 ④지방인민
위원회의 권한과 역할 강화 등을 들 수 있다.

---

56) 1994년 7월 8일 김일성 사망 이후 만 4년 동안 정치·경제적 불안정 속에서 국가수반이 존재
　　하지 않는 비정상적인 통치구조를 유지해 왔다. 이후 1998년 9월 5일 최고인민회의 제10기
　　제1차 회의에서 개정된 바 있는 북한의 헌법은 1948년 9월 제정 이후 8번째의 개정이지만,
　　이번의 개정헌법의 내용은 주로 김정일의 정치적 기반을 확고히 하기 위한 제도적 장치를 마
　　련하는 데 중점을 두고 있다.

1. 입법기관

북한의 입법기관으로는 중앙에 최고인민회의와 최고인민회의 상임위원회가 있고, 지방에는 지방인민회의가 있다.

1) 최고인민회의

최고인민회의는 헌법상 입법권을 행사하는 '최고주권기관'[57]으로서 우리의 국회에 해당하는 기관이다. 특히 최고인민회의의 휴회중에는 최고인민회의 상임위원회도 입법권을 행사할 수 있다.

(1) 구성과 소집

최고인민회의의 대의원은 실제로는 인구 3만명당 1명씩 가부(可否)투표를 통해 선출하고 있다. 임기는 5년이며, 정기회의는 1년에 1, 2차 최고인민회의 상임위원회가 소집한다. 임시회의는 최고인민회의 상임위원회가 필요하다고 인정할 때, 또는 전원의 1/3 이상의 요청이 있을 때 소집한다.[58]

(2) 신분보장

최고인민회의 대의원은 불가침권을 보장받으며, 현행범인 경우를 제외하고는 최고인민회의나 상임위원회의 승인이 없는 한 체포 또는 형사처벌을 할 수 없도록 규정되어 있다.

---

57) 『조선민주주의인민공화국 사회주의헌법』 제6장 제1절 제87조.
58) 현재 최고인민회의의 의장단의 구성은 의장(최태복), 부의장(장철, 여원구)으로 구성되어 있다.

(3) 의결

최고인민회의의 회의는 대의원 2/3 이상의 참석으로 성립되며, 그 결정은 거수가결의 방법으로 참석대의원 과반수 이상의 찬성에 의해 채택된다. 다만 헌법은 최고인민회의 대의원 2/3 이상이 찬성하여야 수정·보충할 수 있다. 최고인민회의에서 토의할 의안은 최고인민회의 상임위원회, 내각과 최고인민회의 부문위원회 또는 대의원들이 제출할 수 있다.

(4) 권한과 임무

개정헌법에서는 최고인민회의의 권한이 대폭 확대되었는데, 헌법의 수정·보충과 부문법을 제정 또는 수정·보충, 국가의 대내외 정책의 기본원칙의 수립, 주요 정권기관의 장이라 할 수 있는 국방위원장을 비롯하여, 최고인민회의 상임위원장, 그리고 내각총리를 소환하며, 국방위원회 위원장의 제의에 의해 국방위원회 위원의 선거·소환 최고인민회의 상임위 부위원장·명예부위원장·서기장·위원의 선거·소환, 내각총리의 제의에 의해 부총리·위원장·상과 그밖의 내각성원의 임명, 중앙검찰소장의 임명·해임, 중앙재판소장의 선거·소환·최고인민회의 부문위원회의 위원장·부위원장·위원을 선거·소환한다. 그밖에 동 위원회는 인민경제발전과 국가예산에 대해 심의·승인하며, 필요에 따라 내각과 중앙기관들의 사업정형을 보고받고 대책을 세울 수 있다. 또 조약의 비준·폐기에 대한 결정권도 갖는다.

(5) 부문위원회의 설치

최고인민회의는 국가정책과 법안의 작성심의 및 집행을 위한 대책을 세우기 위해 법제위원회, 예산위원회와 같은 부문위원회를 설치하도록 되어 있으며, 이러한 부문위원회는 최고인민회의 휴회중에 상임위원회의 지도 밑에 사업하도록 되어 있다.[59]

2) 최고인민회의 상임위원회

최고인민회의 상임위원회는 사실상 대외업무를 총괄하는 '주요권력기
관'으로 기능하는데, 이는 구헌법하에서의 최고인민회의 상설회의가 최고
인민회의 휴회중 업무를 대행하던 것과 비교된다.

(1) 구성

최고인민회의 상임위원회는 최고인민회의의 휴회중의 '최고주권기관'[60]
이며, 위원장, 부위원장, 서기장, 위원들로 구성한다. 또한 상임위원회는
위원장, 부위원장, 서기장으로 구성되는 상무회의와 위원 전원으로 구성되
는 전원회의가 있으며, 원로인사 중 약간명의 명예부위원장을 둘 수 있
다.[61]

(2) 권한과 임무

최고인민회의 상임위원회의 임무와 권한은 ①최고인민회의 휴회중 법
안과 법령의 심의, 채택 ②인민경제발전계획과 예산안의 심의, 승인 ③헌
법과 현행법령의 해석 ④국가기관들의 법 준수, 집행 및 대책 수립 ⑤헌
법·법령, 국방위원회와 최고인민회의 상임위원회 등의 정령, 결정·지시
에 어긋나는 국가기관의 결정·지시 폐지 및 지방인민회의의 그릇된 결
정·집행정지 조치 ⑥최고인민회의 대의원 및 지방인민회의 대의원 선거

---

59) 최고인민회의 부문위원회는 수시로 설치할 수 있다고 규정하고 있다. 이 가운데 종래의 통일
정책위원회와 외교위원회는 체제개편을 통해 폐지됐다. 이는 대남·통일업무가 당으로 이관
되고, 외교업무는 내각으로 이관된 데 따른 조치로 보인다. 부문위원회 조직으로서 법제위원
회(위원장 : 백학림), 예산위원회(위원장 : 한성룡) 등 2개 분과위원회를 두고 있다.
60) 『조선민주주의인민공화국 사회주의헌법』 제6장 제3절 제106조.
61) 현재 최고인민회의 상임위원회의 구성은 위원장(김영남), 부위원장(양형섭, 김용대), 명예부
위원장(박성철, 김영주), 서기장(김윤혁), 위원(유미영 등 11명)으로 되어 있다.

사업 ⑦최고인민회의 부문위원회와의 사업실시 및 최고인민회의 상임위
원회, 부문위원회의 성원에 대한 임명·해임 ⑧내각의 위원회·성의 신설
및 폐지, 행정단위와 행정구역의 개편 ⑨내각총리의 제의에 의해 부총리,
위원장, 상, 그밖의 내각성원의 임명·해임 ⑩중앙재판소, 인민참심원의
선거·소환 등의 업무를 수행한다.

대외적 권한과 임무로서는 특히 국가수반이 행사하는 외교권을 관장하
는데, ①조약의 비준·폐지 ②외교대표의 임명·소환 결정 및 발표 ③훈
장과 메달, 명예칭호, 외교직급의 제정·수여 ④대사권과 특사권의 행사
등을 들 수 있다. 결국 최고인민회의 상임위원장은 상임위원회의 사업을
조직·지도할 뿐만 아니라, 국가를 대표하며 외국사신의 신임장, 소환장
을 접수한다.[62]

3) 지방인민회의

(1) 구성

지방인민회의는 도(직할시), 시(구역), 군 단위[63]에서 일반적·평등적·
직접적 선거원칙에 의하여 비밀투표로 선출된 대의원으로 구성되는 '지방
주권기관'[64]으로 임기는 4년이다. 지방인민회의도 정기회의와 임시회의
가 있으며, 회의의 소집과 회의 성립·의결 정족수에 관한 규정은 최고인
민회의와 비슷하다.

---

62) 1998년 9월 5일 개최된 최고인민회의 제10기 1차 회의에서의 헌법개정을 통해 주석제를 폐
　　지하면서 외국에 대한 국가대표권을 최고인민회의 상임위원장에게 부여함으로써 그 권한이
　　크게 강화되었다. 또한 중앙인민위원회가 가지고 있던 상훈권, 대사권, 특사권, 행정구역 개
　　폐권 등의 권한도 최고인민회의 상임위원회에 부여되어 있다.
63) 현재 북한의 지방행정구역으로는 평양특별시, 남포 및 개성직할시를 비롯하여 9개 도, 25개
　　시, 38개 구역, 147개 군으로 구성되어 있다. 통일부, 『북한자료센타』(2000. 12. 27)
64) 『조선민주주의인민공화국 사회주의헌법』 제6장 제5절 제131조.

(2) 권한과 임무

지방인민회의의 권한과 임무는 ①지방의 인민경제발전계획과 그 실행
정형 및 지방예산과 그 집행정형에 대한 보고의 심의·승인 ②해당 지역
에서 국가의 법을 집행하기 위한 대책 수립 ③해당 인민위원회 위원장, 부
위원장, 사무장, 위원들과 해당 재판소의 판사와 인민참심원에 대한 선거
또는 소환 ④해당 인민위원회와 하급인민회의, 인민위원회의 그릇된 결
정·지시 폐지 등으로 규정하고 있다.

2. 국방위원회

북한의 국방위원회는 국가주권의 '최고 군사지도기관' 이자 '전반적 국
방관리기관' [65]이며, 국방위원장은 일체 무력을 지휘통솔하며 국방사업 전
반을 지도하는 권한을 가지고 있는 명실상부한 '국가 최고기관' 이다.

1) 구성

국방위원회는 위원장, 제1부위원장, 부위원장, 위원들로 구성되며, 국
방위원회의 임기는 5년이다.[66]

---

65) 『조선민주주의인민공화국 사회주의헌법』 제6장 제2절 제100조.

66) 현재 국방위원회는 위원장(김정일), 제1부위원장(조명록), 부위원장(김일철, 이용무), 위원
들(김영춘 등 6명)로 구성되어 있다. 특히, 국방위원회 위원 대부분이 주석단 서열에서 당비
서보다 앞서며, 주요 당·정 직책을 겸직하고 있는 실정이다.

2) 권한과 임무

국방위원회의 권한과 임무는 ①전반적 무력과 국방건설사업의 지도 ②
국방부문 중앙기관의 신설·폐지 ③주요군사간부의 임명해임 ④군사칭호
의 제정 및 장령 이상의 군사칭호 수여 ⑤나라의 전시상태와 동원령의 선
포 등으로 규정하고 있다.

3. 행정기관

북한의 행정기관은 중앙의 내각과 지방의 지방인민위원회, 그리고 특별
지방행정기관이 있다.

1) 내각

중앙행정기관인 내각은 최고주권기관인 최고인민회의의 '행정적 집행
기관'이며, 전반적 '국가관리기관'이다.[67]

(1) 구성

내각은 총리, 부총리, 위원장, 상과 그밖의 필요한 성원들로 구성되며, 임
기는 5년이다. 내각은 사업집행을 위하여 전원회의와 상무회의를 두고 있
다. 전원회의는 내각성원 전원으로 구성되며, 국가사업에 관해 새롭고 중
요한 문제들을 토의·결정한다. 상무회의는 총리, 부총리 및 그밖의 총리
가 임명하는 내각 성원들로 구성되며 전원회의에서 위임한 문제들을 토

---

67) 『조선민주주의인민공화국 사회주의헌법』 제6장 제4절 제117조.

의 · 결정한다. 2001년 2월 현재 북한의 내각은 2위원회, 27성, 1원, 1은행, 2국 등 31개 부서로 조직되어 있으며, 자기 사업에 대하여 최고인민회의와 그 휴회중 최고인민회의 상임위원회에 책임을 진다.

(2) 권한과 임무

첫째, 내각은 ①국가정책의 집행대책 수립과 국가관리관련 규정의 제정 · 수정, 보충 ②내각직속기관, 중요 행정경제기관, 기업소의 신설 · 폐지 및 사업지도, 국가관리기구 개선대책 수립 ③인민경제발전계획의 작성, 실행 및 국가예산의 편성 · 집행 ④행정 및 경제 부문의 사업에 관한 조직 · 집행 ⑤화폐 · 은행제도를 공고히 하기 위한 대책수립 ⑥국가관리질서를 세우기 위한 검열 · 통제사업 ⑦사회질서의 유지, 국가 · 사회 · 협동단체의 소유와 이익보호, 공민의 권리보호를 위한 대책수립 ⑧내각의 결정지시에 어긋나는 행정기관의 결정 · 지시 폐지 등의 임무와 권한을 갖는다.

둘째, 내각총리는 최고인민회의에서 선출되어 내각사업을 조직 · 지도하며 정부를 대표한다. 아울러 부총리와 위원장, 상, 그밖의 내각성원의 임면에 관한 제의권을 가지며, 새로 선출된 내각총리는 내각성원들을 대표하며 최고인민회의에서 선서한다.

셋째, 부총리는 1개 분야 이상의 업무를 관할하면서 수 개의 성을 통할 · 조정하는 권한을 가지며, 이러한 조정작용을 통하여 총리를 보좌하는 역할을 한다.

넷째, 각 위원회 · 성은 내각의 부문별 집행기관이며, 중앙관리기관이다. 이에 따라, 각 위원회 · 성은 내각의 지도하에 해당 부문의 사업을 지도 · 관리하며, 이를 위해 위원회 · 성 회의와 간부회를 운영한다.

2) 지방인민위원회

도(직할시), 시(구역), 군 인민위원회는 해당 인민회의 휴회중 '지방주권
기관'이면서, 해당 지방주권의 '행정적 집행기관'이다.[68]

(1) 구성

지방인민위원회는 위원장, 부위원장, 사무장, 위원들로 구성되며, 임기
는 해당 인민회의의 임기와 같다. 지방인민위원회는 전원회의와 상무회
의, 비상설 부문위원회를 운영하며, 자기 사업에 대해서는 해당 인민회의
에 책임을 지며, 상급인민위원회와 내각에 복종한다.

(2) 권한과 임무

지방인민위원회는 ①인민회의의 소집 및 인민회의 대의원 선거사업 ②
해당 인민회의와 상급인민회의 · 인민위원회, 내각과 내각위원회 · 성의
법령 · 정령 · 결정 · 지시의 집행 ③해당 지방의 행정사업 조직 · 집행 ④
지방의 인민경제발전계획 작성 · 실행 ⑤지방예산의 편성 · 집행 ⑥해당
지방의 사회질서 유지, 국가 · 사회 · 협동단체의 소유와 이익보호, 공민의
권리보장 대책수립 ⑦해당 지방의 국가관리질서를 세우기 위한 법률 · 통
제사업 실시 ⑧하급인민위원회 사업지도 및 하급인민위원회의 잘못된 결
정 · 지시의 폐지 및 결정 · 집행 정지 등의 임무와 권한을 갖는다.

3) 특별지방행정기관

'주권기관의 행정적 집행기관에 속하지 아니하는 기관'으로 각 지구계

---

68) 『조선민주주의인민공화국 사회주의헌법』 제6장 제6절 제139조.

획위원회, 도·농촌경리위원회, 시·군협동농장 관리위원회, 도건설위원회, 지방철도국, 도량공업위원회, 통계국 등이 있다. 이러한 기관들은 일반 지방행정기관과 달리 단독종속제 기구조직원칙이 적용된다. 그러나 지방인민위원회가 해당 인민회의 휴회중(사실상 상설) 지방주권기관으로 해당 지역내의 기관, 기업소, 단체들의 사업을 지도하기 때문에 이중종속제에서 벗어나 있다고 할 수 없다.

4. 사법·검찰기관[69]

북한에서도 재판은 검사가 공소를 하고, 변호사가 범죄자를 변호하며, 판사가 이에 대해 판결을 하는 등, 외형상 한국과 유사한 구조와 기능을 가지고 있지만, 그 실질적인 내용은 판이하게 다르다. 왜냐하면 북한에서는 재판소와 검찰소 등 사법기관이 노동당의 사법정책을 집행하는 기구로 기능하기 때문에 전적으로 당에 예속되어 있어 독자적인 결정을 할 수는 없는 실정이다.

1) 재판기관

북한의 재판소는 중앙재판소를 정점으로 도(직할시)재판소, 지방의 인민재판소로 구성되어 있다.[70] 별도로 특별재판소인 군사재판소와 철도재판소가 있다. 중앙재판소 소장은 최고인민회의에서 선거·소환하고, 중앙재

---

69) 『조선민주주의인민공화국 사회주의헌법』 제6장 제7절 제147조~제162조.

70) 현재 도 재판소는 12개소, 인민재판소는 모든 시와 1~4개 군·구역마다 1개씩 90~1백개소가 설치돼 있다. 북한에는 형사재판과 이혼재판이 많고 민사재판은 거의 없으며, 행정재판과 헌법재판, 선거소송 등은 인정되지 않는다.

판소 판사와 인민참심원은 최고인민회의 상임위원회에서 선거 · 소환한다.

(1) 중앙재판소

중앙재판소는 최고인민회의에서 선출된 소장(임기는 최고인민회의의 임기와 같은 5년)과 최고인민회의 상임위원회에서 선출된 판사와 인민참심원으로 구성되며, 북한의 '최고재판기관'으로서 모든 재판소들의 재판사업을 감독하고 사법행정사업을 지도 · 감독한다. 중앙재판소는 최고인민회의와 그 휴회중 최고인민회의 상임위원회에 책임지도록 규정하고 있다. 중앙재판소는 판사인 재판장 1명과 인민참심원 2명으로 구성된 부에서 제1심 형사 또는 민사사건을 심리하며, 특별히 법령으로 규정된 경우에는 판사 3명으로 구성된 부에서 사건을 심리한다.

(2) 도(직할시)재판소

도(직할시)재판소는 도(직할시)인민회의에서 선거로 선출된 판사와 인민참심원으로 구성되는데, 이와 같이 선출된 판사와 인민참심원의 임기는 해당 인민회의의 임기와 같으며, 자격요건 및 결격사유는 중앙재판소 판사 및 인민참심원과 같다.[71]

도(직할시)재판소는 중앙재판소와 함께 하급재판소의 재판사업, 변호사사업, 집행사업, 공증사업을 지도할 권한과 책무를 가지고 있다. 도(직할시)재판소는 자기 사업에 대하여 해당 인민회의에 책임을 지며, 중앙재판소의 사법행정사업상의 지도와 사업정책상의 지시를 따를 의무가 있다. 도(직할시)재판소에서는 중앙재판소의 경우와 마찬가지로 상소 · 항의사건의 심리에는 인민참심원의 관여가 배제되고 판사 3명으로 심리한다.

---

71) 도(직할시) · 시(구역) · 군 인민재판소의 판사 및 인민참심원의 임기는 모두 4년이다.

(3) 인민재판소

인민재판소는 최하급재판기관으로 시(구역)·군인민회의에서 선거로 선출된 판사와 인민참심원으로 구성되며, 수 개의 시·군 단위별로 설치되어 있다. 도(직할시)재판소와 특별재판소 및 중앙재판소의 관할에 속하지 않는 일반범죄사건 및 법령에 의하여 그 관할에 속하는 민사사건(노동, 이혼, 사건 포함)을 심리하는 재판활동을 하며, 그외에 중재, 법령해석, 자료폭로, 법률상담 등 군중정치사업도 한다.

인민재판소는 특별한 경우를 제외하고는 원칙적으로 판사인 재판장 1명과 인민참심원 2명으로 제1심 재판을 하며 특별한 경우에는 판사 3명으로 재판한다. 인민재판소는 자기 사업에 대하여 해당 시·군인민회의의 앞에 책임을 지며, 중앙재판소와 도(직할시)재판소로부터 재판사업에 대한 감독을 받고, 중앙재판소의 지시에 따를 의무가 있다.

(4) 특별재판소

북한에는 군사재판소와 철도재판소 등의 특별재판소가 있다. 군사재판소는 조선인민군부대와 사회안전기관에, 철도재판소는 철도운수 부문에 설치되어 있다. 특별재판소의 소장과 판사는 중앙재판소에서 임면하며, 특별재판소의 인민참심원은 해당 군무자회의나 종업원회의에서 선거한다. 특별재판소를 제외한 각급 재판소는 판사와 인민참심원을 임명하는 기관이 동일하나 특별재판소만은 판사와 인민참심원을 임명하는 기관이 다르다는 특색이 있다.

군사재판소는 조선인민군 및 조선인민경비대 군인·사회안전원이 범한 죄, 군사기관·사회안전기관의 종업원이 범한 죄, 기타 법에 의하여 그 관할에 속하는 범죄사건을 관장하고, 철도재판소는 철도운수 부문의 종업원이 범한 죄와 철도운수사업의 정상적 활동을 침해한 범죄사건을 관장한다. 특별재판소도 중앙재판소로부터 재판사업상의 감독과 사업행정상의 지도를 받으며, 주체사상에 기초하여 노동계급적 입장에서 법을 해석하고 적용할 의무를 부담한다.

2) 검찰기관

북한 헌법은 우리 헌법과 달리 검찰소를 헌법기관으로 보아 헌법에 검찰소의 구성, 임무 및 내부관계 등에 관한 자세한 규정을 두고 있다. 이것은 북한의 검찰기관이 최고인민회의와 그 휴회중 최고인민회의 상임위원회에 책임을 지는 중앙검찰소의 통일적인 지휘하에 이른바, '사회주의 준법정신'의 유일성을 확립해야 하는 의무를 수행하는 것이라 할 수 있다. 북한의 검찰기관은 재판기관의 체제에 대응하여 중앙검찰소를 정점으로 도(직할시)검찰소, 시(구역) · 군검찰소와 특별검찰소로 구성되어 있다.

북한의 검찰소 조직체계는 중앙검찰소가 검찰사업을 통일적으로 지도하며, 모든 검찰소는 상급검찰소와 중앙검찰소에 절대 복종해야 하는 것이 특징이다. 이것은 전국에 걸쳐 사회주의 준법성을 보장하려는 검찰업무 수행의 획일성과 신속성을 보장하는 한편, '당의 사법정책과 법령해석'의 통일성을 확립하고자 함에 있다. 최고검찰소는 자기 사업에 대하여 최고인민회의와 그 휴회중 최고인민회의 상임위원회에 책임을 진다.

중앙검찰소장의 임명 · 해임은 최고인민회의가 하고, 각급 검찰소 검사의 임명 · 해임은 중앙검찰소가 하도록 되어 있다. 각 검찰소에는 소장과 부소장, 그리고 3명 내외의 검사와 서기를 둔다.

3) 변호사제도

북한의 변호사는 변호사위원회라는 단체로 집단화되어 있다.[72] 변호사 단체로는 조선변호사회가 있고 산하에 조선변호사회 중앙위원회, 각 도

(직할시)별 변호사위원회가 설치되어 있다. 조선변호사회 중앙위원회는
변호사 자격심사, 자격박탈, 변호사 보수기준 결정 등 중요 업무를 총괄하
고 있다.

북한의 변호사제도는 개인의 권익을 보호하기보다, 실제로는 국가나 당
의 이익을 옹호하고 관철하는 것을 우선하고 있다. 즉, 당과 국가의 정책
이 주민들에게 정확히 침투되고 잘 실천되도록 노력하기 때문에 우리와
같은 그 본래의 기능과 임무를 제대로 실현하지 못하고 있다.

실제로 변호사단체는 당이나 국가기관이 사법정책을 실현하기 위하여
변호사를 효과적으로 통제 · 감독하기 위해 설치한 것에 불과하며, 단지
국가기관 산하의 하부기관 또는 사업단위로 파악되고 있을 뿐이다.

4) 법무생활지도위원회

법무생활지도위원회는 중앙권력기관과 각 도(직할시) · 시 · 군의 지방
인민위원회 산하의 협의체로 조직되어 있다. 주로 국가 · 경제기관의 간부
가 권력을 남용하지 않도록 법적으로 통제하고 사회 전체에 혁명적 준법
기풍을 확립하는 임무를 맡고 있다. 따라서 동 위원회는 국가검열기관, 검
찰기관 등의 감독통제기관을 동원하여 법의 준수, 집행상황에 대한 검열
을 강화하고 국가 법질서를 위반한 자들의 행위를 심사하여 제재를 가하
거나, 중대한 경우는 형사재판에 넘기도록 조치한다.[73]

---

72) 북한의 전체 변호사 인구는 약 500여 명으로 추산되며 이 가운데 200여 명은 변호사 업무만
수행하는 전업 변호사이고 나머지는 교수와 연구원 등을 겸하는 겸직 변호사이다. 법조인력
의 양성은 대학과 사회과학원에서 맡고 있다. 그러나 북한의 대학 중 법학부가 설치되어 있
는 대학은 김일성종합대학, 인민경제대학, 사회안전부 정치대학 등 소수의 대학에 불과하다.
73) 예를 들면, 이 위원회는 범법사실이 드러난 공무원들의 사법처리 방향을 결정하는 한편 경
고, 엄중 경고, 면직, 강직, 1개월~1년 미만의 무보수 노동처분 등 독립적 제재조치까지 취
할 수 있다.

5. 관료체제의 특성

북한의 관료체제는 한마디로 최고지도자를 중심으로 하는 유일지배체제하에서 당의 결정을 집행하는 데 목적을 두고 있는, 당과의 융합 정도가 매우 높은 형태를 취하고 있다. 구체적인 구조적 특징은 다음과 같다.[74]

1) 정치화된 관료제(political bureaucracy)

북한은 국가관료제에 대한 정치적 통제가 매우 심화되어 있다. 정치·경제·사회의 중요한 의사결정이 행정기관에서 이루어지는 한국과는 달리 북한은 철저하게 당관료제와 국가행정관료제가 기능적으로 통합되어 있다.

이렇게 당이 국가기관을 지휘·통할하는 북한에서는 당권이 김정일에게 예속되어 있을 뿐만 아니라, 국가 관료들은 대부분 노동당에 가입되어 있기 때문에 관료기능의 정치화는 당연한 현상일 것이다. 따라서 북한 노동당은 국가 권력의 원천이 되고 있고 모든 국가적·사회적 조직의 지도적 핵심이 되고 있다는 점에서 국가권력의 최고형태라고 볼 수 있다. 이러한 점에서 북한 체제는 북한 노동당이 북한 국가 권력의 최고위치를 점하고 있는 당국가지배체제(黨國家支配體制)라고 할 수 있다.[75]

---

74) 전신욱·기성훈, "북한 관료세의 구조와 행정행태연구", 『통일연구』, 창간호(서경대학교 통일문제연구소, 1996. 12), pp. 113~130.

75) 안병영, "정치화된 관료체제 : 북한의 경우", 『북한 법률행정논총』, 제3집(고려대학교 법률행정연구소, 1979), p.103. 예를 들면, 북한에서는 중립성, 공정성을 바탕으로 해야 하는 재판소와 검찰소 등 사법기관들조차도 노동당의 사법정책을 집행하는 기능을 수행하기 때문에 전적으로 당에 예속되어 있어 독자적인 결정을 할 수 없다.

2) 역할·권한의 중복성과 모호성

1998년 9월 5일 개정헌법을 통하여 권한의 중복성은 많이 완화되긴 했다. 그러나 여전히 통제위주의 체제적 특징으로 인하여 여러 부문에서 중복성이 발견된다. 예컨대 국가원수의 지위를 대외적 지위와 대내적 지위로 구분하여, 최고인민회의 상임위원회 위원장에게는 대외적으로 국가를 대표하는 국가원수의 역할을 부여하고, 내각의 총리에게는 "조선민주주의인민공화국 정부를 대표한다"라고 규정하면서 국내문제를 책임지게 하여 2원화된 역할분담체계를 규정하고 있지만, 실질적인 차원에서는 국가수반이 없는 상태에서 모든 권한이 당총비서 겸 국방위원회 위원장으로서 당과 군을 실질적으로 장악하고 있는 김정일에게로 집중되어지고 있다는 점이다. 때문에 북한에서는 국방위원회의 위원들의 경우 당·정직을 겸직하면서 주석단의 서열에서 최고위를 점하고 있는 실정이다. 따라서 북한에서의 국방위원회의 존재는 명실상부한 최고권력기관이라고 할 수 있다.

반면 최고인민회의의 경우, 북한의 최고주권기관임에도 불구하고 국방위원장의 지도와 노동당의 감독·조정을 받아 사실상 유명무실한 권력기구에 지나지 않으며, 회의도 1년에 1, 2회 열리며 회기가 2, 3일에 불과하여 실질적인 국정논의의 장이 되지 못하고 그 역할과 권한이 모호한 실정이다.

3) 이중적 통제구조

북한의 관료제도는 훈련된 당이 정치권력을 독점하여 당관료제를 국가관료제의 상부구조로 겹쳐놓고 사회의 모든 공공기관과 단체들로 하여금 당지도자가 결정한 목표달성에 종사케 하는 체제이다. 이러한 통제 메커니즘은 중앙뿐만 아니라 지방의 하위 당조직과 같은 수준의 행정기관과의 관계에서도 뚜렷이 나타나고 있다.

행정조직의 구조적 측면에서 보면 지방인민위원회의 경우 당, 상급인민위원회와 내각, 상급행정기관에 복종하고 사업지도를 받아야 하기 때문에 지방행정은 사실상 다중적 통제장치 속에 놓여 있다. 또한 통제의 효율성 강화와 정책의 통일성, 정책갈등 등의 원활한 조정을 위하여 북한은 당의 계층제와 행정기구의 계층제를 이른바, 이중직제도(device of dual office holding) 내지 구성원 중첩(membership overlap) 등을 통해 밀접히 연결, 유기적인 통제를 하고 있다. 즉, 북한 권력구조의 핵심기관들 간에 그 기능과 역할이 상이함에도 불구하고 한 사람이 여러 기관의 직을 맡고 있다. 이러한 극소수의 차별화되고 선택된 엘리트들에 의한 통제 위주의 관료체제의 운영은 자연히 전문성보다는 당성이나 충성심, 혁명성을 강조하게 되고, 폐쇄적인 운영구조를 가지게 된다. 때문에, 공직의 개방화를 추구하고, 공직에 나아갈 수 있는 기회가 국민 모두에게 평등하게 부여되고 있는 자유민주주의 사회에서는 북한을 상상할 수 없는 독재체제로 보는 것이다.

4) 민주주의 중앙집권제

북한에서의 민주주의 중앙집권제라는 의미는 광범한 인민대중의 의사에 기초하여 결정을 채택하고 지도기관들을 선거하며, 그 지도기관이 채택한 결정을 실천하기 위한 투쟁을 유일적으로 지도하는 것을 의미한다. 민주주의 중앙집권제는 인민대중의 창조력과 국가의 통일적 지도를 결합시키는 데 대한 사회주의 건설의 요구와 프롤레타리아독재의 본성에 완전히 맞는 사회주의 국가기관들의 조직과 운영의 기본원리이다. 이 제도하에서의 모든 주권기관들은 인민대중에 의하여 선거되고 그 앞에 책임지며, 행정기관들은 그 주권기관에 의하여 조직되고 그 앞에 책임진다. 또한 하위 국가기관들은 상위 국가기관들의 결정·지시를 의무적으로 집행하며, 지방의 국가기관들은 해당 중앙기관들의 철저한 지도 밑에 활동한다.

이렇게 볼 때, 북한에서의 민주주의 중앙집권제는 실제로 '민주주의' 보다는 '중앙집권'에 중점을 두고 있음을 알 수 있다. 통상적으로 사회주의 국가기관의 조직과 활동원칙으로서의 민주주의 중앙집권제는 그 본질에 있어서 중앙집권제하에서의 민주주의, 즉 중앙집권제를 선행시키는 조건에서의 민주주의이다. 결국, 북한에서의 '중앙'의 의미는 김정일 집권체제를 보장하기 위한 제도적 장치라고 해석할 수 있다.

6. 과제와 전망

북한에서는 김정일을 정점으로 한 당과 국방위원회가 권력의 중추이다. 이 같은 김정일 정권의 운영을 효율화·공고화하기 위하여 북한은 국가기구를 중앙에 입법, 행정, 사법의 형체를 갖춘 최고인민회의(상임위원회), 내각(성), 사법·검찰기구로 분류하여 그 운영체제를 갖추고 있다. 이러한 조직구조는 지방조직으로 연결되어 일선 기관화·조직화되어 있다. 북한의 이러한 경직된 중앙집권화 조직구조는 사회주의적 정치·경제구조가 지니고 있는 비능률성을 그대로 표출하고 있다는 것을 알 수 있다. 예컨대, 북한의 식량난, 경제난은 자연현상에 의한 것이 아니라, 궁극적으로 북한의 정권 담당자들에 의한 국가운영의 구조적·기능적 무능과 부실에서 온 것이라 할 수 있다.

이렇게 볼 때, 북한 관료제는 크게 두 개의 과제를 안고 있다. 하나는 김정일체제의 공고화를 위한 정치적 과제이고, 두 번째는 경제건설과 산업화라는 경제적 과제이다. 이것은 그들이 오랫동안 표방해온 '혁명과 건설'이라는 과제이기도 하다. 전자를 위해서는 관료제에서의 당성 우선주의를 지향해야 하고, 후자를 위해서는 개방체제로 전환하면서 기술과 전문성을 강조하여야 할 것이다. 북한은 지금까지 커다란 성과는 거두지 못한 것으로 평가되지만 어떻든 이 두 가지의 과제를 다 같이 추진해왔고, 또 앞으로도 끊임없이 추구해야 할 입장이다. 그러나 실제로 관료제 내의 당성과 전문성을 동시에 추구한다는 것은 상당히 어려운 과제이다. 이들은 서로 대립·갈등적 관계에 있기 때문이다. 경제문제의 해결을 위해 대외 개방화와 세계화의 물결에 합류할 것인가, 아니면 현 체제를 고수하기 위하여 정치적으로 폐쇄체제를 계속 유지할 것인가 하는 것이 하나의 선택을 위한 심각한 딜레마일 것으로 본다.

앞으로 북한이 생존하기 위해서는 북한의 모든 정치·행정조직들이 국제화 시대의 커다란 조류에 편승할 수 있도록 새로운 제도와 구조로 재편되어야 할 것이다. 1998년 9월 헌법개정에서 나타난 북한 관료체제의 변화모습의 일면을 보면, 정무원이 폐지된 대신 국내 경제문제를 전담할 내각을 다시 도입, 그 위상을 높이고 권한도 확대했다. 조직운용의 효율성을 제고하기 위해서 부서를 37개에서 31개로 조정했다. 특히 경제분야의 32개 부서를 23개로 통폐합시켰다.[76] 지방행정체제를 일원화하고, 최고인민회의 상임위원회의 권한을 확대한 것은 새로운 환경에 적응하기 위한 북한의 자구책이라 볼 수 있다. 이제 북한도 대내·외적 개혁과 개방은 거스를 수 없는 국가적인 초미의 과제이다.

---

76) 1998년 9월 5일을 기점으로 북한의 권력구조 내의 경제관련 인물구성을 보면, 내각이 상 31인 중 24인이 새로운 인물로 교체되면서, 그 중 경제관련 상은 23인 중 16인이 새로운 인물로 배치되어졌다. 특히, 경제난과 관련하여 총리, 부총리 등 경제기술관료들이 많은 부분을 점하게 되었다. 이것은 북한이 경제난을 극복하기 위해 새로운 방법을 모색하고 있음을 시사하는 것이라 할 수 있다. 전신욱, "북한의 권력구조 개편 : 최고인민회의를 중심으로", 『통일연구』, 제3권(서경대학교 통일문제연구소, 1998. 12), p. 10.

북한 내각의 구성(1998년 개정헌법 기준)

내각의 구성 : 31개 부서(1위원회, 26성, 1원, 1은행, 2국)				
외무성	건설건재공업성	무역성	수매양정성	보건성
사회안전성	철도성	임업성	교육성	체육성
국가계획위원회	육해운성	수산성	체신성	국가검열성
전기석탄공업성	농업성	도시경영 및 국토 환경보호성	문화성	과학원
채취공업성	화학공업성		재정성	중앙은행
금속기계공업성	경공업성	국가건설감독성	노동성	중앙통계국
		상업성		사무국

북한의 정권기관과 행정체계

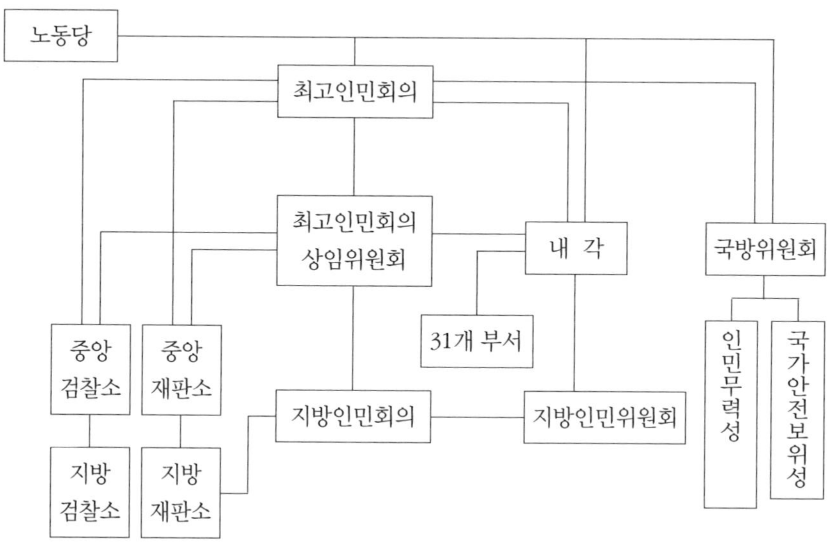

▨ 노동당은 모든 국가기관의 활동을 영도

▨ 최고인민회의는 최고주권기관

▨ 국방위원회는 국가주권의 최고군사지도기관, 위원장은 일체의 무력을 지휘통솔

▨ 최고인민회의 상임위원회는 최고인민회의 휴회중에 최고주권기관, 상임위원장은 대외적으로 국가를 대표

▨ 내각은 최고주권의 행정적 집행기관, 총리는 정부를 대표

▨ 지방인민회의는 지방주권기관

▨ 지방인민위원회는 지방행정집행기관, 지방인민회의의 휴회중에 지방주권기관

▨ 사업책임

- 국방위원회 → 최고인민회의
- 최고인민회의 상임위원회→ 최고인민회의
- 내각 → 최고인민회의, 최고인민회의 상임위원회
- 중앙검찰소 → 최고인민회의, 최고인민회의 상임위원회
- 중앙재판소 → 최고인민회의, 최고인민회의 상임위원회

북한의 군사력과 군사전략

북한군의 성격과 구조

1. 성격과 기능

1) 북한군의 성격

북한군은 기본적으로 '당의 군대', '혁명의 군대', '수령의 군대'라는 복합적인 성격을 띠고 있다. 따라서 군은 체제수호의 중추적 역할을 수행하면서 당과 수령의 정치적 목적을 실현키 위한 무력수단으로 존재하고 있다.

노동당 규약은 군을 "항일무장투쟁의 영광스러운 혁명전통을 계승한 조선로동당의 혁명적 무장력"으로 규정하고 있다. 또 군에 대한 당의 통제를 실현시키기 위해 "조선인민군대 내의 각급 단위에 당조직을 구성"한다고 명기하고 있다.[1] 한때 군이 당의 군대가 아닌 통일전선의 군대라는 군 내부 일부의 비판[2]이 있었지만, 당의 군대라는 원칙은 확고하게 유지

---

1) [조선로동당규약](1980. 10. 13 개정), 『조선노동당대회자료집』 제4집(서울 : 국토통일원, 1988), p. 150. 한편 공산당의 군 통제 원칙은 국가별 차이는 있지만, 사회주의 국가 일반에 나타난 현상이었다. 자세한 내용은 Dale R. Herspring & Ivan Volgyen, *Civil Military Relations in Communist Systems*(Colorado : Westview Press, 1978) 참조.

2) 1958년 3월 제1차 조선로동당 대표자회에서 김일성은 "김을규가 인민군대는 당의 군대가 아니고 〈통일전선의 군대〉라고 한 것이 다 당의 령도를 거부하는 사상"이라고 언급했다. 당시 당의 중심추가 만주파로 급격히 기울면서, 연안계 · 소련계 핵심세력의 저변에 깔린 군에 대한 인식을 보여주는 대목이라 하겠다. 김일성, "제1차 5개년계획을 성과적으로 수행하기 위하

되었다.

이를 근거로 군의 각급 단위 당조직은 군내 당원뿐만 아니라 전군의 사상교양과 혁명전통교양 및 계급교양을 담당하고 있으며, 그 정점에는 '조선인민군 당위원회'와 '조선인민군 총정치국'이 있다. 인민군 당위원회는 군내 전체 당조직을 포괄하는 회의체로 중대 단위까지 촘촘히 구성되어 있다. 총정치국은 군 당위원회의 집행기관으로서 당중앙위원회 직속하에 군 장악의 중요한 지렛대 역할을 하고 있다. 이들 당 및 정치기관은 군 지휘관의 명령에 대한 비준과 서명, 당정책에 역행하는 지휘관의 명령에 대한 저지 등의 권한을 행사함으로써 당의 군대로서의 북한군의 성격을 유지·강화시키는 역할을 수행하고 있다.

북한에 의하면 군의 또 다른 성격은 혁명의 군대라는 것이다. "항일유격투쟁의 혁명전통과 고귀한 투쟁 경험과 불굴의 애국정신을 계승한 영광스런 군대"로서 군의 역할은 혁명과업의 성취를 무력으로 보장하는 데 있다.[3] 한국전쟁 이후 강조되기 시작한 혁명전통은 1978년에 이르러 군 창건일을 2월 8일에서 김일성이 '조선인민혁명군'을 창건했다고 하는 1932년 4월 25일로 변경할 정도로 강화되었다.[4] 항일무장투쟁의 전통이 북한군의 역사까지도 재해석할 정도로 위력을 발휘하고 있음을 읽을 수 있는 대목이다. 이 같은 전통의 강조와 동시에 군은 반동분자와 착취계급 및 제국주의의 도발을 혁명적 무력으로 분쇄해야 할 임무를 띠고 있는 것으로 규정되어 있다.

한편, 북한군은 수령의 군대라는 중요한 성격도 띠고 있다. 북한에서 군

여", 『김일성저작집』 12(평양 : 조선로동당출판사, 1981), p. 132.
3) 김일성, "조선인민군창건에 제하여", 『김일성저작선집』 1(평양 : 조선로동당출판사, 1968), p. 190.
4) 김용현, "북한 인민군대의 형성과정", 유광진 외, 『한국정치의 쟁점과 과제』(서울 : 정익사, 1997), pp. 158~159.

은 "창건도 혁명의 수령에 의하여 실현되고 그 강화 발전도 수령의 령도 밑에 이루어졌으며 그의 모든 승리와 영광도 수령의 품속에서 마련"된 것으로 규정되고 있다.[5] 당의 군대를 뛰어넘어 김일성수령의 군대로서 군이 기능한 것은 1960년대부터 비롯된 것이지만, 1990년대 군내 후계체계가 구축되면서 '김정일수령'의 군대로 급격한 전환이 이루어졌다. 1991년 12월 최고사령관, 1993년 4월 국방위원장 취임, 그 과정에서의 대대적인 군내 인사 등을 통해 '김정일의 군대'가 완성됨으로써 수령의 군대라는 북한군의 성격은 더욱 강화되고 있다.

경제위기가 심화된 1990년대 중반 이후 북한군은 '수령 결사 옹호' 정신을 강조하면서 김정일에 대한 절대적인 충성을 다짐하고 있다. 김정일 역시 군을 통한 위기관리체제를 가동시키면서 현재의 경제위기 국면을 돌파하려 하고 있다. 김정일 자신의 군에 대한 강조, '선군정치'의 일상화 등은 김정일이 군부와 군사력을 얼마나 중시하는가를 보여주는 대목이기도 하다. 요컨대 북한군은 당의 군대, 혁명의 군대를 뛰어넘어 수령체제를 보위하는 무장력으로서, 위기관리체제를 지탱하는 중심축으로서의 역할을 수행하는 성격을 띠고 있다고 하겠다.

2) 북한군의 기능

북한에서 군은 김정일의 선군정치에 따라 '강성대국'을 건설해 나가는 강력한 추동력으로 기능하고 있다. 뿐만 아니라 경제건설 및 사회통제 기능에서도 중요한 역할을 수행함으로써 북한 체제를 이끌어나가는 중심세력으로 기능하고 있다. 군에, 체제위기 상황에서 급속도로 약화된 당과 내각을 대행하는 역할이 부여된 것이다.

---

5) 《로동신문》, 1991년 12월 28일.

1990년대 중반 이후 북한의 정치 · 경제 · 대외관계 운용논리를 한마디로 정리한다면, 선군정치를 통한 위기 돌파라고 할 수 있다. 선군정치는 김일성 사후 깊이 파인 경제 및 대외관계 위기에 대응해 체제의 생존보장과 안정을 위해 선택한 국가 운영방식이다. 북한은 선군정치를 "군대를 중시하고 그를 강화하는 데 선차적 힘을 넣는 정치", "인민군대의 위력에 의거하여 혁명과 건설의 전반사업을 힘있게 밀고 나가는 정치"라고 정의하고 있다.[6]

북한군은 본연의 국방임무를 뛰어넘어 '혁명과 건설'의 주체적 기능자로 작동하고 있다. 먼저 군이 직접적인 체제 안정의 이데올로그로 기능하고 있다. 경제위기에 따른 배급체계의 붕괴 등으로 1990년대 중반 이후 북한 사회는 사상적 혼란이 커지면서 상당한 문제를 드러냈다. 이에 대한 대응으로 북한은 군대의 모범을 전 사회로 침투시켰다. '혁명적 군인정신', '군민일치운동', '생산도, 학습도, 생활도 인민군대처럼' 등이 전 인민이 따라 배워야 하는 덕목으로 제시되었다.[7] 군이 창조한 정신과 도덕, 문화와 생활 기풍을 인민의 자기 사업과 생활에 철저히 구현해 나가야 한다는 것이다. 사회 전체의 군사화, 군과 사회의 일체화가 바로 오늘의 북한적 현상의 한 부분이다.

다음으로 경제난으로 노동동원의 위기에 따른 군의 노동력 대체와 경제활동 기능의 강화가 두드러지게 나타나고 있다. 군의 역할이 확대되면서 주요 경제건설 사업에는 군인력이 대거 투입되고 있다. 대규모 사회간접자본 구축 공사에 예외없이 군대가 투입되고 있으며, 심지어 농사와 철도운행, 국경수비 등에도 관여하고 있다. 특히 무역회사와 공장, 기업소, 광

---

6) "정론 강성대국", 《로동신문》, 1998년 8월 22일 ; "노숙하고 현명한 정치로 사회주의를 빛내여 나가시는 위대한 영도자", 《로동신문》, 1998년 10월 19일.

7) "혁명적 군인정신으로 우리식 사회주의 위업을 힘차게 전진시켜 나가자", 《로동신문》, 1997년 5월 19일.

산, 협동농장 등을 포함하는 '제2경제' 영역에서의 역할도 커지고 있다. 국방위원회 산하 제2경제위원회가 담당하는 군수산업의 외화획득, 군의 직접적인 외화벌이 사업 등 군의 경제활동 기능이 빠른 추세로 확대되고 있는 것이다.

마지막으로 대외관계 개선의 지렛대 기능이다. 흔히 언급되는 북한의 '벼랑끝 외교'는 대부분 '군대의 힘'에서 나왔다. 즉, 경제적 실리를 추구하는 북한의 벼랑끝 외교전략에서 군은 중요한 협상수단으로 작용하고 있는 것이다. 핵문제, 미사일 판매 및 장거리 미사일문제 등 북한의 군사력시위는 미국의 실제적인 위협에 대한 대응인 동시에, 협상과 관계개선에 유리한 조건을 마련하려는 노력의 일환이었다.

이와 같이 북한군은 본연의 국방 기능 외에 '선군정치'의 다양한 행태를 보이고 있다. 이는 1990년대 중반 이후 체제위기 상황이 빚어낸 과도기적인 모습일 수 있다. 그러나 체제의 장기적인 생존과 강화를 위한 최소한의 목표인 대외관계 정상화와 경제위기의 돌파가 단기간에 이루어지지 않는다면, 오히려 선군정치의 다양한 행태는 지속·강화될 것이다. 이 과정에서 북한군의 군사외적 기능은 더욱 확대될 것이다.

2. 군사기구와 제도

1) 군사기구

북한의 군사기구는 매우 복잡한 체계를 가지고 있다. 군사지도기구는 최고군사지도기구인 국방위원회, 당 부문의 당중앙군사위원회, 최고사령부 등의 기구로 구성되어 있다. 국방위원회 산하에는 총정치국, 총참모부, 인민무력부, 보위사령부, 호위총국 등이 상호 수평적인 관계로 위치해 있다. 정규군 편제 내에는 없지만 치안담당기구인 인민보안성과 사찰기구인 국가안전보위부도 포괄적인 차원에서 군사기구로 포함시킬 수 있다. 민간으로 구성된 교도대, 로농적위대, 붉은청년근위대 등도 준군사기구로 기능하고 있다.

(1) 군사지도기구

국방위원회는 헌법상 국방정책을 전반적으로 관장하는 '국가주권의 최고군사지도기관이며 전반적인 국방관리기관'이다.[8] 이 위원회는 1972년 12월 사회주의 헌법에 중앙인민위원회 산하 부문별 위원회의 하나로 설치되고, 1990년 5월 최고인민회의 제9기 1차 회의에서 확대·개편되었다. 곧이어 1992년 개정된 헌법에서 국가주석 다음의 기관으로 격상되고, 1998년 9월 최고인민회의 제10기 1차 회의에서 명실공히 국가최고기관으로 자리잡았다.

김정일은 1993년 4월 최고인민회의 제9기 5차 회의에서 국방위원장으로 선출됐으며, 1998년 9월 국가주권을 상징하는 강화된 국방위원장에 재추대됨으로써 후계체계를 마감하고 완전한 '김정일시대'를 열게 되었다. 국방위원장은 인민무력부 산하의 정규군을 비롯하여 교도대, 로농적위대, 붉은청년근위대 등 일체의 무력을 지휘·통솔하는 권한을 갖고 있다. 뿐만 아니라 국방부문 중앙기관 개폐, 주요 군사간부 인사, 전시상태와 동원령 선포 등의 임무와 권한도 갖고 있다.[9]

국방위원회는 김정일 위원장을 필두로 조명록 제1부위원장(차수, 인민군 총정치국장), 김일철 부위원장(차수, 인민무력부장), 이용무 부위원장(차수)과 5명의 국방위원으로 구성되어 있다. 국방위원은 김영춘(차수, 인민

---

8) "조선민주주의인민공화국 헌법(1998. 9. 5 개정)", 『통일문제연구』 1998년 하반기호 부록(서울 : 평화문제연구소), p. 304.

9) 위의 책, p. 304.

군 총참모장), 연형묵(자강도당 책임비서), 백학림(차수, 인민보안상), 전병호(당 군수담당 비서), 김철만(제2경제위원장) 등이다.[10] 이들 국방위원회 구성원들이 실질적인 북한의 최고지도부이며, 임기는 최고인민회의 임기와 같은 5년이다.

한편, 당중앙군사위원회는 과거 국방위원회에 회부되는 모든 사안을 사전에 토의·결정하는 최고군사기구였으나, 국방위원회의 급부상에 따라 그 위상이 현저히 약화되었다. 그러나 당의 군사정책을 협의하여 결정하는 당내 회의체로서의 기능은 여전히 수행하고 있다. 이 위원회는 당내의 군사부와 인민방위부를 집행기관으로 두고 있지만, 다른 실무부서는 두고 있지 않다.

최고사령부 역시 당규약이나 헌법 어디에도 권한과 임무에 대한 명문규정이 없는 형식적인 군사지도기구다. 김정일이 1991년 12월 당중앙위원회 제6기 19차 전원회의에서 최고사령관에 추대되어 오늘에 이르고 있는 것만 확인될 뿐이다. 최고사령부는 실제 기구로서 존재하지 않고, 김정일을 정점으로 한 군 원로와 국방위원들 정도의 인물들을 추상적인 집합체로 지칭하는 것으로 보인다.[11]

(2) 국방위원회 산하 군사기구

국방위원회 산하에는 정치 분야의 총정치국과 군사 분야의 총참모부, 인민무력부, 후방총국 등이 상호 수평적으로 포진되어 있다. 총정치국은 인민군 당위원회의 집행기관적 성격을 가지며, 군 내부의 당 정치사업을 통일적으로 조직·집행하는 핵심 정치기관이다. 한마디로 북한군에 대한 당 사업을 대리하는 기구라고 할 수 있다. 총정치국장은 인민군당의 책임

---

10) http://nk.joins.com/dic
11) 이종석, 『새로 쓴 현대북한의 이해』(서울 : 역사비평사, 2000), p. 529.

비서격이며, 현재 국방위원회 제1부위원장인 조명록 차수가 담당하고 있다. 현철해 조직담당 부국장, 박재경 선전담당 부국장을 포함하는 총정치국 지도부는 김정일체제 군부 최고 실세군을 이루고 있다.

총참모부는 통합군체제인 북한의 육·해·공군을 사실상 지휘하는 사령부 역할을 하고 있다. 군종·병종 사령부를 직접 관리하며, 작전국, 군사훈련국 등을 두고 있다. 김영춘 차수가 총참모장을 맡고 있으며, 3인의 부총참모장과 리명수 작전국장을 포함한 다수의 국장들로 인적인 구성을 이루고 있다. 과거 인민무력부의 하부기관이었으나, 최근 독립적인 최고 작전 지휘기관으로 승격되었다.

한편, 인민무력부는 명칭과 달리 군을 지휘하는 권한을 갖고 있지 않으며, 군사행정과 군사외교 등을 담당하는 기구다. 남북한 체제의 성격상 차이는 있지만 남한의 국방부에 해당한다고 볼 수 있다. 그러나 총참모장이 국방위원회에 보고하는 중요 사안을 사전에 총정치국장과 인민무력부장과 협의해야 하기 때문에 인민무력부가 전혀 실권이 없는 것은 아니다.[12] 국방위원회 부위원장인 김일철 차수가 인민무력부장으로 활동하고 있다. 이밖에 후방총국은 병기를 제외한 북한군의 모든 군수물자를 제공·관리하는 기관이며, 보위사령부는 군내 반체제세력 제거 등을 주임무로 하고 있는 기관이다.

(3) 준군사기구

북한의 준군사기구는 치안담당기구로서 내각 소속인 인민보안성과 사찰기구인 국가안전보위부, 그리고 민간으로 구성된 교도대, 로농적위대, 붉은청년근위대 등이 있다. 특히 민간 군사기구들은 현재 14세부터 60세

---

12) 유영구, "북한의 정치-군사관계의 변천과 군내의 정치조직 운영에 관한 연구", 『전략연구』 4권 3호(서울 : 한국전략문제연구소, 1997), p. 101.

까지 전체 인구의 약 30%인 7백여만 명이 속해 있을 정도로 과포화되어 있으며, 이는 북한 체제의 강한 군사적 색채를 보여준다.

인민보안성은 민간 치안담당기구다. 1973년 국가안전보위부 신설 이전까지는 반체제사상 이반자를 색출하는 공안권도 행사했다. 1998년 9월 사회안전성을 개명하여 오늘에 이르고 있다. 이 기구는 자체 집단군을 보유하고 있으며, 빨치산 원로 백학림 차수가 인민보안상 직책을 수행하고 있다.

한편, 국가안전보위부는 체제보위를 위한 반체제 사범 색출 및 관리, 기관과 주민 사상동향 감시 등 대민간 사찰을 담당하는 기관이다. 1973년 국가정치보위부로 출발하여 1982년 국가보위부로, 1993년 현재의 이름으로 개칭되었다.[13] 산하에 행정체계에 따라 지구 보위부를 두고 있으며, 활동과 인적구성의 변동이 비밀에 부쳐져 있다.

로농적위대는 북한 최초의 민간군사조직으로 1958년 중국인민지원군 완전 철수를 계기로 59년 1월 창설되었다. 이후 교도대, 붉은청년근위대 등이 잇따라 창설되면서 전반적으로 민간의 군사조직화가 이루어졌다. 로농적위대는 46세부터 60세까지의 교도대 미편성자와 남성 노동자·농민·사무원 등을 대상으로 직장 및 행정단위별로 편성된다. 제대별 지휘관은 직장 및 지역의 당책임비서, 참모장은 당민방위부장이 당연직으로 겸직한다. 훈련은 당민방위부 주관 아래 연간 30일간 받고 있다. 이 기구의 임무는 민방위 업무와 함께 주요시설 경계 및 지역방어에 있으며, 대원수는 약 4백만 명이다.

교노대는 민간을 대상으로 하는 준군사기구 중 가장 핵심적인 조직으로 남한의 향토예비군과 유사하다. 만 17세부터 45세까지의 남자와 만 17세부터 30세까지의 미혼여성을 대상으로 한다. 행정단위별 지역과 직장 내

---

13) http://nk.joins.com/dic

에 설치돼 있으며, 해당지역 위수담당 정규군 군단장이 관할·책임을 맡고 있다.[14] 대학생은 정규군의 병종·병과의 초급장교 임무를 수행할 수 있도록 전공별로 편성된다. 총 병력은 1백60여만 명으로 연간 40일의 훈련을 받으며, 전시 후방 방어 및 예비대로 투입된다.

붉은청년근위대는 고등중학교 5·6학년 남녀학생을 대상으로 조직된 학생군사조직이다. 항일무장투쟁 시기 소년군의 계승자로 지칭되고 있다. 1970년 9월 김일성의 지시로 창설됐으며, 학교별 중대 또는 대대급으로 편성된다. 당민방위부의 지휘·통제를 받으며, 방학을 이용해 7일간의 입영훈련과 연 20일간의 군사교육을 받는다. 이들의 주요 임무는 반혁명적 요소를 제거해 정권을 사수하는 친위대로서의 선도적 역할과 유사시 정규군의 하급간부 보충을 취한 후비대 역할이다.[15]

2) 군사제도

(1) 병역제도

북한에서 군입대 관련 업무는 남한의 병무청에 해당하는 행정지역별 군사동원부가 맡고 있다. 모든 남성은 14세에 이르러 초모(招募) 대상자가 되고, 대체로 고등중학교를 졸업하는 해에 신체검사를 받은 후 입대하게 된다. 그러나 신체검사 불합격자, 성분 불량자, 특수분야 종사자 등은 입대할 수 없다. 근무 연한은 지상군이 3년 6개월, 해·공군이 4년으로 규정되어 있으나, 실제 7년에서 10년까지 근무하고 있다.[16] 군복무를 마치면 제대와 동시에 직장을 배치받게 되며, 대학 진학에도 유리하기 때문에 군입대는 초모대상자들이 선호하고 있다.

---

14) 『북한이해』(서울 : 통일교육원, 2000), p. 237.
15) 위의 책, p. 238.
16) 《조선일보》, 2000년 11월 27일.

한편, 초급 군지휘관 양성은 강건종합군관학교, 회령군관학교 등을 통해 이루어지며, 현역군관 재교육은 김일성군사종합대학에서 맡고 있다. 특히 김일성군사종합대학은 북한 최고의 종합군사학교로 평양 만경대에 위치하고 있으며, 1956년 10월 창설되었다. 본과는 고급장교 양성을 목적으로 대위에서 중좌까지의 현역장교를 입교대상으로 하며, 교육기간은 3년이다. 강습과는 상좌에서 장령까지의 지상군·해군·공군 고급장교들의 재교육을 목적으로 하며, 교육기간은 1년이다. 현재 총장은 차수 최인덕이 맡고 있다.[17]

(2) 병영생활

북한군에는 내무규정, 규율규정을 비롯하여 군인들이 지켜야 할 군사규정이 있다. 이 중 병영생활에서 지켜야 할 '군무생활 10대 준수사항'은 모든 군인들이 반드시 지켜야 할 규정이다. 김일성에 의해 1977년 11월 조선인민군 제7차 선동원대회에서 제시되었다. 그 내용은 ①군무자들의 군사규정 철저 준수 ②무기에 정통하며 철저한 관리 ③군사명령의 철저한 집행 ④당 및 정치조직들에서 준 분공(分功)의 어김없는 집행 ⑤국가비밀·군사비밀·당조직비밀의 엄격한 유지 ⑥국가의 사회주의적 법과 질서의 철저한 준수 ⑦군사정치 훈련에 어김없는 참가와 면학 ⑧인민에 대한 사랑과 인민재산 침해 금지 ⑨국가재산과 군수물자의 철저한 보호와 절약 ⑩동지애와 군대 안의 상하일치단결의 미풍 고양 등으로 북한군이 반드시 지켜야 할 것으로 못박아져 있다.[18]

일상적인 병영생활을 보면, 군복무 중 연 1회의 정기휴가와 특별휴가 등의 규정이 있으나 실제로 이루어지는 경우는 많지 않다. 군사훈련과 정

---

17) http://nk.joins.com/dic
18) 김일성, "정치사업을 잘하여 인민군대의 위력을 더욱 강화하자", 『김일성저작집』 32(평양 : 조선로동당출판사, 1986), pp. 518~524.

치교양사업이 병영생활의 대부분을 차지하며, 특히 교양사업의 비중이 매우 높다. 한편, 부대급식에서 주식은 보급을 원칙으로 하고 있고, 부식은 구매 또는 자체 영농을 통해 해결하고 있다. 전반적으로 경제위기가 심화되면서, 상대적으로 식량수급이 원활했던 군에도 어려움이 커지고 있다.

(3) 군사칭호

북한군의 계급은 '군사칭호'로 불리고 있으며, 군관 14종, 하전사 6종으로 나누어져 있다. 다시 군관은 원수급 · 장령(장군) · 좌관(영관) · 위관으로, 하전사는 하사관과 전사로 구분돼 있다.

원수급에는 원수와 차수가 있다. 원수계급은 왕별과 북한 국장(國章) 한 개로 표시되는데, 김정일과 이을설 호위사령관뿐이다. 그러나 김정일은 조선민주주의인민공화국 원수, 이을설은 조선인민군 원수로 구분되며, 상징적인 계급이라고 할 수 있다. 생전 김일성은 군통수권자로서 대원수로 불렸는데, 주석에게만 주어진 계급이었다. 이에 비해 차수는 실질적인 군사지휘관 계급이다.[19] 조명록 총정치국장, 김영춘 총참모장, 김일철 인민무력부장 등을 포함해 모두 13명이 차수다. 이들은 북한군 최고지도부를 구성하고 있는 핵심 인물들이라고 할 수 있다.

장령급은 대장 · 상장 · 중장 · 소장으로 나누어지며, 군단장 및 사단장급들이 이에 해당한다. 군관급은 상급군관에 대좌 · 상좌 · 중좌 · 소좌로, 하급군관에 대위 · 상위 · 중위 · 소위 등으로 구분돼 있다. 한편, 하전사의 경우는 하사관급에 사관장 · 상사 · 중사 · 하사로, 전사급에 상등병 · 전사 등으로 나눠져 있다.[20]

---

19) 1953년 2월 당시 최용건 민족보위상에게 최초로 수여됐으며, 1985년 4월 오진우 당시 인민무력부장이 두 번째로 차수 계급을 받았다.

20) 앞의 신문.

제**2**절
북한의 군사력

1. 군사정책의 전개과정

북한 군사정책의 전개과정은 시기적으로 1) 해방 이후 소련의 도움하에 조선인민군이 만들어지고 한국전쟁을 치른 1950년대 시기, 2) 4대 군사노선이 채택되어 북한 체제가 병영화되는 1960년대 시기, 3) 경제건설과 국방건설로 안정화되는 1970년대 이후의 시기로 나눌 수 있다.

1) 해방 이후 1950년대 (1945~1959)

해방 이후 북한에는 잠시 다양한 부류의 조직들이 치안을 담당했으나 소련군과 김일성이 들어오면서 김일성이 이끄는 만주항일유격대 세력과 그후에 북한에 들어온 화북조선의용군출신들이 이들의 지도부를 점차 장악하게 되었다. 1945년 10월 소련군의 명령에 따라 각 도는 보안대로 재편되었으며, 북조선 행정 10국 중 보안국장은 만주항일유격대출신인 최용건이 맡았다.

이를 모태로 하여 북한이 공식적으로 '조선민주주의인민공화국'으로 수립되기 전인 1948년 2월 8일에 '조선인민군'을 선포한바, 당시 2개의 보병사단과 1개 독립혼성여단으로 구성되어 있었다. 1948년 7월경에는 징집을 확대하여 군대를 강화했고, 인민공화국이 수립된 1948년 9월 내각에 민족보위성을 두어 군대를 지휘하도록 했다. 그 편성, 장비, 훈련은 모두 소련식을 모방한 것이었다. 북한 군대의 창립을 도왔던 소련 군대는 공식적으로 1948년 10월 19일부터 12월 26일까지 철수를 완료[21]했는바, 이때부터 38선 주변에서 발생된 남북한 군사분쟁은 북한 군대를 강화하는 좋은 계기가 되었다. 즉, 이 분쟁의 과정에서 북한은 '민주기지의 군사화'를 목표로 3개 사단의 창설과 38선경비대의 확장 등을 수행했으며 징병제 실시, 조국보위후원회 결성, 애국미헌납운동 등 군사적 동원체제를 정비해 갔다.

조선민주주의인민공화국 수립 직후인 1949년 3월 김일성 수상을 단장으로 한 공화국 정부 대표단은 소련을 방문하여 소련, 중국과 「조·소 군사 비밀 협정」과 「조·중 군사 비밀 협정」을 맺어 북한 군대의 증강에 협력할 것을 약속했다.[22] 소련은 이 협정에 의거, 각종 무기와 군사시설 등을 원조했다.

북한 군대는 1949년 7월경 중국의 공산혁명이 끝나가면서 '중국인민해방군'으로 활동하던 한인병사들이 대거 귀국함으로써 한국전쟁 직전인 1950년 6월 초에는 소련군의 구식 저격(경보병) 사단편제로 8개 정규사단(제1·2·3·4·5·6·7·13사단), 1개 탱크여단, 2개 예비사단(제10·15사단) 및 소수의 독립부대로 구성되었고, 규모는 135,000명이 되었다.

한국전쟁은 북한에게 엄청난 희생을 초래했다. 한국전쟁 중(1950. 6. 25~1953. 7. 27) 북한에서는 268만 명 이상의 인적 자원이 월남하든가 죽었으며[23] 농지와 산업시설은 UN과 미국군의 폭격에 의해 거의 파괴되었

---

21) 『조선전사』 24 (평양 : 과학백과사전출판사, 1982), p. 577.

22) 林建彦(저)·최현(역), 『남북한 현대사』(서울 : 삼민사, 1989), pp. 55~56.

23) 위의 책, p. 65 ; 브루스 커밍스와 존 할리데이도 약 200만 이상의 북한 민간인과 약 50만 명의 북한 병사들이 죽었다고 추정하고 있다. 브루스 커밍스·존 할리데이 지음, 차성수·양동주 옮김, 『한국전쟁의 전개과정』(서울 : 태암, 1989), pp. 202~203.

다.[24] 전후 복구를 위해 북한은 8만 명의 병력을 감축하고 3개 보병여단을 해체했다. 이는 중국인민군이 잔류하여 북한의 복구건설을 지원했기 때문이다. 중국인민군은 1958년까지 500만 작업일[25]을 제공했으며 1958년 1월에서 6월까지에만 해도 연 인원 130만 명이 복구작업에 참가했다.[26] 1958년 중국인민군이 완전히 철수하자 북한은 1959년 1월 병력을 보충하기 위하여 민병대조직인 '로농적위대'를 창설했다.

2) 1960년대

1960년대는 북한에게 시련과 위기를 느끼게 하는 시기였다. 1950년대 말부터 계속된 중·소 대립의 격화는 중국과 소련의 북한에 대한 지원을 어렵게 했으며, 1962년 쿠바사태는 더 이상 군사적으로 소련에 의존할 수

---

24) UN과 미국군의 폭격에 의해 농지가 파괴되었을 뿐만 아니라 전력과 물을 공급하는 댐의 대부분이 파괴되었다. 1952년 6월에는 북한 전체전력의 약 90%를 공급하는 수풍댐을 폭격했으며, 1953년 5월에는 북한쌀의 3/4을 생산하는 지역에 물을 공급하는 평양근교의 댐들을 폭격했다. 전쟁 초기 6개월 동안 미 극동공군폭격사령관을 역임했던 '오도넬'이 맥아더청문회 증언에서 밝힌 바와 같이 중국군이 개입하기 이전에 이미 북한의 5개 중요도시(평양, 성진, 나진, 원산, 진남포)는 철저히 파괴되었다. 그는 "나는 전부, 한반도의 전부가 정말 놀랄 만큼 어지럽다고 말하고 싶습니다. 모든 것이 파괴되었습니다. 이렇다할 만한 것은 아무것도 서 있지 않습니다. 중국군이 들어오기 바로 전에 우리는 무기를 손에서 놓게 되었습니다. 한국에는 더이상 목표물이 없었습니다"고 증언하고 있다. 1951년 미국군의 야만적 행위에 대한 비판이 높자 국제민주여성동맹과 국제민주법률가협회가 진상조사단을 북한에 파견하였나, 진상조사단의 일원이었던 Monica Felton의 북한방문기 『That's Why I Went』와 1952년 3월 북한을 방문한 후 작성된 국제법률가협회의 보고서인 『미국의 범죄에 대한 국제법률협회 조사단의 보고서』는 북한의 피해상황에 대해 증언하고 있다. 브루스 커밍스, 존 할리데이, 앞의 책, pp. 189~199 ; I. F. Stone, 『비사 한국전쟁』(서울 : 신학문사, 1988), p. 334 ; 강정구, "한국전쟁의 성격에 관한 재인식", 『현대사회』 36호 (1990년 봄—여름호), pp. 3~18.

25) 당시 4,107개의 다리와 5개의 저수지, 3,768개의 제방건설에 연인원 500만 명을 투입한 것으로 알려져 있다. 민병천(편), 『북한의 대외관계』(서울 : 대왕사, 1987), p. 92.

26) 『北京週報』 Vol. 1, No. 4(1958. 3. 25).

없도록 했다. 더불어 남한에서는 1960년 4·19혁명[27]에 이은 1961년 5·16 군사 쿠데타에 의해 군부정권이 등장했으며, 한·일 국교정상화에 이은 1965년 베트남 파병, 그리고 1964년 미국의 베트남전에 대한 적극 개입은 북한의 측면에서 볼 때 주변정세가 군사적으로 위태롭게 돌아가는 상황이었다.[28] 따라서 1960년대 북한의 군사정책은 전 국토와 전 국민에 걸쳐 병영체제를 강화하는 것이었다.[29]

우선 대외적으로 북한은 소련, 중국과 공식적인 군사협력관계를 강화했다. 1961년 5월 남한에서 군사쿠데타가 발생한 직후 5월 30일에 소련의 부수상 '알렉세이 코시긴(Aleksei Kosygin)'이 평양을 방문했고, 같은해 7월에 김일성이 소련과 중국 두 나라를 방문해 각각 '북한·소련 우호협력 상호원조조약'과 '북한·중국 우호협력상호원조조약'을 체결했다. 이 두 조약은 "어느 한 나라가 무력침공에 의해 전쟁이 일어나면 다른 조약국은 즉시 모든 수단을 다하여 군사 및 그밖의 원조를 제공한다"고 하는 군사 동맹조약이었다. 당시 남한은 이미 1954년 미국과 '한·미 상호방위조약'

---

27) 김일성은 이승만체제가 학생봉기에 의해 붕괴되었던 때 '적극적인 조치'(positive measures) 를 취하지 못했던 것에 대해 후회했었다고 한다. Robert A. Scalapino and Chong-Sik Lee, *Communism in Korea*, Part Ⅱ : The Society, op. cit., p. 983.

28) 북한은 미국이 군비를 확장하고 공공연히 전쟁준비를 하고 있다고 비난하면서 그 증거로 쿠바위기시 케네디 정부가 취한 태도, 베트남에서의 선전포고 없는 전쟁, 중국·인도 국경분쟁 과 관련하여 미국의 인도지배층에 대한 선동 등을 열거했다. 특히 남한에 대해서는 미국이 핵무기와 미사일기지화한다고 비난했다.《로동신문》, 1962년 12월 16일 ; "남조선에서의 사회, 경제, 문화의 전면적 파탄, 4월인민봉기와 미제의 식민지통치위기의 새로운 심화", 『조선 전사』 29, 앞의 책, pp. 430~482 ; "1960년대초 국내외 정세", 『조선전사』 30, 앞의 책, pp. 9~20 ; "1960년대 중엽 국내, 국제정세", 『조선전사』 31, 앞의 책, pp. 9~14.

29) 1961년까지 북한에서 특별한 군사력의 확대나 군사비 지출의 증가가 두드러지지는 않았으며 남한에 대한 통일노선에 있어서도 무력에 의한 통일보다 1960년 4·19의 분위기를 이용한 남한의 민주화와 주한미군 철수, 그리고 통일을 위한 과도적인 대책으로서 「남북조선연방 제」방식을 주장했다. 함택영, "경제 국방건설 병진노선의 문제점", 고현욱 외, 『북한사회주의 건설의 정치경제』(서울 : 경남대학교 극동문제연구소, 1993), pp. 131~165.

을 맺은 상태에 있었다.

1962년 11월 쿠바사태가 소련의 굴복으로 끝나자 김일성은 1962년 12월 '조선로동당 중앙위원회 제4기 제5차 전원회의'에서 경제건설과 국방건설을 병진[30]해 국방력을 더욱 강화하기로 하고, 소련의 지원이 없이도 스스로 지켜낼 수 있는 '국방에서의 자위'노선을 강조했다.[31] 이는 결국 "인민경제의 발전을 일부 희생하더라도 국방력을 강화한다"는 것이었다. 그러한 노력은 1966년 10월 당대표자회의에서 '전군의 현대화',[32] '전민의 무장화', '전국의 요새화' 그리고 '전군의 간부화'라는 소위 '4대 군사노선'이 커다란 성과를 달성했다고 평가되었다.

따라서 북한은 1960년대 후반 군사력에 대한 어느 정도의 자신감을 갖게 되었고, 월남에서 싸우는 미국 군사력의 힘을 분산시키기 위하여 호전성을 나타냈다.[33] 1968년 '1 · 21청와대기습미수사건', 1월 23일 '미군정찰함 푸에블로호 납북사건', 10월과 11월 '울진 · 삼척 무장공비침투사건', 1969년 'EC-121 미정찰기 격추사건', 'KAL기 납북사건' 등이 그러한 맥락에서 발생한 사건이었다.

---

30) 이는 '한 손에는 총을 다른 한 손에는 낫과 망치를' 이라는 표어로 상징된다.

31) 김일성, "우리인민군대를 혁명군대로 만들며 국방에서 자위의 방침을 관철하자(김일성 군사대학 제7기 졸업식에서 한 연설(1963. 10. 5)", 『김일성저작집』 17, 앞의 책, pp. 432~450.

32) '선군의 현대화' 노선은 김일성이 1958년 2월 조선인민군 제324군부대를 현지 지도하면서 '인민군대의 무장장비를 개선할데 대한 과업을 제시' 하는 속에서 제기되었다. 『김일성저작집』 12(평양 : 조선로동당출판사, 1981), p. 101 ; 『조선전사』 29, 앞의 책, pp. 250 ~ 251.

33) 북한의 『력사사전』에서는 1966년 10월 조선로동당 대표자회에서 김일성이 "세계의 큰 나라와 작은 나라 할 것 없이 모든 지역, 모든 전선에서 미제국주의자들에게 타격을 주어 그들의 력량을 최대한으로 분산시켜야 하며 미제가 발붙이고 있는 모든 곳에서 놈들의 손발을 얽어매 놓아야 한다고 가르치시었다"고 기록하고 있다. 『력사사전』 2(평양 : 사회과학출판사, 1971), p. 363.

3) 1970년대 이후

1970년대 이후 북한의 군사정책은 이미 확보된 4대 군사노선을 유지하면서 핵과 미사일 등 대량살상무기를 개발·확보하여 군사력 확대와 동시에 미국, 일본 등과 대외협상능력을 강화하려는 특징을 보이고 있다.

1970년대에 북한은 독자전 수행능력 및 선제공격태세 강화에 주력하고 남침용 땅굴을 파는 한편, 로농적위대 편성을 45세에서 60세로 연장했다. 그리하여 1980년 조선로동당 제6차 대회에서 "자위적 군사로선을 관철하여 강력한 국방책을 마련해놓았다"고 선언했다. 그러나 경제적으로 남한보다 뒤떨어지면서 군사비지출 측면에서도 남한과 군비경쟁을 계속할 수 없게 되자 신속전개전력 강화를 위한 기계화군단 창설과 대량살상을 위한 스커드 미사일 등 정밀무기를 개발하여 군의 현대화를 보강하는 4대 군사노선을 유지했다.

1990년대에는 소련의 붕괴와 김일성의 사망 등으로 권력을 이어받은 김정일에게는 위기의 시기였다. 그럼에도 불구하고 김정일은 군부 우대정책과 군대의 사상무장을 강조함으로써 자신을 중심으로 단결하여 혁명을 유지할 것을 요구하고 있다. 국제사회의 반대에도 불구하고 북한이 1990년대 이후에도 계속 개발하고자 하는 핵무기와 미사일의 효용성은, 개발함으로써 얻게 되는 대남 군사적 우위와 미국에 대한 견제, 그리고 중동에 대한 수출로 얻게 되는 경제적 이익 때문이다.

2. 북한의 군사전력(재래전력)

군사전력은 장기전과 단기전에서 그 평가를 달리한다. 장기전일 경우 인구와 경제능력 등 군사 잠재력이 커다란 영향력을 행사하나 단기전일 경우 군사 잠재력이 군사전력으로 전환할 시간이 적으므로 큰 영향력을 발휘하지 못한다.

현재 남북한의 군사 잠재력은 인구면에서 남한(4,600여만 명)이 북한 (2,200여만 명)보다 두 배나 많으며, 경제력에서는 국민총소득 측면에서 남한이 북한보다 26배나 많다.[34] 그러나 지정학적인 측면에서는 북한은 직접적인 군사 지원세력이라 할 수 있는 중국, 러시아와 국경을 접하고 있고, 남한은 미국, 일본과 태평양으로 멀리 떨어져 있다는 점에서 남한이 불리하다고 할 수 있다. 한편, 남한은 3면이 바다로 둘러싸여 있어 해군 함대의 이동이 용이하지만 북한으로는 동·서해 간의 함대 이동이 원활하지 않다는 측면에서 남한이 유리할 수도 있다.

이상에서 볼 때 장기적인 남북한의 군비경쟁의 측면에서는 '장기 종합 전쟁수행능력'을 분석하는 것이 유용하지만, 현대 첨단무기의 등장이나 한반도와 같이 전쟁 종심이 짧은 지역에서 전면전이 발생할 경우에는 초반전 상비전력이 전쟁의 흐름을 좌우할 것이므로 북한에 있어서도 현재 가동 군사력의 분석이 유용하다 할 수 있다.

그러나 북한의 군사력 평가는 아직도 많은 한계를 가지고 있다. 그 이유는 첫째, 북한의 군사력 관련 자료가 공개되지 않기 때문에 외국의 정보와 관련 자료에서 유추한 것이라는 점이며 둘째, 남한의 공식 자료조차도 남한 군사력은 축소하며 북한 군사력은 과장하려는 경향이 있어 신빙성이 떨어지며 셋째, 군사비의 측정은 인건비와 구입비, 연구개발비, 운영유지비(부대, 장비) 등을 분류해서 측정해야 하는데 이것을 총량적으로 나타낼 때 문제가 있다는 것이다.[35]

북한의 군사력 평가는 북한 단독으로 고찰하는 것보다는 남한과 비교할

---

34) 『남북한 경제사회상 비교』(서울 : 통계청, 2000. 12) 참조.

35) 함택영 외, 『남북한 군비경쟁과 군축』(서울 : 경남대학교 극동문제연구소, 1992), pp. 3~42 참조.

때 그 의미가 있다. 〈표 1〉은 한국전쟁 시기의 남북한 군사력이며, 〈표 2〉
는 1999년 현재의 남북한 군사력 비교표이다.

〈표 1〉 한국전쟁시 남북한 군사력 비교

군 별	내 용	남 한	북 한
지상군	총 병력	94,808	164,380
	사단 수	8	10
	전투병력	64,697	135,483
	38선상 사단	4	8
	전차	0	242
	준군사부대	0	34,000(보안군)
해 군	병력	6,145(해병포함)	약 6,000
	함정	30	30
공 군	병력	1,865	약 3,000
	항공기	22(훈련기)	211(전투용)
훈 련		중대급훈련	사단급합동훈련

자료출처 : 민병천, 『한국방위론』(서울 : 고려원, 1985), p. 143.

〈표 2〉 현재의 남북한 군사력 비교(1999년 현재)

구 분			남 한		북 한	
병력	지상군		56만명	69만명	100만명	117만명
	해 군[1]		6.7만명		6만명	
	공 군		6.3만명		11만명	
주요전력	지상군	부대	군 단	11개	20개	
			사 단	49개[2]	67개[3]	
			여 단[4]	19개	78개	
					(포병 30여개 여단 제외)	
		장비	전 차	2,360여대	3,800여대	
			장갑차	2,400대	2,300여대	

	야 포[5]	5,180여대	12,500여문
	헬 기	600여대	–
해 군	수상전투함	160여척	430여척
	지 원 함	20여척	470여척[6]
	잠수함(정)	10여척	90여척[7]
	항 공 기	70여대	–
공 군	전 투 기	540여대	870여대
	특 수 기	40여대	
	지 원 기	230여대	840여대[8]
예비전력(병력)		304만여명[9]	748만여명[10]

주 : 1) 해병대를 해군에 포함

2) 해병대 사단 포함

3) 미사일 사단(1) 포함

4) 보병, 기보, 전차, 특수전, 경비, 해병, 강습 등 기동/전투여단 포함

※ 전투지원/전투근무지원 여단 제외

5) 야포는 로켓, 유도무기, 다련장, 방사포 포함

6) 해상경비정대 소속 해상경비정 170여척 포함

7) 잠수정 40여척 포함

8) 항공기(헬기)는 공군에서 통합 운용

9) 전역 8년차 예비군까지

10) 교도대, 로농적위대, 붉은청년근위대, 사회안전부 요원 포함

자료출처 : 『국방백서 2000』(국방부), p. 215.

〈표 1〉, 〈표 2〉에서 보듯이 한국전쟁 이후 남북한의 군사력은 수량적으로만 보더라도 괄목할 만한 성장을 했고, 그 장비와 무기의 수준은 더욱 고도화되었다. 특히 한국전쟁 때 북한의 우월한 군사력이 남한지역을 강타해 한 달여 만에 경상남도 진주까지 점령할 정도였으나, 이제는 남한의 군사력도 첨단무기와 정예부대로 갖추었다. 사실 이러한 남북한의 가공할 무기들이 전면적으로 사용되었을 때 어떻게 될지는 상상하기 어렵지만 전쟁 후 남북한 공히 파멸을 면하기 어려울 것이다.[36]

북한의 군사력을 재래전력을 중심으로 간략히 살펴보면 다음과 같다.[37]

1) 지상군

북한 지상군은 4개 야전군급 전방군단, 4개 기계화군단, 1개 전차군단, 2개 포병군단을 포함한 총 20개 군단과 특수전 부대를 관장하는 경보교도 지도국으로 편성되어 있다. 주요 전투부대는 80개 보병사단/여단, 30여 개 포병여단, 15개 전차여단, 24개 기계화여단, 25개 특수전여단 등 총 170여 개 사/여단이다.

북한은 평양―원산선 이남지역에 10여개 군단, 60여개 사단/여단을 전진 배치시켜 언제라도 부대배치의 조정없이 기습남침할 수 있는 상태에 있다. 전방에 4개 군단, 중부 및 평양지역에 8개 군단, 후방지역에 8개 군단이 각각 배치되어 있으며, 특히 기동화군단은 평원선 이남지역에 1개 전차군단, 2개의 기계화군단 및 2개의 포병군단이 배치되어 있다.

군단부터 여단까지 다양하게 편성된 기계화보병 및 전차부대들은 주요 공격 축선상에 종심으로 배치되어 있어, 일단 돌파구가 형성되면 이를 확장하고 아군의 후방 깊숙이 침투하는 종심기동 작전부대로서 집중 투입될 것으로 전망된다. 포병부대는 견고한 갱도진지에서 종심깊은 지원사격이 가능하며, 화포의 자주화로 기동성 있는 화력지원능력을 구비하고 있으며 방사포에 의한 대량 집중사격이 가능하다. 또한 도하공병은 수륙양용차량과 조립식 부교장비를 운용하여 병력과 장비를 포함한 부대의 강습도하 작전을 지원할 수 있다.

한편, 약 10만여 명에 달하는 특수전부대는 유사시 전·후방 지역에 동

---

36) 이는 이미 1985년 9월 5일 전두환 전 대통령이 북한의 밀사로 남한에 파견된 허담과의 대화에서도 밝힌 바 있다.『월간조선』(1996년 11월호), pp. 142~143.

37)『국방백서 2000』(국방부), pp. 27~32.

시다발적으로 침투하여 지휘 및 통신시설 파괴, 병참선 차단, 비행장 등 주요시설 타격, 요인 암살 등으로 우리의 전쟁지속능력을 파괴하고 후방지역을 교란하는 등 전·후방 동시 전장화를 기도할 것으로 판단된다.

북한 지상군이 보유하고 있는 주요장비 중 전차는 아직까지 구식인 T-54/55/59형이 주종을 이루고 있으나, 최근에는 주포구경이 향상된 T-62, 천마호 전차를 자체 생산하여 전방지역과 평양 일대에 중점적으로 배치하고 있으며, 전차들은 자체 스노클 장치를 이용하여 수심 5.5m까지 도하할 수 있다.

장갑차는 BTR계열 및 M-1973형을 보유하고 있으며, 최근 경전차 수준의 성능을 갖춘 BMP계열의 장갑차가 새롭게 선보이고 있다. 또한 다양한 구경과 사거리의 야포는 50% 이상이 자주화되어 있으며, 특히 수도권 지역을 최단시간 내에 공격할 수 있는 방사포(107밀리부터 240밀리)를 대량 보유하고 있다. 방공무기 또한 14.5밀리부터 100밀리까지의 다양한 고사포와 SA-7 대공미사일 등을 보유하고 있다. 특히 전방군단과 공병국은 수륙양용 차량인 K-61과 조립식 S형 부교 등의 도하장비를 보유하여 대부분의 하천장애물을 극복할 수 있는 능력을 갖추고 있다.

2) 해군

북한 해군은 해군사령부 예하 동·서해 2개 함대사령부와 16개 전대 및 2개의 해상저격여단 등으로 구성되어 있다. 전투함정 중 경구축함, 경비함, 유도탄정, 어뢰정, 화력지원정 등의 수상전투함은 대부분 소형 위주로 구성되어 있다. 현재 전투함정은 약 60%가 전방기지에 전진배치되어 있으며, 이 중 40여 척의 유도탄정은 사정거리 46km의 대함 STYX 미사일 2~4기를 장착하여 아군의 대형함정에 대한 유도탄 공격능력을 보유하고 있다.

로미오급 및 상어급 위주로 구성되어 있는 50여 척의 잠수함은 한반도
전 해역의 해상 교통로 교란, 수상함 공격, 기뢰 부설 및 특수전 부대의 침
투지원 등의 능력을 보유하고 있다. 지원함정은 상륙함, 고속상륙정, 공기
부양정 등의 상륙용함정과 소해정, 해상경비정 등으로 구성되어 있으며
이들 함정은 원해작전에 제한을 받는다.

해군은 2개의 해상저격여단을 보유하고 있으며, 1척당 1개 소대 규모의
무장병력을 승선시켜 목표지역에 기습상륙시킬 수 있는 140여 척의 공기
부양정을 자체 건조하여 운용하고 있다. 공기부양정은 갯벌에서도 기동이
가능하므로 동·서해안 대부분의 지역에 접안할 수 있으며, 50노트 이상
의 고속기동 능력이 있어 전쟁 초기에 동시다발적인 기습상륙용으로 운용
될 수 있다.

또한 동·서해안에 사정거리가 95km에 달하는 실크웜(SILKWORM) 지
대함 미사일을 배치하고 있으며, 전방에 배치된 실크웜 미사일은 서해의
덕적도와 동해의 속초·양양까지 대함공격이 가능하다.

3) 공군

북한 공군은 공군사령부 중앙 통제하에 3개의 전투/폭격기 비행사단, 2
개의 지원기 비행사단 및 1개의 훈련비행사단을 포함 총 6개 비행사단과 1
개의 헬기여단 등으로 구성되어 있다. 항공기 전력구성은 MIG-15/17, IL-
28 등 구형 전투/폭격기가 45% 이상을 차지하고 있으며, MIG-19/21이 주
력기종으로서 양적 우위를 점하는 가운데 MIG-23/29 및 SU-25 등 신예 전
투기를 일부 보유하고 있다. 1999년도에는 카자흐스탄으로부터 MIG-21기
40여 대와 러시아로부터 MI-8헬기 여러 대를 도입했다. 단계적인 항공산업
육성 추진에 따라 일부 부품을 자체 생산하고 있으며, 1990년대 초반에는
러시아의 기술지원을 받아 MIG-29 신예 전투기를 조립 생산한 바 있다.

북한 공군은 2개의 공군저격여단을 보유하고 있으며, 약 300여 대의 AN-2기는 저공·저속 비행을 통해 유사시 후방 깊숙이 특수전부대를 침투시킬 수 있는 능력을 갖추고 있다.

또한 전투기의 약 40%가 전방기지에 전진배치되어 있어 단시간에 우리나라 전지역을 기습 공격할 수 있는 능력을 갖추고 있으며, 20여 개의 작전기지 외에도 전시 생존성을 고려하여 예비 및 비상활주로를 포함한 70여 개의 비행기지를 전·후방지역에 배치하고 있다.

한편, 평양권 및 주요 핵심시설을 포함한 북한 전지역에 조기경보 및 방공감시레이더, 저고도 대공포, 중·고고도의 지대공미사일 등을 밀집 배치하고 있다.

4) 예비전력

북한은 사회 전체가 거대한 병영체제라 할 수 있는데, 1960년대 초부터 4대 군사노선을 강력히 추진하여 전인민을 무장화함으로써 대규모의 예비전력을 보유하고 있으며, 이를 단기간 내에 소집할 수 있는 동원체제를 갖추고 있다.

14세부터 60세까지 전인구의 약 30%를 동원 대상으로 하여, 현재 748여만 명의 예비병력을 보유하고 있으며 연 15~30일간의 훈련을 실시하고 있다. 북한 예비전력의 구성은 전투 동원대상인 교도대가 173여만 명(남지 : 17~45세, 여자 : 17~30세), 민방위대 성격의 로농적위대가 414여만 명(46~60세의 남자 위주), 고등중학교(1~6학년) 군사조직에 해당하는 붉은청년근위대가 118만여 명(14~16세)으로 추정된다.

동원체제면에서 보면, 인민무력부가 직접 통제하는 교도대는 부대단위로 즉각 동원 및 전투투입이 가능하며, 당민방위부가 통제하는 붉은청년근위대와 로농적위대도 당의 지시에 따라 단기간 내에 동원이 가능하도록

조직되어 있다. 특히 주민의 거주 이전과 직장배치 및 여행을 통제하는 북
한 체제의 특성상 예비병력은 상시 동원이 가능한 상태이다.

3. 전략무기 현황 및 전망

1) 핵무기 개발

북한은 구소련의 기술 지원을 받아 1950년대부터 핵무기 개발을 모색하
여 온 것으로 보인다. 북한은 가채량 400만 톤에 달하는 양질의 우라늄 광
산을 보유하고 있으며, 1960년대에는 영변에 대규모 핵단지를 조성한 후
소련으로부터 연구용 원자로를 도입하고 핵관련 전문가를 양성하는 한편
관련기술을 축적해왔다.

1970년대에는 일련의 핵연료 순환주기, 즉 연료의 정련, 변환, 가공기
술을 집중 연구하여 자체기술로 연구용 원자로의 출력확장에 성공했고,
1980년에는 5MW급 연구로(제2원자로) 건설에 착공했다.

1980년대에는 원자력의 실용화, 핵개발 체계 완성에 주력하여 1986년에
우라늄 정련, 변환시설의 운용을 시작했고, 1989년에는 태천에 200MW급
원자력발전소를 착공했으며, 영변에 대규모 재처리시설의 건설에 착수하
고 고폭실험을 실시했다.

1990년대 들어서는 핵연료 확보에서 재처리에 이르는 일련의 핵연료 주
기를 완성한 것으로 판단된다. 그러나 고도의 정밀기술을 요구하는 기폭
장치 및 운반체 개발문제 등으로 인하여 핵무기 완성 및 보유 여부는 확실
하지 않다.[38] 다만 핵무기 제조원료인 플루토늄(Pu) 추출능력을 고려해볼

---

38) 북한에서 탈출한 전 조선노동당 비서였던 황장엽과 강성산 총리의 사위였던 강명도는 북한

때 북한이 한두 개의 초보적인 핵무기를 생산할 수 있는 능력은 보유하고 있는 것으로 추정된다.

이러한 북한의 핵무기 개발을 막기 위해 미국은 1994년 10월 제네바에서 핵개발 동결의 대가로 경수로 2기를 건설해주고 경수로 1기 완성시까지 매년 50만 톤의 중유를 공급해줄 것을 합의했다. 이에 따라 1995년 12월 '한반도 에너지 개발기구(KEDO)'와 북한간 경수로 공급협정이 체결되어 경수로 건설공사를 진행중에 있다. 그러나 북한은 1992년 1월 '국제원자력 기구(IAEA)'의 임시 및 일반사찰 수용을 발표하고서도 아직까지 미신고 시설에 대한 사찰과 5MW원자로 운전기록의 제출, 시료 채취를 거부하고 있다. 한편, 2000년 4월 5MW원자로의 폐연료 봉인작업은 완료했다.

1998년 중반 이후 핵관련 지하시설이 존재할 것으로 의심받던 금창리 지역은 1999년 5월과 2000년 5월에 실시한 미국의 현장사찰 결과 일단 핵관련시설이 아닌 것으로 확인되었다.

2) 미사일 개발

북한은 1980년대 초부터 탄도미사일 개발계획에 착수해 이미 구소련제 SCUD-B를 개량하여 사정거리가 500km에 이르는 SCUD-C를 자체 생산 및 작전 배치했다. 1993년에는 사정거리가 약 1,300km인 노동-1호를 시험 발사한 후 1997년에 작전 배치했고, 1998년 8월에는 변형된 대포동-1호 미사일 운반체에 의한 소형 인공위성의 궤도진입을 시도했으나 실패했다. 그러나 운반체의 엔진 연소와 탄체의 다단계 분리 등 제반 기능을 이상없이 수행한 점으로 보아 북한은 중·장거리 미사일 개발능력을 보유하

이 2~5개의 핵무기를 갖고 있다고 믿고 있다. 강명도, 『평양은 망명을 꿈꾼다』(서울 : 중앙일보사, 1995), pp. 277~280.

고 있는 것으로 판단된다. 북한이 현재 개발하고 있는 대포동 1·2호 장거리 탄도미사일의 경우 최대 사거리가 각각 2,000~2,500km, 6,700km로 추정된다. 이와 같은 북한의 탄도미사일 능력은 한반도는 물론 동북아지역 국가에도 위협이 되고 있으며, 자체 개발한 미사일을 중동지역 및 서남아시아에 수출함으로써 국제적인 비난을 받고 있다.

또한 북·미간에는 1996년부터 '미사일 기술 통제체계(MTCR)' 가입과 수출 및 생산 중지문제 등으로 미사일 회담이 진행되고 있으나 아직까지 합의가 이루어지지 않고 있다. 1998년 8월 대포동미사일 발사 이후에는 북·미간에 미사일 포괄협상이 추진되고 있다. 한편, 1999년 9월 24일 북한 외무성은 북·미 고위급 회담시 미사일 발사를 유예하겠다는 발표를 했으며, 2000년 10월 12일 조명록 국방위원회 제1부위원장의 미국 방문시 합의한 '북·미 공동코뮈니케'에서 미사일회담 진행기간 중 미사일 발사유예를 재확인했다.

북한이 화학·생물무기와 함께 중·장거리 유도무기를 생산·보유하는 목적은 미국과 일본의 군사적 영향력 확대에 대응하고 위협하는 수단으로 사용하는 한편, 체제의 생존을 위한 대외협상력을 높이기 위한 것으로 판단된다. 또한 이러한 무기들은 유사시 작전·전술적으로도 결정적인 역할을 수행할 수 있다. 즉, 이를 이용하여 남한의 수도권을 포함한 전·후방의 주요 도시 및 전략표적들을 동시에 공격함으로써 그들의 군사전략인 단기 속전속결을 실현하려는 것이다.[39]

---

39) 『국방백서 2000』, 앞의 책, pp. 27~35.

제3절
북한군의 전략

북한이 남한을 적화통일하기 위한 전략은 남한사회의 불만세력들과 계급연대를 통해 정치적 통일을 꾀하는 통일전선전술이 있으며, 군사력을 통해 통일을 꾀하는 군사전략으로 나누어볼 수 있다. 여기에서는 군사전략만을 다루기로 한다.

1. 전략사상

군사정책이 군사력의 건설을 위한 노선과 방침이라면, 군사전략은 군사력을 어떻게 사용하는가의 응용기술이다.[40]

이러한 군사전략을 수립하는 데 있어 북한은 마르크스-레닌주의적인 공산주의 전쟁관과 김일성의 만주항일투쟁의 경험, 그리고 한국전쟁의 경험을 통한 전략적 교훈들이 기반을 이루었다고 볼 수 있다.

공산주의자들은 전쟁을 상이한 체제간의 세계대전, 제국주의 국가간의 전쟁, 민족해방전쟁, 국내전, 발전도상국간의 전쟁으로 구분한다.[41] 이에 따라 북한은 남한 내에 있는 주한미군을 제국주의 군대라 보고 이들과 씨

---

40) 민병천, "주체사상과 군사정책 및 전략", 『안보연구』(제20호)(서울 : 동국대학교 안보연구소, 1991), p. 236.

41) 민병천, 『한국방위론』(서울 : 고려원, 1985), p. 184.

우는 전쟁을 한민족을 해방시키는 민족해방전쟁으로 본다.[42]

또한 김일성의 만주항일투쟁 경험에서는 기습전략과 사상무장의 중요성을 익혔을 것이다. 이는 김정일에게도 이어져 "우리 인민군대의 불패의 위력의 원천은 정치사상적 우월성에 있으며, 여기에서 무엇보다 중요한 것은 혁명대오의 동지적인 단결"[43]이라고 말하고 있다. 기습전략의 경우는 1932년에서 1940년까지 만주에서 일본제국주의 군대와 싸우면서 소규모의 부대로 적을 공격했을 때 쓰던 방법이었다. 이는 주변지리를 잘 아는 부대가 매복했다가 적에게 기습공격을 하여 치명적인 타격을 입힌 후 신속히 후퇴하는 것이다. 그러나 이는 비정규전인 게릴라전에 해당한다.[44]

그러나 실제로 북한의 군사전략에 가장 큰 영향력을 미치는 것은 정규전으로서 한국전쟁의 경험이었다고 할 수 있다.[45] 김일성은 한국전쟁중인 1950년 12월 21일 조선로동당 중앙위원회 제3차 전원회의에서 몇 가지 성

---

42) 조선로동당 규약 전문에는 "조선로동당의 당면 목적은 …전국적 범위에서 민족해방과 인민민주주의의 혁명과업을 완수하는데 있으며"라는 내용이 있다.

43) 김정일, "인민군대를 무적의 대오로 더욱 강화하자", (1985. 4. 13), 『김정일 주체혁명위업의 완성을 위하여 5』(평양 : 조선로동당출판사, 1988), p. 255.

44) 김일성의 항일무장투쟁 중 잘 알려진 것은 1937년 6월 4일 압록강을 넘어 함경남도 갑산군 보천면 소재지를 습격한 '보천보전투'일 것이다. 이는 김일성 부대가 야간에 기습하여 보천보에 있는 관공서를 불태우고 경찰 7명을 사살했으며, '조국광복의 강령', '조선공산주의자의 임무', '일본군대에 복무하는 조선인형제에게 고함', '조선인민대중에게 격함' 등의 격문을 뿌리고 돌아간 사건이었다. 이것은 일제에게 '惠山事件'이라 하여 대검거 선풍이 일었던 것으로도 유명하지만 '한인조국광복회'의 조직원을 국내에까지 조직하여 모택동식의 '聲東擊西(동쪽에서 소리를 내고 서쪽에서 쳐들어감)'의 전술을 썼던 것으로도 알려져 있다. 金正明 (編), 『朝鮮獨立運動－共産主義運動編』(東京 : 原書房, 1967), pp. 441~449 참조.

45) 이에 대해 김일성은 "우리 인민군대는 실지 전쟁 가운데서 풍부한 경험을 얻었으며 능히 진공할 줄 알며 후퇴할 줄 알며 군사적 경험이 적은 청소한 군대로부터 지금은 적들과 어떠한 조건하에서든지 전쟁할 수 있는 단련있는 군대로 되었습니다"라고 말했다. 김일성, "현정세와 당면과업"(조선로동당 중앙위원회 제3차 전원회의에서 한 보고 1950. 12. 21), 『북한연구 자료집』 제2집(1974), p. 87.

과를 나열한 후에 다음과 같은 문제점을 지적했다.

첫째, 미국 군대와 싸울 수 있는 예비부대와 준비사업들이 미비했다. 둘째, 북한군이 신생군대라 위기시에 조직성이 약해진다는 계산을 못 했다. 셋째, 부대의 규율성이 약하다. 넷째, 적들의 유생역량을 소멸시키지 못했다. 따라서 적들이 분산, 또는 도망해서 새로 반격을 가하도록 허용했다. 다섯째, 우수한 공군, 해군, 포병대와 싸울 수 있는 전술이 부족했다. 특히 적들의 공습 속에서 산지전과 야간전투를 잘해내지 못했다. 여섯째, 적 후방에서의 유격전쟁을 훌륭히 전개하지 못했다. 일곱째, 후방공급사업이 원활하지 못했다. 여덟째, 부대 내에서 정치공작 사업이 고도로 전개되지 못했다. 끝으로 지휘관들의 통솔력이 부족하고 자의적인 행태를 저질렀다는 것이다.[46]

이상에서 보는 바와 같이 한국전쟁에서 얻은 교훈은 그후의 북한 군대가 어떠한 형태로 보완되었는가를 알 수 있게 해준다. 즉, 북한 군대는 첫째, 정치 · 사상적으로 수령(김일성—김정일)과 당에 충성하도록 정신무장이 강조되며 이를 수행 · 감독하기 위하여 군대 내에 당조직을 파견했다. 둘째, 미국과 같은 강대국과 싸울 수 있는 능력을 갖추기 위해서 핵과 미사일을 개발하며, 최소한 미국 군대가 전면적으로 개입하기 전에 전쟁의 운명을 결정짓는 속전속결전략을 갖춘다. 셋째, 전쟁의 성격을 '민족해방전쟁'으로 부각시켜 남한 내에서 불만세력들이 유격전쟁을 수행하도록 한다. 이를 지원하기 위해서 특수부대가 초반전에 남한 내 깊숙이 잠입하여 파괴와 살상을 수행한다. 넷째, 적의 유생역량을 소멸시키기 위하여 잠재역량(인적, 물적)을 파괴하며 후퇴시 동반하지 못할 역량은 철저히 살상 · 파괴한다. 다섯째, 원활한 후방공급사업을 위해 군시설 및 군수산입시설을 지하화한다는 것이다. 사실 이러한 북한의 전략은 4대 군사노선에 압

---

46) 앞의 책, pp. 87~88.

축되어 있으며 전군의 현대화, 전군의 간부화, 전국의 요새화, 전인민의 무장화는 이를 상징적으로 나타내는 것이다.

2. 전략의 특징

북한 군사전략은 전쟁환경으로서 '3대 혁명역량'의 조성과 전쟁시의 총력전, 정규전과 비정규전의 배합전략, 기동기습전략, 속전속결전략으로 특징지을 수 있다.

1) 3대 혁명역량의 조성

북한에서 3대 혁명역량의 조성은 1964년 조선로동당 중앙위원회 제4기 제8차 전원회의와 1965년 인도네시아 '알리 아르함' 사회과학원에서 한 김일성의 연설에 나와 있다. 3대 혁명역량 조성에 대해서 최근 김정일은 발언을 삼가고 있지만 내부적인 혁명 전략으로서는 유효하다고 보아야 할 것이다.

북한에서 3대 혁명역량이란 북한 내의 사회주의역량(정치, 경제, 군사) 강화와 남한의 혁명역량(노동자-농민을 중심으로 한 지하당 건설) 강화, 그리고 국제혁명역량(미제국주의 반대세력)과의 단결강화를 의미한다.[47]

북한 내 사회주의역량 강화란 북한 정권(당과 정부) 유지와 자체 방어를 도모하면서 동시에 남한에 혁명역량을 육성·지원하여 적당한 시기에 민족해방을 내세워 한반도를 통일할 수 있는 역량을 키우는 것을 말한다. 즉

---

47) 김일성, "조선민주주의인민공화국에서의 사회주의건설과 남조선혁명에 대하여"(인도네시아 '알리 아르함' 사회과학원에서 한 강의, 1965. 4. 14) 『김일성저작집』 19(평양 : 조선로동당 출판사, 1982), pp. 328~329.

'혁명기지'가 되는 것이다. 남한 혁명역량 강화를 위한 전략에서 제일 먼저 타도할 대상은 '미제국주의'이며, 그 다음으로 '미제'에 추종하는 지주, 매판자본가, 반동관료를 들고 있다. 이에 대한 혁명의 주력군으로서 노동자, 농민을 근간으로 청년학생을 비롯하여 민족자본가, 진보적 인텔리 등이 지하당을 조직·확대하여 결정적 시기에 북한을 도와 혁명할 수 있도록 육성하는 것이다. 끝으로 국제혁명역량 강화란 중국, 러시아와의 전통적 유대관계를 유지·강화하는 동시에, 다른 한편으로는 반제·반식민주의의 기치를 내세워 비동맹 세력의 지원을 획득하고 한·미·일 3각 군사동맹관계를 약화시키는 것이다.

이러한 3대 혁명역량론이 평상시의 전략이라면 총력전, 정규전과 비정규전의 배합전략, 기동기습전략, 속전속결전략은 유사시의 전략이다.

2) 총력전

남북한의 전쟁은 군사력, 경제력, 외교력, 정신력이 총동원되는 전쟁이 될 것이다. 이는 아직도 남북한의 대립이 이데올로기적 대립이며 한반도의 지정학적 위치가 주변국가들의 이해관계가 첨예하게 대립되는 지역이기 때문이다.

전쟁이라는 것이 서로 죽고 죽이는 성격을 띠기 때문에 한반도에 전쟁이 발생하면 남북한의 군사력, 경제력, 정신력이 총동원되는 것은 당연하다. 북한이 이에 대비하고 있음은 다음과 같은 발언에서 알 수 있다.

전쟁의 승패를 좌우하는 결정적 요인은 무기나 기술에 있는 것이 아니라 자기 위업의 정당성을 자각한 군대와 인민대중의 높은 정치적 열의와 혁명적 헌신성에 있습니다. (중략)

수령님께서 교시하신 바와 같이 현대전에서의 승패는 전쟁수행에 필요한 인적 및 물적 자원을 장기적으로 원만히 보장하는가 못하는가에 많이 달려 있습니다. 전쟁에 대처하자면 군사전략상 중요한 지대들을 튼튼히 꾸리고 필요한 물자의 예비를 조성하며 유사시에도 생산을 꾸릴 수 있도록 평상시부터 빈틈없이 준비하여야 합니다.

우리 당은 경제건설과 국방건설을 병진시키는 방침을 견지함으로써 전쟁에 대처할 군사적 준비와 물질적 준비를 훌륭히 갖추고 전선과 후방을 다같이 튼튼히 꾸려놓았습니다.[48]

한편, 한반도의 전쟁은 남한이 승리할 경우 주한미군이 바로 중국, 러시아와 국경을 맞대게 되므로 중국·러시아가 반대하고, 북한이 승리할 경우 주한미군이 한반도에서 축출되고 일본이 사회주의의 위협에 직접 노출되므로 미국·일본이 반대한다. 이는 자동적으로 한반도 주변 4강대국이 개입하게 됨을 의미한다. 1950년 한국전쟁 당시에는 중국, 소련이 북한을 지원했으며 미국을 중심으로 한 UN군은 남한을 지원함으로써 국제전쟁의 성격을 지녔다. 현재도 북한은 중국과 긴밀한 군사적 유대관계를 가지고 있으며[49] 러시아와도 소련 붕괴 후 소원했던 관계를 복원하고 있는 상황이다.[50] 남한도 현재 주한미군이 주둔해 있으며 유사시 미·일 신안보

---

48) 김정일, "주체사상에 대하여",(위대한 수령 김일성동지 탄생 70돐 기념 전국주체사상토론회에 보낸 논문, 1982. 3. 31), 『친애하는 지도자 김정일동지의 문헌집』(평양 : 조선로동당출판사, 1992), pp. 53~54.

49) 북·중 군사관계는 1961년 7월 맺은 '조·중 우호협조 및 호상원조 조약'에 따라 군사동맹적 성격을 유지하고 있다. 특히 미·일 신안보 공동선언 이후 북한의 군사외교는 중국과 더욱 밀접해졌고, 2000년 5월 남북정상회담 전의 김정일 중국방문이나 2001년 1월 중국 방문은 남북관계의 속도나 정도를 중국과 상의하고 있는 것으로 판단된다.

50) 러시아는 1961년 7월 북한과 맺은 '조·소 우호 협조 및 호상 원조에 관한 조약'에 대해 1995년 8월 '사문화'를 선언했으나, 2000년 2월 9일 러시아의 이바노프 외무장관이 북한을 방문, '조·러 친선·선린 및 협조에 관한 조약'을 공식 체결함으로써 과거의 관계를 회복하고 있다. 『2001 북한연감』(서울 : 연합뉴스, 2000), p. 1073.

공동선언에 따라 일본이 후방을 지원할 가능성이 있어 한·미·일 3각관
계가 형성되어 있는 상황이다. 이는 제2의 한국전쟁이 또다시 국제전의
성격을 가진다는 것을 의미하며, 남북한은 공히 자국의 국제적 협력을 얻
기 위한 외교전쟁을 치르게 될 것이다. 따라서 기본적으로 남북한의 전략
은 총력전의 특징을 갖는다.

3) 정규전과 비정규전의 배합전략

김일성은 만주항일무장투쟁의 경험과 한국전쟁의 경험을 통하여 정규
전과 비정규전의 배합전략을 수립했다. 1950년 12월 한국전쟁 중 김일성
은 한 회의에서 "적 후방에 유격전쟁을 전개하는 것은 우리가 공군이 약
하고 기동성이 약한 조건하에서 적의 기동성을 파괴하여 적을 분산 격멸
하며 적의 참모부와 후방을 습격하여 적 후방에서 제2전선을 조직함으로
써 적의 퇴로를 절단하며 적의 공포와 당황을 초래케 하는 것"[51]이라고 유
격전쟁의 목적을 밝힌 바 있다. 또한 1970년 제5차 당대회에서는 "우리나
라는 산과 강 하천이 많고 해안선이 긴 나라입니다. 우리나라의 이와 같은
지형조건을 잘 리용하여 산악전과 야간전투를 잘 하고 대부대작전과 소부
대작전, 정규전과 유격전을 옳게 배합하면 비록 최신군사기술로 발톱까지
무장한 적이라 하더라도 얼마든지 격멸할 수 있는 것입니다"[52]고 밝혔다.
이러한 김일성 전략은 1972년 4월 19일자《로동신문》의 "항일 혁명투쟁
의 탁월한 전략 전술 혁명무력건설의 위대한 강령적 문헌『김일성 군사선
집』제1권 출판에 즈음해서 에서 그 같은 내용을 엿볼 수 있다.

---

51) 김일성, "현정세와 당면과업"(조선로동당 중앙위원회 제3차 전원회의에서 한 보고, 1950.
    12. 21), 앞의 책, p. 87.
52) 『조선로동당대회자료집』(제3집)(서울 : 국토통일원, 1982), p. 53.

　　수령께서는 대부대 작전, 소부대 작전을 밀접히 결합하여 유격전쟁 경험과 현대적 군사기술을 배합하고 유격전법과 현대전법을 결합하여 유격대의 적극적인 활동에 배합하여 전 인민적 항쟁을 조직 전개할 데 대한 방침 등 적을 전략·전술적으로 압도할 수 있는 탁월한 방침들을 창조했다. 대부대 작전과 소부대 작전을 밀접히 결합하는 것은 집중과 분산, 신속한 기동을 능숙히 실현하여 적을 타격하고 소멸할 데 대한 유격대의 전술적 원칙에 전적으로 맞으며 유격대로 하여금 언제나 주도권을 튼튼히 틀어쥐고 적을 타승할 수 있게 하는 현명한 전략·전술적 방침이다.

　　유격전법과 현대전법을 배합하고 유격대의 활동과 전인민적 항쟁을 결합하는 것은 상비무력을 핵심으로 전체 인민을 하나의 전투대오로 꾸려 거족적인 투쟁역량을 마련하고 대규모적인 정규작전과 영활한 유격전을 배합하여 적들을 도처에서 공격하여 소멸하여 조국땅을 완전히 해방할 수 있게 하는 탁월한 전략·전술적 방침이다.[53]

　　북한이 이러한 비정규전을 수행하기 위한 전략에 입각해 있음은 군대 구성과 편제, 장비에서도 발견할 수 있다. 즉, 인력동원에 있어서 정규군뿐만 아니라 경보병부대, 특수전여단은 남한에 침투하는 특공부대이며, 장비에 있어서는 AN-2기와 공기부양정, 다발경화기 등을 다량 보유함으로써 유격전에 대비하고 있다.

　　이상의 전략과 북한의 군사력을 접목시켜볼 때 북한은 다음과 같은 배합전력을 구상할 것으로 예상된다. 즉, 전면적인 공격명령 이전에 남한 내 지하조직의 봉기와 파괴, 특수전부대의 해양(공기부양정), 공중(AN-2기), 땅굴을 통한 남한 내 깊숙한 침투와 테러활동, 공격명령과 동시 포병부대의 포격과 중거리 미사일의 발사, 전차, 함대, 항공기를 통한 정규군의 진

---

53) 『북괴군사노선자료집』(서울 : 극동문제연구소, 1974), pp. 707~708.

격 등이다. 이는 전방과 후방의 전방위적인 전선형성과 시가전과 산악전, 야간전이 병합되는 종합전쟁의 성격을 띠게 됨을 의미한다.

4) 기동기습전략

기동기습전략은 신속하고 은밀하게 적의 의표를 찔러 그 균형을 와해시키는 전략으로 선제권을 장악하는 데 매우 중요하며 적이 예상할 수 없는 시간, 장소, 방법으로 타격을 가하여 적에게 대응할 여유를 주지 않는 것이 성공요건이다.

현대전쟁에서 기동기습전략의 대표적 사례는 1967년의 '6일전쟁'이라고도 불리는 제3차 중동전쟁이었다. 이 전쟁은 거대한 아랍국가들에 둘러싸인 이스라엘이 전격적인 기습공격에 의해 이집트와 요르단의 군대를 꺾고 승리한 전쟁이다. 이스라엘은 1967년 6월 5일 아침을 기해 이집트의 비행장을 기습, 폭격하여 제공권을 장악하고 파죽지세로 기동기습공격을 감행, 이집트의 시나이 반도와 수에즈 운하를 점령하고 요르단 방면에서는 동예루살렘과 웨스트 뱅크를, 나아가 골란 고원을 공격함으로써 시리아의 요새를 파괴했다. 이러한 기동기습전략을 통해 이스라엘은 전쟁의 기선을 제압할 수 있었다.[54] 북한은 이 전쟁을 지켜보면서 1967년 6월 28일 아랍국가들에 대한 무상 군사원조를 제의했다.[55]

북한도 1950년 한국전쟁 때 기동기습전략을 가지고 성공했다는 역사적 경험을 가지고 있다. 1950년 6월 25일 일요일 새벽 4시를 기해 북한은 240여 대의 기동력있는 탱크들 몰고 들어와 서울을 3일 만에 점령했다. 이러한 경험을 통해서 김일성은 정규전에 있어서 무장을 경량화함으로써 군사

---

54) 권오윤 외, 『현대지역정치론』(서울 : 범학사, 1999), p. 301.
55) 김종순(편), 『북한45년』 4(서울 : 금강서원, 1990), p. 126.

력에 속도를 부여할 수 있고 기습공격은 원자탄보다 큰 위력을 발휘한다
고 강조했다. 북한은 선제기습에 의해 전장에서 주도권을 쥐고 상대방에
게 결정적 타격을 가하는 데 가장 좋은 효과를 얻을 수 있으며, 현대전에
서 불의의 타격을 받게 되면 반격의 힘을 완전히 잃거나 역량을 재수습한
다 해도 장시간이 필요하다고 규정하고 북한군은 기동기습능력을 강화하
고 있는 것이다.[56]

현재에도 군사기지가 휴전선 부근에 집중되어 있고[57] 많은 특전병력을
육성하며, 기습공격장비인 전차, 항공기, 미사일 등을 대폭 증강·확보하
고 있다는 점에서 기동기습전략을 엿볼 수 있다.

5) 속전속결전략

현대전에 있어서는 대부분의 전쟁에서 속전속결전략이 중요시되고 있
다. 북한에서 속전속결전략이 중요시되는 것은 전쟁잠재력의 측면에서 시
간이 흐를수록 북한이 불리하며 남북한 전쟁의 성격상 미국, 일본이 남한
을 지원하는 것을 차단하고, 서울 및 수도권을 신속히 장악해 인질화하며
남한의 군대가 타격을 수습해 재정비할 시간을 주지 않기 위해서이다. 즉,
정치적으로 초기에 거둔 군사적 성과를 신속히 확보(예를 들면 서울의 점
령)해놓고 그 유리한 전략적 상황을 바탕으로 협상을 제의할 수 있을 것이
다. 그렇게 되면 미국이나 기타의 남한 우방국들은 대량 파괴와 살상이 야
기될 북한과의 충돌을 주저하게 될 것이고, 이는 북한측에서 보면 유리한
고지를 점령한 셈이 된다. 즉, 속전속결전략은 군사적인 완전승리(남한전
체의 점령)가 아니라 하더라도 부분승리를 거둘 수 있고 그것을 정치적으

---

56) 『북한총람(1983~1993)』(서울 : 북한연구소, 1994), p. 825.
57) 북한군은 군사력의 3분의 2 정도를 평원선 이남에 전개하여 '5~7일 작전'과 같은 단기 속결
   전의 태세를 갖추고 있다.

로 활용할 수 있는 것이다.[58]

이러한 속전속결전이 현대전에서 가능해지는 것은 고도로 발달한 군사장비 때문이다. 지난날에 있어서도 속전속결이 중요시되지 않았던 것은 아니지만 고도의 기동장비의 등장은 속전속결을 더욱 가능하게 했다. 북한의 장군 김철만은 "현대전은 장기성을 띠지만 그 수행방법, 매 작전과 전투들을 속전속결을 요구하고 있다. ……그것은 현대전이 위력한 타격수단과 기동성이 빠른 기동기재들에 의하여 진행되는 것과 관련된다. 교전쌍방은 현대전의 이러한 가능성을 이용하여 전쟁을 속전속결하려고 한다"고 주장한다.[59]

3. 전쟁발발시 침공전략

현재 상황에서 남북한간에 다시 전쟁이 발발할 가능성은 거의 없으며, 다시 전면적인 전쟁이 발발할 경우 상호간에 초토화가 될 것이 분명하기에 전쟁은 남북한이 공히 막아야 한다.

그러나 최근에는 미국이 북한의 대량살상무기, 즉 핵무기와 미사일 개발에 대해 강한 응징의 태도를 나타냄으로써 미국에 의한 전쟁의 가능성도 전혀 배제할 수는 없게 되었다.[60]

---

58) 민병천, "주체사상과 군사정책 및 전략", 『안보연구』(제20호)(서울 : 동국대학교 안보연구소, 1991), pp. 240~241.

59) 심철만, "현대전의 특성과 그 승리의 요인", 『근로자』(1976년 8월호). 민병천, 앞의 책, p 240에서 재인용.

60) 1994년에 북한에 적용하려 했던 「작전계획 5027」은 5단계로 구성되어 있다. 제1단계는 전쟁억제책을 시행하는 저지단계로 미국의 전투력 증강 및 신속전개억제전력을 한반도에 배치하는 단계이다. 제2단계는 북한군의 실질적 침공시에 대응한 저지단계로 서울 이북지역에서 북한의 침략을 저지하고 북한 후방 전략 목표를 파괴한다. 제3단계는 격멸단계로 북한의 주

아무튼 북한이 전쟁을 하게 되는 시나리오를 상정해보면 다음과 같다.

먼저 북한은 『주체사상에 기초한 남조선 혁명과 조국통일리론』(1975)에서 조국통일의 두 방법을 평화적 방법과 전쟁통일의 방법 두 가지로 제시했다. 평화적 방법이란 ① '남조선 당국이 인민의 압력'에 굴복하여 조국통일 3대 원칙을 받아들였을 때 ②주한미군이 물러나 '남조선'이 더 이상 '의존할 외세'가 없어졌을 때 ③ '남조선 혁명'이 성공했을 때 가능하다고 보았다. 한편, 전쟁통일은 ① '미제'가 침략했을 때 '맞받아치는' 전쟁으로 ②미제가 다른 지역에서 전쟁에 휘말려 있을 때 ③세계 도처에서 미제의 세력이 약화됐을 때 ④ '남조선 인민'이 북한에 지원을 요청했을 때 가능하다고 하고 있다.[61]

위에서 전쟁통일이 발생하는 시기를 '남조선 인민이 북한에 지원을 요청했을 때' 또는 '미제가 침략했을 때 맞받아치는 전쟁'이라고 모호하게 규정하는 것은 결국 전쟁을 북한이 자의적으로 정할 수 있다는 것으로 해석할 수 있다. 예를 들면 남한에서 4·19혁명이나 1980년 5월 광주민중항쟁을 '남조선 인민이 북조선에 지원을 요청한다'고 해석할 수도 있으며, 늘 한·미 합동훈련이나 군사회의를 '침략책동'이라고 하는 것을 보면 이 모든 것이 구실이 될 수 있는 것이다. 특히 1950년 한국전쟁도 '남조선이 먼저 도발했다'고 주장하는 것을 보면 38선의 작은 군사분쟁도 도발이라고 판단하여 전면전을 개시할 수도 있는 것이다.[62]

요 전투력을 격멸하고 북진을 계속하면서 대규모 상륙작전을 전개한다. 제4단계인 고립화 단계에서는 평양(북한 정권)을 고립화하고 북한 내 점령지역에 대한 군사통치를 실시한다. 제5단계에서는 한국주도의 통일을 이룩한다는 것이다. 김계동, "한국의 안보전략 구상", 『특별기획세미나 : 국가발전 전략과 안보정책 구상』 (한국정치학회, 1996. 7.), p. 47.

61) 허종호, 『주체사상에 기초한 남조선혁명과 조국통일리론』(평양 : 사회과학출판사, 1975), pp. 264~271.

62) 인민무력부 제1부부장이었던 김광진은 1996년 3월 29일 북한 인민군대의 사명은 "침략행위를 방어하는 데만 국한되어 있지 않다"고 하고, "한반도에서 제기되고 있는 문제는 전쟁의

우선 전면전으로 확대되기 이전에 북한이 도발할 수 있는 대남 무력도발의 양상은 크게 세 가지로 볼 수 있다. 첫째, 군사력 시위로서 비무장지대의 전면적 무효화 선언을 하고 전차 및 장갑차, 대구경포 등 중화기나 많은 병력을 비무장지대에 대거 투입하고 훈련을 강화하는 것이다. 둘째, 기습적인 국지도발이다. 남한 군대와의 우발 충돌을 가장하여 무력행사를 시작한 후 특수부대를 파견하여 군사분계선 이남의 일부 지역에 대한 기습공격을 하거나 군사분계선 확정이 불분명한 백령도, 대청도 등 서해 5도 지역에 대한 군사도발을 할 가능성이 있다. 셋째, 제한된 전면전 감행이다. 육해공군을 사용한 전면전을 일으키되 우선 공군에 의한 기습공격을 감행하여 수도권의 모든 공군기지와 주요 군사시설의 폭격 및 무력화 시도 후 서울과 수도권을 점령목표로 하는 것이다. 스커드 미사일 공격과 함께 특수부대가 심야에서부터 새벽에 걸쳐 군사분계선을 돌파, 빠른 속도로 서울 점령을 시도한다는 것이다.[63]

또 하나의 전면전 시나리오를 가상해볼 수 있다.

먼저 전면전이 있기 며칠 전부터 잠수함과 AN-2기, 그리고 땅굴을 이용 특수전 부대원과 '특공조'들이 남한에 침투한다. 잠수함을 이용, 남한의 특전부대 복장을 하고 동·서·남해안에 침투한 특수전 부대원들은 교량과 터널을 파괴하고 생물학 작용제를 살포함으로써 사회적 혼란을 조성한다. 한편, 땅굴로 침투한 특공조들은 남한 전방에 처진 전차장애물을 폭파한다. 이는 남한 군대의 이동을 저해하게 되므로 남한 군대가 스스로 치우게 된다는 것이다. 이들은 또한 전방의 남한 지휘시설과 통신시설을 습격함으로써 지휘제제를 마비시키고, AN-2기로 서울에 침투한 특수전 부대원들은 발전소와 변전소, 대공포대, 비행장 등을 습격·파괴한다.

발발 여부가 문제가 아니라 시점이 언제인가 하는 데 있다"고 언급했다. 김계동, 앞의 논문, p. 41.

63) 김계동, 위의 논문, pp. 41~42.

일단 이러한 파괴로 남한 사회가 마비와 혼란상태에 이르면 본격적으로 전면전을 시작하게 된다. 먼저 전방에 있는 많은 170밀리 자주포와 240밀리 방사포, 그리고 스커드 미사일 등이 주요 군시설 및 도시를 향해 발사된다. 지하철과 고층아파트, 주유소와 가스충전소가 밀집된 도시는 폭격으로 인해 그들이 말하는 '불바다'가 될 것이며, 발전소와 변전소 파괴로 인한 정전과 상수도의 파괴, 쏟아져나온 차들로 인한 도로의 마비로 도시는 기능이 정지될 것이다. 이때 북한의 주력부대는 전차, 함정, 항공기를 통해 동·서·중앙 부분의 경로를 통해 신속하게 이동한다. 이미 한반도 전체는 전방과 후방이 따로없이 유격전과 습격, 파괴, 살인이 진행된다.

정규군의 포위작전에 의해 서울이 함락되면 북한군은 미처 탈출하지 못한 주한미군과 군속들을 억류, 인질로 삼으며 미국과 협상을 하게 된다. 즉, 미국이 더 이상 남한에 지원군을 보내지 못하도록 요구하는 것이다. 이때는 서울에 잔류해 있는 시민들도 인질이 되어 미국 군대가 들어오면 모두 대량살상무기(핵무기나 화학생물무기)로 살해하겠다는 위협도 암시될 것이다. 또한 만일 핵무기를 숨겨두었다면 이 핵무기를 이용 미국 군대에 대한 위협과 사용도 고려될 것으로 보인다. 그 과정에서 북한의 주력군은 신속히 남한 전체를 점령하려 할 것이다.[64]

이상과 같은 북한의 전쟁발발 시나리오는 북한의 군사력과 전략을 추정해볼 때 가능한, 단지 하나의 가상적인 것이지 북한에서 공식 인정하는 전략은 아니다. 또한 북한측에서 취할 수 있는 일방적인 공격만 가상한 것이기 때문에 남한과 주한미군의 반격이라는 변수가 고려되지 않았다. 실제 전쟁에 있어서는 북한만큼 또는 북한보다 더욱 강력한 남한 군대와 미국 군대가 반격을 가할 것이기 때문에 크게 다를 수 있다.

---

64) 이상은 장준익 장군의 가상시나리오이다. 장준익, 『북한 핵·미사일 전쟁』(서울 : 서문당, 1999), pp. 18~92.

4장

북한 외교와 대남통일정책

제1절 대외정책 기조와 기구 • 유광진

제2절 대외정책의 전개 • 강성윤

제3절 북한의 통일정책과 방안 • 민병천

제**1**절
대외정책 기조와 기구

1. 대외정책 기조

북한은 대외정책에 있어서 비교적 일관된 목표를 추구하고 있다. 그러나 국내외적 환경변화에 적응하는 과정에서 구체적인 정책들은 변화를 거듭하고 있다. 즉, 목표와 이념은 지속성을, 정책전개의 전략·전술과 행동유형에 있어서는 변화를 나타내고 있는 것이다.

북한의 대외정책 가운데 지속적인 요인들은 북한이 체제안보와 이데올로기에 계속 사로잡혀 있음을 의미한다. 이것은 곧 북한의 영토와 정권을 대내외적 도전으로부터 수호하여야 한다는 궁극적인 목표이기 때문이다. 따라서 구체적인 정책전개의 변화과정은 결국 이 목표에 봉사하고 있을 뿐이다. 북한이 남북대화와 대외관계의 개선에 주력하는 모습을 보이고 있는 것도 결과적으로 당면한 난관의 극복을 통한 체제수호에 있는 것이다.

1) 대외정책의 목표

한 나라의 대외정책은 일반적으로 자기 보존과 발전이라는 불변의 국가이익을 달성하는 데 그 목표를 두고 있다. 북한의 경우도 체제의 보존·유지와 이데올로기적 목표 달성에 두고 있다. 즉, 그것은 자체의 안보와 한반도의 공산화 통일, 그리고 경제적 번영과 같은 필수적인 국가이익을 추구함을 의미한다. 다만 북한이 다른 나라와 상이한 점이 있다면, 그것은 남한과 경쟁 내지 갈등관계에 놓여 있다는 점이다.[1]

북한의 정치용어사전은 북한 외교를 "조선해방과 세계혁명을 끝까지 완수하는 데 있으며, 이를 위해 제국주의를 반대하는 자주적 · 평화 우호적인 대외관계를 추진하는 데 있다"고 밝히고 있다.[2] 따라서 북한의 대외정책은 반제 · 자주에 입각하여 조선 및 세계 혁명과 민족 및 계급 해방을 완수하는 데 그 목표를 두고 있다고 할 수 있을 것이다.

이러한 반제 · 자주의 대외관을 기초로 한 북한의 대외정책은 국제정세의 변화에 따라 그것의 해석, 대상, 실현방법 등 구체적인 정책전개에 있어서는 차이가 있었지만 명분론적 내지 본질론적 입장은 지속되고 있다. 특히 김정일시대에 있어서도 북한은 기존의 반제 · 자주의 대외관을 그대로 지속시키고 있다. 북한은 1995년 이후 당보, 군보, 청년보의 공동사설에서 밝힌 대외관계에서 "제국주의의 침략적 본성은 변하지 않은" 것으로 판단하고 있으며, 그렇기 때문에 자주적 입장과 원칙에서 대외정책을 추진하지 않으면 자주권이 침해되고 '지배주의자'들의 예속물로 전락될 수 있음을 강조하고 있다.

이와 같이 북한이 대외정책과 관련하여 미국 등 서방국가와의 관계개선을 서두르고 있으면서도 여전히 반제 · 자주화를 내세우고 있는 것이나, 사회주의권의 붕괴에도 불구하고 사회주의 위업을 내세우고 있는 것은 대외정책의 기본 목표가 체제의 명분과 자기 보존의 문제와 직결되어 있기 때문이다. 따라서 대외정책의 목표는 지속될 것이며, 본질적인 변화는 기대하기 어렵다고 보아야 할 것이다.

---

1) 유광진, "북한의 대미 외교정책", 민병천 외, 『북한의 대외관계』(서울 : 대왕사, 1987), p. 151.
2) 사회과학출판사, 『정치용어사전』(평양 : 사회과학출판사, 1970), pp. 178~179.

2) 대외정책의 이념

북한은 대외정책의 기본목표를 달성하기 위한 이념으로 '자주', '친선', '평화'를 지속적으로 강조하고 있다. 이러한 3대 이념이 공식적으로 천명된 것은 1980년 10월 10일 조선로동당 제6차 대회에서였다.[3] 이후 1988년 9월 8일 '공화국 창건 40돌' 경축사에서 김일성은 그 우선 순위를 '자주', '평화', '친선'으로 바꾸었다.

이러한 대외정책의 이념은 북한 헌법에도 적시되어 있다. '사회주의 헌법' 17조는 "자주, 평화, 친선은 조선민주주의인민공화국의 대외정책의 기본이념이며 대외활동의 원칙이다"라고 규정하고 있다. 그리고 관계개선의 전제조건으로 완전한 평등과 자주성, 호상존중과 내정불간섭, 호혜의 원칙을 들고 있으며, 자주성을 옹호하는 세계 인민들과 단결하여 침략과 내정간섭을 반대하고 자주권과 민족적·계급적 해방을 실현하기 위한 모든 나라 인민들의 투쟁을 적극 지원한다고 밝히고 있다.[4]

왜 북한은 '친선'보다 '평화'를 앞세웠을까? '자주'의 원칙은 '반제'의 핵심적 논리이기 때문에 근본원칙이 될 수밖에 없으며, 따라서 우선 순위에 있어 앞설 수밖에 없다. 그러나 1980년대 후반 이후 탈냉전 국제질서로의 재편, 북한의 경제난 심화, 자본주의 국가와의 협력 증진 필요성 등으로 인하여 '쁠럭불가담운동 확대 발전'이라는 '친선'보다는 '평화'를 우선하여 대서방과의 관계개선을 추진해야 할 절실성이 요구되었다고 볼 수 있다.[5] 이 같은 북한의 대외정책 이념은 김정일체제에서도 그대로 지속되

---

3) 『조선로동당대회 자료집』 제4집(서울 : 국토통일원, 1989), pp. 73~75.

4) 〔조선민주주의인민공화국 헌법(1998. 9. 5 개정)〕, 『통일문제연구』(1998년 하반기호 부록), p. 295.

5) 유광진, "북한의 외교정책 : 지속성과 변화", 『행정논집』 제27집(서울 : 동국대 행정대학원, 1999), p. 85.

고 있다. 그러나 그 내용에 있어서는 현실적응적 변화가 있었다.

'자주'의 이념은 기본적으로 '반제'의 논리와 '자기 보존'의 논리에 기초하고 있다. 그러나 그것을 성취하기 위한 수단으로서의 해석은 변화하고 있다. '해방'과 '혁명'에 입각한 투쟁에서 국제적 평등과 참여로 전환하여 평등과 정의, 자주권과 영토 안정, 내정 불간섭, 타국에 대한 군사적 위협과 간섭 중지, 국제분쟁의 협상, 외국군대의 주둔과 기지 설치 불허용, 그리고 경제협력 등이 강조되고 있는 것이다.[6]

'평화'의 이념은 제국주의 타도에 기초하고 있으나, 제국주의와의 협상을 통한 생존과 실리로 전환되고 있다. '평화' 논리의 출발점이 '조선혁명의 이익'에 있기 때문에 이를 풀어나가는 수단으로 북한은 대미협상을 지속적으로 추진하고 있다. '조선혁명의 이익'이란 곧 북한 체제의 안정성과 정치적 정당성, 그리고 경제적 실리와 중장기적인 통일 등을 의미하는 것이다. 이에 따라 북한은 1994년 이후부터 지속적으로 대미평화협정 체결을 주장하고 있다.

'친선'의 이념은 국제혁명역량과 단결을 강화하는 데 기초하고 있어 대(對) 중·러 및 제3세계 외교를 목표로 하고 있다. 1999년 신년공동사설에서도 "사회주의를 지향하는 세계 진보적 인민들, 반제자주역량과의 단결과 연대성을 더욱 강화해 나갈 것"[7]이라고 했다. 그러나 북한은 비적대적인 서방국가들과도 '친선'을 고리로 삼아 교류와 협력 및 관계개선을 추진하고 있다. 2001년 신년공동사설에서는 "우리의 자주권을 존중하는 나라들이라면 그 어떤 나라든지 대외관계를 개선해나갈 것"이라고 했다.[8]

---

6) 허문영, "북한의 대외정책 현황과 전망", 『북한의 대외관계 변화와 남북관계 전망』(서울 : 민족통일연구원, 1996), pp. 21∼22.

7) 『2000 북한자료 · 인명편』(서울 : 연합통신, 1999), p. 661.

8) 《동아일보》, 2001년 1월 2일.

3) 대외정책의 수단

북한의 대외정책 목표와 이념은 지속적이다. 그러나 대외정책을 전개함
에 있어 국가이익을 위해 현실적으로 무엇을 핵심과제로 생각하느냐에 따
라 대외활동 양상에 많은 변화를 가져올 수밖에 없다. 북한은 1998년부터
'강성대국론'을 국정지표로 제시하고 있다.[9] '사상과 총대, 과학기술이 강
성대국의 3대 기둥'이라고 밝혀 이를 통해 체제고수와 경제발전을 모색하
고 있음을 암시하고 있다. 이러한 국정지표가 대외활동에도 그대로 적용
되어 북한이 당면하고 있는 체제안보, 경제적 실리, 통일 등을 향한 대외
정책이 전개되고 있다. 생존과 직결되어 있는 이런 당면과제를 해결하기
위하여 북한은 대외적으로 어떤 전략을 활용하고 있는가?

첫째, 체제안보를 위해 군사주의를 활용하고 있다. 군사주의를 추구하
는 이유는 본질적으로 북한의 체제적 특성에 연유하지만, 대내 체제단속
과 대외압력, '제국주의'에의 대항 논리, 협상수단으로서의 군사주의, 김
정일체제의 위상 제고 등에서 찾아볼 수 있다.[10] 현실적으로 북한의 체제
를 수호할 수 있는 세력은 군대밖에 없다. 북한의 군대는 국방 수호자의
수준을 넘어 체제를 보위하고 관리하는 수준에 있다. 이 군사주의를 북한
은 체제안보를 위한 이른바 제국주의에의 항거논리, 즉 협상논리로 활용
하고 있다.

둘째, 경제적 실리 추구를 위해 제한적 대외개방정책을 활용하고 있다.
오늘날 북한 체제를 언급할 때 가장 먼저 논의되는 것은 경제위기이다. 이
경제난을 극복하지 못하면 체제수호 능력의 마비와 정통성에 심각한 타격
을 받게 되어 있다. 북한 경제는 1990년부터 1999년까지 계속 마이너스

---

9) 《로동신문》, 1998년 8월 22일자 참조.
10) 이종석, "한반도 평화정착을 위하여", 『남과 북, 하나가 되는 길』(서울 : 대한매일신보사,
1999), p. 113.

성장을 기록하며, 그 규모가 크게 위축되어왔다. 1994년 이후 1997년까지 북한의 재정규모가 연 평균 21.9%씩 감소했고, 1998년 이후에는 감소된 상태(1997년 91억 3천만 달러, 1998년 91억 달러, 1999년 93억 9천만 달러)가 지속되고 있음을 보아도 알 수 있다.[11]

이에 북한은 경제적 실리를 추구하지 않을 수 없으며 종래 추진해왔던 방식을 더욱 활성화할 것이다. 즉, 북한은 투자유치와 해외시장개척을 위한 관계법령을 제정 내지 개정하는 유인외교의 강화, 미국 등 서방선진국과 군사주의를 앞세워 보상적 실리 추구, 유엔기구와 비정부기구(NGO)를 통한 인도적 실리 추구, 정경분리를 앞세워 민간기업 또는 단체를 통한 경제적 실리 추구 등을 할 것이다. 그러나 북한 경제가 여전히 '자립적 민족 경제' 노선에서 벗어나지 못하고 있기 때문에 한계를 갖고 있다 할 것이다.

셋째 조국통일을 위한 외교수단으로 '자주외교'를 활용하고 있다. 북한이 '통일'을 유난히 강조하는 이유는 공산화 통일이라는 체제명분적 요청, 주권국가로서의 정통성 확보, 통일정책의 정당성 획득, '남조선 해방'의 당위성 등에 기인하고 있다고 볼 수 있다.[12] 그러나 2000년 '6·15공동선언' 이후 북한의 이러한 태도는 상당 부분 순화되고 있다. 북한이 처한 심각한 경제위기 국면을 돌파하는 데 있어, 남한의 지원과 협력이 보다 절실해졌기 때문이다. 이에 따라 북한은 대외적으로 남한과의 협력과 경쟁이라는 이중적 성격을 갖게 될 수밖에 없게 되었다.

---

11) 『2000년 북한연감』 창간호(서울 : 연합뉴스, 1999), p. 441.
12) 유광진, "북한의 대미 외교정책", 앞의 책, pp. 156~157.

2. 대외정책 기구

　북한은 대외정책을 당적 외교, 국가적 외교, 인민적 외교 등으로 구분하여 추진하고 있다. 대외담당 기구도 당과 국가기구로 이원화되어 있다. 대외정책을 집행하는 주요기관은 당국제부, 최고인민회의 상임위원회, 내각의 외무성, 각급 기관의 산하기구 및 단체 등이다.

　당의 대외정책 전담 부서는 당중앙위원회 비서국 산하의 국제부이다. 국제부는 사회주의 국가나 각국의 정당들과 당 차원의 외교활동을 하고 있다. 또한 국제부는 사회주의 국가 공산당과 사회주의 이념을 가진 정치단체들과 긴밀한 협조를 유지하는 역할도 수행하고 있다. 개별적인 민간인이나 민간단체들과의 교류문제도 관장하면서, 이를 수행하기 위해 당의 각종 외곽조직들을 활용하기도 한다.[13]

　한편, 형식적인 대외정책의 상설 최종 책임기구는 최고주권기관인 최고인민회의 상임위원회이다. 헌법상 최고인민회의 상임위원회는 외국과 맺는 조약을 비준하고 폐기하는 권한을 가지며, 재외 외교대표의 임명과 소환을 결정하고 발표한다(북한 헌법 제110조). 그리고 최고인민회의 상임위원장은 국가를 대표하며 다른 나라 외교대표의 신임장, 소환장을 접수한다(북한 헌법 제111조). 한편, 내각은 다른 나라와 조약을 체결하고 대외사업을 한다(북한 헌법 제119조)고 규정되어 있다.[14]

　이와 같이 헌법상 최고인민회의 상임위원회가 북한의 대외정책을 책임지는 기관이지만, 실제 모든 대외정책의 틀은 당에서 결정하며, 상임위원회는 형식적으로 심의 · 결정할 뿐이다. 즉, 당중앙위원회 정치국에서 대외정책의 기본방향이 결정되고, 당비서국의 국제부에서 구체화된 성책을

---

13) 『북한이해』(서울 : 통일교육원, 2000), pp. 94~95.
14) 〔조선민주주의인민공화국 헌법(1998. 9. 5 개정)〕, 앞의 책, p. 303.

최고인민회의 상임위원회에서 추인하는 것이다. 이와 같은 과정을 거쳐 채택된 정책은 실무 대외정책을 전담하는 내각의 외무성이 집행한다.

외무성은 북한의 공식적인 외교관계 일체를 대표하며 전담하는 기구이다. 외무성은 외국과의 국교수립, 조약 및 협정 체결, 재외공관 운영 등과 같은 일상적인 외교업무 외에도 통상 및 친선교류를 확대하는 업무도 수행한다. 외무성은 외무상과 제1부상, 그리고 10명 내외의 부상을 정점으로 11개의 지역국과 14개의 기능국이 130여 국가에 파견한 외교인력을 관장하고 있다.[15] 1990년대 이후 대미·대일 외교의 비중이 높아지면서 현재는 미국과 일본을 담당하는 부서가 신설·확대되고 있으며, 외무성 내 핵심 엘리트들의 집결소가 되고 있다.

외무성 내 외교관 직제는 백남순 외무상과 강석주 제1부상(副相)을 정점으로 각 분야를 담당하는 10명 내외의 부상들이 있다. 외무성 부상 바로 아래 직급은 참사(參事)이다. 주요국 대사들은 대체로 부상이나 참사급에 해당하며, 본부의 각국을 담당하는 국장은 대체로 비주요국 대사들과 같은 급이다. 외무성의 각국은 몇 개의 과로 구성되며, 과장은 해외공관의 참사관과 같은 급이다. 이밖에 각과에는 담당 지도원으로 불리는 담당자가 있다.[16]

북한에는 이밖에도 각종 민간접촉 및 대외활동을 수행하는 기관들이 상당수 활동하고 있다. '조선아세아·태평양평화위원회', '대외문화연락위원회', 내각 산하 각급 대외무역 관련 경제부처 등 여러 종류의 외교 관련 기구들이 바로 그 조직들이다. 최근에는 경제문제가 심각해지자 각 부처마다 대외무역 관련 부서들이 상당수 생겨나고 있다.

조선아세아·태평양평화위원회(아·태평화위)는 민간기구의 형태를 띤

---

15) 『북한이해』, p. 95.

16) 이종석, 『새로 쓴 현대북한의 이해』(서울 : 역사비평사, 2000), p. 373.

외교정책의 결정 및 집행기구

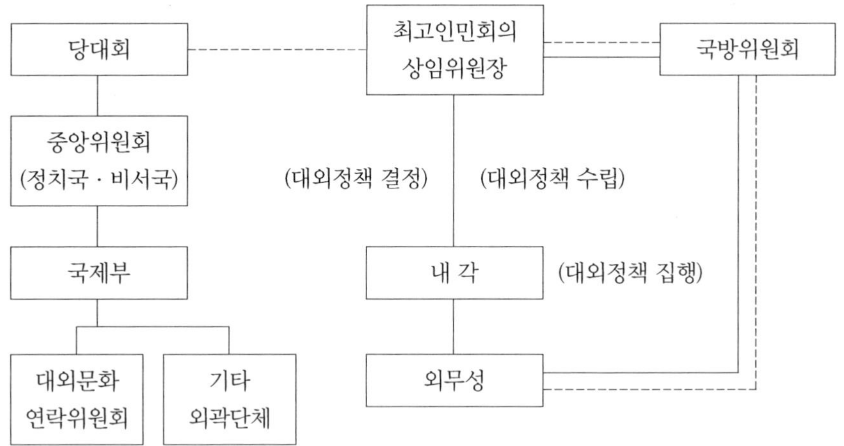

출처 : 『북한이해』(서울 : 통일교육원, 2000), p. 94.

북한의 대외정책 전담기구이다. 이 조직의 존재가 알려진 것은 1994년 7월 6일 중앙방송에서 김용순 대남담당 비서를 이 위원회의 위원장으로 소개하면서부터이다. 이후 대남, 대미, 대일 등 각종 대외활동에 활발하게 나서고 있다. 정식 수교가 이루어지지 않은 국가와의 외교활동을 위해 만든 실질적인 외교기구라고 할 수 있다. 현재 위원장은 김용순, 부위원장은 외교전문가인 이종혁과 송호경, 대남전문가인 전금진 등이 각각 맡고 있다.[17] 한편, 대외문화연락위원회는 미수교 국가들과의 문화 · 예술분야 교류 · 협력 등 민간외교 차원의 역할을 수행한다.

---

17) http://nk.joins.com/dic

3. 대외정책 전망

국제환경의 변화와 함께 21세기에 대비하는 대외정책의 재정립이 요구되고 있음에도 불구하고, 북한은 아직도 변화의 징조를 보이지 않고 있다. 목표와 이념에서는 지속성을, 이를 달성하기 위한 정책전개에 있어서는 변화라는 이중적 성격을 그대로 나타내고 있다. 그것은 그들에게 있어서 외교활동이 국제사회에의 능동적 적응이 아닌 체제 생존의 수단이 되고 있기 때문이다. 결국 북한이 대외정책 목표와 이념을 대외활동에 순기능적으로 활용하고 있다는 점에 유의할 필요가 있다.

그렇다면 북한은 어떠한 방향으로 대외정책을 전개해나갈 것인지 전망해보고자 한다.

첫째, 체제 생존확보를 위한 '이중전략'을 계속할 것이다. 북한은 체제 생존전략으로 대외적으로는 '완만한 변화'를 정책기조로 삼고 있다. 북한은 아직도 '국제사회의 변화에 수동적으로 반응하는 비판적 참여'의 수준에 있다. 따라서 북한은 내외적 상황이 '불가피한 변화의 선택'을 요구받고 있지만 체제적 특성이나 이데올로기적 성격으로 볼 때 변화의 속도와 폭을 크게 할 입장에 있지 않다. 급격한 변화는 체제의 본질을 훼손한다고 생각하고 있기 때문이다.[18] 여기서 북한은 목표의 지속성을 고수하면서 일정수준의 변화를 통한 외교활동을 계속 전개해나갈 것으로 전망된다.

둘째, 국제환경의 '평화와 안정' 요소를 적절히 활용하는 외교활동을 전개해나갈 것이다. 오늘날 국제환경은 탈냉전적 '평화와 안정'을 핵심적 기축으로 삼고 있다. 이에 따라 '평화와 안정'을 파괴하거나 위협하는 요소와 지역을 평정해나가는 정책이 국가 또는 국제적 수준에서 진행되고 있다.[19]

---

18) 이종석, 앞의 논문, p. 118 참조.
19) 유광진, "북한 대외정책 변화 방향에 관한 연구", 『행정논집』 제21집(서울 : 동국대 행정대학

그런데 북한은 이를 역이용하는 대외전략을 사용하고 있다. 오코노기 (小比木政夫)가 '김정일의 게임 계획'에서 지적한 것처럼, 북한은 핵 의혹과 미사일·화학무기 등 대량살상무기 개발로 보다 큰 대외교섭 능력을 획득하고 있다. 북한은 '무력'이 체제생존의 최종적 담보로 된다는 것과 이것들을 외교수단으로 활용하고 있는 것 사이에는 결코 모순되지 않는다고 여기고 있다.[20] 따라서 북한은 '평화'의 정세에 '무력'의 수단을 통한 외교적 실리를 쉽게 포기하지 않을 것이다.

셋째, 남한 및 미국, 일본과의 관계개선에 총력을 경주할 것이다. 북한은 현 상황과 북한의 입지에서 체제안보와 경제적 실리를 동시에 획득할 수 있는 주 대상으로 남한 및 미국, 일본을 꼽고 있다. 특히 미국과의 관계개선 없이는 당면한 난관을 극복할 수 없다고 생각하고 있다. 한편, 미국도 좁게는 한반도, 넓게는 국제적 평화와 안정을 이룩하는 데는 북한 문제를 해결하지 않으면 안 된다는 입장을 견지하고 있다. 그리하여 미국은 여전히 채찍보다는 당근정책을 북한에 제시하고 있다. 이에 북한은 핵과 미사일문제를 부각시켜 미국으로부터 더 많은 실익을 거두고 있다.

넷째로 북한의 대 주변국 및 유럽외교가 활성화될 것이다. 북한은 대 주변국 관계에 있어서 대러관계보다 대중관계에 더욱 치중할 것이다. 북한은 한반도 지역의 변화를 고려하여 북·중 동맹관계를 강화해 나가면서 대미·대일관계에서 중국 카드를 활용, 견제와 실리를 동시에 획득하는 전략을 전개할 것이다. 또한 북한은 국제적 고립의 탈피와 경제적 협력을 중심으로 대서방 및 아시아외교를 보다 활성화할 것으로 전망된다.

북한의 대외정책은 지속성과 변화의 양면성을 지니고 있다. 목표와 이념은 비교적 일관성 있게 지속하고 있지만, 정책 전개의 전략·전술과 행

---

20) 小比木政夫, "한국의 포용정책과 한미일 협조", 『대북포용정책과 금강산관광사업』(서울 : 동국대 사회과학원 안보연구부, 1999. 6), pp. 35~36.

동 유형에서는 상당한 변화가 있다. 즉, 지속성은 바로 체제생존 명분의
문제이며, 변화는 이에 봉사하는 전술적 종속개념에 해당한다.

북한은 체제생존과 경제적 실리를 획득하기 위하여 경제 부문에서 대외
개방을 위한 법적·제도적 장치를 마련하기도 했지만[21] 실제로 이를 실현
하는 데는 체제생존 명분이 많은 제약을 주고 있다. 체제적 특성, 이데올
로기 등이 변화를 가로막고 있는 것이다. 물론 북한이 변하지 않으려 해도
객관적 환경이나 당면한 북한의 문제, 특히 외부로부터 자본과 기술의 도
입 없이는 근본적인 경제발전을 가져올 수 없는 한계들이 변화를 촉진하
고 있다. 따라서 생존을 위해서는 변화가 불가피하다. 그러나 북한은 변화
의 속도가 빠르거나 폭이 넓을 경우 체제를 위협할지 모른다는 의구심을
갖고 있다. 바로 그러한 부분이 '강성대국론'에서 나타나고 있다.

이런 면에서 볼 때 북한의 대외정책은 아직 주관적 의지와 환경적 강박
요인이 교차하면서 정책 전개에 있어 다소 혼란스런 양상을 보이고 있다.
그럼에도 불구하고 체제안보와 경제적 실리획득이라는 활동목표에는 일
관성을 지니고 있다. 이를 위해 북한은 대외관계의 확장을 지속적으로 추
진할 것이다. 북한도 주관적 입장만을 고집하여 또다시 외교고립이나 국
제적 제재를 받는 과오를 범하지는 않을 것이다. 만약 북한이 선택을 오판
하여 봉쇄나 대립상태로 발전하게 되면, 북한 내부의 불안정 요인과 상승
작용하여 체제에 중대한 위협을 받을 수도 있기 때문이다.

요컨대 북한은 '무력'적 쟁점을 생존수단으로 삼아 긴장을 조성하여 보
상을 얻는 외교방식을 지양하고, 합리적인 방법으로 국제사회에 참여하는
자세를 확립해나가야 할 것이다. 그래야만 한반도의 평화체제가 정상적으
로 구축될 수 있을 것이다.

---

21) 유광진, "한국정부의 대북정책 : 평가와 과제", 앞의 책, p. 153.

대외정책의 전개

1. 김정일시대의 대외정책

1994년 김일성의 사망은 공식적인 김정일시대의 개막을 앞당겼다. 따라서 김정일은 당총비서직을 승계하고 헌법을 개정하여 주석제를 폐지하면서 명실공히 새롭게 국방위원장 시대를 열어나갔다. 이러한 상황에서 김정일은 유훈통치를 통하여 체제의 안정을 도모한다는 전략에서 대외분야에서도 기존의 대외정책을 견지했다. 이미 김정일이 80년 당 6차대회 이후 실질적인 영도자로서 권력을 행사해온 사실을 감안할 때 기존 정책의 고수는 예견된 것이라 하겠다. 요컨대, 기존정책이 김정일의 주도하에 수립·추진되어온 것이므로 외교환경의 급변이 없는 한 새로운 대외정책을 표방할 수 있는 상황이 아니다.

따라서 김일성 사망 직후인 1994년 7월 20일의 추도대회를 비롯하여 이후의 각종 보고에서 표명한 일련의 대외정책[22]을 보면 기존에 주장해온

---

22) 1994년 9월 9일 국가수립 46주년 행사에서 홍성남 보고, 동년 10월 16일 김일성 사망 1백일 추모대회에서의 김기남의 추모사에서도 기존의 대외정책에 변함이 없음을 강조했다. 1995년 1월 1일 신년공동사설에서도 "김일성동지께서 생전에 밝히신 자주, 평화, 친선은 우리 당과 공화국정부가 일관하게 견지하고 있는 대외정책적 리념이며 대외활동원칙"이며 이러한 리념 아래 "세계인민들과의 친선단결을 더욱 강화"할 것임을 대외활동의 기본방향으로 제시하고 있다.

"자주 평화 친선"을 이념으로 하며 "자주성을 옹호하는 세계인민들과의 친선 단결"을 반복하여 천명하고 있다. 1997년 신년 공동사설에서도 "현 국제정세는 의연히 복잡하지만 우리 당의 대외정책은 변함이 없다"라고 밝히었으며 1998년 개정한 김일성헌법에서 "자주, 평화, 친선이 대외정책의 기본이념이며 대외활동의 원칙이며 우호적으로 대하는 모든 나라들과 완전한 평등과 자주성, 호상존중과 내정불간섭, 호혜의 원칙에서 국가적 또는 정치 경제 문화적 관계를 맺는다"라는 제17조의 대외정책에 관한 내용은 92년에 채택한 헌법과 한치의 차이도 없다.

이처럼 외교정책상 차이가 없음에도 불구하고 대외부분에서 전개하고 있는 외교행태는 기존의 행태와 상당한 차이를 나타내고 있다. 현재 북한이 전개하고 있는 전 세계적 차원에서의 전방위외교는 김일성 사망 이전과 비교하면 상당히 다른 모습으로 투영되고 있다. 이러한 현상을 어떻게 해석하고 전망할 것인가, 즉 표방정책과 현실정책전개 간의 괴리를 정책의 변화로 보아야 할 것인가, 아니면 기존정책의 변화가 아니라 단지 외교환경의 변화가 가져다준 결과인가에 대한 해답을 찾고자 한다. 따라서 김일성 사망 이후 북한이 전개한 외교행태에 대한 검토를 통하여 특징을 도출하고 김정일시대의 외교를 살펴보기로 한다.

2. 외교환경의 변화

김정일시대의 외교환경은 1980년대 중반부터 전개된 국제질서의 변화에서부터 특징이 결정지워졌다. 당시 상황은 북한외교에 엄청난 충격을 주었고 정책의 변화를 모색하는 전기가 되었다. 그 중에서도 고르바초프의 등장은 북한의 외교환경이 급격한 변화를 가져오는 결정적인 요인으로 작용했다. 1985년 3월 소련공산당서기장에 취임한 고르바초프는 페레스

트로이카와 글라스노스트를 내걸고 전개한 일련의 신사고정책은 사회주의권의 지각변동을 가져오는 계기가 되어 동구공산국가들이 당 독재체재를 포기하기에 이르렀고, 소련연방 마저 해체되는 상황이 전개되었다. 이러한 사회주의권의 와해는 북한의 외교환경문제에 국한된 것이 아니라 체제존립에까지 영향을 미치는 중대한 환경의 변화라 하겠다. 따라서 이 시기에 북한은 위기감을 느끼고 동구사회주의 국가와의 차별성을 내세우면서 체제수호논리로서 이른바 우리식 사회주의를 주창했다.[23]

이러한 세계적 규모에서의 사회주의권의 붕괴와 더불어 나타난 또 하나의 특징은 미국 중심의 신국제질서의 형성이다. 1989년 미·소정상간의 몰타선언에 따른 탈냉전이라는 국제적 현상은 기존의 양극체제에서 미국의 단일 패권체제로 세계질서가 재편되었다. 이처럼 세계질서가 미국 중심으로의 변화는 북한이 과거 경험하지 못한 외교환경의 변화이다. 따라서 국제질서의 재편과 사회주의권의 붕괴라는 역사의 흐름은 북한이 대외정책을 재검토하고 시대적 상황에 따른 정책방안을 모색하는 계기가 되었다고 하겠다.

한편, 한국의 북방정책전개는 북한의 외교환경을 근본적으로 변화시키는 결과를 가져왔다.

1888년 7월 7일 노태우 대통령은 "민족자존과 통일번영을 위한 특별선언"을 통하여 북방정책을 공식적으로 발표했다. 동 선언에서 한국 정부는 "한반도의 평화를 정착시킬 여건을 조성하기 위하여 북한이 미국, 일본 등 우리 우방과의 관계를 개선하는 데 협조할 용의가 있으며 또한 우리는 소련, 중국을 비롯한 사회주의국가들과의 관계개선을 추구한다"[24]라고 북방외교를 적극적으로 전개할 것임을 천명했다. 이러한 정책은 당시 88올

---

23) 강성윤, "우리식 사회주의의 북한",『북한정치의 이해』, 전국대학북한학과협의회 편, 을유문화사, 2001, pp.16~18
24) 통일원,『통일백서 1992』, 1992, pp. 57~70 참조.

림픽개최를 통하여 가시적인 성과가 나타나기에 이르렀다. 사회주의 국가
들이 서울올림픽에 참가함은 물론, 헝가리를 시작으로 동구 사회주의 국
가들이 한국과 국교를 정상화하기 시작했고, 1990년 10월 소련과 국교를
맺고 1992년 8월 24일 중국과 수교함으로써 한국이 북방정책은 완결되었
다. 결과적으로 한국의 북방정책은 북한과 중국, 소련이 근 반세기간이나
유지해온 북방 3각동맹체제의 제도적 틀을 허물었고 북한의 외교환경을
급변시킨 결정적인 요인의 하나로 작용했다.

이러한 일련의 외교환경 변화에 따라 북한 외교는 전략적 변화가 불가
피하게 되었다.

첫째로, 사회주의권 국가들이 한국과 외교관계를 수립한 것과 관련해
공개적인 비난과 대사소환 등 외교적 항의를 제기하면서 소원한 관계가
되었으나 국제적 고립을 피하기 위하여 기존의 관계를 지속시켰다.[25]

둘째로, 북한의 입장에서 볼 때 그간 자신들의 체제 건설과정에서부터
유지, 발전하는 데 핵심적 역할을 하여온 중국과 소련이 한국과의 관계정
상화는 대외정책의 전반을 재검토하는 전기가 되었으며 충격적이었다. 따
라서 대외관계의 기본 축을 이루었던 중·소와의 관계에 균열이 나타나기
시작했고 새로운 관계정립이 요구되었다.

셋째로, 사회주의권의 변화와 이들 국가들을 비롯한 중·소가 한국과
수교를 하는 상황은 북한으로 하여금 과거와는 달리 적극적으로 서방국가
특히 미·일과의 관계개선을 위한 접근정책을 전개하는 계기가 되었다.[26]

끝으로, 동구사회주의 국가들의 붕괴와 소련연방의 해체라는 사회주의
권 전반에 걸친 지각변동은 북한으로 하여금 그 여파에 대한 위기감을 느

---

25) 정규섭,『북한외교의 어제와 오늘』, 일신사, 1997, pp. 232~234.

26) 1988년 12월부터 북한은 북경에서 미국과 참사관급 접촉을 시작으로 양국간의 관계를 진전
시켰으며, 일본과도 1990년 9월 가네마루 전 부총리의 방문을 계기로 국교정상화 추진에 합
의하고 수교회담을 진행하기 시작했다.

끼게 했다. 따라서 외부로부터의 위협에 대한 보장책의 하나로 남북대화에 호응하여 한국과 기본합의서를 체결하고 불가침선언을 하는 등 남북공존을 모색하기 시작했다.

물론 외형적으로 나타난 김정일시대의 외교행태는 과거와는 다른 행태를 나타내고 있지만 근본적 요인은 이미 90년에 접어들면서 외교환경의 변화에 따라 모색된 대외정책의 결과로 보아야 할 것이다.

3. 사회주의권 외교의 현실과 전망

1990년대에 접어들면서 전개된 사회주의권의 지각변동과 이들 국가들이 한국과의 국교수립은 북한으로 하여금 진영외교정책에 대한 재정립이 요구되었다. 특히 북한은 중국과 소련이 한국과 수교함에 따라 이들 양국과 상당한 기간 소원한 관계를 유지해 왔다.

중국이 한국과 수교하기 직전까지만 하더라도 약간의 굴곡은 있었으나 1991년 10월 김일성 주석이 중국을 방문했고 이어 92년 4월 양상쿤(楊尙昆) 국가주석이 북한을 방문하는 등 우호관계를 지속했다. 그러나 1992년 8월 24일 한중수교는 북중관계가 소원해지는 결정적 계기가 되었고 양국관계는 상당 기간 불편한 관계가 되었다. 이러한 양국관계는 김일성 사망 이후 김정일체제가 공식 출범함으로써 새로운 전기를 맞이하기에 이르렀다. 북한의 김정일은 중국과의 관계개선을 위한 노력으로 1999년 6월 김영남 최고인민회의 상임위원장을 단장으로 50여 명의 대표단이 중국을 방문케 했다. 김영남은 중국의 장쩌민 국가주석과 두 나라 사이의 전통석인 우호관계를 재확인하고 그간의 갈등을 해소함으로써 관계회복의 계기가 되었다. 이어 2000년 5월 29일부터 31일까지 김정일 국방위원장이 중국을 비공식방문하여 장쩌민 국가주석과 만나고 실리콘 벨리라 불리는 경제특구 지역을 방문하는 등 김정일체제와 중국과의 관계를 보다 확고히 했다. 김정일 방중 이후 나온 《로동신문》에 게재된 "조중친선의 력사는 끊임없이 흐르고 있다"라는 사설이 양국관계의 현주소를 확인해주고 있다.[27] 뿐만 아니라 김정일 국방위원장은 중국방문 8개월 만인 2001년 1월에 재차 중국을 방문함으로써 양국관계의 공고함을 과시했다.

물론 북중관계가 냉전시대와 같이 정치군사적인 혈맹관계로 복원되는 것을 기대할 수는 없으나 양국은 서로를 필요로 하고 있다. 북한은 사회주의국가 중국으로부터 정치적인 지지와 경제적인 지원이 지속되기를 원하고 있고, 중국 역시 남한에 미군이 주둔하고 있고 미국이 중국의 안보에 위협이 되는 NMD체제의 구축을 추진하고 있는 상태에서 북한의 존재는 중국에게 중요한 요소가 되고 있는 것이다.

한편, 북한과 러시아와의 관계도 1990년 10월 소련이 한국과 수교함으로써 동맹관계가 와해되지는 않았지만 상당히 소원해지지 시작했다. 예컨대, 한소수교 직후 《로동신문》은 "딸라로 팔고사는 〈외교관계〉"라는 논설을 통해 소련의 행위를 배신이라고 강하게 비난했다.[28] 물론 북한은 1991년 소련연방이 해체되자 이를 계승한 러시아와 동년 12월 27일 외교관계를 수립하고 독립국가연합 구성국 13국과 외교관계를 수립했다. 그러나 북한과 러시아는 지난 10년간 소원한 관계를 유지해 왔고 관계를 재정립하기에 이르렀다. 예컨대 1995년 9월에 러시아는 김일성이 지난 1961년 모스크바를 방문하여 양국간에 체결한 "북·러 우호협조 및 호상원조 조약"을 더 이상 연장하지 않는다라고 공식발표했다. 따라서 북한과 러시아 간의 조약은 1996년 9월 10일부터 효력이 만료됨으로 양국관계는 새로운 관계설정이 불가피하게 되었다. 그러므로 기존의 양국관계가 이념에 기초

---

27) 《로동신문》, 2000년 6월 3일자.
28) 《로동신문》, 1990년 10월 5일자.

한 군사동맹관계로부터 경제협력에 초점을 둔 상호간 실리추구를 바탕으로 한 협력관계로 전환하게 되었고 그 결과 2000년 2월 9일에 양국은 "우호 선린 협조조약"을 정식 서명·조인했다. 신조약은 구조약에서 양국간 유사시 자동군사개입을 명문화했던 군사동맹조약에서 자동개입이 삭제된 형태로 관계가 새롭게 설정되었다. 이처럼 정치적 관계가 조정되어 신조약이 체결됨과 관계없이 양국간에는 90년대 중반부터 경제분야에서 활발한 협력이 모색되어 왔고[29] 이러한 실리적 이해가 정치적 관계를 회복시키는 요인이 되었다고 하겠다. 여하튼 러시아와 북한과의 관계는 신조약체결을 계기로 하여 소원했던 관계를 청산하고 새로운 단계로 접어들었고, 2000년 7월 푸틴 대통령이 평양을 방문하여 김정일 국방위원장과 정상회담을 개최했고 공동성명을 발표했다. 뿐만 아니라 김정일의 러시아 방문도 시기의 문제일 뿐 가시권에 들어와 있으며 김정일의 모스크바 방문은 양국관계를 한층 강화시켜줄 것이다.

그러나 북한과 러시아 관계가 과거 냉전시대의 관계로 회귀할 수는 없는 것으로 한계성을 지니고 있다. 물론 최근에 북한의 핵과 미사일문제와 미국의 NMD문제를 둘러싸고 미국과 러시아간의 대립과 갈등이 신냉전화하고 NMD에 대한 이해를 같이하는 북방 3국이 협조체제를 강화할 수는 있으나 새로운 군사동맹체제를 형성할 가능성은 기대할 수 없다.

4. 대서방 외교의 현실과 전망

북한은 90년대에 접어들면서 변화하기 시작한 외교환경에 따라 초상대

---

29) 1996년 11월—투자 장려 및 호상보호협정체결, 1997년 4월—과학기술협력의정서, 1997년 11월—이중과세 방자협정체결(김승채, "북한의 대외정책변화와 중러관계", 『계간외교』, 제54호, 2000. 7, p. 57.)

국으로 등장한 미국을 비롯하여 일본 등 서방국가와 관계개선을 모색할 수밖에 없었다.

이러한 외교정책의 전환은 1992년에 개정된 헌법에서 "국가는 자주성을 옹호하는 세계인민들과 단결하며 온갖 형태의 침략과 내정간섭을 반대하고 나라의 자주권과 민족적·계급적 해방을 실현하기 위한 모든 나라 인민들의 투쟁을 적극지지 성원한다"라고 명문으로 규정한 데에서 쉽게 읽을 수 있다. 기존의 "맑스-레닌주의와 프로레타리아 국제주의원칙" "사회주의나라들과 단결하고 제국주의를 반대"[30]한다는 내용을 삭제하고 "자주성을 옹호하는 세계인민들과의 단결"로 수정했다.

1) 미·일과의 관계

1992년 헌법에서의 외교정책에 대한 수정에 앞서 북한은 이미 미국과 1988년 12월부터 북경에서 참사관급 접촉을 시작했으며, 1992년 1월 22일에는 차관급의 회담으로까지 진전되어 김용순 당비서와 켄터 정무차관 간에 회담이 개최되었다. 김일성도 1992년 4월12일 《워싱턴 타임즈》 기자단과 가진 담화에서 냉전종식에 따라 북미관계개선을 피력했고[31] 대미관계개선을 추진했지만 진전없이 답보상태가 지속되었다.

그러나 북미관계는 관계개선의 걸림돌이었던 핵문제를 매개로 하여 급진전하는 전기를 마련했다. 북한은 1993년 3월 핵확산금지조약(NPT) 탈퇴를 선언하고 핵카드를 활용하여 미국을 협상테이블로 불러내어 1994년 10월 북한의 핵동결과 경수로건설, 양국관계 정상화추진, 남북대화 재개 등에 합의한 제네바기본합의서를 체결했다. 이러한 제네바합의에 대하여

---

30) 1972년 12월 27일 개정한 "사회주의헌법" 제16조 참조.
31) 《로동신문》, 1992년 4월 18일자.

북한은 김일성 사망 이후 김정일이 해결한 첫 외교적 성과물로 내세우고 있듯이 자신감을 갖기에 이르렀다.

이로부터 북미관계는 국가 대 국가의 관계로서 제 현안을 대화와 협상의 틀에서 해결해 나간다는 입장을 견지하면서 관계를 진전시켰지만 금창리지하시설문제를 비롯하여 광명성위성발사와 미사일실험재발사문제에서 보듯이 북한의 벼랑끝외교는 지속되었다. 그러나 기본적으로 북한은 한반도문제만이 아니라 자신들의 체제생존도 미국과의 관계개선을 통해서만이 해결하고 보장받을 수 있다고 판단하고 있기 때문에 관계정상화를 목표로 적극적으로 임했다.

특히 2000년 6월 남북정상회담은 북미관계개선에 유리한 환경을 조성했고 양국관계는 급진전했다. 동년 10월 9일 북한의 실질적인 2인자로 알려지고 있는 국방위원회 제1부위원장이며 인민군 총정치국장인 조명록 차수가 김정일 국방위원장의 특사자격으로 미국을 방문하여 "쌍방은 상대방에 대해 적대적 의사를 갖지 않을 것이라고 선언하고 앞으로는 과거의 적대감에서 벗어나 새로운 관계를 수립하기 위해 모든 노력을 다할 것이라는 공약을 확언하였다"라는 북미공동코뮈니케를 발표했다. 아울러 "미국 대통령의 북한방문을 준비하기 위하여 매들린 올브라이트 국무장관이 가까운 시일에 북한을 방문하기로 합의"[32]하는 등 조명록의 방미를 계기로 양국관계는 급물살을 타기 시작하였다.

이후 미국의 올브라이트 국무장관이 평양을 방문하여 김정일 위원장과 회담하고 클린턴 대통령의 방북을 위한 사전정지작업을 진행했다. 그러나 미국의 대통령선거결과 부시의 당선으로 확정되고 클린턴 대통령의 북한방문이 무산됨에 따라 북미관계는 소강상태에 접어들었고, 특히 부시 행정부가 북한에 대하여 엄격한 상호주의와 철저한 검증을 요구함으로서 양

---

32) 2000년 10월 12일 워싱턴에서 발표된 북-미공동코뮈니케 참조.

국관계는 다시금 냉각되기에 이르렀다.

한편, 북한과 일본과의 관계도 1990년대에 접어들면서 질적인 변화를 가져왔다. 90년 이전까지만 하더라도 북일관계는 정당과 정당 또는 사회단체 및 개인과의 관계에 국한되었던 것으로 정부간 공식인 대화채널이 없었다. 따라서 1990년 9월 북한의 조선로동당의 초청으로 가네마루(金丸信) 전 자민당부총재를 단장으로 한 일본의 자민당·사회당 대표단이 북한을 방문함에 따라 3당이 공동선언을 통하여 양국간 국교정상화 추진에 합의함으로써 1991년부터 당국간 대화가 시작되었다.[33]

그러나 지난 10년간 양국간의 회담은 중단과 재개를 반복하면서 11차례밖에 회담을 진행되지 못했다는 사실이 대변하듯이 진전을 이루지 못하고 답보상태에 머무르고 있다. 그간 전개된 수교회담에서 양국은 여러 가지 현안에 현격한 입장차이를 나타내고 있으나 「과거」와 「현재」문제로 집약할 수 있다. 특히 북한의 입장에서는 과거사 청산(사죄와 보상)문제의 해결을 일본에 요구하고 있으며 이에 대하여 일본은 「행방불명자」로 표현하고 있는 「일본인 납치」문제에 대한 동시해결을 주장하고 있어 뚜렷한 타협점을 찾지 못하고 있다.

그러나 북일수교 교섭은 북한과 일본 양국에게 매우 중요한 사안이 아닐 수 없다. 북한은 과거 청산과정에서 받게 될 엄청난 배상금이 경제를 재건하는 데 절대적으로 필요하며, 일본 역시 경제대국으로서 국제사회에서 정치적 영향력을 확대하기 위해서는 마지막 남은 전후처리로서 북한과의 국교정상화가 시급한 문제인 것이다. 따라서 일본은 수교회담의 환경을 조성하고 돌파구를 마련하기 위하여 북한에 대한 식량지원을 한다든가 납치라는 용어를 행방불명자로 바꾸는 자세를 취했다.

---

33) 북일국교정상화를 위한 양국간의 제1차 수교회담이 1991년 1월 30일부터 평양에서 개최되었으며 제11차 회담이 지난 2000년 10월 30일부터 중국 베이징에서 진행된 이후 재개되지 않고 있음.

북한의 경우도 명실공히 김정일체제가 시작된 상황에서 일본의 경제적 도움이 절실하고 수교는 대외활동에도 유리한 환경을 조성해주는 것이다. 그러므로 일본이 요구하는 북송 일본처의 본국방문을 일부 실시했고 8차 회담 이후 중단한 제9차 회담을 7년 반만인 2000년 4월에 평양에서 개최키로 합의하고 재개했다. 이후 도쿄와 베이징에서 10차와 11차회담이 개최되었으나 12차 회담일정도 합의하지 못하고 끝났듯이 언제 재개될지 불투명한 상황이다.

이러한 일본과 북한과의 관계는 한국과 미국과의 관계와도 밀접히 연관되어 있는 것으로, 이른바 한미일 3자공조라는 틀에서 일본의 대북정책도 전개되어야 한다는 한계성을 지니고 있고, 북한 역시 한국과 미국과의 관계를 고려할 수밖에 없다는 점에서 북일관계가 양국간의 쌍무적인 문제로 국한되는 것은 아니다.

2) EU와의 관계

지난 90년대 초부터 북한은 미일과의 관계개선을 모색하면서 서방국가와도 접근을 시도했다. 또한 북한은 당시 남북대화의 재개와 남북한 동시 유엔가입이라는 환경을 활용하여 서방국가들과의 관계개선을 도모했으나 핵과 미사일을 비롯한 대량살생무기 등이 국제문제로 부각됨에 따라 미일과의 관계가 급냉했다. 따라서 서방국가와의 관계개선도 이렇다할 성과가 없었다. 그러나 북미관계가 진전되고 남북관계가 정상회담을 개최하는 상황에 다다르자 북한의 대서방외교는 급류를 타기 시작했다. 이러한 징후는 1999년 10에 개최된 제54차 유엔총회에 참석한 북한 외상 백남순의 활동에 잘 나타나 있으며 그 결과 2000년대에 접어들면서 북한 외교는 유럽연합(EU)국가들과 관계정상화란 새로운 협력시대를 열었으며 아세안지역안보포럼(ARF)에도 가입하는 등 다자간 협력기구를 통하여 국제무대에도 등장했다.

북한은 서방선진7개국(G-7)가운데 처음으로 이탈리아와 대사급 외교관계를 2000년 1월 4일에 맺었고 9월에는 백남순 외상의 명의로 당시 EU회원국 가운데 미수교국이었던 9개국(영국, 프랑스, 독일, 그리스, 벨기에, 아일랜드, 룩셈부르크, 네덜란드, 스페인)과 집행위원회에 수교제의를 하였다. 따라서 동년 12월 12일에 영국과 수교함으로써 EU국가들과의 수교 속도전에 돌입했고 이 시기 북한의 외교공세는 EU국가들만이 아니라 전 서방권을 대상으로 전개했으며 가시적인 성과도 있었다.[34]

2001년에 접어들어 북한은 1월 15일에 네덜란드를 시작으로 1월 23일에 벨기에, 2월 7일에 스페인, 3월 1일에 독일, 3월 5일에 룩셈부르크, 3월 8일에 그리스와 수교관계를 맺음으로써 15개 EU회원국 가운데 북한과 외교관계를 맺지 않은 국가는 프랑스와 아일랜드 2개국에 불과하다. 그동안 프랑스가 북한의 인권상황 개선 미흡과 핵문제를 비롯한 대량살상무기 등에 대한 조치를 요구하면서 수교에 미온적인 입장을 취해 왔으나 주변국가들의 대북수교 분위기에 따라 조기수교의 가능성은 배제할 수 없다. 아일랜드 역시 북한과의 수교의사를 표명한 바 있기 때문에 EU회원국에 대한 수교 속도전의 종결은 시간문제일 것으로 전망된다.

그간 북한이 사회주의권 붕괴 이후 국제사회 진출을 시도했음에도 불구하고 외교적 성과가 2000년대에 접어들면서 나타나기 시작한 것은 한국의 햇볕정책과 미국의 개입정책(engagement policy)에 북한이 호응하여 남북정상회담이 개최되고 북미관계가 진전됨에 따라 한반도 정세의 변화가 가져다준 결실이라 하겠다. 햇볕정책과 개입정책은 북한의 외교환경을 개선해주는 결정적인 역할을 하였고, 따라서 북한은 외교 속도전을 전개할 수

---

34) 2000년 5월 8일 호주와의 수교에 이어 동년 7월 12일에 필리핀, 그리고 2001년 2월 6일 캐나다와 수교함에 따라 G-7가운데 3개국과 외교관계를 맺음.

있는 여건을 마련하게 되었다.

현재 북한이 전개하고 있는 전방위외교는 선택의 문제가 아니라 체제유지와 생존을 위한 유일한 길이다. 그러므로 "자주권을 존중하는 자본주의 국가들과의 관계 정상화를 적극 추진해 나갈 것"임을 강조하면서 나아가 "우리나라와 세계 여러 나라들과의 관계정상화가 이룩됨으로써 동북아시아, 나아가 세계의 평화와 안전에 긍정적 기여를 하게 되었다"[35]고 평가하고 있는 것이라 하겠다. 여하튼 북한은 그간의 외교적 성과를 바탕으로 대서방 외교활동을 가속화할 것이며 국제무대로의 진출은 한반도의 평화와 긴장완화에 기여하는 요인으로 작용할 것이다.

---

35) 《로동신문》, 2001년 2월 24일자 참조.

북한의 통일정책과 방안

1. 기본통일전략 목표와 혁명흡수론

1) 통일정책 목표

북한의 통일전략 목표는 공산주의적인 정치제도와 사회제도를 전 한반도에서 실현시키는 것이다. 그러한 제도의 단일화, 즉 북한이 주도하는 사회를 한반도에서 이룩하는 것이 통일인 것이다. 북한이 주도하는 통일이 될 때 공산주의적 체제와 북한식의 '주체국가'가 가능하게 된다.

그러기 위해서는 무엇보다도 큰 과제로 되는 것이 남한의 혁명 및 공산화인데 남한혁명이 요구되는 이유는 남한에 대한 인식 때문이다. 북한의 대남 인식은 미국이 강제로 점령한 식민지라는 관점에서 출발하고 있다. "남조선은 미제의 완전한 식민지이며 침략적 군사기지이다. 미제는 남조선을 정치, 경제, 군사적으로 완전히 예속시켰다"고 보고 있는 것이다.

따라서 남한의 역대 정권은 허수아비 괴뢰정권이고 지주, 매판자본가의 이익을 대변하는 반인민적 정권이라는 것이다. 이러한 인식을 하고 있기 때문에 북한은 남한을 '식민지로부터 해방'시키고 '파쇼적 반동세력에 대한 혁명'을 통해서 남한에 공산정권을 수립하는 것을 기본전략목표로 하고 있는 것이다.

북한이 기본적으로 통일전략목표를 한반도의 적화에 두고 있다는 것은 다음의 노동당 규약에 분명히 나타나 있다. 즉, 1961년 9월에 채택된 조선로동당 규약 전문을 보면 "조선로동당의 당면 목적은 북반부에서 사회주의의 완전한 승리를 보장하여 전국적 범위에서 반제국주의 혁명, 반봉건적혁명, 민주주의 혁명의 과업을 수행하는 데 있으며 최종목적은 공산주의 사회를 건설하는 데 있다"고 밝히고 있다.[36] 그리고 1980년 10월에 채택된 규약에서도 비슷한 내용을 담고 있다. 즉, "조선로동당의 당면목적은 공화국 북반부에서 사회주의의 완전한 승리를 이룩하여 전국적 범위에서 인민민주주의의 혁명과업을 완수하는 데 있으며 최종목적은 온 사회의 주체사상화와 공산주의 사회를 건설하는 데 있다"고 되어 있다.[37]

위의 노동당 규약은 통일과 관련하여 몇 가지 중요한 뜻을 지닌다고 할 수 있다.

첫째는 북한의 목표가 지난날이나 지금이나 큰 변화를 보이지 않고 공산화통일을 지향하고 있다는 점이다. 다만 1961년의 것에서 볼 수 없는 것으로서 '온 사회의 주체사상화'가 추가되었다. 즉, 적화와 더불어 전 한반도와 주민을 김일성사상의 장소와 주민으로 만들겠다는 것이다. 이것도 결국 북한이 택하고 추구하는 이념과 사상으로 통일하겠다는 의사의 표명이다.

둘째는 통일에 이르는 과정을 크게 두 단계로 나누고 있다. 제1단계는 통일역량의 구축단계이고 제2단계는 통일실현의 단계이다. 공산주의적 통일이 승리할 수 있는 바탕을 마련하고 그 위에서 통일을 하려는 단계적인 전략을 짜고 있는 것이다.

셋째는 북반부의 민주기지가 주도하는 통일을 상정하고 있는 것을 들 수 있다. 북한을 확고하게 공산화시키는, 이른바 민수역량을 확보하여 동

---

36) 통일부, 『북한개요 2000』, 1999, p. 564.
37) 북한연구소, 『북한대사전』, 1999, p. 1141.

일기지로 삼겠다는 것이다. 그 통일기지 확보와 함께 남한의 통일혁명역량을 증대시켜 혁명을 수행함으로써 통일을 하겠다는 것이다. 민주역량과 혁명역량이 만조가 되는 때에 북한 민주기지가 주도하는 통일이 이루어질 수 있다는 생각이 거기에 담겨져 있는 것이다.[38]

넷째는 궁극적 통일목표가 공산주의 사회의 건설임을 뚜렷이 하고 있는 것이다. 민주역량과 혁명역량을 증대시킨 뒤에 북한이 주도하는 공산화통일을 목표로 하고 있는 셈이다.

그러한 기본적 통일전략목표는 변하지 않았으나 내외정세의 변화에 따라 전술적 변화를 보이고 있는 것이 사실이다. 1988년의 서울올림픽대회에서 확인된 남북간의 국력 차이, 1990년 독일통일 이후에 고조된 흡수통일에 대한 불안감, 북한의 최대 지원국이던 소련의 체제붕괴와 대한수교, 그리고 중국의 변화 등에서 북한은 남조선혁명을 통한 공산화통일이라는 궁극적이고 기본적인 전략목표를 추구하는 데 앞서 당면한 자체생존전략, 즉 체제유지에 주력하는 전술적 변화를 보였다. 김일성이 1991년 신년사를 통해서 1민족, 1국가, 2제도, 2정부에 기초해 연방제 방식을 보다 구체적으로 밝히고 UN에도 동시가입을 했다.[39]

이것은 북한을 기지로 남한을 흡수하겠다는 전략목표에서, 우선은 자기존립을 중요시하겠다는 것을 나타낸다. 1996년부터 북한은 심각한 식량난과 경제난을 겪으면서 도저히 남한을 혁명과 흡수의 대상으로 볼 수 없고 오히려 북한 경제회생의 지원자라는 인식을 하기에 이르렀다.[40] 그리하여 통일문제에 있어 공세적 목표(흡수와 혁명)보다는 수세적 목표(자체존립과 경제회복)를 설정하기에 이르렀다고 볼 수 있다.

---

38) 통일부, 앞의 책, p.566.

39) 1993년 4월 김일성의 '민족대단결 10대강령'에서도 연방제를 체제유지의 수단으로 이용하려는 의도를 나타냈다. 즉, "현존하는 두 제도, 두 정부를 그대로 두고…" 연방을 하자는 것이다.

40) 통일부, 앞의 책, p. 566.

　따라서 통일에 대한 기본전략목표는 불변사항으로서의 전 한반도의 적화통일이지만 당면목표는 북한의 경제난 극복과 체제유지를 위한 공존이라고 할 수 있다. 그 때문에 남북정상회담에 적극 나서서 6·15공동선언에 합의한 것으로 보아야 한다.

2) 유일혁명 흡수론

　북한의 절대주의적 흡수사상은 유일론에 바탕을 두고 있는 사상이라고 할 수 있다. 그것은 상대의 존재를 인정하지 않고 자기 존재만을 유일한 것으로 보는 사고에 바탕을 둔다.

　지난날 북한은 남한 정부를 인정할 수 없다는 입장을 계속 취해 왔다. 북한보다도 배수의 인구를 보유하고 있는 한국 정부를 인정할 수 없다는 것은 어느 면으로 보아도 합당한 주장일 수 없다. 부당한 주장이면서도 그것을 강조하니까 유일론과 절대주의는 더욱 강하게 나타나게 마련이다. 거기에는 몇 가지 이유가 제시되어 왔다.

　하나는 남한 정부는 미국의 지원으로 수립되었기 때문이라는 것이다. 이 점에서는 소련과 소수국가의 지원하에 등장한 북한이 유일성을 갖는 것이라는 주장이 오히려 무리이다. 유일성의 다른 이유는 남한 지역이 미군에 의해서 강점된 것이기 때문에 미제국주의의 식민지적 상태에 있는 한국정부는 정통성을 가질 수 없다는 점에서 제시되고 있다.[41]

　북한이 상대에 대한 부정을 전략전개의 바탕에 깔게 된 것은 기본적인 적화전략목표 때문이라고 보는 것이 옳을 듯하다. 적화통일을 전략목표로 하고 있는 북한으로서는 그밖의 통일형태를 인정할 수 없는 입장에 서게 될 것이다. 그렇기 때문에 통일과 관련된 문제에 있어서는 원천적으로 타

---

41) 앞의 책, p. 568.

협이라는 것이 있을 수 없게 된다. "만약 남한의 민족 부르조아지가 우리들의 사회주의 건설을 그만두어야만 통일전선을 할 수 있다고 주장한다면 우리는 그들과 통일전선을 할 수 없다. 우리가 오늘날 남한인민들과 통일전선을 하는 것은 사회주의 혁명을 그만두라고 하는 것이 아니라 조국의 평화적 통일을 달성함으로써 우리가 목적하는 사회주의 건설을 전국적으로 실현할 수 있는 길을 열어놓기 위한 것이다"[42]라고 말한 김일성의 발언에서도 적화통일 목표가 모든 행동의 원천임을 알 수 있다. 그렇기 때문에 북한이 적화목표를 버리지 않는 한에는 흡수전략사상은 크게 변하지 않는 불변수가 될 것이다.

흡수전략사상은 북한식 체제의 남한으로의 확대와 연관되기 때문에 그것이 전략으로 현실화할 때는 공세적이고 적극적인 성격을 갖게 된다. 해방 이후의 역사에 나타난 북한의 많은 대남 행동을 보면 그것은 모두 공세성과 적극성을 지니고 있었던 것이다.

공산주의라는 이데올로기에 바탕을 두는 해방투쟁 전략사상은 이데올로기에 의해서 이룩하려는 것이다. 따라서 거기에서는 투쟁적인 철학이 나오게 된다. 그렇기에 북한은 평양에 정권을 세운 이후에 일관해서 남한의 해방을 위한 투쟁을 전개해 왔던 것이다. 비록 그것이 때로는 직접침략의 방식으로 나타나고, 또 때에 따라서는 남한혁명으로 전개되었지만 결국은 투쟁수단에 바탕을 두는 통일발상법이었던 것이다.

북한이 해방투쟁전략을 대남 전략의 기본사상의 하나로 삼게 되는 데에는 적어도 두 가지의 중요한 요인이 작용하는 듯하다.[43] 하나의 요인은 공산주의가 지니는 본래적인 특성에 있다. 공산주의는 계급적 모순론에 바탕을 두고 있다. 모순되고 대립되는 계급, 이를테면 자본가와 노동계급의

---

42) 『민주통일론』(통일연구소, 1972), p. 174에서 인용.
43) 민병천, "미래지향적 통일관의 통일화", 『정경연구』, 1973년 1월호, p. 30.

존재를 전제로 한다. 후자와 전자간에는 융합할 수 없는 모순과 갈등요인
이 있으며 후자가 전자를 타도하기 위해서는 투쟁을 하게 된다는 것이다.
이 폭력투쟁이 대내적인 각도에서 강조될 때는 계급투쟁과 혁명전략으로
나타나며 대외적으로 강조될 때는 약소민족의 반식민지 투쟁전략과 해방
을 강조하게 된다는 것은 주목할 만하다.

2. 통일정책의 전개과정

1) 무력통일에서 평화통일 노선기 (1948~1962)

북한은 정권수립 직후부터 1971년 남북적십자회담이 있기 전까지 간헐
적으로 통일과 관련한 제안들을 내놓았다. 1948년 9월 9일 인민공화국을
세운 이튿날인 9월 10일 최고인민회의는 미·소 양국 정부에 보내는 요청
서에서 통일문제와 관련하여 두 가지 주요내용을 거론했다.

하나는 최고인민회의가 한반도에서 '유일한 대표기관'이고 그에 따라
북한 정권이 전 민족을 대표하는 유일정권이라는 것이다.[44] 이 유일론이
6·25전쟁을 일으킨 이론적 근거였고 지금도 유일주체 정부론으로 이어
지고 있다. 다른 하나는 통일조건으로 외국군대의 철수를 들고 있는데 미
군철수가 주목표였다.

그러나 북한이 통일정책을 구체적으로 제시 또는 행동화한 것은 1949년
1월 좌익계열의 통합연합체인 '조국통일 민주주의 전선'의 결성 이후이
다. 이 기구가 ①미군과 UN한국위원단 철퇴 ②남북 통일선거를 봉한 동

---

44) 북한은 1948년 8월 25일 총선거에서 남한 유권자 77.1%(612만 명)이 지하선거를 실시하여
대표자를 뽑아 '남조선인민대표자대회'를 8월 21일 열어 남한 몫의 최고회의 의원을 뽑았기
때문에 북한이 전체를 대표한다는 것이다. 김점곤, 『한국전쟁과 노동당 전략』, 1973, p 123.

일을 제안했다. UN의 지지를 받고 있던 한국이 국회 내에 100석을 유보하고 '북한만의 선거'를 주장한 것과는 대조적이다.

6·25 남침 직전인 1950년 6월 19일 '조통민전'은 남북국회의 통합에 의한 '단일입법기관구성'으로 통일하자고 제의했으나 며칠 뒤 전쟁을 일으켰다. 6·25전란의 3년간은 북한의 통일정책은 말할 것도 없이 무력통일이고, 이에 맞선 한국의 통일안은 북진에 의한 '수복론'(收復論)이었다. 무력통일정책에 실패한 북한은 휴전 후에는 '선건설 후통일' 정책에 바탕을 두고 통일방안으로는 '총선거 통일정부수립' 방식을 택했다. 전쟁으로 철저히 파괴되고 군사력이 궤멸된 북한으로서는 선건설이 급선무였기 때문에 제네바회담에서도 총선거를 제안하면서도 평화통일선거에 치중했다.[45]

선건설의 간접적 표현이 김일성의 '민주기지론'이다. 그는 "조국을 평화적으로 통일하기 위하여서는 정치, 경제, 문화의 민주기지를 강화해야 합니다. ……민주기지를 강화하여 남조선인민들은 미제와 이승만 괴뢰도당을 반대하고 우리를 적극 지지할 것입니다"고 말했다.[46] '선건설'의 민주기지론과 더불어 내놓는 평화통일공세는 계속되어 1956년 4월 23일 제3차 당대회에서 평화통일 선언문이 채택되었는데 그 내용은 ①총선에 의한 통일정부수립 ②정전의 평화로의 전환 ③남북접촉과 협상 ④반미투쟁 ⑤평화유지 및 평화통일을 위한 국제 협정체결 등이다.

평화통일공세의 내용으로 1958년 중공군이 철수한 뒤에는 '선미군 철수 후총선 통일'이 강조되었다. 그런데 1960년 남한에서 4·19학생혁명이 일어나고 정세변화가 일어나자 북한은 '총선통일론'을 기본으로 하되,

---

45) 정전협정을 정치적으로 종결하기 위한 제네바회의가 1954년 4월에 열렸는데 그때 북한은 통일관련 5개 방안을 제안했다. 즉 ①총선에 의한 통일정부수립 ②'전 조선위원회'의 구성 ③6개월 이내 외군철수 ④10만 이하로 상호 감군 ⑤ 각국의 평화통일 조건조성 등이 그것이다.

46) 김일성, 『김일성저작집』 8권,(평양 : 조선로동당출판사, 1980), p. 109. 김일성이 1953년 10월 20일 행한 연설.

"남조선이 다 공산주의가 될까 두려워서 아직은 자유로운 남북총선거를 받아들일 수 없다고 하면…… 이러한 대책으로서 남조선에 련방제를 실시할 것을 제의합니다"고 최초로 연방제를 제시했다. 그리고 그 구체적 내용은 다음과 같다.[47]

① 남북의 정치제도를 그대로 두고

② 남북정부의 독자활동을 보전하며

③ 남북대표로 최고민족위원회를 조직하여 주로 통일적으로 경제문화 발전을 조절하고

④ 그것이 어려우면 남북실업인 대표로 경제위를 조직하여 교역과 건설 협조를 하자는 것이다.

이 내용으로 보아 이때 이미 북한은 어느 정도 '민주기지'가 강건해져서 자신감을 가지고 기능주의적 통합방식까지 생각했던 것 같다. 강력한 이승만 정권의 붕괴와 4·19 이후의 혼란기를 이용한 통일전선전술이기도 하다.

2) 남한혁명통일 노선시기 (1962~1971)

북한 지역에 '민주기지'를 어느 단계까지 성공적으로 정비한 북한은 남한에서 반공적 군사정부가 들어서자 기능주의적 통일방식으로서의 연방제를 명분만 유지하고 '공격적 혁명적화통일' 정책으로 질적인 전환을 하는데, 이것이 1960년대의 정책기조가 되었다고 볼 수 있다. 즉, 남한에 대한 '선혁명 후통일'을 정책 기조로 했는데 그것은 말할 것도 없이 남한 내에서 인민혁명을 선행시키는 것이다. 남한에서의 혁명을 '인민에 의한 반제, 반봉건 민주주의 혁명'의 문제로 재인식한 것이다.[48]

---

47) 1960년 8월 14일 해방 15돐 경축대회에서 행한 김일성의 연설.

북한의 혁명역량을 강화하기 위해 취한 가장 두드러진 정책은 이른바 '4대 군사로선'이다.[49] 그리고 남한의 혁명역량 강화를 위해서는 대남선전 선동과 대남공작이 강화되었으며 국제혁명역량의 강화를 위해서는 대외 선전 및 외교망 확대, 그리고 사회주의 국가간의 국제적 연대 강화 등의 노력이 계속되었다. 남한에서 혁명이 성공하고 민주(친공)적 인민정권이 수립되면 그 정권과 합작하여 통일한다는 기본노선이 1960년대에 확립되었다.[50] 그것은 다음과 같은 정강에서 더욱 뚜렷이 알 수 있다. 즉, "남조선을 해방하고 조국을 통일하는 것은 우리의 숭고한 민족적 임무이며 민족지상의 과업이다. 남조선에서 인민의 투쟁이 고조되고 혁명정세가 성숙되고 우리의 지원을 요구할 때 언제나 남조선인민들과 힘을 합하여 조국통일의 위업을 성취할 결정적 투쟁에 동원될 수 있도록 사상적으로 튼튼히 준비되어 있어야 되겠다"고 강조하고 있다.[51]

그리고 1970년에는 전쟁준비완료를 선언하고 "남조선에 참다운 인민정권이 서면 공화국 북반부의 사회주의 역량과 남조선의 애국적 역량의 단합된 힘에 의하여 우리 조국의 통일은 순조롭게 실현될 것"이라고 밝히고 있다.[52]

이상에서 보듯이 북한 정권 수립 후 20여년 동안 북한의 통일정책은 때로는 평화적 방안을 제시했지만 '폭력수단'에 의한 통일로 일관했다고 보

---

48) 3대 혁명역량은 북한자체에 해당되는 민주혁명역량과 남한에 해당하는 남한혁명역량, 그리고 국제혁명역량을 말한다. 이 세 가지 역량이 강화될 때 한반도에서의 '혁명'이 가능하다고 본 것이다.

49) 1962년 12월에 열린 당중앙위에서 채택된 '자위정책'으로서 ①전인민의 무장화 ②전지역의 요새화 ③전군의 간부화 ④장비의 현대화를 말한다.

50) 1965년 4월 인도를 방문하여 행한 연설에서 김일성은 "남조선혁명은 남조선인민들의 혁명역량의 성장과 그들의 결정적인 투쟁에 의해서만 승리할 수 있다"고 역설한 바 있다.

51) 1966년 12월 최고인민회의 제4기 제1차 회의에서 발표된 정강.

52) 1970년 11월에 열린 조선로동당 제5차 대회 보고.

여진다. 즉, 6 · 25 전란기까지는 '무력통일'을 기본정책노선으로 삼았고, 휴전 후 약 10년 동안은 대내적 부흥복귀 때문에 평화통일공세를 기본으로 했으나 '4대 군사로선' 발표 이후에는 남한혁명과 그것을 지원하는 폭력적 통일노선을 지향했다.

3) 대화시대의 혁명합작 통일노선

1970년대에 들어오면서 남북대화시대가 열렸는데 그 배경은 다음과 같다. 첫째, 미 · 중 그리고 일 · 중간의 화해 또는 공존분위기가 일어나 그 파급이 한반도에도 미치게 되었다. 둘째, 동 · 서독이 1969년의 동방정책을 계기로 한 교류증진이 있은 뒤 1972년에는 '기본조약'을 맺고 본격적으로 '공존교류'의 시대로 접어들었다.[53] 셋째, 경제발전에 있어 1960년대까지 북한이 앞섰으나 1970년대 들어서면서 남한이 앞서게 되었다.

이러한 상황에서 북한은 "남조선에 인민의 정권이 서거나 애국적인 새 사람이 남조선정권에 올라앉게 된다면 그와 평화통일문제를 협상할 것"임을 밝혔다.[54] 남한 정권의 변화추구 노선은 종래와 같으나 '혁명을 지원하겠다'는 것에서 '협상을 하겠다'는 것으로 정책이 바뀌었음을 알 수 있다. 북한의 움직임에 맞추어 1971년 8월 12일 대한적십자사 총재(최두선)는 '이산가족 찾기 운동'의 전개를 제의했고 그 결과 적십자회담이 열리는 등 제1차 남북대화시대(1970년대와 1988년 이전)가 열렸다.

1980년 남한정세가 불안했을 때 북한은 '고려민주연방공화국'의 창설을 제의하면서 '연공합작 통일' 노선을 견지했다. 그러기 위해서 남한 당국과 민중을 분리하여 '전두환 정권'의 타도를 꾀했는데 그 대표적 사건이

---

53) 정용길, 『분단국 통일론』(서울 : 고려원, 1990), pp. 161~186 참조.
54) 1970년 4월 12일 북한의 허담 외상이 발표한 7개항 통일 방안 중에서.

미얀마 아웅산테러사건이다.[55]

아웅산사건이 있은 뒤 북한의 태도가 누그러져서 1985년부터 다시 대화에 응하면서 남한 내의 혁명역량 및 북한 동조역량을 증대시켜 연공연방 통일을 추구했다. 적십자회담과 경제회담, 그리고 국회회담 등이 잇따라 개최됐으나 전두환 정부 시기에는 기본적으로 북한이 남한당국을 부정하는 정책에 기초했기 때문에 별다른 성과를 거둘 수 없었다.

4) 탈냉전기의 통일노선

남한에서 노태우 정부가 등장하고 하계올림픽 개최 등의 정세변화가 있었고 한국 정부가 동구공산국가들은 물론 소련과도 수교(1990)한 데 이어 소련방의 붕괴와 함께 중국마저 남한과 수교함에 따라 북한의 통일정책에도 변화가 일어났다. 즉, 소련과 중국의 경화결재 요구 등 사회주의 블럭 경제가 마비된 상황에서 북한 경제난이 심화됨에 따라 이러한 상황변화가 대남정책에도 영향을 미친 것이다. 1990년 유엔에 남한과 동시에 가입한 데 이어, 1991년 12월 '남북기본합의서'에 합의함으로써 '남북공존'의 정책노선으로 바뀐 것이다.

남북경제의 격차가 뚜렷해져서 경제경쟁에서 패배한 북한은 남한에 '문민정부'가 등장함에 따른 민주화의 신장과 구소련 등 공산권의 몰락이 있자 1964년의 '3대 혁명역량 강화'에 의한 남조선혁명 노선이 완전히 불가능한 것으로 되고 말았다. 남한에 의한 흡수통합을 막고 북한 체제를 수호하면서 경제난국을 극복하는 데 중점을 둔 남북연대의 통일노선으로 바뀌게 된 것이다. 1988년 신년사에서 김일성은 "조국통일문제는 누가 누구

---

55) 1983년 10월 9일 북한의 군인테러 공작대가 미얀마 랑군교외 아웅산에서 한국의 국가원수 전두환 대통령 등 고위인사들을 암살 기도한 사건으로 17명의 고위사절이 희생되었다. 북한은 자신들의 소행이 아니라고 했으나 중립국인 미얀마가 북한 군인의 소행임을 밝혔다.

를 먹거나 누구에게 먹히는 문제도 아니다"라고 못박고 있다.[56] 그리고 같은해 9월 8일에는 "공존의 원칙에서 두 제도를 그대로 두고 두 자치정부를 련합하는 방법으로 통일국가를 형성해야 한다"고 강조했다.[57] 이때부터 공존을 바탕으로 한 연방통일론이 더욱 강조된 것이다.

1991년부터 북한은 '낮은 단계의 연방'을 내세워 연방을 통일의 완성형으로 보던 종래의 입장에서 후퇴하여 잠정적, 미완성의 통일로 생각을 바꾸었다. 낮은 단계의 연방에서는 외교권과 군사권이 연방에 있지 않고 지역정부에 있음으로 실제로는 남북공존의 연방이다.[58] 그리고 그것은 1민족, 1국가, 2제도, 2정부의 연방이라고 하지만 실제로는 '두 국가'를 용인하고 있는 것이라고 볼 수 있다. 남한흡수노선에서 단계적 연방론으로 선회하여 자체생존을 중시한 것이라고도 볼 수 있다. 제도통일이 '상대방을 먹는 것'이라고 주장하여 흡수통일을 강하게 거부하고 있는 것도 같은 논리에서 나온 것이다.

따라서 북한이 1990년대에 추구하고 있는 통일정책노선은 종래의 '연공합작 통일에 의한 연방'보다는 실제로 '국가연합'과 유사한 형태를 가지고 체제유지를 보장하는 노선으로 일단 바뀌었다고 볼 수 있다. 그러나 연방제안이 기본적으로 '선남조선혁명 후적화통일'이라는 정책노선에서 나온 것이므로 북한이 남조선혁명노선을 포기한 것으로 분명하게 인식될 때에만 연방제통일방안이 지지를 받게 될 것이다.[59]

---

56) 조선중앙통신사, 『조선중앙년감』(평양: 1989), pp. 1~7.

57) 위의 책, p. 29(정부수립 40돐 기념 경축보고대회 연설).

58) 김일성은 1991년 신년사에서 "연방공화국의 자치정부에 더 많은 권한을 부여하며 점차적으로 완성하는 문제도 협의할 용의가 있다"고 밝혔다.

59) 2000년 6월 15일 남북공동선언 이전까지 북한이 연방제를 주장할 때는 항상 ①남한에 민주정부 등장 ②국가보안법 및 기구 철폐 ③미군철수 ④미국의존 탈피 등과 비슷한 주장을 한 것에서도 북한의 의도가 나타난다.

3. 김정일 정부의 통일정책노선

북한은 김일성 사망 이듬해인 1995년 신년사를 대신한《로동신문》등의 공동사설을 통해 '현세기 내에 통일을 성취하는 것'이 김일성의 유훈임을 강조하면서 "자주, 평화, 민족대단결의 원칙 아래 연방제 방식으로 통일을 이루자"고 언급했다. 이것이 김정일의 통일에 대한 원칙이고 방안이라고 볼 수 있다. 1997년 8월 4일에도 김일성 방침답습과 남북회담 용의를 표명함으로써 당국대화를 받아들일 뜻을 비쳤다.[60] 이때에 북한은 '조국통일 3대 헌장'을 들고 나왔는데 그것들이 통일의 기본지침이라는 것이고, 따라서 북한의 통일정책노선임을 암시한다.[61]

1998년 공동사설에서 북한은 '연북화해통일'을 제기하고 종래에 주장해왔던, 반공법, 국가보안법, 안기부철폐와 휴전선 일대의 콘크리트장벽 제거 등을 계속 주장했다. 그리고 김정일은 1988년 4월 18일 '민족단결 5대 방침'을 발표했는데 그 내용은 다음과 같다.

① 민족의 대단결은 철저히 민족자주의 원칙에 기초

② 애국애족의 기치, 조국통일의 기치 밑에 온 민족이 단결

③ 민족의 대단결을 이룩하자면 북과 남 사이의 관계를 개선

④ 외세의 지배와 간섭을 반대하고 외세와 결탁한 민족반역자들, 반통일세력을 반대하여 투쟁

⑤ 북과 남, 해외의 온 민족이 서로 내왕하고 접촉하며 대화를 발전시키고 연대와 연합을 강화하는 것 등이다.[62]

---

60) 김정일이 발표한 "위대한 수령 김일성 동지의 조국통일 유훈을 철저히 관철하자" 제하의 논문에서 주장.《로동신문》, 1997년 8월 14일.

61) 조국통일 3대 헌장은 '통일 3원칙' (7 · 4성명내용), '민족통일 10대강령', '고려민주연방공화국창립 방안' 등을 말한다.

62) 신현기 외, 『남북한 통일정책비교』, 2000, p. 238.

자주통일을 강조하는 김정일시대의 북한은 1민족, 1국가, 2체제, 2정부의 연방제통일을 기본으로 유지하고 있다. 그러면서 강조하고 있는 것이 연방제로 "어느 일방이 다른 쪽을 먹거나 먹히지 않는 통일"을 하자는 주장이다. 적화통일이라는 궁극목표 아래 현실적으로는 체제안보에 역점을 두면서 수세적·방어적 정책을 취하고 있다는 평가도 일리가 있다.[63]

그럼에도 불구하고 북한은 몇 가지 상황조건을 고려하여 유연성을 보이기 시작했다.[64] 그리하여 김대중 대통령의 정상회담 제의에 호응하고 2000년 6월 '남북공동선언'을 가능케 했다. 물론 공동선언에서 북한이 계속 주장한 '자주통일'과 '연방제'가 포함되었기 때문에 북한의 기본적 통일 정책노선은 그대로 유지되고 있다고 보아야 한다.[65]

4. 북한의 연방제 통일방안

1) 60·70년대의 연방안

북한의 통일방안은 '연방제안'으로 상징화될 정도로 연방안이 1960년 이후 계속 주장되어 왔다. 그러나 그것은 시간적 흐름에 따라 적지 않은 변화를 보였다. 1960년 8월 해방 15주년 기념사에서 김일성이 최초로 제안한 연방제안은 다음과 같다.[66]

---

63) 앞의 책, p. 241.
64) 새로운 상황조건이란 ①북한 경제의 곤란과 식량난 지속 ②미국으로부터의 도움의 어려움과 한계 ③김대중 정부 시기에 얻을 것을 얻을 수 있다는 남쪽의 상황 ④한국과 화해 없는 미·일·유럽 지원의 불가능성 ⑤중·러 지원의 한계성 등이다.
65) 통일부, 『북한개요 2000』, 1999, p. 564.
66) 김일성, "8·15해방 15돐 경축대회에서 한 보고", 1960년 8월 14일.

① 자유로운 남북총선거를 통해 통일을 해야 하나 그것을 받아들일 수
   없을 때 과도대책
② 남북조선의 현재 정치제도를 그대로 두고
③ 남북정부의 독자적 활동을 보장
④ 남북정부 대표로 '최고민족위원회'를 조직하여 주로 경제문화 발전
   을 통일적으로 조절
⑤ 연방제까지 아직 받아들일 수 없으면 '경제위원회'라도 조직하여 교
   역과 경제 건설을 협조, 원조케 하고
⑥ 평양, 서울 판문점에서 이상의 문제들을 남북대표가 협의할 것들을
내용으로 제안했다.

위에서 보듯이 자유총선 통일방안이 가장 합리적인 방안임을 인정하고
그것이 어려우면 연방을 하자는 것이다.

1960년의 연방안이 '최고민족위원회'라는 연합 또는 조절기구적 수준
인 것과는 달리 1970년대에 주장된 연방안은 보다 구체적인 것으로 나타
났는데 그 내용은 다음과 같다.[67]

① 남북의 현 정치제도를 두고
② 남북정부대표로 '최고민족회의'를 조직하여 정치 · 경제 · 군사 · 문
   화 문제를 해결하고
③ 쌍방은 자기의 사회제도를 상대방에 강요치 않으며
④ 연방제가 실시되면 광범한 교류와 내왕이 실현되고
⑤ 남북간 불신이 없어지며 이해와 신뢰가 조성
⑥ 이러한 민족적 단합의 기초 위에 민주적 남북총선거를 통한 통일정
부 수립 등이다.

---

67) 1972년 9월 17일 일본 《마이니찌 신문》과의 회견에서 말한 김일성의 주장. 김일성, 『김일성
   저작집』 27권(평양 : 조선로동당출판사), pp. 415~416.

앞에서 보듯이 70년대 연방제안은 다음과 같은 몇 가지 특색이 있다.

첫째, 연방의 국호를 '고려연방공화국'으로 제시하고 있다. 이것은 1960년의 조절기능의 연합체 기구안과는 크게 다르다. '연방국'을 만들자는 것이다. 둘째, 연방이 잠정적이며 궁극적으로는 '민주선거'에 의한 완전 통일국가를 지향하고 있는 점이다. 연방하에서 자유왕래와 교류협력을 하고 불신을 제거한 바탕에서 선거통일을 하자는 것이다. 셋째, 고려연방공화국 단일국호에 의한 유엔 가입을 주장하고 있는 점이다. 이것은 '고려연방공화국안'이 단순한 연합적 성격을 갖는 것이 아님을 나타낸다. 최고민족회의를 통한 다방면적 합작을 하게 되는 고려연방이 외교권을 단일적으로 갖게 됨을 간접적으로 나타낸 것이다.[68]

2) 1980년 이후의 연방창립 방안

북한은 1980년 10월 10일 제6차 조선로동당 대회에서 기존의 방안을 보다 구체화한 통일의 완성형태로서 '고려민주연방공화국창립방안'을 내놓았다. 거기서는 자주적 평화통일의 선결조건, 10대 시정방침 등이 제시됐는데 선결조건은 다음과 같다.[69]

첫째, 북한이 생각하는 민주화를 남한이 실현하라는 것이다. ①반공법과 국가보안법 등 '악법'을 폐지하고 '폭압통치기구' 폐지 ②'자유로운 정치활동'의 보장 ③'민주인사'들과 '애국인민' 석방 및 형벌무효 ④미군철수 등이 거기에 포함된다.

둘째, 7·4공동성명에서 천명한 숭고한 이념(자주, 평화, 민족대단결의 3대 원칙)에 기초한 통일을 위해 적극 노력하라는 것이다. 그러한 조건하에

---

68) 이성구, "북한의 통일정책과 전망, 민족공동체 통일국민회의 대토론회 발표문", 1999년 4월 19일.

69) 위 논문, pp. 14~15.

서 '고려민주연방공화국'을 건설하도록 하는데 이 연방공화국은 10대 시
정방침에 따라 운영될 것을 주장했다.[70] 이 10대 방침을 연방의 정책지침
으로 제시한 것이다.

그러면 완성된 통일국가로서의 연방제의 구체적 내용을 정리해보기로
한다.

① 국호 : 고려민주연방공화국
② 연방통일정부

- 명칭 : 최고민족련방회의
- 구성 : 남북 동수 대표와 적당수의 해외동포
- 기능 : 정치, 방위, 외교 및 공동문제, 남북단결과 합작 실현
- 지위 : 지역정부를 지도하고 연방의 전반사업 관할하는 '통일정부'
- 상설기구 : 산하에 연방상설위원회를 두어 업무의 실질적 수행

③ 연방형성의 전제적 원칙

- 자주와 민족대단결 원칙
- 사상과 제도를 현 상태대로 존치
- 남북의 동등권리 및 의무이행

④ 연방의 대외 노선

정치 · 군사적 동맹이나 비동맹 중립국가 등이다.

이상에서 볼 때 북한이 최종 통일형태로 제시한 연방제는 몇 가지 특징
과 문제점을 지니고 있다.[71]

---

70) 10대 시정방침은 ①자주성견지와 자주정책실시 ②전지역 전 분야에서 민주주의 실시 및 민
  족의 대단결 도모 ③경제합작교류 및 민족경제자립 ④과학, 문화, 교육 교류협조 및 통일적
  발전 ⑤교통 · 체신연결과 자유이용보장 ⑥전체 인민의 생활안전 및 복지증진 ⑦군사 대치해
  소와 「민족연합군」조직, 외침에서 민족보위 ⑧해외동포의 이익 옹호 ⑨통일전 대외관계처리
  및 지역정부 대외활동조절 ⑩모든 나라와 우호관계발전, 평화애호의 대외정책 실시 등이다.
71) 신현기 외, 앞의 책, p. 227.

첫째, 연방을 최종적인 통일국가형태로 보고 있는 점이다. 그 전에는 연방을 과도대책, 잠정적 단계조치로 생각했는데 1980년의 안은 최종적인 것이라는 것이다. 그런데 '연방'이 최종적인 것이라면 이념과 제도를 그대로 존치시키는 것은 무리이며 특히 외교권과 군사권을 '최고민족련방회의'에서 갖는다는 것은 무리이다. 그래서인지 1991년 신년사와 6·15남북공동선언에서 '낮은 단계의 연방'을 말하여 외교권과 군사권을 지역정부가 갖는 것으로 말하고 있다.[72]

둘째, 연방의 헌법, 최고주권기관(이를테면 국회)이 제시되지 않고 집행기관도 '최고민족련방회의'와 같은 회의체를 제시한 점이 특징이다. 이것은 표현에 있어서는 연방이지만 실제로는 국가연합과 비슷한 것이 되고 만다. 그래서인지 영어표현에서는 연방을 뜻하는 'Federation'이 아니라 국가연합의 뜻을 갖는 'Confederation'으로 표기하고 있다.

셋째, 연방국가가 시행해야 할 시정방침을 제시하고 있는 점이다. 이것은 연방이 되었을 때 '최고민족련방회의' 또는 새로 창설될 어떤 기구에서 다루어 결정할 일이지, 미리 북쪽에서 일방적으로 정할 사안이 아니다. 물론 연방국가가 해야 할 주요사항을 예시할 수는 있겠으나 과제제시에 그쳐야지 해답안(정책)을 구체적으로 제시할 일은 아니다.

넷째, 연방을 하기에 앞선 선결조건을 제시하고 그 내용이 한국에만 일방적으로 해당하는 것이라는 점이다. 국가보안법과 정보기관의 철폐, 실질적인 공산당활동의 합법화 요구, 미군철수들을 선결조건으로 내걸고 있어서 균형성 있는 요구가 아니다. 그런 것들을 주장하려면 북한의 조선로동당 강령과 규약의 개정, 형법의 개정, 강제노역자 등 인권피탄압자 해방도 함께 제시했어야 합리성과 형평성을 가질 수 있을 것이다.

다섯째, 1980년에 제시한 연방안에서는 외교권과 군사권을 실제로 연방

---

72) 『월간 조선』, 2000년 11월호, p. 59 참조.

이 갖도록 구상했으나 현실성이 없어서인지 1991년과 6 · 15남북공동선언
에서는 약간의 변화를 보이고 있는 점이다.[73] 최고민족연방회의가 외교권
과 군사권을 가지고 '민족연합군'을 갖는다는 것은 전혀 불가능하다.

　이제 북한의 '낮은 단계의 연방안'과 김대중 대통령의 '연합안'이 남북
공동선언에서 통일의 주된 방안으로 나온 이상 그것을 어떻게 접합시키고
어떤 방법과 내용을 담아 현실화시킬지가 앞으로의 주된 평화통일 과제로
되었다.

5. 남쪽안과 북쪽안의 비교

1) 연합안과 연방안의 유사점

　남북한이 6 · 15남북공동선언에서 남측의 연합제안과 북측의 '낮은 단
계의 연방제안'이 서로 공통성이 있다고 인정하고 앞으로 이 방향에서 통
일을 지향시켜 나가기로 합의함에 따라 남측의 연합제와 북측의 연방제간
에 어떤 공통점이 있고 차이점이 있는가가 주된 관심사가 되고 있다.

　남북정상회담 이후에 밝혀진 '낮은 단계의 연방제'에 따르면 "두 개 정
부가 정치, 군사, 외교권을 비롯한 현재의 기능과 권한을 그대로 가지게
하는 것"[74]이다. 따라서 '낮은 단계의 연방제안'은 '고려민주연방공화국
창립방안'에서 '지역정부에 더 많은 권한을 부여'하는 것을 내용으로 하는

---

73) 1991년의 김일성 신년사에서는 "지역정부에 더 많은 권한을 부여"하도록 하는 수정제의를
　　했고 2000년 6 · 15 남북공동선언에서는 "낮은 형태의 연방"을 제기했는데 그것은 외교권과
　　군사권을 지역정부가 당분간 갖는 것을 말한다.
74) 2000년 10월 6일 연방제 창립방안 제시 20돐 기념식에서 조평통 서기국장 안경호의 연설.
　　『월간조선』, 2000년 11월호, p. 59.

1980년 안과 비교하게 된다.

그리고 남측의 연합안의 경우도 김대중 정부 등장 이래 한 번도 그것이 공식적으로 당국에서 거론하거나 정부안으로 확정된 바가 없어서 재야시절의 김대중의 '3단계 통일방안' 중 90년대에 주장된 내용 및 김영삼 정부 시기의 '민족공동체통일방안'의 일환으로 제기됐던 내용을 근거로 비교하기로 한다.[75]

먼저 양측의 방안 중에서 공통점으로 들 수 있는 것들로 다음과 같은 것을 생각할 수 있다.

첫째, 양측의 안이 모두 느슨한 통일이 현실적으로 불가피하다는 전제 위에서 문제에 접근하고 있는 점이다.

남쪽에서는 본래부터 '연합'이라는 중간적 단계를 거쳐 서로가 이해하고 교류 협력하면서 공존하는 가운데 공동체구성의 기틀을 만들자는 구상이었다. 그래서 연합이 통합현상이기는 하나 아주 느슨한 통합이고 완전통일, 즉 단일정부창설을 위한 준비단계에서 일어나는 현상으로 보았다.

이에 대해 1980년대에 제시된 북한의 연방안은 완성형 통일국가 형태였기 때문에 중간단계의 성격을 갖는 것이 아니었다. 그런데 '낮은 단계'라는 단서가 붙으면서부터는 북한의 연방안도 완성이 아니고 미완성형이라고 볼 수밖에 없다. 그것은 '높은 단계,' 즉 완성형으로 가기 전에 이루어지는 전 단계의 통일 형태가 된다.[76]

그런 점에서 남과 북은 완성형의 완전통일이 현실적으로 불가능하기 때

---

75) 1990년대에 김대중의 주장 중 가장 잘 정리된 것으로 1991년 4월에 발표된 "공화국 연합세 통일의 제창"이란 논설이 있다. 김심용, "김대중 대통령 통일 정책사", 양영식 외, 『남과 북 하나가 되는 길』(서울 : 1999), p. 253. 6 · 15선언 후 「남측의 연합제」가 무엇이냐에 대해 당국자들은 김영삼 정부 때의 것을 계승한 것이라고 말한다.

76) 1991년 김일성 신년사에서도 연방제 통일을 점차적으로 완성할 데 대한 방안을 내놓았다는 것이다. 2000년 10월 6일 연방창립 방안 제시 20돐 기념식에서 행한 조평통 서기국장 안경호 연설.

문에 느슨하고 미완성의 통일형태를 잠정적·과도적 형태로 생각했다고 볼 수 있다.

둘째, 남측의 연합안은 말할 것도 없고 북한의 낮은 단계의 연방안에서도 대내외적으로 '주권성을 갖는 정치실체'의 존재를 인정하고 있는 점이다.[77]

남북쌍방은 모두 헌법체계의 한계 때문에 상대방을 국가 또는 정부로 형식상은 인정하지 않는다. 때로는 서로 '대한민국' 또는 '조선민주주의 인민공화국'이라는 국호를 사용하지만 형식 논리로는 상대방을 국가로 보지 않는 것이다. 그럼에도 불구하고 남측의 연합은 '국가연합'을 뜻하는 것으로서 남한과 북한 두 나라의 연합인 것이다. 그리고 두 나라는 모두 대내외적으로 주권을 갖는다.

북한이 말하는 낮은 단계의 연방안에서도 남한과 북한이 외교권, 군사권 및 상당한 내치권을 가지는 것을 인정하고 있다. 다만 연방이 극히 일부의 권한, 특히 조정이 필요하거나 민족적 일체성을 나타낼 필요가 있을 경우에 그 주권이 제약될 수 있을 뿐이다. 따라서 연방안에서도 남과 북이 주권국가라는 정치실체를 인정하는 것이 된다. 이렇게 연합안이든 연방안 이든 모두가 사실상(de facto)의 두 주권국을 전제로 하고 있다고 본다.

셋째, 남과 북의 연합 및 연방안에서는 유엔에 단일의석으로 가입하는 것을 생각하고 있다는 점이다. 남쪽의 연합안 중 김대중의 3단계 평화통일 방안에서 유엔에 단일의석가입이 거론되었다. 즉, "지금까지 남북쌍방이 같이 가입하게 되었던 유엔에는 새로 형성된 연합의 이름으로 단독가입하게 된다"는 것이다.[78] 그리고 북한의 연방안은 본래 완성된 통일국가 형태였기 때문에 유엔에 단일적으로 가입하게 된다. 낮은 단계의 연방에서 이에 대한 구체적 언급이 없고 외교, 군사권 및 내치권을 지역정부에

---

77) 제성호, "남측의 연합제와 북측의 낮은 단계의 연방제 비교", 동국대학교 북한학연구소 주최 세미나 발표 논문(2000년 11월 21일), p. 13.

78) 김삼웅, 앞의 글, p. 254.

더 부여한다고만 했다. 그럼에도 불구하고 "민족공동의 이익에 맞게 통일적으로 조정해나가는 것"을 강조했다는 점에서 유엔가입에서는 단일의석 가입을 지향한다고 볼 수 있다.

넷째, 북한이 우리말로는 '련방'이라고 표현하면서도 외국어로는 연방을 뜻하는 'Federation'이 아니라 연합을 뜻하는 단어를 사용하고 있다. 즉, 고려민주연방공화국을 'Democratic Confederal Republic of Koryo'로 표시했다. 북한이 'Federation'과 'Confederation'이 다르다는 것을 모르지 않을 것이라고 본다면 남과 북의 연합과 연방은 비슷한 점을 가질 수도 있을 것이다.

다섯째, 남측의 연합안이나 북측의 연방안이나 모두가 경제, 사회, 문화 등 제방면의 교류협력과 동질성회복을 추진하는 것을 중요시하고 있는 점이다. 남측의 연합안은 본질적으로 남북의 주권적 존재를 전제로 하는 것이기 때문에 교류협력과 동질성회복에 주안을 두게 된다. 공동의 이익이 되는 점을 찾기 위한 연합체의 조정이 중요시되는 것이다. 그리고 북측의 연방안도 "모든 분야에서 북과 남 사이의 차이를 줄이고 나라와 민족의 통일적 발전을 위해 노력하는 것"을 지향하고 있다.[79] "민족의 이익에 맞게 통일적으로 조정해나간다"는 것은 결국 이질화의 극복과 공존공영 및 협력을 전제로 하는 것이라고 볼 수 있다.

2) 연합안과 연방안의 차이점

앞에서는 남측의 연합안과 북측의 연방안이 갖는 유사점을 생각해보았거니와 이제 두 안의 차이점을 찾아보기로 한다.

---

79) 2000년 10월 6일 열린 연방창립 방안 제시 20돐 기념식에서 행한 조평통 위원회 서기국장 안경호의 연설문. 『월간조선』, 2000년 11월호.

첫째, 남쪽에서 생각하는 연합은 완성된 통일에 이르는 하나의 단계 또는 과정적 상태인 데 대해서 북한의 연방안은 '상당수준'의 통일된 형태를 생각하고 있는 점이다. 본래 1980년 북한이 내놓은 연방안은 통일의 최종적 모습, 즉 통일완성형의 국가형태였다. 그것이 1991년 김일성의 신년사와 6·15남북공동선언에서 '낮은 단계'의 연방으로 바뀌어 완성형 통일상태는 아니다. 그러나 고려민주연방공화국이라는 명칭이 바뀌지 않은 점으로 보아 '권한배분'을 제외하고는 거의 완성형 통일국가형을 생각하고 있는 것이라고 볼 수 있다. 이와 달리 남쪽의 연합은 기본적으로 완전통일에 이르는 과정에 있을 수 있는 '협력통합기구'와 같은 개념을 갖는다. 통일의 극히 초보적 형태 또는 부분적·불완전 통일상태인 것이다.

둘째, 남쪽의 연합안은 두 개의 주권국가의 존재를 실질적으로 인정하고 전제하면서 잠정적이고 특수한 기능적 결합체를 구상한다.[80] 이에 대해서 북쪽의 연방안은 '하나의 국가'를 전제로 '중앙연방정부' 밑의 지역(남과 북)의 자치정부를 생각한다.

남쪽의 연합안에서는 남과 북의 현존 정치체는 모든 내외적 주권과 권한을 가지며 다만 '연합체'로 얽어져서 서로 협력할 뿐이다. 그러나 북쪽의 연방안에서 보면 중앙에 하나의 연방정부가 존재하고 남북에 지역(자치)정부가 그 밑에 있기 때문에 '하나의 국가와 두 개의 지역정부'라는 구도인 것이다. 즉, 남쪽안은 실질적인 2개 국가, 2개 정부, 2개 체제를 말한다. 그리고 북쪽안은 1개 국가, 1개 중앙 연방정부, 2개 지역(자치)정부, 2개 체제를 말하는 것이다. 물론 낮은 단계의 연방을 구체적으로 만들어갈 때 성격이 크게 변질될 수는 있다.

셋째, 앞의 것들과도 관련되지만 연합의 기능과 연방의 기능이 다를 것이

---

80) 한국은 헌법체계상 북한을 법적으로 또는 형식상 국가 또는 정부로 인정하지 않으나 정치적, 실제적으로 북쪽에 '정치실체'가 존재함을 묵시적으로 인정하고 있다. 따라서 남북관계는 국가간의 관계라 말하지 않고 '특수한 관계'라고 말한다.

라는 점이다. 남쪽이 생각하는 연합기구는 분단체제 내에서 공존을 통한 '평화를 관리'하고 통합과정을 효율적으로 관리해나가는 기능을 하는 장치이다. 즉, 통일지향적 특수관계를 발전시켜나가는 기능체라고 말할 수 있겠다.[81] 이와 달리 북쪽이 생각하는 연방은 하나의 통일중앙정부가 갖는 기능을 수행하고 다만 지역정부에 위양한 권한만 행사하지 못할 뿐이라고 본다.

넷째, 연합 또는 연방을 수립하는 절차가 적잖게 다르다는 점이다. 북한은 다음의 세 단계 절차를 밟아 연방을 이루겠다는 것이다.[82]

- 제1단계 : '민족통일 정치협상회의' 개최. 이 기구는 남북한 당국, 정당 및 단체대표를 중심으로 결성된다.[83]
- 제2단계 : 위의 정치협상회의에서 연방제 통일방안을 협의하고 결정한다.
- 제3단계 : 위의 결정에 따라 '고려민주연방공화국'을 선포한다.

이렇게 북한의 연방수립 방식은 군중집회적 대회의에서 협의, 결정하는 것을 특징으로 한다. 이에 대해서 남쪽의 연합국가 건설 절차는 ①남북 당국이 동수의 대표를 뽑아 대표단을 만들고 ②그 대표들이 정부와 의회의 형태 또는 다른 적절한 '연합기구'를 구성토록 한다는 것이다.[84] 역시 남쪽은 북쪽과 달리 당국주도형의 절차를 선호하고 있음을 알 수 있다.

다섯째, 연합과 연방의 기본성격이 다르기 때문이기는 하지만 쌍방이 생각하는 '최고기관'과 기타 기관에도 차이가 있다. 남쪽에서는 최고결정

---

81) 박건영, "6·15남북공동선언 제2항 : 의미와 실천방안", 동국대학교 북한학연구소 주최 세미나 발표논문(2000년 11월 21일), p. 3.

82) 1991년 김일성의 신년사, 《로동신문》, 1991년 1월 1일.

83) 다수로 이루어지는 동 기구결성 제안은 북한이 계속 통일문제와 관련한 결정을 '군중집회적 회담' 방식으로 하려는 생각을 나타낸 것이며 다른 각도에서 보면 '통일전선전략'이 깔려 있다고 볼 수 있다.

84) 남쪽의 연합안은 노태우 정부, 김영삼 정부, 그리고 김대중 개인의 안이 약간씩 다르다. 여기서는 김대중이 1991년 4월에 발표한 논설에 나온 것을 제시한 것이다. 김삼웅, 앞의 글, p. 254.

기구로 '남북정상회의'를 설정하고 있는 데 대해서 북쪽에서는 '최고민족련방회의', 그리고 거기에 두는 상설기구로서의 '련방상설위원회'를 갖도록 구상하고 있다.

그리고 남쪽에서는 집행(행정)기구로서 '남북각료회의'를 두고 남북총리가 공동의장을 맡고 각각 10명 내외의 각료급 정부대표로 구성하며 산하에 정치, 외교, 경제, 사회, 문화, 군사, 인도 등 5개 상임위원회를 두어 위원회가 연방국가의 통일정부로서, 정치, 방위, 대외관계 등 제문제를 토의·결정하며 추진하고 남북간의 단결과 합작을 실현하자고 제안하고 공동의장은 윤번제로 할 것을 제의했다.[85] 남측은 또 쌍방을 대표하는 100명 내외의 '남북평의회'를 동수로 구성하여 통일헌법을 기초하고 채택하도록 하는 안을 내놓았다. 이와 달리 북한은 연방을 거의 완성통일로 보기 때문에 이러한 형태의 기구를 내놓지 않고 있다.[86]

여섯째, 남쪽에서는 연합을 과도기적 체제로 보기 때문에 완전통일을 위한 준비절차를 연합의 주요기능의 하나로 생각하고 있다.[87] 이에 대해서 연방을 최종적 통일형태로 보고 있는 북한은 낮은 단계의 연방의 경우도 완전통일을 준비하는 연방의 기능을 제시하지 않고 있다. 남쪽의 연합제에서 내놓은 연합의 통일준비 기능과 절차는 다음과 같다. 즉 ① 남북평의회(대의기구)에서 통일헌법기초 → ② 민주적 방법과 절차에 따라 확정, 공포 → ③ 통일헌법에 따라 민주적 총선거 → ④ 통일국회와 통일정부구성 등의 절차를 밟게 되어 있다. 그리고 통일국회를 양원제로 구성하되 상원은 지역(예컨대 남과 북)대표로 하고 하원은 국민대표(인구기준)로 한다

---

85) 제성호, "남측의 연합제와 북측의 낮은 단계의 연방제 비교", 동국대학교 북한학연구소 주최 세미나 발표문(2000년 11월 21일), p. 10.

86) 김영삼 정부 때의 '민족공동체 통일안'에서 제시되고 김대중 안에는 명시되지 않았다.

87) 이에 대해서 김대중 정부가 구체적으로 제안한 것은 찾아보기 힘들다. 따라서 김영삼·노태우 정부 때의 것을 참고하고 김대중 대통령이 집권하기 이전의 제안들을 참조할 수밖에 없다.

는 것이다.[88] 이와 달리 북한의 연방안에는 연방이 수행해야 할 기능 중 완전통일을 준비하는 대목은 없다. 연방을 완성된 통일로 보기 때문이다. 그래서 연방의 10대 시정방침을 제시하여 통일국가가 실천해야 할 정책방향을 내놓고 그에 따라 연방이 가능토록 하고 있다.

일곱째, 최종적 통일로 남쪽에서는 1민족, 1국가, 1체제, 1정부의 단일적 민주공화국을 수립하는 것으로 보고 있다. 이에 대해서 북한의 연방안은 1민족, 1국가(연방국), 2제도, 2지역정부를 최종적인 통일국가형태로 보고 있다. 제도통일은 훗날의 일로 미루고 있어서 하나의 국가 속에 두 제도가 남북으로 갈리는 것을 인정하는 양제론(兩制論)에 따르고 있다.[89]

여덟째, 앞의 것과도 관련되는 것이지만 남쪽의 연합안에서는 연합구성 후에도 남북한이 각각 주권체로서 대한민국(Republic of Korea)과 '조선민주주의인민공화국'이라는 별개의 국호를 사용하도록 하고 있다. 이에 대해서 북한의 연방안에서는 단일국호로서의 '고려민주연방공화국(Democratic Confederal Repulic of Koryo)'라는 단일국호를 제시하고 있다. 아울러 연방 아래 UN에도 단일적으로 가입할 것을 제안하고 있다. '낮은 단계의 연방'이 외교권과 군사권을 지역정부에 주는 것이라고 2000년 6월 이후에 시사했음에도 불구하고 1991년 신년사에서 UN 단일화가입이 제안되고 있는 것이다.

3) 남북방안 조정시 제기되는 문제

6 · 15남북공동선언 제2항은 "남과 북은 나라의 통일을 위한 남측의 연합제안과 북측의 낮은 단계의 연방제안이 서로 공통점이 있다고 인정하고

---

88) 제성호, 앞의 글. p. 10.
89) 중국은 통일에 대해 두 제도가 본토와 대만에 각기 다르게 존재하면서 단일국가가 될 수 있다고 주장하고 있다. 홍콩통합도 이와 유사하다.

앞으로 이 방향에서 통일을 지향시켜 나가기로 하였다"고 밝히고 있다. 이 방향에서 통일을 지향해 간다는 말은 남북한의 접점을 찾아 통일을 구체화시키겠다는 것인데, 이미 지적했듯이 공통점이 있는 동시에 차이점도 많은 것을 현실화하기는 쉽지 않을 것으로 생각된다. 물론 조절하여 접점을 찾아 통일을 하겠다는 민족적 의지를 강하게 모으면 안 될 일도 아니다. 그렇다고 해도 조절하여 현실화되려면 여러 가지 해결해야 할 과제들이 있겠는데 그에 대해 생각해보기로 한다.[90]

첫째, 남과 북이 제시한 방안의 내용 자체가 명확하지 않기 때문에 구체적으로 공통점을 찾아 하나의 방안을 만들기 힘들 것이므로 각각의 안을 뚜렷이 해야 할 과제를 안고 있다. 남측안은 일반이론에서 말하는 독립국가간의 연합이 아니고 특수한 관계에 있는 남북의 결합을 연합이라고 보고 있다. 국내법적 문제 때문에 특수관계를 말하지만 역사상 그런 사례가 없어서 모형을 찾을 수 없다. 일반론에서 말하는 'Confederation'이 아니라면 'Commonwealth' 또는 러시아연합(CIS) 아니면 EC와 같은 것인지가 분명치 않다. 북측안도 종래에 주장했던 것은 분명한 내용이지만 외교권과 군사권을 남북의 정부가 각각 갖는 '낮은 단계의 연방'을 제시했기 때문에 구체적 성격과 내용을 파악하기 어렵다. 영문표기로 Confederation을 그대로 유지하면서 외교와 군사권을 갖지 않는 연방이라면 연합에 가깝기도 하다. 구소련의 독립국가연합(CIS)과 비슷한 것인 듯싶다. 그러나 그것이 분명치 않다. 이렇게 남북의 방안이 분명치 않기 때문에 접합시키는 데 어려움이 있을 것이다.

둘째, 양측 안의 기본성격과 형태를 제시하지 않음으로써 중앙정부, 즉 연합(연방)의 최고기구의 지위와 성격도 명확하지 않은 것이다. 남측 안에 따르면 최고기구로 남북정상회의, 고위기구로 남북각료회의, 남북평의회

---

90) 남궁영, "연합제와 낮은 단계의 연방제", 『통일경제』 2000년 9월호, pp. 90~92.

등을 제시하고 공동사무처가 회의의 업무를 지원하는 것으로 되어 있다. 이것만 보면 중앙정부가 있는 것이 아니고 조절·협력을 논의하는 협의체만이 존재한다고 볼 수 있다. 그리고 북측 안에서는 민족통일정부를 두고 그 밑에 지역정부가 남북에 있는 것으로 되어 있다. 그러나 낮은 단계의 연방을 할 때 민족통일정부가 갖는 권한과 역할이 무엇일까 하는 것이 문제이다.[91] 따라서 중앙정부의 구성, 권한, 의사결정방법 등이 명확히 되어야 한다. 이념과 체제를 달리하는 두 정부가 존재하기 때문에 더욱 그러하다. 이를 위해서 독립국가 연합(러시아)과 미국건국 초기의 국가연합을 참조할 수도 있고 예멘의 예를 참고할 수도 있다.[92]

셋째, 남북이 각각 가지고 있는 헌법체계는 각각 한반도 안에서 '유일적 존재'(국토조항 등)이기 때문에 그것과 연방(연합)기구와의 관계설정을 어떻게 할 것인가가 문제이다. 대한민국헌법은 "대한민국은 한반도와 그 부속도서"를 영토로 하고 있다. 즉, 국내법적으로는 휴전선 이북지역과 거기에 거주하는 주민을 모두 관할하는 '유일 정통정부'가 대한민국인 것이다. 북한도 역시 조선민주주의인민공화국만이 한반도의 '유일 정통성'을 갖는다는 것을 뚜렷이 하고 있다. 쌍방이 모두 '유일 정통성' 논리 위에 존재하는 국가인 셈이다. 그러므로 쌍방은 각각 상대지역에 존재하는 정치실체를 형식상으로는 인정하지 않으면서도 실질적 존재로 인정하고 있다고 볼 수 있다. 그리하여 쌍방은 모두 국내법적으로는 또 정신적으로는 한반도에 하나의 국가존재만을 생각하면서도 국제법적으로는 두 개의 국가가 존재한다는 모순되는 이원구조 속에 있다.[93] 따라서 실제로 존재하

---

91) 앞의 논문, p. 91.
92) 예멘의 경우 5인의 대통령위원회(인구비례로 북쪽 3, 남쪽 2)를 두고 각료를 안배했다. 미국의 경우 연합협약에서는 13개 연합정부 중 9개 정부찬성으로 의사결정을 했다. 그리고 CIS는 느슨한 연방과 같다.
93) 남궁영, 앞의 논문, p. 91.

는 '사실상의 국가'인 상대방을 한데 묶어 어떻게 통일을 다루는 헌법체계 속에 수용시킬 것인가 하는 것이 해결해야 할 문제이다.

넷째, 남북의 정부가 각각 외교권과 군사권을 갖게 되기 때문에 최후의 수단으로서의 무력을 배경으로 하는 연합(연방)정부 내의 충돌이 내전으로 발전할 위험이 있다. 예멘의 경우 정치적으로는 어느 정도 연립적인 통합정부를 구성했음에도 불구하고 군대통합이 이루어지지 않았기 때문에 정치적으로 불리해진 남예멘이 이탈하기 시작했고 결국 내전으로 발전하여 무력통일이 되고 말았다.[94] 따라서 조정기능만 갖는 느슨한 연합체가 아닌 한에는 군대통합 없는 연합과 연방은 내전의 전 단계가 될 수 있기 때문에 이를 막는 제반 조치가 필요하다.

다섯째, 이념과 제도를 그대로 두고 '잠정적'으로 중간단계 통일로서의 연합(연방)을 하자는 것이므로 목표점이 다를 수 있고 그것을 어떤 형태로 현실화할지가 문제이다.[95] 이미 북한은 6·15선언을 했음에도 불구하고 '낮은 단계의 연방제안'이 잠정적인 것이고 결국 종래에 주장했던 연방제 통일을 지향하고 있음을 밝히고 있다. 체제와 제도가 부분적으로 다를 수는 있겠으나 이념까지 다른 연합(연방)은 현실적으로 오래 지탱될 수 없을 것이다. 홍콩의 경우 부분적으로 체제가 다르지만 많은 부분에서 하나의 중국 속에 존재하고 있어 큰 문제가 없다.

그러나 남북한이 생각하는 바의 연합(연방)은 '매우 정교한 장치구조'를 갖지 않으면 곧 와해되어 원상복구되거나 어느 한쪽의 방향으로 되거나 (흡수) 무력 내전이 될 수 있기 때문에 이 세계에 존재해보지 않았던 모형을 만드는 어려움이 생긴다.

---

94) 통일교육원, 『통일문제 이해』, p. 261.

95) 남측은 6·15선언 제2항이 실현가능성이 적다고 생각했어도 교류협력 등의 항목과 공존의 틀을 만들기 위해 그것에 동의했을 수 있고, 북한은 북쪽의 '고려민주연방공화국' 안을 관철하는 중간 단계가 된다고 생각하여 그 안에 동의했을 듯하다.

5장

북한의 경제

제**1**절

북한 경제의 특징

1. 경제체제의 형성과 특징 : 1차 5개년계획의 성공과 실패

북한은 1950년대 급속한 경제성장을 이루었다. 사실 당초 계획기간을 2년 반 앞당긴 북한의 1차 5개년계획(1957~61, 59년 완수)은 '놀라운 성과'로 주목의 대상이 되었다. 그런데 1960년대에 추진된 1차 7개년계획(1961~7년, 3년 연장 1970년에 완수)은 계획을 3년간이나 연기한 1970년에 완수될 수 있었다. 이러한 급속한 성장과 급격한 침체라는 상반된 현상을 어떻게 설명할 것인가? 물론 대외적 관계의 악화나, 군사부담의 증가라는 변수를 무시할 수 없다. 하지만 대외적 조건보다 체계 내적인 모순형성과정에 더욱 주목할 필요가 있다.[1] 그러면 1차 5개년계획이 실시된 시기의 구조적 모순은 무엇인가? 간단히 요약하면 다음과 같다. 즉, 수직적 차원에서 상부계획기관은 정확한 정보를 파악하지 못하기 때문에 계획할 수 없고, 하부단위들은 계획달성을 위해 정보를 왜곡하는 현상들이 발생했다. 하부에서의 정보왜곡이란 개별공장들의 자재, 노동력 비축(hoarding), 계획지표의 이기적 왜곡[2]으로 더욱 심화되었다. 또한 수평적 차원에서 생

---

1) 이와 관련, 코르나이(J. Kornai)는 '사회주의 경제'에서 '성장의 동학(dynamics)'이 어떻게 '침체의 동학'으로 작용하는지를 밝혀주고 있다. 계획경제 자체의 모순들을 설명하고 있는 그의 논의는 북한 경제위기의 원인을 밝히는 데 중요한 시사를 준다. jános Kornai, *The Socialist System : The Political Economy of Communism*(Princeton : Princeton Univ. Press, 1992)

산의 파동과 개별공장들의 '합리적 선택'(비축이나 계획지표 왜곡)에 의해
전체경제가 병목현상에 이르게 된 것이다.

1) 속도의 추구와 계획의 모순

집단적 혁신운동과 속도의 가속화는 이와 같은 계획의 모순을 더욱 심
화시켰다. 공급악화와 이에 따른 돌격식 생산관행의 악순환도 계속 존재
했고 오히려 심화되었다. 집단적 혁신운동 과정에서 강조된 '혁신'과 '기
적'은 선택된 소수의 공장에는 계획의 초과달성을 의미하는 것이지만, 전
체 경제적으로는 병목(bottleneck)의 심화를 의미했다. 제한된 자재와 원
료가 일정시기에 집중 사용된다는 것은 다른 시기의 가동중단의 원인으로
작용했다. 또한 생산의 속도가 공장별, 혹은 공장내 생산공정별로 차이난
다는 것은 어느 한 부분에서의 병목을 가져와 전체 경제의 병목으로 이어
지는 것이다.

여기에 생산의 초과달성이 대중운동으로 강조되면서 중간 및 하급간부
들의 이기주의적('본위주의적') 경쟁이 촉발되었는데, 이는 계획의 왜곡으
로 나타났다. 품종별 지표의 달성이 아니라, 금액상 지표의 초과달성을 위
해 만들기 쉽고 금액이 많이 나가는 품종에 생산을 집중했다는 뜻이다. 특
히 1차 5개년계획에 접어들면서 외부적 자원제약 상황은 계획경제내부의
왜곡들을 더욱 심화시켰다. 특히 집단적 혁신운동과 더불어 '혁신'과 '기
적'이 '사회적 규범'으로 강조되는 과정은 생산목표에 대한 양적 결과를
중시함으로써 생산물의 전반적인 질적 저하를 가져왔다.

---

2) 중앙계획기관이 모든 세부항목까지 지표별 계획을 세울 수 없기 때문에, 주요품목은 현물지표
(몇 톤, 몇 미터, 몇 개 등)를 할당하지만 이를 제외하고는 금액지표를 할당할 수밖에 없다. 이
에 하부 공장은 금액지표 중, 만들기 쉽고 생산공정이 단순하며 금액이 많이 나가는 지표들을
우선 선택한다. 왜냐하면 계획달성이 우선목표이기 때문이다.

　대표적으로는 1959년 5월 당중앙위원회 상무위원회 확대회의에서 발기한 '공작기계 새끼치기운동'을 통해 살펴볼 수 있다.[3] 여기서 김일성은 각 공장 · 기업소에 있는 공작기계가 의무적으로 한 대 이상의 공작기계를 새끼치게 함으로써 1년 내에 공작기계의 보유대수를 배 이상으로 증대시킬 것을 결정했다.[4] 이러한 방침은 바로 자원제약 상황 때문이었다. 공장의 확장속도에 비해 기계가 부족했지만, 이 기계를 외부에서 구입할 자금이 부족했기 때문이다. 따라서 국가의 경제적 지원이 불가능한 상황에서 하부의 자체조달이 강조될 수밖에 없었다. 이 운동의 목적 역시 "기본적으로 국가에서 노력과 자재를 추가적으로 받지 않고 '파고철 수집운동'을 전개하여 부과된 계획과제 외에 수많은 공작기계를 생산"하도록 하는 것이다.

　이 운동의 결과는 양적 성장의 모순, 그 자체였다. 사실 이 운동이 추진된 결과 엄청난 숫자의 공작기계가 생산된 것은 사실이다. 최고인민회의 2기 8차회의(1960. 11. 19~11. 24)에서 이종옥은 이후 1년 동안 "1만 3천여 대의 공작기계를 생산하는 일대 기적을 발휘하였는데" 이것은 "인민경제의 순전한 예비를 동원하여 적어도 5~6년이 걸려야 할 일을 단 한해 동안에 성취한 것"[5]이라고 한다. 또한 1959년 1년 동안 생산된 공작기계 대수는 1958년 공작기계 생산실적의 13배에 해당하는 것이었다. 놀라운 성과가 아닐 수 없다.

---

3) 공작기계 새끼치기 운동의 원형은 주을 아마 공장으로 목적은 내부예비와 유휴자재를 적극 활용하기 위한 것이었다. 「대중정치용어사전」(평양 ; 조선로동당출판사, 1964) 28쪽.

4) 《로동신문》 1959년 5월 8일자, "조선로동당 중앙위원회 상무위원회에서", 《로동신문》 1959년 5월 12일자, "사설 · 공작기계의 새끼치기 운동을 진 고중적으로 전개하자", 나아가 '공작기계 새끼치기 운동'은 '공장 새끼치기 운동'으로 발전하기도 했다. 예를 들어 함경남도 각 공장 기업소 노동자들이 동원되어 '함경남도 수산관리국 종합기계공장'이 신설되기도 했다. 《로동신문》 1959년 7월 4일자, "기계가 기계를 새끼치고 공장이 공장을 낳는다." 참조.

5) 리종옥, "조선민주주의 인민공화국 인민경제 발전 제1차 5개년(1957~1961)계획 실행총화에 대하여" 『북한 최고인민회의 자료집 Ⅱ』, 800쪽.

하지만 문제는 이렇게 생산한 기계들의 질이다. 특히 선반이나 절삭기 등 공작기계는 부속품과 관련된 것으로 엄격한 규격을 요구한다. 규격이나 질이 맞지 않으면, 심각한 파급효과를 가져오기 때문이다. '파고철' 등의 원료로 수공업적 방식으로 제작된 공작기계들이 정밀도에서 떨어짐은 당연한 결과였다. 이렇듯 불량반제품의 생산은 그 자체로 문제가 끝나는 것이 아니고 다른 생산물의 생산수단으로 투입되어 불량품을 확대 재생산시킨다는 데 문제의 심각성이 있다. 이는 고장을 예측할 수 없게 만들고 잦은 가동중단을 낳는 원인을 제공했다. 특히 기계공업 부문에서 이러한 불량품의 재생산이 갖고온 심각한 파급효과는 양적 성장의 효과를 반감시키는 요인이 아닐 수 없다. 당시 만들어진 공작기계들이 이후 기계공업부문에서 불량품 생산의 원인으로 작용했다는 뜻이다.

이 과정에서 파생된 문제들은 1차 5개년계획의 놀라운 성과에도 불구하고 북한으로 하여금 곧바로 다음 단계의 계획에 착수하지 못하고 '완충기'의 기간을 갖도록 했다. 완충기는 1959년 12월 전원회의에서 "지난 시기 계획수행과정에서 일부 경제 부문들에 조성된 긴장성을 풀며 약한 고리를 추켜세우고 인민생활을 더욱 향상시키기 위하여"[6] 설정되었다. 이에 따라 제시되고 있는 완충기의 과업을 보면 농촌 경리의 기계화, 소비품 생산발전과 주택건설 등의 인민생활 향상, 공업 부문에서 새로운 건설을 적게 하고 노동생산 능률과 설비이용률 제고, 외화원천 동원과 외화소비 절약 등이다.

완충기로 규정된 1960년의 공업 성장률은 7.4%로 추정[7]된다. 결국 1차 5개년계획은 높은 성장률과 조기완수에도 불구하고 다른 한편으로 양적

---

6) 송봉욱, "조선민주주의 인민공화국 1958년 국가예산 집행에 대한 결산과 1960년 국가예산안에 관한 보고", 『북한 최고인민회의 자료집 II』 556쪽.
7) 이 수치는 김일성의 4차 당대회 보고문 중 1957년에서 1960년 사이의 공업생산 연평균 증가 속도가 36.6%라는 사실에서 역산했다.

성장과정의 모순을 심화시켰다. 이른바 외연적 성장[8]의 모순이다.

코르나이(Kornai)의 설명을 빌리자면, '현실사회주의'에서 외연적 성장(extensive growth)과 내포적 성장(intensive growth)방식은 추상적 분석틀로, 실제로는 동시에 나타난다. 여기서 외연적 성장방식이란 요소(투입)의 증가를 통해 산출을 증가하는 방식으로 요소의 생산성 증대에 의한 내포적 방법과 대칭되는 개념이다. 구체적으로 외연적 방법에 해당되는 것은 '현실사회주의' 초기국면에서 나타나는 높은 투자비율과 급속한 고용성장, 작업시간의 확장과 잦은 교대(예를 들어, 2교대에서 3교대), 그리고 자원의 확대개발 등이다. 이에 비해 내포적 방법에는 노동의 강도[9], 기술진보, 노동력 구성의 질적 발전(숙련노동자의 비율 증가), 그리고 생산조직의 향상 등을 들 수 있다. 코르나이는 사회주의 국가들의 강행적 성장국면에서 외연적 방법이 우세하고 내포적 성장방식이 보완적이라고 설명하고 있다.

이와 같은 개념을 사용한다면, 북한에서 외연적 성장의 위기는 대외원조의 감소로 인한 투자의 한계에서 비롯되었다. 여기에 소규모 국가들이 공통적으로 안고 있는 자원제약의 한계는 '확장 능력'을 극도로 제한했다.[10]

---

8) '현존사회주의'가 외연적 성장으로부터 내포적 성장으로 전환되는 과정에서 직면한 본질적 한계들에 대해서는 D. Senghass, 한상진/유팔무 옮김, 『유럽의 교훈과 제 3세계』(서울:나남, 1990) 5장 참조. 그리고 북한 경제의 외연적 성격에 대한 비판적 분석으로는 박형중, "북한의 사회주의 공업화", 김기태 외 『한국경제의 구조』(서울 ; 한울, 1993) pp. 500~4쪽 참조.

9) 코르나이(Kornai)는 '혁명적 이행기 체제'에서 나타나는 자기 희생적이고 자발적인 노동(스티히노프 운동이나 사회주의 경쟁운동 등)을 지적하고 있다. 그러나 그가 보기에 초기의 열정주의는 무관심과 대가에 대한 기대로 변화하고, 정치·사상적 인센티브의 효과는 점차 감소된다(Kornai, 1992, 183).

10) 위니키(Jan Winiecki)는 소비에트형 경제의 전망을 분석하면서, 이들 국가에서의 전통적인 외연적 확장방식은 그에 필요한 투입물을 갖고 있지 않다면 불가능하다고 지적하고 있다. Jan Winiecki. "Soviet-type Economics : Considerations for the Future", *Soviet Studies*, 1986, Oct., pp. 544~6. 이와 같은 '확장 능력'은 북한과 중국의 산업화시기 정책전환의 차이를 설명하는 중요변수가 아닐 수 없다.

이에 따라 외연적 성장방식 중 작업시간과 교대율의 증가, 내포적 방법 중 노동강도의 증가를 통해 이러한 외연적 성장의 위기를 극복하고자 했다. 하지만 이와 같은 방식은 앞서 설명했지만 생산과정에서 계획의 왜곡현상과 결합되면서 양적 성장의 성과들을 내용적으로 부정하는 결과를 가져왔다.

2. 90년대 경제위기와 경제정책의 현황

북한은 1993년 12월, 당 6기 21차 전원회의에서 3차 7개년계획(1987~93)의 실패를 인정한 바 있다. 이후 북한은 계획실패를 보완하기 위해 3년간의 완충기를 설정하고, 농업, 경공업, 무역의 3대 제일주의를 발표했다. 전통적인 중공업 우선 축적전략의 한계를 보완하겠다는 것이다. 이러한 3대 제일주의는 향후 김정일체제에서도 주요 경제전략으로 지속될 것으로 보인다.

북한의 3대 제일주의는 기존의 전통적 경제정책과 비교해볼 때, 변화가 아닐 수 없다. 특히 경공업과 무역의 강조는 중공업 위주의 자립적 민족경제노선에서 경공업 중심의 수출지향형 경제구조로의 변화를 의미한다. 이러한 변화는 가속화할 것으로 보인다. 현재의 경제침체 상황을 자체적으로 해결할 수 없는 상황에서 외부지향적 경제구조로 변화시킬 수밖에 없기 때문이다.

하지만 문제는 정책의 내용이다. 기조는 변화되었지만 개별적인 정책 변화의 깊이는 소극적이다. 먼저 농업 분야부터 살펴보면, 심각한 상황에서 벗어나지 못하고 있다. 95~96년 2년간의 수해로 97년 북한은 최악의 식량위기를 겪었지만 향후 전망은 더욱 비관적이다. 북한의 농업 위기는 자연재해 때문이기도 하지만 공업 위기의 결과라는 점을 주목해야 한다. 공장 가동률 하락으로 농기계와 농자재가 부족하고, 농업 기반 시설의 낙후로 자연재해에 취약해졌다. 북한은 그동안 기존의 전통적인 중공업 우선 정책에 따라 농업 기반 시설에 대해 투자를 거의 하지 않았다. 따라서 전반적인 공장 가동률을 회복하지 않는 한, 북한의 농업 위기는 장기화될 가능성이 높다.

북한은 96년부터 농업 정책의 변화를 보여주고 있다. 바로 '분조계약제'[11]다. 이 조치는 초과분에 대한 상거래를 허용했다는 점에서 중요한 정책 변화로 볼 수 있다. 그러나 처분의 범위가 적어 인센티브 효과를 거두기가 어렵다. 특히 현재 전반적인 농업관련 산업의 침체로 소극적인 인센티브 정책이 생산성 향상에 도움을 주기 어렵다. 결국 농업 위기는 외부도움이 없는 한 해결되기 어렵다.

북한의 경공업 정책 역시 효과를 보지 못하고 있다. 물론 80년대 후반 이후 북한은 부족한 인민소비품 생산을 활성화하기 위해 경공업을 강조해 왔다. 그 배경에는 첫째, 중공업 우선 정책에 따른 산업 부문간의 불균형을 해소하고 둘째, 소비품의 극심한 부족 현상을 극복하며 셋째, 외환 부족을 해소하기 위해 경공업을 수출 산업으로 육성하고자 함이다.

이에 따라 북한의 경공업 정책은 내수용 부문과 수출용 부문의 차별적 활성화 정책이 취해졌다. 내부적으로는 1984년부터 시작된 8·3인민소비품 생산운동을 시작으로 '정춘실 운동', '맹산군 따라배우기 운동' 등 다양한 대중운동이 시작되었다. '8·3 인민소비품 운동은 유휴자재나 폐품을 활용하여 인민소비품을 생산하자는 운동이다. 정춘실 운동은 상업일군들의 헌신성을 촉구하는 운동이고, 맹산군 따라배우기 운동 역시 중앙의 지원 없이 지방 자체의 노력에 의해 인민소비품의 생산을 촉구하는 운동이다.

---

11) 분조계약제는 1996년부터 협동농장의 최소단위인 분조에 일정한 수확기준을 넘는 수확량의 처분권을 허용한 조치다. 기준량은 최근 3년간의 평균 수확고와 그 이전 10년간의 평균 수확고를 합한 평균치로 정했다.

중앙의 공급능력이 제한된 상태에서, 하부단위의 자발성을 촉구하는 대중운동인 것이다. 결국 투자의 우선순위를 중공업에서 경공업으로 전환한 것은 아니다. 따라서 '8·3 운동'은 전반적인 자원부족 상태에서 유휴자재를 구할 수 없고, 정춘실 운동 역시 국영 상점망이 마비된 상태에서 상업일군들의 헌신성은 한계가 있을 수밖에 없었다.

북한 경제위기는 사회주의권 시장의 붕괴라는 국면적 특징도 있지만 보다 중요한 것은 계획 실패 때문이다. 사실 북한 경제의 위기는 내부적인 계획 실패와 외부적인 자원제약이 결합되면서 심화되었다. 에너지나 원자재의 수입급감이 공장가동률을 하락시켰다. 계획적인 자재공급체제에서, 공급의 불안정성은 생산의 파동을 가져왔고, 생산의 파동은 전체 산업의 분업을 혼란시키고 계획을 불가능하게 했다. 외부적인 자원제약이 계획의 모순을 보다 심화시킨 것이다.

국내적으로 생산의 위기는 곧 공급의 위기로 이어졌다. 물론 공급의 위기가 다시 생산의 위기를 악화시키는 악순환이 지속되었다. 김책제철소나 승리화학과 같은 북한의 주요 기간산업들이 가동을 멈추거나 부분 가동을 하고 있다고 한다. 소비재 산업 역시 수출품 생산공장을 제외하고는 가동률이 급격히 떨어졌다. 통일원을 비롯한 관련기관들은 대체로 북한의 공장 가동률을 30% 이하로 보고 있다. 공장 가동률이 30% 이하에 머문다면, 그것을 더이상 계획경제라고 부를 수 없다.

따라서 북한이 경제위기를 극복하기 위해서는 경제정책 방향을 계획의 약화와 시장 메커니즘의 확대로 설정해야 한다. 우리가 '개혁'이라고 부르고 있는 부분이다.

북한 경제의 실상

1. 식량위기의 정치경제적 파급 효과

북한의 극심한 식량난은 내부적으로 상당한 변화를 가져왔다. 가장 중요한 변화는 북한 체제를 지금까지 유지해온 식량배급제의 마비다. 현재 식량배급은 배급간격이 지켜지지 않고 있고, 배급량 역시 급격히 감소하고 있다. 일부 지방에서는 배급 자체가 중단되기도 했다. 또한 분배체계의 불균등성으로 지역간·계층간 차이가 심각해지고 있다. 국제사회의 지원으로 공급량이 증가한다고 하더라도 일반 주민이나, 산간 지역 주민들은 향후에도 기아상태에서 벗어나지 못할 것으로 보인다.

또한 자체적인 식량부족으로 배급을 제대로 해주지 못하는 상황에서 외부지원이 있을 때 이를 간헐적으로 배급해준다면 그것은 정상적인 배급제로 볼 수 없다. 배급간격의 불규칙성을 고려할 때, 배급제 자체가 와해되고 있다고 보아야 무방할 정도다. 배급제 위기는 정치경제적으로 다양한 파급효과를 갖는다. 요약하면 다음의 네 가지를 들 수 있다.

첫째, 식량의 사적 생산과 거래가 증가하고 있다. 원래 북한에서 사적 영역의 식량생산 형태는 합법적으로 텃밭, 부업밭 등이 허용되었다. 텃밭은 매호당 30평씩 국가에서 공식적으로 허용한 것이고, 부업밭은 작업반, 혹은 직장 등에 척박한 땅을 주어, 활용하게 하는 것이다. 공식 취지는 이 땅을 활용하여 채소나 과일 등 부식물을 자체적으로 조달하라는 것이다.

하지만 1980년대 후반 이후 식량난이 심화되면서 대부분의 주민들은 이곳에 강냉이 등을 심고 있다. 여기에 불법적인 사적 경작형태인 뙈기밭 혹은 '소토지'라고 부르는 영역들이 급격히 확대되고 있다. 이에 따라 농장(협동농장이나 국영농장)일보다 자신의 개인경작에 더 신경을 쓰는 현상이 확산되고 있다.

또한 식량의 사적 거래 역시 확산되고 있다. 국가 배급이 중단되면서 주민들은 식량을 암시장에서 구입해야 하기 때문이다. 거래형태는 도시주민과 농촌주민 간의 물물거래형태에서부터 암시장에서의 시장거래형태까지 다양하다. 그러면 현재 북한에서 불법적으로 유통되고 있는 식량은 어디에서 공급되고 있는가? 대부분 공식적인 유통 경로에서 유출된 것이다. 수매나 배급 과정에서 불법적으로 유출되고 있으며, 최근 들어서는 군대, 외국 지원 식량의 불법적 유출도 확산되고 있는 추세다. 배급제도의 위기로 촉발된 식량의 불법적 유통이 배급제 자체의 기능을 와해시키는 악순환이 지속되고 있는 것이다.

둘째, 배급제의 위기는 이중가격 체계를 형성하고 북한의 화폐가치를 급락시키고 있다. 배급체계와 국영 상업망의 기능이 약화되면서, 암시장이 확산되었고, 그 결과 이중가격 체계가 형성되었다. 이에 따라 노동자들의 임금 역시 그 의미를 상실했다. 소비품을 시장에서 사야 되지만, 국정 가격과 시장 가격의 격차가 너무 크다. 과거 입쌀의 배급가격이 1kg에 8전이었지만 현재 암시장에서는 100원 이상 거래되고 있다. 식량생산지에서 멀리 떨어진 국경 무역도시들에서는 식량가격이 폭등하고 있다. 공급보다 수요가 많기 때문에 가격이 올라가는 시장법칙이 관철되고 있는 것이다. 잡곡 역시 배급가격으로 1kg에 6전이지만 이 또한 50원 이상 폭등하고 있다. 식량사정이 나아지고 국가 배급이 확대될 때까지 암시장 가격은 상당히 고가로 유지될 수밖에 없다.

이러한 국정 가격과 암시장 가격의 격차를 고려할 때, 공식 임금 자체가 무의미해졌다. 직장과 직급에 따라 다르지만 일반 주민들의 공식 월급은 한달 80원에서 120원 정도다. 1달 월급으로 겨우 쌀 1kg을 살 수 있는 정도다. 이렇게 되면 월 공식 임금은 무의미하고, 대부분의 주민들은 의식주를 해결하기 위해 개인적인 시장거래에 참여하려 한다.

셋째, 배급제의 위기로 노동력 통제 역시 급격히 혼란스러워지고 있다. 지금까지 배급제는 공장에서 노동자들로 하여금 이직을 막는 수단으로 활용되었지만 공장 가동률이 떨어지고 배급 중단이 잦아지면서 '제한된 이직' 현상이 확산되고 있다. 과거에 공장에 나가지 않으면, 배급이 중단된다. 동시에 무단 결근자는 사법처리 대상이다. 하지만 최근 들어 공장 가동률도 낮지만 배급 또한 중단됨으로써 출근할 필요가 없게 된 것이다. 결국 통제가 완화되면서 식량을 구하기 위한 사회적 이동이 증가했으며 암시장의 상품 이동도 활성화되었다.

넷째, 배급제의 위기는 이데올로기의 정당성을 약화시키고 있다. 배급제의 위기는 정치적으로 가부장적 국가 이데올로기의 위기를 가져왔다. 지금까지 '어버이 수령', '어머니 당'과 같은 가부장적 담론들은 북한에서 사회통합의 이데올로기로 강조되어왔다. 이러한 이데올로기의 의도는 지도자가 인민에 베푸는 은혜를 부각해 주민들의 충성심을 유도하기 위한 것이다. 지도자가 인민에 은혜를 베푸는 대가로 인민은 지도자에 충성을 해야 한다는 논리다.

하지만 시장 거래가 확산된다는 것은, 지도자와 인민 사이에 맺어진 수지적 관계의 정당성이 약화됨을 의미한다. 당연히 그동안 북한 체제의 주요 이데올로기였던 가부장적 국가관은 약화될 수밖에 없다. 동시에 시장 관계가 확산되면서 가치관의 변화 양상도 나타나고 있다. 과거의 정치노덕적 가치관들이 물질주의적 가치관으로 변화하고 있는 것이다. 이러한 가치관의 변화는 향후 북한이 보여줄 정책 선택에서 상당히 중요한 변수로 작용할 것이다. 주민들은 이미 시장관계로의 변화를 일상적으로 경험하고 있기 때문이다.

2. 개혁 압력으로서의 암시장

많은 사람들은 북한의 경제위기가 체제위기에 어떤 영향을 미칠지 주목했지만 이제는 위기가 가져온 변화들을 주목해야 한다. 그러면 최근의 경제위기는 어떤 변화를 가져왔을까? 가장 중요한 것은 계획의 위기가 심화되면서, '2차 경제'[12]가 활성화되고 있다는 점이다.

먼저 식량 배급체계가 약화되면서 식량의 사적 거래가 증가했으며, 상품 공급체계가 마비되면서 암시장이 확산되었다. 김일성 사후의 시기는 그 이전 시기에 비해 암시장의 규모나 거래품목이 보다 확대되었다. 식량난이 심각해지면서 배급제의 기능이 더욱 약화되었다. 상품 공급제 역시 마찬가지다. 1990년대 들어 국영상점이나 협동상점은 상품부족으로 '개점휴업' 상태다. 이에 따라 주민들의 대부분은 식량과 생활 필수품을 암시장에서 살 수밖에 없다. 암시장 확산은 북한의 통제 경제체제를 약화시키고 있다. 무엇보다 중요한 변화는 국정 가격과 암시장 가격의 이중가격 체계가 형성되면서, 공식 임금이 무의미해졌다는 점이다. 현재 북한 경제의 구조적 침체를 고려할 때, 계획능력을 회복하는 것은 불가능하다. 따라서 2차 경제가 주도하는 이중경제체제(二重經濟體制)가 상당기간 지속될 수밖에 없다.

그러면 2차 경제는 북한 체제의 변화에서 어떤 변수로 작용할까? 이에

---

12) 2차 경제(Second Economy)의 개념에 대해서는 국내외적으로 상이하게 사용하고 있지만, 여기서는 사회주의 체제에서 합법적 사적 경제행위(텃밭 등)(합법시장, white market)와 불법적 사적 경제행위(암시장, black market) 그리고 계획영역 내 불법행위(반합법 시장, grey market)를 포괄하는 개념으로 사용한다. 다양한 학자들의 개념 정의에 대해서는 김연철, 『북한의 배급제 위기와 시장개혁 전망』(삼성경제연구소, 1997) pp. 25~27참조.

대해서는 크게 세 가지 입장이 있다. 첫째, 북한 붕괴의 조짐으로 보는 입장, 둘째는 시장 지향적 개혁의 전조(前兆)로 보는 입장, 셋째는 북한의 생존 전략으로 보는 입장이다.

먼저 붕괴의 조짐으로 보는 입장은 암시장이 사회주의 경제체제의 효율성을 침식하고 부패를 조장하며, 결과적으로 체제의 정당성을 약화시키는 측면에 주목한다.[13] 하지만 이 입장은 암시장이 소비재 부족을 완화하여 체제 불만을 약화시키고 체제를 유지시키는 측면이 있음을 간과하고 있다. 따라서 극단적인 부족의 상태를 암시장이 어느 정도 완화시키고 있음을 주목할 필요가 있다.

둘째로 암시장에 대한 묵인을 경제적 위기 상황에 직면한 북한의 생존 전략으로 해석하는 입장이 있다.[14] 하지만 현재 북한 당국이 보여주는 정책은 과도기적인 것으로 장기간 지속될 수 없다. 소련과 동유럽에서 2차 경제현상이 계획경제의 보완적 의미를 가지면서 오랫동안 병행·존재했지만, 북한은 다르다. 체제전환 이전, 소련과 동유럽의 이중경제체제가 점진적으로 발전해왔다면, 북한의 2차 경제현상은 급격히 확산되었다.

동유럽에서 장기적이고 점진적인 이중경제체제의 지속은 계획경제의 결함을 보완해주었기 때문에 근본적인 경제개혁을 지체시키기도 했다. 하지만 북한의 2차 경제현상은 배급제라는 극단적인 현물배급체제가 마비된 결과다. 이중경제체제에서 1차 경제의 기능이 거의 마비된 반면, 2차 경제가 대부분의 생산 및 유통 기능을 담당하고 있는 것이다.

북한 경제에서 의도하지 않은 이행(transition)은 이미 시작되었다. 그것

---

13) 이러한 입장은 서재진 등에 의해 대표적으로 주장된 바 있다. 서재진, 『또 하나의 북한 사회 : 사회구조와 사회의식의 이중성 연구』(나남출판사, 1995) 참조.
14) 북한의 현재 상태를 그럭저럭 버티기(muddling through)로 표현하고 있는 놀란드(M. Noland) 등이 대표적이다. Marcus Noland, "The North Korean Economy"(Institute for International Economics, Working Paper Series 1995. No. 5)

이 중국식의 점진주의적 개혁이 될지, 동유럽식의 급진주의적 혁명이 될지는 다음의 두 가지 변수에 의해 결정될 것이다. 하나는 북한 지도부의 개혁 결정 시점이고, 다른 하나는 주변국의 대북전략이다. 북한 지도부는 아직 수동주의적 입장에서 개혁 결정을 미루고 있다. 하지만 개입의 시기가 늦어질수록 정책의 강도는 높아질 수밖에 없다. 공식 경제와 비공식 경제의 격차가 커질수록 점진주의적 정책 개입은 효과를 발휘하기 어렵다.

3. 김정일시대의 경제정책 : 1998년 개정헌법

김정일시대는 출범했지만, 경제정책은 없다. 최고인민회의가 98년부터 정상화되었지만, 완충기[15]의 종결도, 새로운 경제계획도 발표되지 않고 있다. 다만 북한은 1998년 헌법을 개정하여 향후 변화의 방향을 시사했다. 개정헌법의 경제관련 조항 변화를 살펴보면, 다음과 같이 요약할 수 있다. 첫째는 소유권의 확대 및 개인소유의 범위 확장, 둘째, 경영활동의 채산성 및 경제적 측면 강조, 셋째, 대외 무역 주체 및 영역 확장이다.

먼저 소유관련 조항의 변화를 보자. 기존의 소유주체에 사회단체(법인체)를 추가한 것은 영리목적으로 경제활동을 하는 무역회사 및 상사들이 포함되어 있음을 시사하고 있다. 농기계의 소유 주체를 사회 · 협동단체로 확대하고 근로자 · 사무원들의 개인 경작 가능성을 열어놓았음도 주목할 필요가 있다. 이러한 조치들은 농촌에서의 개인 경작 확대, 사회단체의 경제활동 장려 등 향후 사적 경제활동의 합법화와 관련한 중요한 정책 시사

---

15) 북한은 '93년 12월 초에 열린 당 6기 21차 전원회의에서 3차 7개년계획의 실패를 인정하고 2~3년간의 완충기(94년 김일성 신년사부터는 3년)를 설정한 바 있다. 완충기 과제로는 농업제일주의, 경공업제일주의, 무역제일주의를 제시했다. 《로동신문》 1993년 12월 9일, "제 3차 7개년 수행정행에 대한 조선로동당 중앙위원회 전원회의 보도" 참조.

를 주고 있다.

둘째, 독립채산제를 비롯한 경제적 공간의 활용은 새롭게 등장한 개념은 아니다. 독립채산제[16]는 이미 해방 직후 소련식 개념으로 북한에 도입된 바 있으며, 1980년대부터 재강조되었고, 84년 12월 당 6기 10차 회의에서 '국영기업의 독립채산제에 관한 법령'의 개정안에서 구체화한 바 있다. 당시 규정의 핵심은 가치법칙의 형태적 이용(원가, 가격)과 물질적 관심성(기업의 각종 기금 유보비율 등)의 강조였다.

하지만 물적 생산지표의 달성을 강요하는 계획체계를 유지하는 한, 생산비나 이윤과 같은 지표들은 효과가 없다. 또한 상품의 가치를 반영하지 못하는 계획가격 체계가 지속되고, 기업의 손실에도 불구하고 보조금 지급으로 운영되는 연성예산제약[17] 상황에서 독립채산제는 무의미하다. 따라서 가격 개혁을 통해 시장 가격이 형성되고, 기업의 이윤과 손실에 따라 존폐가 결정되는 전반적인 경제개혁 정도에 따라 기업관리의 경제적 공간은 의미를 가질 수 있다. 다만 헌법에 이 조항을 삽입한 것은 향후 독립채산제의 실제적 확대 조치와 기업 관리체계의 변화를 시사하고 있다는 정도로 해석할 수 있다.

---

16) 독립채산제란 용어는 소련의 호즈라쇼트(khozraschet)라는 용어에서 비롯된 것으로 직역하면 경제계산(economic accounting)을 의미한다. 이 용어를 중국에서는 '經濟核(計)算制'로 북한에서는 獨立採算制로 번역했다. 북한에서의 독립채산제에 대한 자세한 설명은 최신림, 「북한의 산업관리체제와 기업관리제도」(산업연구원, 1998. 3) pp. 134~145 참조.

17) 코르나이(J. Kornai) 등은 예산 제약을 연성(Soft)과 경성(Hard)으로 구분하고 있는데, 계획경제의 특징은 '연성예산제약(Soft-Budget-Constraint)현상'을 통해 설명될 수 있나. 사회주의에서 기업의 지출이 수입보나 초파할 경우라도, 그 기업은 파신되지 않고 국가의 보조금을 통해서 계속해서 생존한다. 다시 말해서 기업의 생존과 확장이 자재와 노동력, 재정적 보조금의 확보에 달려 있다. 이에 비해 자본주의 기업은 지출이 예산을 초과할 때, 파산한다는 의미에서 경성예산제약이다. 이에 따라 자본주의 기업의 존폐는 기술혁신에 의한 원가와 비용의 절감, 이를 통한 생산성 향상에 달려 있다. János Kornai, *The Socialist System : The Political Economy of Communism*(Princeton : Princeton Univ. Press, 1992).

셋째, 무역 활동의 범위 확대 및 경제특구 관련 조항 신설은 대부분 현재 시행하고 있는 현실(지방 단위의 무역 확대, 나진-선봉 개방, 각종 외자 유치 법령 등)을 반영하고 있으며 추가 개방을 시사하고 있다.

이렇게 볼 때, 개정헌법의 경제 관련 조항은 사회주의 계획경제 및 자립적 민족경제의 이데올로기를 유지하면서 제한적 정책 변화의 여지를 열어 놓았다고 볼 수 있다. 물론 전반적으로 헌법 조항만으로 정책 변화를 예상하기는 어려운 정도며, 향후 실제적인 정책을 통해 확인해야 할 것이다.

제**3**절

북한 경제개혁 전망

1. 북한 경제는 회복되고 있는가?

한국은행은 1999년 북한 경제가 국제사회의 지원으로 6.2% 증가했다고 추정했다. 90년 이후 지속적인 마이너스 성장과 비교해보면 상당한 발전이라고 볼 수 있다. 산업별로 보면 건설업(24.3%), 광공업(9.9%), 농림어업(9.2%) 등이 큰 폭으로 증가했음을 알 수 있다.

〈표 1〉 북한의 경제성장률 추이 (단위 : %)

90	91	92	93	94	95	96	97	98	99
−3.7	−3.5	−6.0	−4.2	−2.1	−4.1	−3.6	−6.3	−1.1	6.2
(9.0)	(9.2)	(5.4)	(5.5)	(8.3)	(8.9)	(6.8)	(5.0)	(−6.7)	(10.7)

*( )내는 남한의 경제성장률
*자료 : 한국은행, 1999년 북한 GDP 추정 결과(2000. 6. 20.)

그러면 99년 북한의 경제회복을 어떻게 평가할 것인가? 다음과 같은 두 가지 점에서 위기의 국면이 끝나지 않았다고 볼 수 있다. 첫째, 아직까지 위기 이전의 수준을 회복하지 못하고 있다. 99년 북한의 실실 GDP가 6.2% 성장했다고 하더라도, 이는 89년의 75% 수준에 그치고 있다. 원자재 및 에너지난, 설비노후화 등으로 가동률이 여전히 낮은 상태라고 볼 수 있다.

둘째, 현재의 회복추세는 내부개혁 때문이 아니라 외부지원 때문이다.

북한 경제운영에서 국제사회의 원조성 지원이 상당 비중을 차지하고 있다. 국제사회의 대북지원 규모는 1995년에서 97년 사이 연평균 2억 4천만 달러에서 99년 3억 6천만 달러로 50% 이상 증가했다. 최근 들어 북한이 대외관계 활성화에 적극적으로 나올 수밖에 없으며, 앞으로도 생존과 발전을 위해서 대외관계 개선을 지속할 수밖에 없는 이유다.

특히 식량수급에서의 대외 의존도가 매우 높다. 북한에서 식량문제는 경제문제 이상의 의미를 갖고 있다. 수령제라는 북한의 정치사회체제를 지탱하는 물적 토대 중의 하나가 배급제이기 때문이다.[18] 2000년 들어 북한의 식량수급 사정이 호전되고 있지만, 위기 구조는 지속되고 있다.

첫째, 생산 회복세가 여전히 답보상태다. 1999년 생산량이 쌀은 14% 증가했지만, 옥수수는 30% 감소해 전체 식량 생산능력의 회복이 지연되고 있다. 2000년 들어서서도 2월부터 6월까지의 낮은 강우량과 용수부족, 이에 따른 모내기 지연, 99년 11월부터 3월까지의 한파 등이 작황감소의 원인이 되고 있다.[19]

둘째, 비료부족 현상도 지속되고 있다. 1999년 비료사용량은 19만 9천 톤으로 1998년의 2배에 달하지만, 총사용량의 58%가 남한 및 국제사회 지원에 의존하고 있다.

셋째, 외부수급분 중 상업적 거래가 줄어들고 정치적 원조가 늘어나고 있다는 점이다. 현재 북한은 외부로부터 조달하는 식량 가운데 80% 이상을 무상지원에 의존하고 있다. 외부 곡물도입분 중 국제사회의 무상지원이 차지하는 비중이 '95년 33%에서 '98년 이후 80%를 넘어서고 있다.[20]

---

18) 배급제의 정치경제적 의미와 향후 전망에 대해서는 김연철, "북한의 배급제 위기와 시장개혁 전망"(삼성경제연구소 연구보고서, 1997) 참조.

19) FAO/WFP, Special Report : Crop and Food Supply Assessment Mission to the DPRK(24 July 2000) 참조.

20) 통일부, '북한의 식량사정과 대외의존도 평가'(1999.7)

〈표 2〉 1999년 11월~2000년 10월의 식량수급표   (단위 : 만톤)

총가용량	곡물생산	293
	감자생산(곡물 환산)	49
	재고분	0
	소계	342
총소비수요	식량용	381.4
	사료용	30
	기타(종자 및 수확후 손실)	63.7
	소계	475.1
수입요구량	상업적 수입분	21
	지원식량	56.6
	부족분	53.5
	소계	133.1

2) FAO/WFP, Special Report : Crop and Food Supply Assessment Mission to the DPRK(24 July 2000) 참조.

대외관계가 악화되거나, 정치적 무상원조가 줄어들 경우 북한은 다시금 식량위기를 겪을 가능성을 전혀 배제할 수 없는 상황이다.

2. 북한 경제정책 방향

북한은 경제위기 국면을 경제활성화 국면으로 전환시켜야 한다. 대외적으로는 생산 정상화에 필요한 투입물(식량, 자본, 원자재)을 최대한 확보하고, 대내적으로는 경제위기 이후 약화된 경제운영 능력을 정상화하는 것이 급선무다.

대내경제정책에서의 변화는 점진적으로 나타날 것으로 예상되고 있다.

북한은 현재 계획능력 향상을 위해 선행 부문의 정상화에 주력하고 있다. 전력, 석탄, 금속 등 기간산업의 가동률을 증대시켜 산업간 분업체계를 활성화하기 위한 기반조성에 주력하고 있다.

산업정책에서는 과학기술 분야를 강조하고 있는 것이 특징이다. 북한 경제의 활성화를 위해서는 노동이나 자본과 같은 생산요소의 추가적인 투입이 필요하나, 대내외 여건상 이것이 어려워 과학기술의 발전을 통해 생산성을 증가시키겠다는 전략이다. 1999년 4월 최고인민회의 10기 2차 회의에서 과거와 달리 과학사업비를 인민경제비에서 분리한 것도 북한의 과학기술에 대한 관심도를 반영하고 있다. 또한 1999년을 과학의 해로 설정했으며, 전자공업성을 신설(1999. 11)함으로써 그동안 금속기계공업성에서 담당했던 전자 및 정보과학 업무를 분리하여 집중적으로 육성할 것임을 시사했다.

대내적으로는 경제운영에서의 '실리', '경제적 타산' 등의 용어를 사용하면서 제도개선을 정당화하고 있다. 개정헌법(1998. 9)에 독립채산제를 명문화하고 원가, 가격, 수익성 개념을 강조한 바 있으며 2000년 공동사설에서도 '모든 부문에서 실리보장'을 역설한 바 있다.

구체적으로 연합기업소 재편이 주목되고 있다. 98년 9월 최고인민회의 10기 1차 전원회의 이후 개편작업에 착수해, 연합기업소, 종합기업소, 연합총국 등 종합적 생산조직 40여 개가 일반 공장, 기업소 및 관리국 체제로 개편되었다. 일종의 종합 생산조직인 연합기업소 제도는 산하 공장·기업소간의 협동적 생산을 강조한 결과 개별 생산단위의 채산성이 무시되고 내부거래를 통해 자재수급이 이루어지는 등 생산물의 원가절감 유인 등이 상실되어 경제적 비효율성을 가져왔다. 산업관리 측면에서도 조직의 비대화에 따른 지배인의 권한 강화 및 당조직과의 마찰, '기관본위주의' 심화 등으로 중앙의 정책 추진력을 약화시켰다. 이에 따라 관리 단위를 축소해 책임을 부각시키고, 개별 생산단위별 독립채산을 통해 생산의 효율

성을 증대하겠다는 것이 최근 제도개편의 의도로 볼 수 있다.[21]

북한은 지속적인 경제위기에도 불구하고 현상관리형(muddling through) 정책선택을 지속하고 있다. 정권의 안전보장을 최우선적으로 고려하면서, 당면한 식량난을 해소하고, 외화확보를 위한 최소한의 개방 노력을 선택적으로 추구하고 있는 것이다. 그러나 이같은 조치로 근본 문제를 해결할 수 없다. 북한은 보다 새로운 정책을 모색해야 할 기로에 봉착해 있다.

3. 북한 개혁 · 개방 가능성

북한의 향후 개혁 · 개방 가능성을 전망하기 위해서는 ①정치적 조건 ② 거시경제적 조건 ③국제시장과의 연계성 등의 변수가 고려되어야 한다.

1) 정치적 조건

경제개혁을 추진하기 위한 정치적 조건으로는 ①개혁 추진 엘리트와 ② 정책 변화를 정당화할 수 있는 이데올로기 수정 등을 들 수 있다. 먼저 북한이 경제개혁을 선택하기 위해서는 정책 변화에 적합한 정치 · 사상체제의 수정이 요구되고 있다. 기존의 북한식 정치체제는 수령의 유일적 영도와 내각에 대한 당의 영도원칙이 주장되면서 사상 · 군사 엘리트가 실권을 행사하는 당 우위체제였다. 경제개혁을 위해서는 수령의 유일적 영도체계와 당의 영도원칙이 공식담론으로 유지되더라도 경제정책과 외교정책을 담당하는 내각의 책임성이 보장되어야 한다. 군부와 사상 엘리트가 변화과

---

21) 그러나 2000년 들어 연합기업소에 개별공장으로 바뀐 곳이 다시 연합기업소로 회귀하고 있다. 계획기조를 유지하고 있는 상황에서 관리의 효율성 차원에서 시도된 연합기업소 재편은 실패한 것으로 평가되고 있다.

정의 질서를 유지하기 위한 담론을 제공하는 대신, 실용주의적 실무관료들이 실제적인 정책변화를 선택할 수 있는 여건이 조성되어야 하는 것이다. 이를 통해 내각을 중심으로 한 개혁추진 실무관료들이 형성될 수 있다.

한편, 주체사상의 실용주의적 재해석도 요구되고 있다. 기존의 주체사상체계에서 창조성이나 의식성 등은 시장 논리와 결합할 수 있는 여지가 있다. 나아가 정치 사상적 인센티브를 강조하면서도, 물질적 인센티브의 중요성을 보다 부각시켜 강조할 필요가 있다. 그러기 위해서는 현재의 주체사상을 보다 추상 수준이 높게 위치 규정하고, 김일성 주석의 유훈 등을 근거로 한 경제정책 변화를 정당화할 수 있는 새로운 사상체계의 정립이 요구되고 있다.

2) 거시경제적 조건

북한의 점진적 경제개혁 가능성을 부정적으로 보는 입장은 북한의 산업구조에 주목한다. 중국과 베트남은 국가가 소유하는 중공업 부문이 상대적으로 적고, 농업국가였기 때문에 점진적 개혁이 성공할 수 있었으나 북한은 그렇지 않다는 것이다.[22]

북한의 점진적 개혁 가능성을 낮게 보는 입장의 기본 논리는 다음과 같다. 중앙계획경제의 점진적 개혁은 중공업 부문의 조정의 충격을 완화시킬 수 있어야 하는데, 북한의 경제구조는 농업비중보다는 공업비중이 높은 동유럽식 산업구조라는 점이다. 농업이 집약화되어 있는 북한과 같은 특수한 조건에서 농업개혁만으로 중국이나 베트남에서 나타난 것과 같은 성장 잠재력이 없다는 것이다.

---

22) 대표적으로는 Marcus Noland, "Why North Korea Will Muddle Through", *Foreign Affairs*, Volume 76. No. 4 1997. 참조.

그러나 경제위기 이후 북한의 농공(農工)간 비율은 큰 의미가 없다. 계획경제의 본질적 모순과 외부적 자원제약 현상이 결합되어 나타난 북한경제의 구조적 위기로 북한의 공장 가동률은 수출품 생산 공장을 제외하고는 급격히 떨어졌다. 통일부를 비롯한 관련기관들은 대체로 북한의 공장 가동률을 30% 이하로 보고 있다.

공장 가동률 하락 현상은 잠재적 실업률을 증가시킴으로써 비국영 부문의 성장 잠재력이 될 수 있다. 또한 그동안 암시장의 확산으로 비공식적으로 증가한 소상품 경제형태 역시 경제적 구조조정의 충격을 완충할 수 있는 영역으로 볼 수 있다.

북한의 산업구조상 농업개혁이 전반적인 공업개혁을 선도하기는 어렵지만, 공업 부문의 공동화(空洞化) 현상으로 인해 비국영 부문의 성장잠재력이 존재하고 있는 것이다. 따라서 국영 부문의 비중, 압도적인 공업 비중 등 공식적인 경제구조로 북한의 중국식 경제개혁 불가능성을 주장하는 연구들은 한계가 있다.

3) 국제시장과의 연계성

북한이 본격적인 시장지향적 개혁으로 전환하기 위해서는 대외환경의 개선이 핵심적으로 중요하다. 현재의 북한 경제가 선순환 구조(개방－외화확보－원자재 및 투자재 수입－생산 가동률 상승－수출 확대)로 전환하기 위해서는 대외경제환경이 개선되어야 하는 것이다. 구체적으로는 북미관계 개선을 통해 대북경제제재가 완화(투자유입, 수출시장 확보)되고 국제금융 기구의 개발지원(인프라 구축)이 본격화되는 것이 전제되어야 한다. 동시에 남북관계개선을 통해 체제안정과 경협 활성화가 가능해져야 한다.

또한 국제적 자본 조달이 가능해야 한다. 북한의 자립적 민족경제론은 미국의 대북경제제재가 존재하는 상황에서의 불가피한 발전전략이었다고 볼 수 있다. 냉전적 대외환경에서 수출경제로의 변화가 원천적으로 봉쇄되어 있는 상황에서 불가피한 발전전략을 선택해온 것이다. 그러나 북한은 경제위기 상황과 주변정세의 변화 움직임에 능동적으로 대처하면서 자본주의 국제경제체제로의 편입을 준비하고 있다.

북한은 아시아 개발은행(ADB) 가입 의사를 밝히고 있으며, 1997년 9월에는 IMF 실사단, 1998년 2월에는 세계은행(World Bank) 조사단을 초청하기도 했다. 더욱 중요한 것은 자본주의 경제를 배우기 위해 중간 실무관료의 해외연수를 본격화하고 있다는 점이다.

물론 북한의 대외환경이 개선되지 않으면 개방의 실제적 효과를 거두기 어렵다. 핵·미사일 등 현안 문제가 해결되고, 한미 양국의 포괄적 대북 접근이 타결되어야 북한의 개방정책은 실제적으로 추진될 수 있다. 북한의 국제시장경제로의 참여의지와 주변국의 대북지원 정책이 가시화될 경우, 북한의 경제개혁에서 요구하는 대외적 자본조달은 가능해질 수 있다.[23]

4) 북한의 개혁 전망

북한의 경제개혁 유형에 영향을 미치는 변수는 다양하지만, 주요변수로 ①북한의 정책선택 ②한국의 대북정책 ③미국의 대북정책 등을 들 수 있다. ①이 행위 주체의 선택이라면 ②와 ③은 선택의 방향에 영향을 미치는 주요변수라고 볼 수 있다.

우선 북한의 경제정책 선택은 북한 지도부의 변화의지에 달려 있다. 현상을 유지할 것인지, 아니면 현상을 변화시킬지에 따라 경제개혁의 폭과

---

23) 북한이 경제개방과 자본재 수입을 하게되면, 총요소생산성(TFP)의 18%가 증가할 것으로 추정하고 있는 연구도 있다. Marcus Noland Sherman Robinson and Li Gang Liu, Economics of Korean Unification(Working Paper Series No. 97-5 Washington : Institute for International Ecinomics, 1997)

〈표 3〉 북한의 개혁·개방에 영향을 미치는 구성요인

구 분	내 용
북 한	① 경제위기에 대한 지도부의 인식(perception) 수준 ② 기존 정치사상 체제의 변화 의지 ③ 남북관계 진전과 대남경협 활성화 의지 ④ 북미관계 개선 여부
한 국	① 대북포용정책의 지속 여부 ② 경기 활성화와 기업들의 투자여력 ③ 국민들의 여론과 대북지원 여부
미 국	① 대통령 선거 결과와 대북포용정책 지속 여부 ② 북미관계 정상화와 북한의 체제 보장 여부 ③ 대북경제제재 완화 여부
기 타	① 북일 수교협상과 대북배상금 지급 ② 국제금융기구의 대북경제개발 지원

속도가 다르게 나타날 수 있다. 한국의 대북정책, 미국의 대북정책, 그리고 국제사회의 대북지원 등은 통칭해서 '국제사회의 북한시장 참여'로 정리할 수 있다. 참여양상은 소극적 참여와 적극적 참여로 양분할 수 있다.[24]

따라서 북한의 경제개혁 유형은 북한 지도부의 변화 의지(유지·변화)와 국제사회의 북한 시장 참여수준(소극참여, 적극참여)에 따라 결정된다고 볼 수 있다.

북한 지도부의 변화의지와 국제사회의 북한시장 참여수준이라는 시나리오 작성측에 따라 북한의 개혁·개방 유형은 ①중앙집권적 계획고수 ②계획개선형 개혁 ③부분 개방형 계획유지 ④시장지향적 개혁으로 구분

---

24) 여기서 봉쇄(Containmant)의 가능성은 배제했다. 세계적 탈냉전이 진행된 1980년대 후반이후 한반도는 군사적 긴장 상황이 유지되었지만, 북한에 대한 냉전적인 봉쇄정책은 지속되지 않았다. 한국은 1989년 노태우 정부의 7·7 선언을 계기로 남북경협을 시작했고 초보적인 수준이지만 교역을 유지했다. 따라서 한반도에서 냉전적 봉쇄의 가능성은 매우 낮다고 볼 수 있다.

〈표 4〉 북한 경제개혁의 유형 구분

국제사회의 북한 시장 참여수준 ＼ 북한 지도부의 변화의지	유 지	변 화
소극 참여	중앙집권적 계획고수	계획개선형 개혁
적극 참여	부분개방형 계획유지	시장지향적 개혁

할 수 있다.[25]

북한은 냉전시대 중앙집권적 계획고수를 유지해왔다. 90년대 들어 북한은 계획개선형 개혁과 부분 개방정책을 선택하고 있다. 계획개선형 개혁은 외부적 자본 조달과 국제시장과의 연계성이 확보되지 않은 상태에서 정책결정과정의 분권화, 물질적 인센티브 확대, 중앙계획의 범위 축소 등을 의미한다. 계획개선형 개혁은 일종의 현상(위기)관리형 정책으로 볼 수 있다. 부분 개방정책은 1991년 나진-선봉자유경제무역지대(98년부터 자유 삭제), 정상회담 이후 개성공단 실험으로 나타나고 있다. 체제 위협을 고려해, 계획을 유지하면서 특구중심의 소극적 개방정책을 시도하고 있는 것이다.

시장경제형 개혁은 국제사회의 대북참여도와 북한의 변화의지가 동시에 높을 때 가능하다. 북미·북일 외교관계가 정상화되고, 미국의 대북경제제재가 철폐되며, 국제금융기구의 북한 경제개발지원이 본격화된다면, 북한은 시장개혁에 착수할 것이다.

---

25) 이중 ①은 재중앙집권화를 의미하며, ②와 ③은 부문 개혁, ④는 전면 개혁으로 볼 수 있다. 동시에 ②와 ③이 체제유지적 개혁이라고 할 수 있다면, ④는 발전 지향적 개혁으로 규정할 수 있다.

북한의 사회

제1절
계층구조와 사회통제

북한의 사회정책 기조는 '온 사회의 주체사상화와 공산주의 사회건설'이라는 당이 추구하는 당면목적 수행에 있다. 이러한 사회정책의 기본은 계급정책으로 북한 사회의 계급적 성격은 노동당 규약과 헌법에 명시되어 있다. 노동당 규약 전문에서 "조선로동당은 온 사회의 혁명화, 로동계급화, 인테리화를 촉진하고"[1]라고 명시하고 있으며, 헌법 제8조에는 "국가는 착취와 압박에서 해방되어 국가와 사회의 주인으로 된 로동자, 농민, 근로인테리와 모든 근로인민의 리익을 옹호하며 보호한다"[2]고 밝히고 있다.

다시 말해서 북한은 노동자, 농민, 근로인테리와 모든 근로인민을 중심으로 한 온 사회의 주체사상화와 공산주의 사회건설을 국가목표로 삼고 있으며, 사회정책은 이러한 목표를 달성하기 위한 수단적 의미인 것이다.

이에 따른 구체적 수단으로 주민들에 대한 사상교양사업과 함께 소위 '반당·반혁명분자'에 대한 색출과 감시를 강화하여 전 주민을 '공산주의적 인간'으로 개조해가는 과정을 추진해 왔다. 그리고 한편으로는 전 주민에 대한 성분조사 사업과 계층구분 사업, 노동당의 조직적 지도사업과 감시계통의 조직화를 통해 모든 주민들을 통제해 왔다.

---

1) 북한연구소, 『북한총람』(서울 : 북한연구소, 1983), "자료편 : 조선로동당 규약", p. 1742.
2) 『통일문제연구』 제10권 2호(1998 하반기호), "부록 Ⅲ : 조선민주주의인민공화국 헌법", p. 294.

1. 계층구조의 특징

북한은 분단 이후 수 차례 성분조사 사업을 실시하여 주민들을 성분별로 엄격히 구분하고 성분계층별로 직종과 직위를 맡기고 있다. 나아가 북한은 주민들을 출신성분은 물론 직업별·소득별·성별 계층분류를 통하여 엄격히 통제하고 있다.[3]

1) 출신성분과 당성에 의한 계층분류

북한은 1956년 8월 종파사건 이후 전주민을 대상으로 성분조사사업을 실시했다. 북한에서 실시된 출신성분 구분작업과 그 내용을 연대순으로 제시하면 〈표 1〉과 같다.

북한은 1958년 전체 주민에 대한 성분을 조사하고, 출신성분에 따라 주민을 분류하는 계급정책을 공식적으로 수립했다. 이에 따라 1958년부터 1960년 말까지 '중앙당 집중지도사업', 1964년 4월부터 1967년 3월까지 '주민 재등록사업', 그리고 1967년 4월부터 1970년 6월 사이에 '3계층 51개 부류 구분사업'을 실시함으로써 북한식 계층 구조의 골간을 완성했다. 그 이후에도 '주민 요해사업', '주민증 검열사업', '외국귀화인 및 월북자 등에 대한 요해사업', '북송재일교포 요해사업', '주민증 갱신사업' 등 필요시마다 꾸준히 성분조사를 실시했다.

북한은 이처럼 분단 이후 수 차례에 걸친 성분조사 사업을 실시하여 주민들을 성분별로 계층을 구분하고 그에 따라 사회적 직종과 직위를 맡기고 있다.

---

3) 통일부, 『2000 북한개요』(서울 : 통일부, 1999), p. 418.

<표 1> 북한의 주민성분 조사사업

구 분	시 기	내 용
중앙당 집중지도사업	'58.12~'60.12	불순분자 색출처단 및 산간벽지 강제 이주
주민 재등록사업	'66. 4~'67. 3	100만 적위대의 사상 결속을 위한 주민 성분분류(직계3대 · 처가 · 외가6촌까지 내사)
3계층 51개 부류 구분사업	'67. 4~'70. 6	주민 재등록사업 결과를 토대로 전주민을 핵심계층, 기본계층, 복잡계층으로 구분, 이를 다시 세분하여 51개 부류로 구분
주민 요해사업	'72. 2~'74	남북대화 관련, 주민동태 조사 · 파악, 전주민을 믿을 수 있는 자, 반신반의자, 변절자로 구분
주민증 검열사업	'80. 1~'80. 12	김정일 지시로 공민증 대조 · 갱신으로 불순분자 색출과 통제기능 강화
외국귀화인 및 월북자 등 대한 요해사업	'80. 4~'80. 10	월북자 등 외부에서 입북한 자들을 13계층으로 구분, 감시자료를 체계화
북송재일교포 요해사업	'81. 1~'81. 4	북송교포들에 대한 자료를 세분하여 동향 감시자료를 과학화
주민증 갱신사업	'83. 11~'84. 3	공민증 갱신 및 주민문건 정비

출처 : 통일부, 『2000 북한개요』(서울 : 통일부, 1999), p. 419.

북한이 '주민 재등록사업'의 결과를 바탕으로 3년간에 걸쳐 작성한 '3계층 51부류'의 분류는 북한 계층구조의 골격이다. 3계층 51부류는 전주민을 출신성분과 당성이라는 기준에 따라 분류한 것으로, 각각의 소집단은 의식주 배급에서부터 직업배치, 교육기회, 사회이동 및 법적처벌, 여행허가증 취득 등 사회생활의 모든 영역에서 차별대우를 받는다(<표 2>참조).

① 핵심계층(핵심군중) : 핵심계층은 북한 체제를 이끌어가는 지도적 계급이다. 여기에는 김일성, 김정일과 그의 가족 및 친척들을 포함하여 약 20만 명(북한 인구의 약 1%)으로 추산되는 고급간부와 나머지 중하급 간부들이 포함된다. 이들은 대부분 평양을 비롯한 대도시에 살

〈표 2〉 북한 주민의 성분 분류 및 대우

계 층	부 류	대 우
핵심계층	노동자, 고농(머슴), 빈농, 사무원, 노동당원, 혁명유가족, 애국열사 유가족, 8·15 이후 양성된 인테리, 피살자 가족, 전사자 가족, 후방가족, 영예군인 등	• 당·정·군 간부 등용 • 타 계층과 분리 특혜 조치(진학, 승진, 배급, 거주, 진료)
동요계층	소·중상인, 수공업인, 소공장주, 하층 접객업자, 중산층 전객업자, 무소속, 월남자 가족(1), 중농, 민족자본가, 월남자 가족(2), 월남자 가족(3), 중국귀환민, 일본귀환민, 8·15 이전 양성된 인테리, 안일·부화·방탕한 자, 접대부 및 미신숭배자, 유학자 및 지방유지, 경제사범 등	• 각종 하급간부 및 기술자 진출 • 극소수 핵심계층으로 승격
적대계층	8·15 이후 전락노동자, 부농, 지주, 친일·친미주의자, 반동 관료배, 천도교 청우당원, 입북자, 기독교신자, 불교신자, 천주교신자, 출당자, 철직자, 적 기관 복무자, 체포·투옥자 가족, 간첩관계자, 반당·반혁명 종파분자, 처단자 가족, 출소자, 정치범, 민주당원, 자본가, 월남자 가족(제1부류) 등	• 유해, 중노동에 종사 • 입학, 진학, 입당 봉쇄 탄압 • 제재·감시·포섭 대상으로 분류 −제재 : 강제이주 격리수용 −감시 : 지정하여 항시 동태 감시 −포섭 : 집중적 교양 • 극소수 기본계층으로 재분류(자녀)

※ 북한이 1970년 당시 주민 재등록사업 결과를 토대로 분류한 것임.
출처 : 통일부, 『2000 북한개요』(서울 : 통일부, 1999), p. 420.

면서 당·정·군 간부 등용에 있어서 우선적인 특혜를 받고 있고, 진학, 승진, 배급, 거주, 의료 등 각종 분야에서 특권을 누리고 있다.

② 동요계층(기본군중) : 동요계층은 북한 체제의 중간계층으로 핵심계층이나 적대계층 어디에도 속하지 않는 일반노동자, 기술자, 농민, 사무원, 교원 및 그 가족 등을 중심으로 구성된다. 이들은 주로 하급간부나 기술자로 진출하고 있으며, 제한된 수입과 배급식량으로 생

활을 꾸려가고 있다. 이들은 지방의 중소도시와 농촌에 살고 있는데, 보건혜택도 불충분하며 특별허가 없이는 평양을 여행하지 못한다.

③ 적대계층(복잡군중) : 적대계층은 '계급적 적대자'와 '민족적 적대자'들로 구성되며 이른바 불순분자, 반동분자로 낙인찍힌 주민들이 여기에 속한다. 이들은 사회로부터 소외된 집단이라고 할 수 있다. 이 가운데서 특별독재대상에 속하는 사람들은 일반주민과 격리된 산간지역이나 탄광지대에서 강제노동을 하며 결혼 및 출산에 있어 제한을 받는다.

2) 계층구조의 특징

자본주의 사회의 계층구조와 비교했을 때 북한의 계층구조는 다음과 같은 특징을 가진다. 첫째, 북한의 계층은 출신성분과 당성에 의해 인위적으로 형성되었다. 보통 자본주의 사회의 계층은 소득, 직업, 교육 수준 등 객관적 요소에 의하여 측정되지만, 북한의 경우 소득, 직업, 교육 수준 등에 있어서의 불평등은 인위적 계층구조의 결과이다. 즉, 핵심계층일수록 고등교육과 특수교육 등 교육 기회가 많이 부여된다. 또한 핵심계층일수록 지위가 높은 직업을 배정받으며, 소득수준도 높을 수밖에 없다.

둘째, 북한의 계층구조는 개인적 노력에 의한 사회이동의 기회가 제한되어 있다. 핵심계층에 속하는 주민은 정치 및 사상범으로 몰리거나 중죄를 저지르지 않는 한 핵심적 지위를 유지할 수 있다. 반면 출신성분이 나쁘면, 개인적 능력에 관계없이 상위계층으로의 진입이 허용되지 않는다.

셋째, 북한의 계층구조는 사회주의 체제를 형성 · 유지 · 강화하고 동원체제를 확립하기 위한 목적으로 이루어졌다. 초기 토지개혁으로 지주계급을 완전히 해체하고 토지를 소작농, 빈농, 고용농 등에게 무상분배했으나, 종국적으로 국유화(집단화)를 단행했다. 이와 같이 북한의 사회계층은 정치적 목적을 위해서 인위적으로 형성된 것이라 할 수 있다.

2. 사회통제기관과 통제방법

1) 사회통제기관

북한에도 사회적 불평등이 엄연히 존재하고 있으며, 개인적 자질에 의한 사회이동을 엄격히 제한하고 있다는 점에서 악성 불평등 구조를 가지고 있다고 할 수 있다.[4] 이에 북한은 주민들의 저항과 일탈행위를 통제하기 위해서 부단히 노력하고 있다.

김정일은 "개인주의적 인생관이 개인의 안일과 향락을 최고의 목적으로 여기는 인생관이라면, 집단주의적 인생관은 자기의 운명을 집단의 운명과 결부시키고 집단을 위한 투쟁에서 참다운 삶의 보람과 행복을 찾는 인생관"[5]이라고 주장한 바 있다.

북한에서의 집단주의 이념은 정치·경제적으로 '군중로선'으로 나타나며, 사회적으로 '공산주의적 미풍'으로 나타난다.[6] 이른바 천리마운동, 청산리방법, 속도전, 3대 혁명소조운동, 그리고 최근의 '새로운 천리마 속도, 강행군속도' 운동 등 군중노선은 집단적으로 노동력을 동원할 뿐 아니라 효과적인 정치사회화의 수단으로 사용되고 있다. 또한 '공산주의적 미풍'의 실천을 독려함으로써 체제동조 이념을 몸소 실천할 것을 요구한다.

---

4) 통일교육원, 『북한이해』(서울 : 통일교육원, 2000), p. 373.

5) 김정일, "주체의 혁명관을 튼튼히 세울 데 대하여", 『조선중앙연감』(평양 : 조선중앙통신사, 1988), p. 97.

6) 이온죽, 『북한사회의 체제와 생활』(서울 : 법문사, 1993) ; 김병로·윤미숙, "북한의 자발적 사회통합 구조와 위기관리 메커니즘", 『통일문제연구』, 9권 1호(1997), pp. 243~267.

집단주의적 가치는 유아시절부터 시작하여 학교생활과 직장생활을 거치면서 생애 전과정에 걸쳐 학습되고 장려된다.

한편, 북한의 사회통제는 전통적으로 당, 그리고 국가안전보위부와 인민보안성(구 사회안전성) 등 행정기관이 담당해왔다. 그러나 최근 경제난이 악화되고 사회체제가 이완되면서, 군이 직접 사회통제에 가담하고 있다.

(1) 당

헌법 제11조에 "조선민주주의인민공화국은 조선로동당의 령도 밑에 모든 활동을 진행한다"라고 규정되어 있듯이, 북한의 노동당은 헌법에 우선하는 최고권력기관이며 북한 사회의 전분야를 조직하는 중추기관이다. 모든 기관에는 당조직이 편성되어 있고 당의 명령에 따라 움직여 나간다. 일반 주민을 직접 통제하는 당의 하부조직으로는 도(직할시) · 시(구역) · 군 등 각급 행정단위에 해당 당조직이 있으며, 말단에는 당원 5~30명 단위로 조직되는 당세포가 있다. 당은 당원들에게 행정기관과 일반 주민생활에서 나타나는 문제에 대하여 당조직에 보고할 '의무'를 부여함으로써, 주민들의 공적 · 사적 생활을 통제한다.

(2) 행정기관

북한 주민들의 동향을 감시 · 감독하는 정치사찰기관으로는 국가안전보위부, 인민보안성, 법무생활지도위원회 등이 있다. 이러한 각종 기관들은 주민들의 사상동태를 감시하고 이른바 반당 · 반혁명 세력을 색출하기 위한 목적을 가지고 있다.

국가안전보위부(보위부)는 형사재판 제도와는 별개로 운영되는 북한 최고의 정치사찰 전담기구로서, 정치사상범에 대한 감시, 구금, 체포, 처형 등을 법적 절차없이 임의대로 결정하는 권한을 가지고 있다. 보위부는 또한 김정일 호위, 각급 행정기관 내의 수사, 사회단체 · 공장 · 기업소의 감시, 북송교포 감시, 우편검열, 유무선 통신 도청, 비밀문서 관리, 장병들의 동태 감시 등 제반 분야의 저항요소를 척결하는 역할까지 맡고 있다. 보위부는 중앙으로부터 도(직할시)·시(구역)·군 및 리·동에 이르기까지 요원을 상주시키며, 기관·기업소는 물론 군부대의 중대단위에도 요원을 파견한다.[7]

인민보안성은 공공질서의 유지·강화뿐 아니라, 국가의 재산 보호기능을 수행하며, 주민들의 사상 동향을 감시·적발하여 처벌하고, 또한 개개인의 신원조사를 하고 사생활을 감시한다. 법무생활지도위원회는 최고인민회의 제6기 1차 회의('77. 12)에서 신설된 기관이다. 이 기관은 개인이나 기관, 단체들의 준법 분위기를 확립토록 하는 과정에서 당의 노선과 방침을 철저히 따르도록 유도하고 감시·감독하는 기관이다.[8]

이 외에도 북한 주민의 생활은 5호담당제, 인민반과 각종 학습반을 통하여 이중삼중으로 통제된다. 5호담당제는 북한의 전세대를 5호씩 나누고, 그 속에 충성분자 1가구씩을 배치하여 주민들의 비행을 감시·규제토록 하는 통제 제도이다. 5호담당제는 1958년 7월부터 1973년까지 실시되었으며, 그후 김일성의 지시에 의하여 인민반(도·시)과 분조담당제(농촌)로 그 명칭이 바뀐 것으로 알려지고 있다.[9] 인민반은 통상 20~30세대로 구성되며 반장과 선동원 등이 감시·감독한다. 인민반은 월 2회 '생활총화'를 하며, 일상생활을 통제대상으로 삼고 토론과 자아비판을 하게 한다.

(3) 군사기관

군사기관은 당의 지도 밑에서 대남적화 임무를 전담해 왔다. 그러나 경제난과 사회일탈의 증가 등 체제위기 요인이 증대되자, 군대가 직접 사회

---

7) 연합뉴스, 『북한용어 400선집』(서울 : 연합뉴스, 1999), pp. 177~178.

8) 통일교육원, 앞의 책, p. 381.

9) 북한연구소, 『북한총람 1983~1993』(서울 : 북한연구소, 1994), p. 233.

통제에 나서기 시작했다. 1997년 5월부터는 인민무력부가 직접 '반사회주의적 요소'를 색출·처벌하기 시작한 것으로 알려지고 있다.[10] 이는 북한 지도부의 위기의식을 반영하는 것으로, 기존의 사회통제 기관으로는 효과적인 통제가 어렵게 되었다는 점을 반영하는 것이다.

2) 사회통제방법

(1) 조직생활 통제

북한 사회에서 노동당은 행정·사법·입법부의 상위에 군림하는 최고

〈표 3〉 북한의 주요 사회단체 현황

단체명	가입대상	조직규모	구성방법·활동	창립일
소년단	어린이 7~13세	약 300만명	·학교단위 ·청년동맹의 지도, 집단생활	1946. 6.16
김일성 사회주의 청년동맹[a]	청소년 14~30세	약 600만명	·학교·직장단위 ·당후비대, 사상교양·노동동원	1946. 1.17
민주여성동맹 (여맹)	여성 31~60세	약 50만명	·타 단체에 속하지 않은 여성 ·당후비대, 사상교양·노력당원	1945.11.18
농업근로자 동맹(농근맹)	협동농장원 65세(여 : 60세)	약 130만명	·농업에 종사하는 근로자 ·사상교양, 농촌사업 지도	1965. 3.27
직업총동맹 (직총)	노동자, 사무원 31~65세 (여 : 60세)	약 160만명	·노동자, 사무원, 직장단위 조직 ·9개의 산별직업동맹 ·사상교양, 기술습득, 노력경쟁 지도	1945.11.30

※ 주 : a) 사회주의로동청년동맹(사로청)이 1996년 1월 김일성사회주의청년동맹으로 개칭.

※ 자료 : 통일부, 『2000 북한개요』(서울 : 통일부, 1999), p. 115를 참조하여 재작성.

---

10) 통일교육원, 앞의 책, p. 382.

권력기관으로서 모든 주요기관의 간부 직위는 노동당 열성 당원들에 의해
독점되고 있다. 이들 모든 기관과 단체에는 각기 당위원회를 조직하여 당
의 통제체제를 일원화시켜놓고 있으며, 일반주민들을 직접적으로 통제하
고 있다.[11]

당적 통제 외에 주민통제 방법으로서 직업총동맹, 김일성사회주의청년
동맹, 농업근로자동맹, 여성동맹 등 노동당 외곽단체가 있는데, 비당원인
주민들 모두가 각종 사회단체에 의무적으로 가입하고 있다. 이 사회단체
들은 노동당을 정점으로 하고 있을 뿐 아니라 지도 · 감독을 받고 있으며,
무조건 당에 복종하게 되어 있다.

(2) 경제 · 사회적 통제

주민에 대한 경제통제는 생존의 기본수단을 장악하여 주민통제에 이용
하는 것이고, 사회적 통제는 출신성분과 계층에 따라 사회적 차별 대우를
하는 것이다.

경제적 통제의 일환으로서 북한은 의식주 생활의 기본수단에 대한 배급
제를 실시하고 있다. 의복배급은 기본의복에 한해 실시되고, 나머지는 할
당표, 구매카드에 의해 판매한다.

식량배급은 근로자와 비근로자(부양가족)를 구분, 배급량에 차이를 두
어 노동의 기피를 근원적으로 봉쇄하고 있고, 주택은 신분을 고려하여 차
등 배정하고 있다. 북한에서는 직장 배정시 개인의 소질, 능력, 희망 등은
고려되지 않으며, 직장배치를 자의로 거부할 수도 없다.

또한 북한에서는 노동 기피, 유휴노동력 발생 방지와 주민의 심리적 동
요를 방지하기 위해 사적 목적으로 타 행정구역으로 여행하는 것을 통제하
고 있다. 그러나 최근 들어 심각한 식량난으로 인해 주민들이 여행증 소지

---

11) 통일부, 앞의 책, p.421~422.

없이 타행정구역으로 식량을 구하러가는 일을 묵인하고 있는 실정이다.

(3) 일상생활 통제

북한은 헌법 제70조에 "공민은 희망과 재능에 따라 직업을 선택하며 안정된 일자리와 로동조건을 보장받는다"고 규정, 법에서는 직업에 대한 선택권을 부여받고 있으나, 실제로는 주민들의 직업을 당에서 직접 배정하므로 개인은 마음대로 직업을 선택하거나 이직조차 할 수 없어 북한에서는 직장배치와 관련한 부조리가 성행하고 있다고 한다.[12]

투표와 관련해서도 헌법 제6조에는 "각급 주권기관은 일반적 · 평등적 · 직접적 원칙에 의하여 비밀투표로 선거한다"고 규정하고 있는데 이 제도는 법대로 지켜지지 않고 있다. 해외출장이나 의식불명인 환자는 당세포나 부모형제가 대리투표를 하도록 되어 있고, 투표순서도 투표용지에 적혀 있는 일련번호 순으로 일렬로 투표해야 하며, 투표방법도 투표용지의 번호순에 따라 당원 2명이 감시하고 있는 가운데 투표용지를 투표함에 넣어야 한다. 그리고 투표에 반대할 우려가 있는 불순계층에 대하여서는 투표 당일 당원을 앞뒤에 배치하여 감시토록 하고 있어 주민들에게 반대투표를 할 엄두조차 못 내게 하고 있다.[13]

최근에 개정된 북한 헌법(소위 김일성헌법)에는 거주이전의 자유를 보장해주는 조항이 신설되었으나, 아직도 중앙인민위원회 결정에 의한 여행 · 출장증명서 발급을 통해 주민 이동을 철저히 통제하고 있다. 중앙인민위원회 결정 56호(1957년)는 "거주지를 벗어나 다른 지역에서 90일 이상 체류하려는 자는 내각에 허가를 득해야 한다"고 되어 있으며, 57호에는 "모든 인민들은 가족이 아닌 임시체류자나 여행자를 숙박시키려면 사회안전

---

12) http://www.nis.go.kr
13) 통일교육원, 앞의 책, p. 387.

성의 승인을 얻어야 한다"고 규정하여 이를 어기거나 또는 통행증이나 출장증명서를 소지하지 않고 다니는 사람에 대해서는 처벌하고 있다.[14]

3. 문제점과 전망

북한이 끊임없이 사상교양사업 및 주민통제를 해왔지만, 북한 주민들은 시간이 지남에 따라 개인적 차원에서 당과 국가가 요구하는 공식적인 가치들로부터 현저히 일탈하는 현상이 증가하기 시작했다. 수령과 당에 대한 충성은 당원이 되기 위한 하나의 수단에 지나지 않게 되었다. 특히 90년대 이후 심각해진 경제난으로 돈에 대해 보다 큰 가치를 두는 경향이 심화되고 있다.

물론 북한의 신문이나 방송 등 매체들이 매일 보도하는 뉴스 속에는 범죄사건이나 사고 등이 나타나지 않고 있지만, 절도, 폭력, 약탈, 성범죄 등 자본주의 사회에서 벌어지고 있는 사회병리현상이 빈발하고 있다는 사실이 여러 경로를 통해 확인되고 있다.[15] 특히 동구권의 붕괴가 시작된 1990년 이후부터는 북한의 경제가 지속적으로 마이너스 성장을 기록, 이로 인한 생활고 등으로 경제관련 범죄가 크게 증가했다.

가장 심각한 사회문제의 하나는 뇌물이면 못할 게 없다는 의식이 사회 전반에 걸쳐 만연돼 있다는 것이다. 이밖에 배금주의, 외화 선호주의 등 북한 지도부가 경계하고 있는 자본주의적 병폐가 확산되고 있다. 만약 이러한 사회일탈 현상에 제대로 대응하지 못할 경우 심각한 체제위기를 맞

---

14) 앞의 책, pp. 388~389.
15) 통일교육원, 북한을 다녀온 여행자, 북한에 오랫동안 상주했던 외국의 외교관, 탈북자들의 증언, 그리고 당·정 간부의 사업작풍을 비판하는 북한의 언론 및 문헌 등을 종합해보면 반사회적인 일탈행위가 계속 증가하고 있음을 알 수 있다.

을 수밖에 없을 것이다.

이러한 상황에서 북한은 주민의 생활고를 해결하기 위한 시급한 경제건설에 주력하면서도 체제유지에 위협을 주는 사회문제해결을 위해 주민사상교양사업을 더욱 강화하고 있다. 특히 점차적으로 실시하지 않을 수 없는 개방과 외세 물결의 영향으로 사상적 동요가능성이 높은 청소년층에 대한 교양사업을 더욱 강화하고 있는 것이 오늘의 현실이다.

이와 같이 북한 사회에서 발생하고 있는 사회적 문제는 통제사회에 대한 반감, 물질생활 향상에 대한 욕구 증가에 의해 초래되고 있는데, 이는 개혁과 개방의 정도에 따라 더욱 촉진될 가능성을 안고 있다.

의식주 생활과 사회보장

1. 의식주 생활

1) 의생활

1990년대 이후 심각한 경제난으로 배급제가 붕괴된 이후, 북한 주민들은 의복을 스스로 만들어 입거나 장마당 등에서 구입할 수밖에 없는 상황이다. 대다수의 지방도시 및 농촌지역에서는 의류공급량이 절대적으로 부족하여 인민복 및 노동복조차 제대로 공급받지 못하고 있기 때문에 농민시장에서 중국산 의류를 많이 구입하고 있다고 한다. 그러나 당·정 간부 및 북송교포 등 일부 부유층은 외화상점 등을 이용하여 쉽게 의류를 구입하고 있다. 학생들의 교복도 2년에 한 번 정도 김일성·김정일 생일날 선물로 공급되어 오다가 최근에는 유상으로 공급되고 있다고 한다.

1960년대의 주민복장은 '천리마시대의 생활양식 준수'를 표방함에 따라 남자는 인민복(레닌복)과 노동복, 여자는 흰저고리에 검정치마의 한복으로 단조롭고 획일적인 것이었다. 1960년대 이후부터는 북송교포를 통해 의복에 대한 인식이 변화되기 시작하여, 1970년대 들어서는 남북적십자회담 등의 남북교류 영향을 받아 형태와 색상 등 패션이 다양화되기 시작했다. 이러한 의복의 다양화 추세는 일상복보다 외출복에서 먼저 나타났는데, 이는 북한 주민의 기호변화에 의한 것이라기보다는 대외적 이미지를 고려한 사회정책의 변화에 기인한 것이라 할 수 있다.

한편, 남성복에 있어서는 1984년 9월 합영법 발표를 전후하여 넥타이 양복차림에 이어 간편복차림까지 등장, 서구적인 세련미를 가미했으며 김일성 자신도 1984년 5월 소련 및 동구권 순방 이후 인민복 대신에 넥타이 양복을 착용하기 시작했다. 특히 1989년 '제13차 세계청년학생축전'은 세계 각국 청년학생들의 다양하고 패션화된 옷차림을 주민들이 직접 접하는 계기가 되어 의복에 대한 인식을 근본적으로 변화시키는 데 많은 영향을 미쳤다고 할 수 있다. 이에 따라 1990년대 초반 이후 대학생 등 젊은층을 중심으로 청바지, 미니 스커트 등 서구유행이 일부 유입되기 시작했으나, '자본주의 사조 유입'을 통한 사상적 해이를 우려한 당국에 의해 단속의 대상이 되고 있다.[16]

이처럼 북한 주민들의 옷차림이 1980년대 들어 다양한 양복 · 양장 차림으로 변화하고 유행도 타는 양상을 보이고 있지만, 주로 평양 등 대도시 특권주민들에 해당되는 것이며, 일반주민들은 대체로 잠바나 스웨터, 인민복, 작업복 차림이 일반화되어 있다.

2) 식생활

의생활과 마찬가지로 북한 주민의 식생활은 주 · 부식에 대한 배급제에 의해 유지되어 왔었으나, 1990년대에 접어들면서 홍수 등 자연재해로 인해 식량난이 악화됨에 따라 1995년 이후에는 배급체제가 사실상 붕괴되었다. 따라서 대부분 사람은 농민시장을 통해 비싼 가격으로 구입하거나 또는 텃밭에서 경작하여 조달할 수밖에 없는 상황이다. 때문에 개인의 기호과 기호에 의한 식생활은 어렵게 되었다.

---

16) 통일부, 앞의 책, pp. 429~430.

　북한은 지리적 특성상 농경지의 부족에 따른 식량부족 현상을 겪어 왔으며, 이러한 식량부족 현상을 극복하기 위해 식량증산과 절약을 강조해 왔다. 특히 1980년대 들어서부터는 식량문제 해결을 최우선 과제로 삼아 왔다. 1982년 김일성은 "쌀은 곧 공산주의다"라고 선언하고, 1986년부터는 종래의 '의·식·주'라는 용어를 '식·의·주'로 변경 사용하는 등 식량문제를 시급한 과제로 제시했다. 또한 김정일도 "옷감이나 집 같은 것은 없어도 참을 수 있지만 배고픈 것과는 타협할 수 없다"라고 강조하고 있다.[17]

　1990년대 초반까지는 일반주민들에게 주로 쌀과 잡곡을 평양과 지방, 그리고 신분, 시기에 따라 약간씩 차이가 있지만 대체로 6:4에서 3:7 정도의 배합비율로 배급해왔다. 배급은 통상 15일마다 실시하였으며, 배급절차는 각 직장에서 발급하는 배급카드로 리·동 배급소에서 수령하도록 하고 있었다.

　그러나 계속되는 식량난은 이러한 배급제 자체를 제대로 실행할 수 없게 만들었다. 평양 이외의 대부분 지방에서는 거의 몇 달씩 식량배급이 안 되거나 중단되었다. 그나마 식량사정이 나았던 평양마저도 1997년의 경우에는 일반주민의 경우 1인당 하루 배급량이 100~200g, 엘리트 노동자의 경우 200~300g 정도로 줄어들고, 정규군인들에 대한 배급도 일선 전방부대 군인 및 특수부대 군인들을 제외하고 하루 두 끼의 밥과 한 끼의 죽으로 실시하는 '2+1 식단제'를 실시했던 것으로 알려져 있다. 하지만 국제사회의 대규모 식량지원과 식량증산으로 인해 최근에는 식량사정이 다소 호전되어 평양주민의 경우 1인당 350g씩 거의 한 달 분량을 제대로 공급받고, 지방주민들의 경우도 지역에 따라 편차가 있지만 한 달에 보름 내지는 열흘 정도 1인당 평균 120g씩 주기적으로 공급받는 것이 회복되었다고 한다.[18]

---

17) 앞의 책, p. 431.
18) 통일교육원, 앞의 책, pp. 417~418.

하지만 세계식량기구가 사람의 하루 신진대사에 필요한 최소한의 기초
곡물량을 400g(1천2백 칼로리)이라고 하는 데 비추어볼 때, 현재 북한 주
민들의 평균 곡물소비량은 이에 못 미치고 있다. 따라서 주민들의 영양상
태는 여전히 심각하다고 할 수 있을 것이다.[19]

이렇게 주민들의 영양부족 문제가 심각해지자 북한 당국은 각종 선전매
체를 통하여 마늘섭취를 장려하거나 토끼, 닭, 염소 등 '풀먹는 집짐승 기
르기 운동'을 벌여 다양한 단백질 섭취방법을 모색하고 있다.

3) 주생활

북한은 민법 제50조에 "국가는 살림집을 지어 그 리용권을 로동자, 농
민, 사무원에게 넘겨주며 그것을 법적으로 보호한다"고 명시함으로써 주
택공급은 중앙에서 일정한 기준에 따라 일괄적으로 이루어지며, 일반주민
에게는 소유권이 아닌 이용권만이 있음을 밝히고 있다. 즉, 주택에 대한
개인소유를 인정하지 않고 국가 및 협동단체의 소유권만을 인정하고 있는
것이다. 따라서 주민들은 계층과 직위에 따라 규격화되어 있는 각 등급의
독립가옥이나 아파트 등을 임대형식으로 할당받아 사용하고 있다.[20]

주택은 주로 아파트와 2~3세대용 연립식 주택으로 되어 있으며, 입주자
의 사회적 신분이나 계층에 따라 그 형태 및 구조를 각각 달리하고 있다.

주택형은 대체로 당·정 부부장급 이상 고급간부 등이 거주하는 특호로
부터 일반근로자와 집단농장원에게 배정되는 1호주택에 이르기까지 5단
계로 구분되어, 계급과 성분에 따라 차등 배정되고 있다(〈표 4〉 참조).

---

19) WFP, UNICEF, EU에서 파견된 18개팀 전문가들이 1998년 11월 하순경 3주 동안 북한 8개도
를 돌며 7세 이하 어린이 1,800명의 영양실태를 조사한 바에 따르면, 7세 이하 아동의 62%가
발육부진 상황이었다고 한다. 앞의 책, p. 419에서 재인용.
20) 통일부, 앞의 책, p. 432.

<표 4> 계층별 주택구조

구분	주택형	가옥구조	입주대상자
특호	독립고급주택	• 독립식 단층 또는 2층 주택 • 정원 • 수세식변소 • 냉난방장치	• 중앙당 부부장급 이상 • 내각 부상급 이상 • 인민군 소장급 이상
4호	신형고층 아파트	• 방 2개 이상 • 목욕탕 및 수세식 변소 • 베란다, 냉온수시설	• 중앙당 과장급 이상 • 내각 국장급 이상 • 대학교수 • 인민군 대좌 • 문예단체 간부 • 기업소 책임자
3호	중급단독주택 및 신형아파트	• 방 2 • 부엌 • 창고	• 중앙기관 지도원 • 도단위 부부장급 • 기업소 부장
2호	일반아파트	• 방 1~2 • 마루방 1, 부엌 1	• 인민학교 · 고등중학교장 • 일반노동자 • 사무원
1호	집단공영주택	• 방 1~2, 부엌 1	• 말단근로자 및 사무원
1호	농촌문화주택	• 단층 연립주택 • 방 2, 부엌 1, 창고 1	• 협동농장원
1호	구옥	• 방 2~3개의 농촌 기존 구옥	• 변두리 농민

출처 : 통일부, 『2000 북한개요』(서울 : 통일부, 1999), p. 433.

북한 주민들은 해당 인민위원회 도시경영과에 주택을 신청하고 입주증을 받기까지 보통 1~3년이 걸린다. 신혼부부의 경우에는 거의 4~5년이 걸려야 주택을 공급받기 때문에 결혼 후에도 부모집에서 같이 살거나 1세대용 아파트에 2세대가 '동거살이'하는 경우가 대부분이라고 한다. 이에 북한은 심각한 주택난을 해소하기 위해 각 기업소가 스스로 노동자에게 필요한 주택을 지어주라는 '과제주택' 정책을 시행하기도 하고, 제3차 7개년계획 기간(1987~1993) 동안에 23~30만호의 주택건설 방침을 세우기도 했지만, 5만세대 건설에 그침으로써 주택의 질적 문제 못지않게 양적 문제도 안고 있다.[21]

북한 당국은 주택의 사적 소유와 거래를 금지하고 있지만, 80년대 중반 이후 주택난이 악화되면서 주택의 음성적인 매매거래가 묵인되고 있다고 한다. 탈북자의 증언에 의하면 세 칸짜리 집을 지닌 사람이 돈을 받고 한 칸짜리 집과 바꾸거나, 땅은 국가 것이지만 처음부터 개인이 거주하여 '개인집'으로 인정된 개인집을 국가에 일정한 수수료를 내고 마음대로 파는 일이 있다는 것이다. 물론 '국가집'을 거래할 경우 공식적으로는 돈을 주고받지 않고 개인끼리 합의본 것으로 보고한다고 한다. 뿐만 아니라 최근 식량난으로 먹고살기가 어려워지자 주택을 팔고 식량을 구입하는 형태도 늘어나고 있다고 한다.

2. 사회복지제도

1) 사회보장제도

북한은 노동을 전주민의 권리이자 의무로서 헌법에 명시하면서 "모든 공민은 희망과 재능에 따라 직업을 선택하며 안정된 일자리와 로동조건을 보장받는다"[22]고 직업선택의 자유와 노동조건에 대한 최소한의 보장을 규정한 데 이어 "공민은 휴식에 대한 권리를 가진다. 이 권리는 로동시간제, 공휴일제, 유급휴가제, 국가비용에 의한 정휴양제, 계속 늘어나는 여러 가

---

21) 통일교육원, 앞의 책, pp. 425~426.

22) 『통일문제연구』 제30권 2호(1998년 하반기호), "부록Ⅲ : 조선민주주의인민공화국 헌법", pp. 300~301.

지 문화시설들에 의하여 보장된다"[23]고 하여 노동보호를 규정하고 있다.

또한 "공민은 무상으로 치료받을 권리를 가지며, 나이 많거나 병 또는 불구로 로동능력을 잃은 사람, 돌볼 사람이 없는 늙은이와 어린이는 물질적 방조를 받을 권리를 가진다. 이 권리는 무상치료제, 계속 늘어나는 병원, 료양소를 비롯한 의료시설, 국가사회보험과 사회보장제에 의하여 보장된다"[24]고 하는 등 선진 복지국가의 제도를 보장하고 있다.

이에 따라 질병·부상·임신·해산에 관한 의료상의 방조, 질병·부상·불구로 인하여 일시적 노동능력을 상실한 경우의 보조금, 임신·해산으로 인한 경우의 보조금, 질병·부상으로 불구 또는 폐질이 되었을 때의 연금, 부양의 책임을 진 피보험자가 사망 또는 실종되었을 때의 그 유가족에 대한 연금, 연로한 피보험자에 대한 연금 등 다양한 명목상의 사회보장·복지시책을 마련해놓고 있다.[25]

북한은 헌법 및 사회보장법 등을 통해 제도적으로는 완전한 사회보장이 가능한 복지국가를 지향하고 있는 것으로 보인다. 하지만 실제 이러한 제도의 실천을 위해 필요한 재원의 부족과 사회·경제적 위기로 인하여 사회보장제도가 제대로 시행되지 않고 있는 것이 현실이다. 한마디로 북한의 사회보장 시책은 '제도와 현실의 부조화'라는 위기에 봉착해 있다고 할 수 있다.

2) 사회복지시설

(1) 탁아소·유치원제도
탁아제도는 원래 근로여성, 특히 저소득층의 근로여성을 위한 사회복지

---

23) 통일교육원, 앞의 책, p. 301.

24) 위의 책, p. 301.

25) 통일부, 앞의 책, pp. 446~447.

적 차원에서 마련된 것이나 북한에서는 취학전 아동에 대한 공산주의 정치
사상 교육의 필요성에 따라 정립된 유아교육제도로서 의미가 더 강하다.

'어린이 보육교양법' 제1조에 의하면, "조선민주주의인민공화국에서 어
린이들은 조국의 미래이며 공산주의 건설의 후비대이며, 대를 이어 혁명
할 우리 혁명위업의 계승자들이다"라고 규정하고 있고, 동법 제2조에는
"조선민주주의인민공화국은 모든 어린이들을 탁아소와 유치원에서 국가
와 사회의 부담으로 키운다"고 명시, 탁아소·유치원의 조기 정치사상 교
육기관으로서의 의의를 시사해주고 있다.[26] 이와 함께 탁아소와 유치원의
설치목적이 노동력 부족을 여성노동으로 보충하려는 의도에서 이루어진
것임은 두말할 필요가 없다.

(2) 특수 사회복지시설

북한은 특수 사회복지시설로 육아원, 애육원, 양생원, 양로원 등을 운영
하고 있다. 육아원과 애육원은 만 6세 미만의 고아들을 양육하는 기관이
고, 양생원은 무의탁 지체부자유자들을 수용하는 곳으로 각 도에 1개소를
두고 있었으나, 경제난에 따른 운영의 어려움으로 일부 도에서는 통·폐
합되고 있다. 양로원은 부양능력이 없는 남자 60세, 여자 55세 이상자를
수용하여 부양하는 곳이다. 그 외에도 북한에는 전쟁 또는 군복무시 불구
가 된 자를 수용하여 장기치료를 해주는 영예군인병원, 장기치료와 요양
을 해주는 영예군인정양소, 휴양소 등이 있다.[27]

---

26) 앞의 책, p. 447.
27) 위의 책, p. 449.

<표 5> 어린이 보육에 관한 주요 조치

시 기	조치내용
1947. 6	탁아소 규칙에 대한 보건국 명령 제5호
1964. 7	유치원 사업을 개선 강화할 데 대한 새로운 대책에 대한 내각결정
1966.10	전국 보육교양원 대회
1968.	유치원 교육과정제도 심의회 구성
1972. 5	만 5세의 모든 어린이들에게 학교전 교육을 의무적으로 줄 데 대한 김일성 교시
1975. 9	11년제 의무교육을 전면적으로 실시
1976. 4	최고인민회의 제5기 6차 회의, 어린이 보육교양법 채택
1979. 3	최고인민회의 제6기 3차 회의, 교육부문 보고 -어린이 보육교양사업을 가일층 강화

출처 : 통일부, 『2000 북한개요』(서울 : 통일부, 1999), p. 448.

3) 사회보험

(1) 연금제도

북한의 연금제도는 1951년 8월 30일에 제정된 '국가사회보장법'과 1978년 4월 18일 제정된 '사회주의 로동법'에 따라 임금노동자를 대상으로 실시되고 있다. 사회주의 노동법 제5장 제74조에 따르면 남자는 만 60세, 여자는 만 55세까지 직장생활을 한 노동자 사무원에게 연로연금 지급이 규정되어 있다.[28] 이러한 연금제도가 협동농장 농민에게 확대 · 적용되기 시작한 것은 1986년 11월부터다. 그리고 1992년 3월 1일부터 주민복지향상 시책의 일환으로 사회보장자들에 대한 사회보장연금을 기존보다 평균 50.7% 인상조치했다고 발표한 바 있다.[29]

---

28) 평화문제연구소 · 한국방송프로듀서연합회, 『통일 · 북한 핸드북』(서울 : 평화문제연구소, 1997), p. 181.

(2) 산재보험

산업재해를 입은 사람에게 지급되는 산재보험은 취업 당시 임금을 기준으로 5등급으로 구분하여 1급은 임금의 75%, 5급은 50%를 지급한다. 이와 함께 정·휴양과 치료기간 동안 무상치료를 보장한다.[30]

(3) 실업보험

북한의 실업보험은 노동할 의사와 능력이 있음에도 불구하고 1개월 이상 직장을 배정받지 못하여 생계가 어렵고 달리 부양할 사람이 없는 경우,

〈표 6〉 사회보장제도

구 분	종 별	보장내용
보조금 제도	일시적 보조금	월평균 임금액의 50~80%를 3개월 한도 지급
	해산 보조금	월평균 임금액의 90% 지급
	장례 보조금	사망자가 10세 미만인 경우 5원, 10세 이상인 경우 10원 지급
	의료 보조금	무상치료 원칙 * 사회보험료 명목으로 월급의 1% 공제, 치료약은 인민약국에서 별도 구입
연휼금 제도	폐질연휼금	직종별, 질병류에 따라 최종 월평균 임금액의 23~90%를 매월 지급
	유가족연휼금	가족수에 따라 40~90%를 매월 지급
	양로여휼금	남 60세, 여 55세 이상인 자에게 최종월급액의 50% 내외로 종신 시급

출처 : 통일부, 『2000 북한개요』(서울 : 통일부, 1999), p. 451.

---

29) 중앙인민위원회 정령(1992. 2. 13)을 통해 1992. 3. 1부터 생활비(임금) 43.4%, 사회보장연금 50.7%, 장학금 33% 등을 인상조치했으며, 농산물 수매가격도 벼는 26.2%, 강냉이는 78%를 인상했다고 발표했다. 통일부, 앞의 책, p.449에서 재인용.

30) 평화문제연구소·한국방송프로듀서연합회, 앞의 책, p. 181.

표준 임금의 20%를 6개월 한도로 지급한다. 하지만 자발적 실업 및 노동 규율 위반, 범죄 등 과실에 의한 해고의 경우에는 지급하지 않는다.

3. 생활 전망

1990년대 이후 계속된 경제난으로 북한 주민들의 삶의 양식은 현저히 달라졌다. 무엇보다도 배급체계의 붕괴로 식량을 구하기 위한 주민유동성이 급증했다는 점이다. 이에 인간관계가 파괴되고 가족이 해체되는 사례가 증가하고 있다.

탈북자 장성숙과 김경일에 의하면 식량이 부족하면 가재도구부터 팔고 옷가지, 이불 등을 팔고난 다음 결국은 가족이 각각 흩어져 생존의 길을 찾는다고 한다.[31] 이에 기아와 궁핍을 모면하기 위한 주민들의 국경탈출이 현저히 늘어나게 된 것이다.

이와 같이 주민유동성이 급증하면서 사회통제는 이완될 수밖에 없다. 북한 당국은 주민통제를 강화하기 위해 끊임없이 노력하지만, 중앙에서 식량을 배급해주지 못하기 때문에 식량을 구하기 위해 다른 지역으로 이동하는 것을 막을 수 없는 상황이 된 것이다.

또한 계획경제의 마비로 인해 사적 경제행위가 증가하고 비공식적인 사적 경제영역이 확장되고 있다. 공식적인 배급체계의 마비로 인해 북한 당국도 개인거래 및 2차 경제영역을 어느 정도 인정하지 않을 수 없게 된 것이다.

현재 북한은 '전주민의 상인화'라고 해도 과언이 아닐 정도로 주민들이 생존하기 위해 장사에 나서고 있는 실정이다. 극심한 식량난과 생필품 배

---

31) 연합뉴스, 『2000 북한연감』(서울 : 연합통신사, 1999), p. 509.

급의 마비로 기초 생필품들을 물물교환이나 개별 거래를 통해 구입할 수밖에 없기 때문이다.

이와 같은 사회혼란에 대응하여 북한 당국은 대대적인 주민 재배치 사업을 추진했다. 1999년 4월 2일 국가정보원이 국회 정보위원회에 보고한 자료에 따르면 이번 주민재배치 사업은 전체 주민의 8%를 차지하는 200만 명으로 북한 정권 수립 이후 최대규모로 평가하고 있다.[32]

최근의 사회적 변화를 고려할 때, 북한이 사회이탈현상을 부분적으로나마 해소하고, 흐트러진 사회기강을 바로 세우는 등 사회 분위기를 쇄신하고 강성대국건설의 안정적 기반을 확보하기 위해서는 현재 북한의 제1과제라고 할 수 있는 경제회복 여부에 달려 있다고 할 수 있다.

---

32) 앞의 책, p. 511.

제**3**절
가정과 직장생활

1. 가정생활

1) 결혼과 이혼

북한은 1990년 10월 24일 최고인민회의 상설회의에서 채택한 가족법 제9조에 의해 법정결혼연령을 남자는 18세, 여자는 17세 이상으로 정해놓고 있다. 그러나 김일성이 1971년 6월 21일 개최된 사회주의노동청년동맹 제6차 대회 연설에서 "한창 일할 수 있는 나이에 결혼을 하면 혁명과업 수행에 지장을 주게 된다. 남자는 30세, 여자는 28세가 된 다음 결혼하는 것이 좋다"라고 교시한 뒤 사회관습적으로 만혼이 지배적으로 되어 있다. 무엇보다도 남자는 군복무 중에는 결혼이 금지되어 있고, 여자도 사회적 노동력의 동원을 위해 경제활동 참여를 적극 권장받고 있기 때문이다. 그러나 과거에는 여자의 경우 28~29세, 남자는 30~31세로 결혼하는 것이 지배적이었지만, 1980년대 이후 이것이 잘 지켜지지 않고 여자는 23세, 남자는 25~26세가 결혼적령기로 치부되어 관행화되고 있다고 한다.[33]

배우자 선택 방식은 연애결혼을 선호하고 있으며, 갈수록 그 비율이 늘어나는 추세라고 한다. 배우자 선택의 기준으로는 전통적 관념, 사회주의

---

33) 통일교육원, 앞의 책, pp. 455~456.

이념, 현실적인 요소들이 혼합적으로 작용한다.[34] 사회주의적 이념에 따라서는 일생을 동지로서 당과 수령에게 충성을 다할 수 있는 정신적 풍모를 갖춘 사람을 이상적 배우자로 여긴다. 현실적 요소는 학벌, 직업, 가정성분, 도시거주 등이 주요 선택기준으로 작용하고 있다.

그러나 최근에 물질주의 및 개인주의 풍조가 확산되면서 배우자 선택의 기준으로 이념적 기준보다는 현실적 기준이 우세하다고 한다. '뒷돈'이 잘 생기는 서비스직 및 상업요원, 대외사업종사원 등이 남녀 모두에게 인기라는 것이다.

북한에서 이혼은 제도적으로 제한되어 있다. 1956년 내각결정 제24호에 의하여 합의이혼을 폐지하고 재판에 의한 이혼만 인정하고 있다. 이혼을 원하면 시·군재판소에 50원짜리 수입인지를 첨부한 이혼청구서를 내면 되는데, 재판부가 이혼을 인정하는 것은 부부관계를 계속할 만한 정치·도적적 기초를 상실한 경우이다. 여기서 가장 확실한 이혼사유란 배우자 중 한 사람이 반당분자, 반혁명분파, 종파분자, 정치적인 반항자일 경우이다. 그 다음 사유는 배우자의 부정과 폭행, 건강상의 이유이다. 이혼판결시 사유재산이 없기 때문에 재산분할문제는 발생하지 않는다. 자녀의 양육은 남자나 여자가 하는데, 여자가 할 경우 자녀수에 따라 월수입의 10~30%의 범위내에서 양육비를 청구할 수 있다.[35] 북한에서 이혼여성은 직장생활에 제약을 안 받기 때문에 생활은 비교적 자유로운 편이다. 그러나 이혼여성과 재혼을 꺼리는 사회적 관습 때문에 여성들은 이혼하기를 꺼려 한다.

---

34) 남인숙, 『남북한 여성 그들은 누구인가』(서울 : 서울신문사, 1993), p. 242.
35) 통일교육원, 앞의 책, pp. 457~458.

2) 가족 및 친족관계

북한은 1946년 7월에 「북조선의 남녀평등권에 대한 법령」을 공포하면서 봉건적 가족제도 철폐의 일환으로 호주제도를 철폐했다. 따라서 이후 가족형태는 모든 산업사회에서 볼 수 있듯이 핵가족 및 2세대 중심 가족형태로 발전해왔다.[36]

북한은 형식상 여성들의 사회경제활동 참여와 육아 및 일부 가사노동의 사회화로 남녀평등질서가 구축된 것처럼 주장하지만, 실제로는 가부장적 수직관계를 유지하고 있다. 이는 남녀평등이 이룩되었으며, 여성들은 해방되었다는 선전과 달리, 북한 여성들이 사회주의 이념과 가부장적 이념 양자에 구속되어 있음을 보여주는 것이라 하겠다.

북한의 부모·자식관계 또한 전통적인 가부장적 요소가 강하게 잔존하고 있다. 이는 부자세습제로 김정일이 효를 강조함에 따라 더욱 강화되었다. 부모·자식관계는 권위적 관계인데 특히 부권의 권위가 강하게 존중되고 있다. 뿐만 아니라 북한에서도 남한과 마찬가지로 남아선호사상이 지배적이다.

북한에서도 가족을 넘는 친족관계는 제한되어 있다. 북한의 경우 친족관계의 범위가 좁혀진 것은 여타 자본주의국가들처럼 산업화와 핵가족화의 영향보다 문벌·문중·가문 중심의 봉건적 가족제도를 의도적으로 해체하는 과정에서 정착되었다. 그리하여 서로 인지되는 친족은 대개 6촌 이내로 되어 있으며, 그나마도 4촌만 넘으면 '먼 친척'으로 분류된다. 북한에서는 가정의례 자체를 '사회주의적 생활양식'이라 하여 간소화하고 제한할 것을 행정명령으로 시행해왔기 때문에 자연스럽게 친족관계의 범위가 좁아졌다. 최근에 와서 강화되고 있는 것이 있다면, 3대 가족의 거주

---

36) 앞의 책, p. 458.

형태를 '조선의 미덕'이라 하여 권장함으로써 직계가족이 2대 중심에서 확대되는 경향이라 하겠다.

2. 관혼상제 및 풍습

1) 관혼상제

(1) 장례 및 제례의식

북한에서 전통적인 가정의례는 사회주의적 생활양식 정착에 장애가 되는 봉건적 잔재라 하여 처음부터 의도적으로 규제되었다. 이 중에서 특히 북한은 친족들이 모여 장례나 제사의식을 치르는 것을 물자의 낭비, 봉건잔재, 종파주의나 분파주의 조성 등의 이유를 들어 규제했다.

1960년대 말경까지는 문중 차원의 확대 제사는 규제했지만 직계존속에 대한 제사는 전통적 방식으로 하는 것을 묵인해주었다. 그런데 이것도 1974년 전국농업대회에서 김일성이 소위 '사회주의적 제사' 방식을 제기함에 따라 간소화되었다. 그 결과 추석성묘와 직계가족의 탈상제 정도는 묵인하지만 전통적인 유교적 제례방식과 다른 내용의 제례가 일반화되었다. 그것도 음력명절, 한식, 추석 등 전통명절을 무시하면서 기제사 정도로 치러지게 되었다.[37]

그러나 1980년대 말부터 전통명절들이 부활되면서 죽은 사람의 무덤을 찾아가 기념하는 것이 다시 활성히되었다고 탈북자들은 전한다. 게다가 김일성의 3년 탈상제가 강조되면서 기존의 제례행위에 대한 갖가지 규제가 무의미해졌다.

---

37) 앞의 책, pp. 462~463.

(2) 회갑 · 생일

회갑잔치의 경우 공식적으로 금지해왔지만 주민들이 몰래 치러왔는데,
1961년 김일성이 '60청춘 90환갑'이라는 교시를 내린 후부터 사라졌다.
그러나 1970년대 이후 다시 부활하여 당국의 묵인 아래 치러지고, 음식은
친척이나 이웃이 십시일반으로 모아주는 쌀 및 부식물로 간소하게 기념하
는 정도로 차려진다고 한다. 돌잔치도 아직 잔존하는데, 다만 탁아소에서
공동으로 치러진다고 한다.

2) 명절

북한에서 명절은 남한처럼 전통 민속명절만을 의미하지 않는다. 이것
외에 국가경축일, 국제기념일까지 모두 포함하는 개념이다. 설, 한식, 추
석 등은 따로 '민속명절'이라고 부른다. 군 창건일과 전승기념일은 1996
년도에 추가되었는데, 아마도 김정일이 군부에 의지해서 통치하기 때문에
이런 조치를 취한 것으로 판단된다.

북한에서 가장 최대의 명절은 김일성 부자의 생일날이다. 북한은 이날
들이 최대의 명절임을 부각시키기 위해 연휴로 하고, 김정일 생일인 2월
16일부터 김일성 생일인 4월 15일까지 두 달 동안을 축제기간으로 정해놓
고 혼인식도 자제할 것을 권유하고 있다. 우리 민족 4대 명절인 음력설,
단오, 한식, 추석은 1967년 7월 "봉건잔재를 뿌리뽑아야 한다"는 김일성
의 지시에 의해 공식적으로 사라졌다가 1988년 이후 부활되었다. 민속명
절을 부활한 것은 이산가족찾기사업, 해외동포들의 방문, 1980년대 말부
터 부쩍 늘어난 '우리식 사회주의', '조선민족의 우월성' 등의 선전 때문이
다. 그러나 이날을 쉬면 '대휴'라 하여 내각이 고시한 그 전후의 일요일에
보충노동을 하기로 되어 있으므로, 완전한 법정공휴일이 아니고 반쪽 휴
일이라 할 수 있다.[38]

3. 직업선택과 직장생활

북한 주민들에 있어서 직장은 필수적이다. 왜냐하면 기본적으로 재산 및 사적 소유가 인정되지 않아 노동력을 제공하지 않으면 생필품을 배급받거나 확보할 수 없기 때문이다. 따라서 노동가능한 인력은 거의 경제활동에 참여한다고 볼 수 있는데, 1995년 현재 북한의 경제활동 참가율은 69.8% 수준으로 추정된다.[39]

1) 직업의 선택

사회주의 사회에서 일반주민들의 직업 선택은 일차적으로 사회주의적 계획에 의한 사회 부문별 노동력배치에 의해 규정된다. 북한에서 개인의 직업선택에 가장 핵심적으로 영향을 미치는 요소는 이러한 사회주의적 계획방침에 앞서 당성과 출신성분이 우선한다. 어떤 부문에 얼마만큼 인력이 필요한가를 조사하여 사회적 노동력의 낭비를 없애고 적절한 인력배치를 한다고 하지만, 기본적으로 위세있고 사회적 신분상승과 관련된 직업은 출신성분 기준에 따라 선발되어지는 것이 현실이다.

2) 근로환경 및 휴가제도

북한은 오늘날 대부분의 국가들이 일반적으로 채택하고 있는 하루 '8시간 노동제'를 원칙으로 함을 사회주의 노동법에 명시하고 있다. 그리고 노동의 힘든 정도와 특수한 조건에 따라 7시간제나 6시간제도 허용하고 있

---

38) 앞의 책, pp. 464~465.
39) 통계청, 『남북한경제사회상비교』(서울 : 통계청, 1996), p.27.

다. 예컨대 중노동의 경우는 7시간, 3명 이상의 자녀를 가진 여성노동자의 경우 6시간으로 규정하고 있는 것이다. 그러나 실제 노동실태는 이와 다르다는 것이 탈북자들의 증언이다.

탈북자들의 증언에 의하면 남성노동자는 아침 7시에 출근하여 저녁 8시에 퇴근함으로써 총 13시간을 직장에서 생활한다. 13시간 중 2시간은 《로동신문》이나 당의 지시문을 읽는 독보회라든가, '작업총화'라 하여 정치학습을 하는 시간이다. 그런데 작업총화 후 학습시간이 보통 2시간을 넘기는 경우가 많아서 집에 돌아오는 시간은 저녁 10시 이후가 대부분이다. 결국 실제 노동시간은 법정노동시간 8시간을 넘는다고 할 수 있다.

그리고 작업량의 초과달성을 위해 연장되는 경우도 많다. 작업량은 일별·월별·분기별로 어김없이 넘쳐 수행되어야 할 것이 늘 강조되기 때문에, 형식적으로 시간외 노동을 금지하고 있지만, 실제상으로는 시간외 노동이 불가피한 것으로 되어 있다. 만일 지시된 계획량을 다하지 못하면 기본임금을 다 받지 못하거나 추궁을 당하게 된다.

한편, 휴가에 대해서 북한은 제도적으로 사회주의 노동법 제65조에 "로동자, 사무원, 협동농장원들은 해마다 14일간의 정기휴가와 직종에 따라서 7일 내지 21일간의 보충휴가를 받을 수 있다"고 명시하고 있다. 여성에게는 매달 생리휴가와 60일간의 산전휴가, 90일간의 산후휴가가 주어지고 이 기간동안 보조금이나 평균노동력 일수를 준다. 때에 따라서는 7일, 12일의 보충휴가와 '사결'이라 하여 상사의 허락받고 법정휴가 외의 무급 개인휴가도 쓸 수 있다. 만일 휴가를 사용하지 않으면 3개월간의 평균임금을 일수로 나누어 14일간의 임금을 가산해준다. 이러한 휴가 외에 각 직장마다 일주일에 한 번씩 휴일도 주어져 있다. 특이한 것은 휴일이 일률적으로 일요일로 정해져 있는 것이 아니라 지역마다 다르다는 점이다.[40]

---

40) 통일교육원, 앞의 책, p. 443.

이는 유사시를 대비하기 위한 것인데, 예컨대 평양은 일요일, 함경북도
는 수요일, 함경남도는 목요일, 강원도는 금요일로 정해져 있다. 그러나
휴가와 휴일은 거의 지켜지지 않는다고 한다. 대부분 계획의 완수와 사회
주의적 노력경쟁으로 인해 휴가를 쓰지 못한다.

〈표 7〉 북한의 휴가제도

종 류	대 상	기 간	비 고
정기휴가	일반노동자, 사무원	연간 14일	유급휴가
보충휴가	지하 및 유해직 근로자	정기휴가 14일 외 7~12일	〃
산전 · 산후 휴가	임산부	150일	〃
임시휴가	부득이한 특수사정이 있는 자	단기간	무급휴가

자료 : 통일부, 『2000 북한개요』(서울 : 통일부, 1999), p. 438.

그러나 1990년대 들어와서 이러한 노동실태도 많이 달라졌다. 경제난으
로 공장가동률이 한 달 평균 30% 이하 수준으로 떨어지면서 각 공장 및
기업소 내부의 가용노동력 및 기계설비도 다 사용할 수 없는 처지가 되어
버렸기 때문이다.

북한의 교육 · 문화

제1절
북한의 교육

1. 교육이념과 교육제도

1) 교육이념

어느 체제이든 교육은 그 사회의 지배적 이념과 가치에 기초한다. 지배적 사회이념은 모든 교육활동의 방향을 제시해주는 교육이념으로 투영되고 이에 기초하여 교육계획이 수립되고 교육행위가 이루어진다. 인간은 이러한 사회의 틀 속에서 교육되며, 특히 한 사회의 제도 교육은 개인의 사고와 생활양식에 적지 않은 영향을 미친다. 따라서 '교육'이라는 창을 통해 북한 사람들의 성장과정과 삶의 방식을 이해하고, 그러한 교육을 통해 이루어진 북한 사회의 특성을 살펴보고자 한다.

해방 후 북한은 소련의 지원하에 사회주의 국가를 수립했다. 북한 교육은 초기에 마르크스-레닌주의에 입각한 집단주의 교양과 사회주의 교육원리에 기초하여 성립되었다. 북한은 역사적 발전과정의 산물로서 마르크스-레닌주의로부터 주체사상 및 유일사상체제를 확립했다. 주체사상은 50년대 후반 형성되기 시작하여 70년대에 이미 정치 원리로 채택된 후 「로동당 규약」(1970)과 「사회주의 헌법」(1972)에 명문화되었다.

정치 원리로서의 주체사상은 교육 원리로도 채택되었다. 1976년에는 「어린이 보육교양법」, 1977년에는 「사회주의 교육에 관한 테제」(이하 교육

테제)로 명문화되었고 이 원리에 기초하여 북한 교육이 전개되었다. 1977년에 발표된 교육테제는 주체사상을 북한의 주된 교육적 원리의 핵심으로 삼고 있다.[1] 교육테제에는 사회주의 교육의 목적을 다음과 같이 밝히고 있다.

> 사회주의 교육의 목적은 사람들을 자주성과 창조성을 가진 공산주의적 혁명 인재로 키우는 것이며, 사회주의 교육은 사람들을 사회와 인민을 위하여, 사회주의 공산주의를 위하여 몸바쳐 투쟁하는 공산주의적 혁명 인재로 키움으로써 사회주의 제도를 위하여 복무하며 로동계급의 혁명 위업에 이바지하여야 한다.[2]

이러한 교육의 목적은 「사회주의 헌법」(1998. 9. 6.)에 "국가는 사회주의 교육학의 원리를 구현하여 후대들을 사회와 인민을 위하여 투쟁하는 견결한 혁명가로, 지덕체를 갖춘 공산주의적 새 인간으로 키운다"[3]고 명시하기에 이르렀다. 교육목적이 학생들을 공산주의적 혁명 인재, 사회와 인민을 위해 투쟁하는 공산주의적 혁명가로 키우는 것임을 알 수 있다. 교육이란 공산주의에 헌신하는 사람을 길러내는 것으로서 사회주의 교육의 보편적 특성과 다름이 없다.

교육목적이 인민의 자주성을 촉발하여 지덕체를 겸비한 공산주의적 인간을 양성하는 데 있으나 실제 그 의미는 교육에서 구현되지 않고 있다. 주체를 세운다거나 혁명과 건설에 주인다운 태도를 가진다거나, 자기 문

---

1) 강순원, 『평화 · 인권 · 교육』(서울 : 한울아카데미, 2000), p. 139.
2) "사회주의 교육에 관한 테제"(1977. 9. 5.), 김형찬 편, 『북한의 교육』(서울 : 을유문화사, 1990), p. 482.
3) 제43조부터 제49조까지가 교육에 관련된 조항을 규정하고 있다. "조선민주주의인민공화국 사회주의헌법", (1998. 9. 6.), 이장희 편저, 『북한법 50년, 그 동향과 전망』(서울 : 도서출판 아사연, 1999), p. 355.

제를 자신이 책임지고 풀어나가는 자주적 입장을 내세우는 주체사상이 유일사상체제로 논리의 발전을 거치면서 그 의미가 퇴색되고 있다. 인민은 역사발전과 혁명의 주체이지만 수령의 지도에 의해 올바로 인도된다고 함으로써 인민의 자주성이 퇴색되고 수령이 혁명의 주체로 부각된다. 그 결과 학생들은 혁명의 주체인 김일성과 김정일의 명령과 지시를 성실히 따르고 내면화하는 주체교육에 의해 키워지고 있다.

북한 교육의 역사적 전개과정은 사회주의 교육의 보편적 특성보다는 '주체사상적 교육'의 특성을 띠고 발전해왔음을 알 수 있다.[4] 사회주의 교육의 보편적 특성이 공산주의에 헌신하는 사람을 길러내는 것이라면, 북한의 사회주의 교육학은 당의 유일사상체제의 확립을 목적으로 학생들을 '당에 끝없이 충실한 혁명가', 나아가서 '수령에 끝없이 충실한 혁명전사'로 키우는 데 있다. 북한의 사회주의 교육학은 바로 김일성과 김정일의 영도와 인도에 적극적으로 순종하는 사람을 키우는 교육 원리와 실천이라 할 수 있다.

2) 학교교육제도

북한은 교육기회의 확대에 초점을 맞추어 사회주의적 학교교육체제를 마련하고 발전시켜 왔다. 교육제도의 발달은 사회주의 이념과 북한의 독특한 역사발전의 과정을 반영하면서 시기마다 상이한 특징을 보이고 있다.[5] 북한 교육세도의 발전과정은 정치사상의 변화와 교육의 전반적 발전

---

4) 문용린, "교육제도와 정책", 최명 편, 『북한 개론』(서울 : 을유문화사, 1990), p. 411.

5) 북한 교육제도의 발전과정은 일반적으로 정치사상의 변화에 초점을 두어 시기를 구분했다. 대표적인 예로, 김동규는 공산주의 사상 도입기, 정권 안정과 공산주의 정착기, 혁명전통강화와 주체사상 도입기, 주체사상과 당의 유일사상 체계 강화기, 주체교육과 인간개조 교육 강화기로 구분하고 있다. 김동규, "북한 교육학의 성립 근거와 학교교육의 전개 과정", 김형찬 편, 앞

특성을 고려하여 다음과 같이 시기별로 구분하여 살펴볼 수 있다.

첫째, 사회주의 교육 도입 시기(1945~1950)는 일제의 교육제도를 탈피하고 소련식 교육제도를 도입하여 사회주의 교육제도를 확립하는 시기이다. 둘째, 전후 복구 시기(1950~1959)는 전쟁 후 국가건설을 위한 복구 및 교육 재건을 위한 방향에 역점을 둔 시기이다. 초등의무교육을 충실히 이행하는 데 주력하는 한편, 중학교 단계까지의 국민기초교육 실시를 계획하여 58년에 7년제 의무교육제를 결정했다.

셋째, 기술교육 강조 시기(1959~1966)는 학제 개편을 통해 기술교육 중심의 사회주의 교육체제를 확립하는 시기이다. 사상교육을 중요시하여 소련식 교육에서 탈피하여 혁명전통교양에 기초한 새로운 교육의 확립을 모색하고 있다.

넷째, 유일사상 확립 시기(1966~1972)는 학제 개편을 통해 9년제 기술의무교육을 강조함과 동시에 주체사상을 도입하여 유일사상을 확립하는 시기이다. 68년부터 김일성 우상화 과목이 교육과정에 정식으로 등장하여 유일사상 교양을 강조하고 있다.

다섯째, 전반적 11년제 의무교육 시기(1972~1985)는 주체사상이 확립되고 주체사상의 통치원리가 교육에 그대로 반영되어 '사회주의 교육학' 및 11년제 의무교육제가 확립되는 시기이다.

여섯째, 고등교육 대중화 시기(1985~현재)는 1985년 이후 11년제 의무교육을 완전히 실시했다고 판단함에 따라 '전사회의 인테리화'라는 구호를 제시하고 고등교육의 대중화를 도모하는 시기이다. 1980년대 성인교육기관인 공장대학, 농장대학, 어장대학을 증설하여 모든 성인들이 고등교육을 받을 수 있도록 했다. 한편, 10개 정도의 대학을 '중심대학'으로 선정하여 학생모집, 교육시설, 교수수준, 교육재정 등을 우선적으로 지원함으

의 책, pp. 20~26.

로써 대학교육의 정예화를 동시에 추구했다. 이러한 발전의 결과, 고등교육기관은 1993년 현재 대학은 280개, 고등전문학교는 470개, 고등교육을 이수한 인텔리는 모두 160만여 명에 이르고 있다.[6]

〈그림 1〉 북한의 현행 학제

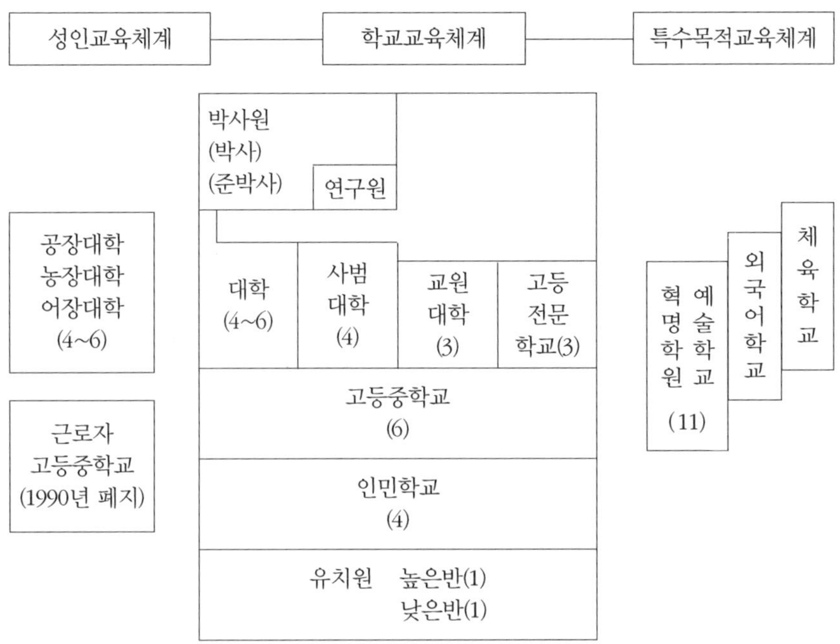

현행 북한의 학제는 1975년에 완성된 학제를 기본틀로 유지하면서 제도적인 발전에 따라서 부분적인 변화를 보이고 있다. 기본학제는 인민학교 4년, 고등중학교 6년, 대학 4~6년으로서 4-6-4제이다. 여기에 아래로 유치원과 위로 우리나라의 대학원에 해당되는 박사원이 있고 박사원 안에 준박사반과 박사반 과정을 두고 있다. 기본학제의 특징은 75년부터 11년

---

6) 한만길, 『통일시대 북한교육론』(서울 : 교육과학사, 1997), pp. 41~53.

제 의무교육을 실시하고 있는 점이다. 의무교육기간은 유치원 1년을 포함하여 인민학교 4년, 고등중학교 6년까지 해당된다. 만 5세부터 16세까지가 의무교육 기간이므로 다른 나라와 비교해 만 16세에 보통교육을 마치고 대학에 진학하든가 아니면 군대나 현장 노동에 참여할 수 있다.[7]

고등교육은 일반 고등교육체계와 성인 고등교육체계로 나눌 수 있다. 일반 고등교육체계는 '학업을 전문으로 하는 대학'으로서 종합대학, 단과대학, 고등전문학교를 들 수 있다. 성인 고등교육체계는 직장에 근무하는 성인들 대상으로 '일하면서 배우는 대학'으로서 공장대학, 농장대학, 어장대학, 그리고 일반대학 야간부와 방송통신교육기관이 있다.

특수교육체계는 영재교육기관과 특수층자녀 교육기관으로 구분된다. 영재교육기관은 1960년대 초부터 제도화되어 오늘날까지 지속되고 있다. 예체능 분야의 특수학교로는 11년제로 운영되는 무용학교, 음악학교, 조형예술학교 등이 있고, 외국어 분야로는 6년제 또는 7년제 외국어 학원이 있다. 또한 과학영재교육의 필요성에 따라 1984년에 뒤늦게 설치된 6년제 제1고등중학교가 있다. 특수층 자녀를 위한 교육기관은 해방 직후인 1947년부터 설립되었는데 11년제로 운영되는 만경대혁명학원과 강반석혁명학원 등이 있다. 북한 특수교육의 특성은 재능이 있거나 국가가 필요로 하는 인원을 조기에 선발해서 집중적인 교육과 훈련을 시킨다는 점이다.[8]

북한의 진학제도를 보면, 엘리트 선발과 대중적 선발 방식으로 엄격하게 구분된다. 특히 80년대 들어 체제유지와 국가경쟁력 확보 차원에서 전문 엘리트를 조기에 선발해서 양성하는 방식을 채택하고 있다. 예를 들면 특수학교인 외국어 학원이나 제1고등중학교는 인민학교 단계에서 우수한 학생을 조기에 선발해서 엘리트로 양성하고 있다. 이들 학교는 북한 사회

---

7) 이종각, "북한의 교육정책과 행정 및 고등교육", 고대평화연구소 편, 『북한교육의 조명』(서울 : 법문사, 1990), pp. 259~263.
8) 위의 논문, pp. 254~259.

의 엘리트 양성의 통로 역할을 하고 있다. 대중적 선발방식은 대중을 위한 개방적인 선발방식을 의미한다. 먼저 고등중학교는 인민학교 졸업자를 무시험으로 거주지 학교에 배정하는 방법으로 이루어지고 있다.

대학진학과 사회진출의 경우, 고등중학교 6학년이 되면 학생들에게 1지망, 2지망, 3지망을 적어내게 한다. 지망이란 자신의 희망으로서 군대, 대학, 직장 등 세 가지를 희망에 따라 순위를 적는다. 우선 공부 잘하는 학생 및 가정배경이 좋은 학생을 중심으로 대학 진학이 결정된다. 대학입학시험은 성적이 좋은 학생들을 대상으로 예비시험을 치른 뒤 시험성적을 기준으로 국가에서 수험생이 응시할 대학을 지정해준다. 수험생은 국가에서 지정해주는 대학의 추천권을 가지고 해당 대학에서 시험을 치르고 합격하면 입학한다.

대학시험에서 떨어진 학생과 사회의 직장배치를 선택한 학생들은 공장이나 기업소로 '무리배치'를 받는다. 대학에 가지 않는 대부분의 남학생들은 군대로 가려고 하는데 고등중학교 졸업자의 약 70%가 군대로 간다. 남학생이 대부분 군대로 가는 반면에 여학생은 주로 직장기업소로 배치된다. 이러한 '무리배치'의 경우 학교 성적은 전혀 고려되지 않고 아버지의 직장을 따르거나 그렇지 않은 경우는 인원이 부족한 부문으로 보내진다.[9]

2. 교육내용과 방법

1) 교육과정

'주체사상적 교육'은 교육에 대한 기대와 의도를 교육과정에 그대로 반

---

9) 좋은 벗들 엮음, 『북한사람들이 말하는 북한이야기』(서울 : 정토출판, 2000), pp. 478~483.

영하고 있고, 이러한 교육과정을 교육 현장에서 실제로 가르침으로써 교육의 성과를 달성하고 있다. 따라서 주체사상적 교육의 특징은 교육과정안 및 교과서 분석을 통해 살펴볼 수 있다. 북한 교육과정의 변천에 있어 시기별 주요 변화는 1945년 해방 후의 식민지 교육과정의 청산과 소련 교육과정의 도입 시기, 1959년의 기술교육중심의 교육과정 개편 시기, 1968년 이후 주체사상 교과의 도입과 정착 과정으로 대별할 수 있다.

특히 1968년은 북한 교육과정 변화에서 대단히 중요한 시기이다. 북한은 교육사업에서 당의 유일사상체계를 확립하기 위해 김일성 우상화교육을 교육과정에 확고하게 정착시키고자 했다. 그리하여 1968년에 김일성 우상화 과목으로서「위대한 수령 김일성동지 혁명력사(혁명활동)」가 정식 교과목으로 채택되었으며,「공산주의 도덕」과목이 인민학교와 중학교에서 사용되기 시작했다. 김일성 과목이 교육과정에 확고하게 정착되어감에 따라 1986년 교육과정에는 김정일 과목을 정규과목으로 신설하는 중요한 변화가 나타났다. 이는 김정일 후계체제가 확립되었음을 의미한다. 인민학교에는「친애하는 지도자 김정일동지 어린시절」과목이, 고등중학교에는「친애하는 지도자 김정일동지 혁명력사(혁명활동)」과목이 신설되었다.

교육과정상에 뚜렷한 변화가 없는 가운데 최근 들어 1992년, 그리고 김일성 사망 이후 1996년의 교육과정 개편은 김정일 중심의 정치사상 교육의 강화에 역점을 두고 있다. 교육과정 개편과 함께 교과내용의 개편도 추진하고 있다. 개편된 교육과정에 의하면 기존 틀을 유지하면서 김일성, 김정일 과목의 명칭이 변경되었다. 김일성에게는 '대원수님'이라는 칭호가 붙었으며, 김정일에게는 '원수님'이라는 칭호가 붙어 있다.

즉, 1996년 인민학교 교육과정에 있어 남한과 다른 특징적인 교과목으로「경애하는 수령 김일성대원수님 어린시절」,「위대한 령도자 김정일원수님 어린시절」,「공산주의 도덕」이 1학년부터 4학년까지 주당 1시간씩 각각 편제되어 있다. 1996년 고등중학교 교육과정에 있어서는「경애하는 수령 김일성대원수님 혁명활동(혁명력사)」,「위대한 령도자 김정일원수님 혁명활동(혁명력사)」,「공산주의 도덕」 과목이 1학년부터 6학년까지 매주 1~3시간씩 편성되어 있으며,「현행당정책」 과목도 개설되어 있다.[10] 북한의 교육과정 변천 과정은 곧 김일성과 김정일 우상화의 심화 과정이라고 할 수 있다.

2) 교육내용

북한의 사회주의 교육내용은 정치사상교양, 과학기술교육, 체육교육의 세 영역으로 구분된다.[11] 교육내용의 세 영역 가운데서 정치사상교양이 가장 중요시되고 있다. '정치사상교양'을 위해 교과내용에서는 당정책교양과 혁명전통교양, 계급교양, 집단주의, 로동을 사랑하는 것, 사회주의 애국주의 교양, 공산주의 도덕을 반드시 반영하도록 지침화했다.

교육내용에 있어 '과학기술교육'의 영역은 남한에서 말하는 자연과학 계통의 과학기술교육이라기보다는 인문과학, 사회과학, 자연과학 등 넓은 의미의 지식을 포괄한다. 과학기술교육은 사회의 구성원들이 누구나 알아야 할 일반지식과 고등교육 단계에서 능력있는 기술자, 전문가로 키우는 데 필요한 전문지식으로 구분된다. 일반지식은 11년제 중등의무교육을 통해 누구나 습득하도록 했고 전문지식은 고등교육단계에서 습득하도록 학교교육체계를 마련했다.

북한 '체육교육'의 목적은 단순히 청소년들의 체력 증진에 있지 않다. 체육교육이 군사교육과 불가분의 관계임은 "체육교육의 사명은 청소년학생들의 체력을 증진시켜 그들을 로동과 국방에 튼튼히 준비시키는 데 있

---

10) 한만길, 앞의 책, pp. 160~166.

11) "사회주의 교육에 관한 테제", 앞의 책, pp. 488~493.

다"는 테제의 언급에서도 알 수 있다. 체력을 튼튼히 함으로써 용감성, 대담성, 강인한 투지, 인내성 등의 사상의지를 단련하여 혁명과 건설을 힘있게 추진해 나갈 수 있음을 강조하고 있다.

교육내용 구성에 있어 정치사상교양은 특정 교과뿐만 아니라 모든 교과목에서 중심적인 교양의 지위를 차지하고 있다. 모든 교육내용에 '혁명사상'을 담도록 하고 있다. 국어, 혁명역사 과목은 말할 것도 없고 수학, 외국어, 물리 과목도 혁명사상을 담아서 가르쳐야 한다. 혁명사상을 담기 위해 모든 과목의 수업은 김일성 '교시' 또는 김정일의 '말씀'으로 시작하는데, 예를 들면 "우리 수령님께서 이런 문제에 대해 이렇게 교시하셨다. 우리는 이런 걸 이렇게 발전시켜서 수령님 심려를 덜어드리자"라는 식으로 교양을 한다. 이것은 김일성과 김정일에 대한 숭배심과 충성심을 배양하는 데 초점을 맞추고 있는 것이다.

이러한 사실은 교과서의 주제 분석을 통해 알 수 있다. 김일성, 김정일 과목은 대부분의 내용이 정치사상성 및 우상화에 관한 내용이며 「국어」, 「공산주의 도덕」 과목은 이러한 비중이 70% 이상 차지한다. 인민학교와 고등중학교 국어 교과서 분석 결과를 보면, 전체단원 중에서 국어학습 30%, 김일성 일가 43.9%, 공산주의 도덕교양 26.1%를 차지하고 있어서 김 부자 우상화 내용이 가장 큰 비중을 차지하고 있다.[12] 즉, 정치사상교육은 주체사상, 김일성과 김정일에 대한 우상화, 공산주의의 우월성, 공산주의 도덕 등으로 구성되어 있다. 이 가운데 김일성과 김정일을 찬양하는 내용이 주류를 이루고 있다. 또한 공산주의 도덕으로서 집단주의 정신, 정직, 질서, 경로정신, 노동애호, 향토애, 전통적 도덕규범 등을 강조하고 있다.

---

12) 박성희, "교과서 분석에 의한 북한 청소년의 가치관 연구", 『통일문제연구』 제6권 2호(통권 제22호), 1994년 가을.

3) 교육방법

(1) 깨우쳐주는 교수방법

북한 학교교육의 특징적인 교육방법은 깨우쳐주는 교수방법이다. "깨우쳐주는 교수는 학생들 자신이 능동적인 사고활동을 통하여 교수내용을 깨달도록 함으로써 그들의 자립성과 창발성을 적극 조장·발전시킨다." 깨우쳐주는 교수방법은 구체적으로 설명, 토론과 논쟁, 문답식 방법, 직관교육·실물교육, 해설과 설복, 긍정적 모범으로 감화시키는 방법 등이 있다.

깨우쳐주는 교수방법으로 가장 기본적인 것은 이야기, 담화의 형식으로 설명을 잘하는 것이다. 설명은 생동하고 설득력있고 논리정연하게 하여 학생들이 쉽게 깨달을 수 있도록 한다. 토론과 논쟁, 특히 문답식 방법은 학생들의 사고를 계발시키는 방법으로서 이른바 '항일유격대식 학습방법'의 하나이다. 이는 항일혁명 투쟁 시기에 창조된 전통적인 학습방법이다. 학교에서는 학과목의 특성에 맞게 교수내용을 직관화하여 현대적 직관수단들을 이용하여 직관교육, 실물교육을 강화하여야 한다. 해설과 설복은 "사람들을 깨우쳐주고 설득시켜 그들의 사상의식을 혁명적으로, 공산주의적으로 개조하는 교양 방법"으로 교사가 교수내용을 알기 쉽게 풀어서 학생들을 수긍케 하는 방법이다. 긍정적 모범으로 감화시키는 방법은 교사가 사상교양의 긍정적인 모형을 제시함으로써 학생들의 정의적인 측면을 움직여서 감화시키려는 것이다.[13]

(2) 교육과 생산로동의 결합

이론교육과 실천교육을 결합하는 것은 학생들을 유용한 산지식을 가신 공산주의적 혁명인재로 키우는 중요한 방법이다. 강의에서 배운 것을 실

---

13) 앞의 글, pp. 494~495. ; 김동규, 『북한의 교육학』(서울 : 문맥사, 1990), pp. 283~335.

천에 적용할 수 있는 능력을 함양하고, 학교에서 생산실습과 전공실습을
강조하며, 혁명전적지와 혁명사적지들에 대한 답사, 사회문화교양기관·
공장·기업소·협동농장들에 대한 견학을 조직해야 한다. 교육과 생산노
동의 결합방법으로 특히 학교수업이 끝나고 조직되는 과외활동을 들 수
있다. 과외활동으로는 음악, 수학, 체육 등의 소조활동과 노동에 참여하는
농촌동원이 있다.

1959년에 학생들의 사회의무노동을 제도화한 이래 학생들은 필요에 따
라 수시로 동원되고 있다. 인민학교는 연간 2~4주, 고등중학교는 4~8주,
대학교는 12주 정도 동원된다. 인민학교나 고등중학교 학생들이 하는 일
은 강냉이 심고 벼 모내고 김매는 정도의 일을 하지만 대학생 정도 되면
농촌에서 모내기와 추수하는 것 외에 건설 현장에서 도로, 발전소, 도시
건설 등을 지원하는 고된 일을 해야 한다. 학생들이 처음에 농촌동원을 나
간다고 하면 공부 안 한다고 좋아하지만 1주일쯤 지나면 고된 노동에 집
생각이 간절하다고 한다.

(3)조직생활과 사회정치활동을 통한 교양

학생들을 정치사상적으로 단련하기 위해서는 조직생활, 사회정치활동
을 강화하고 이를 교수사업과 결합해야 한다. 학생들은 소년단[14], 청년동
맹[15]의 조직생활을 통하여 사상교양을 받으면서 조직성과 규율성을 키워

---

14) 소년단의 가입대상은 만 7세에서 13세이다. 소년단의 가입은 인민학교 2학년부터 중학교 3
학년까지이다. 입단식을 하는 날은 명절을 맞이하여 2월 16일(김정일 생일), 4월 15일(김일
성 생일), 6월 6일(소년단 창건일) 세 번에 나눠서 입단식이 거행된다.
15) 1996년 1월 현재 사로청이 청년동맹으로 이름이 바뀌었다. 사로청은 사회주의로동청년동맹,
청년동맹은 김일성사회주의청년동맹의 약칭이다. 청년층을 대상으로 한 노동당의 외곽단체
로 만 14세에서 30세 가운데서 당원을 제외한 남녀 청년들이 의무적으로 가입한다. 30세가
넘어 당원이 되지 못한 노동자는 직맹에, 농민은 농근맹에 자동 소속이 된다. 『2001 북한연
감』(서울 : 연합뉴스, 2000), p. 697.

나간다. 북한에서는 유치원부터 조직생활을 하게 되어 있다. 그러나 기본
조직에 들어가 생활하는 것은 인민학교의 소년단부터이다. 중학교 4학년
이 되면 소년단에서 청년동맹으로 옮겨 조직생활을 한다. 인민학교나 중
학생들은 모두 청년동맹의 통제를 받는다. 학교 청년동맹의 구체적 활동
은 중앙에서 학생들에게 사상교양의 책임을 부과하면, 이에 따라 중학교
의 학교 분단총회나 소년단의 학교단총회, 각 학급 단위에서 학습과 총화
를 집행하는 것이다.

각자가 소속된 조직에서 학습하고 총화하는 것을 조직생활이라고 하고
이 외에는 사회정치활동이라고 한다. 소년단과 청년동맹의 중요한 사회정
치활동으로는 이야기 모임, 따라 배우기, 좋은 일하기 운동, 꼬마계획 활동,
토끼 기르기 등이 있다. 예를 들자면, 꼬마계획으로 1년 동안 1인당 일정한
양을 정해 폐품수집의 과제를 준다든지, 토끼를 몇 마리 키워서 그 가죽을
바쳐 인민군대가 입을 외투안의 털을 만들어 넣을 수 있게 하는 등 나라에
도움을 주는 활동을 하는 것이다. 이러한 사회활동은 사회주의 건설에 직
접 이바지하는 혁명활동이라고 정의하고 있지만, 실제는 폐품수집이나 토
끼 기르기처럼 개인에게 할당되는 과제를 완수하는 활동이 대부분이다.

3. 90년대 이후 교육의 현황

90년대 중반 경제난과 식량난이 겹치면서 북한의 학교교육은 거의 비정
상적으로 운영되고 있다. 비정상적인 학교운영의 현황을 정리해보면 다음
과 같다. 첫째로, 학생들의 등교 기피에 따른 출석률 저조로 수업이 제내
로 이루어지지 못하고 있다. 학생들의 출석률이 지역에 따라 차이가 심하
지만 대체적으로 40~70%만이 수업에 참여하고 있다. 결석률이 높은 것
은 학생들이 부모를 도와서 일을 해야 먹고 살 수 있기 때문에 노동을 하

거나 장마당에서 장사를 하거나 부모를 따라 식량을 구하러 다니기 때문이다.[16]

둘째로, 교원들의 궁핍한 생활로 인한 교권 하락을 들 수 있다. 특히 96, 97년도에 식량배급이 중단되거나 월급이 연체되는 상황에서 아무런 생산기반을 갖고 있지 않은 대부분의 교원들은 생계에 큰 곤란을 겪었다. 이렇게 되자 학교마다 교원들이 식량을 구하기 위해 10~15명을 한 조로 보통 1주일씩 학교를 비우면 남은 교원들이 학생들의 수업을 맡았다. 교원이 직접 장사에 나서서 생계를 꾸려나가는 경우도 생겨났다. 이제 교원은 청소년들이 선호하지 않는 직업이 되어버렸다. 과거 직업적 혁명가로서의 높은 사회경제적 지위는 90년대 경제난을 겪으면서 바닥으로 떨어져버렸다.

셋째로, 교육여건의 하락과 교육수준의 질적 저하라는 문제가 제기되고 있다. 북한의 11년제 의무교육은 국가가 수험료, 교과서, 학용품은 물론이고 기숙사비, 교복까지 무상으로 제공하도록 규정하고 있다. 그러나 의무교육이지만 실제로 국가에서 지원하는 것은 거의 없다. 1977년부터 2~3년에 한 번씩 교복을 무상으로 선물하거나 학기가 시작할 때 학용품을 무료로 공급했지만 요즘은 개인이 구입해야 한다. 교과서와 학용품은 저렴한 가격이지만 유상으로 공급하고 있다.

또한 학교교육에 필요한 물자는 거의 학교 자체가 조달하는 형편이다. 학교가 실험실습 교구, 책걸상, 종이, 필기구, 학교보수 등 부족한 물품을 자체적으로 충당하고 있다. 더 문제가 되는 것은 종이 부족으로 교과서를 제대로 발간하지 못해 여러 명이 한 권을 함께 보는 경우가 많다. 이와 같이 출석률 하락, 수업의 질 저하, 교육물품의 부족 등으로 학생들의 교육수준의 질적 저하라는 문제를 초래하고 있다.[17]

---

16) 《내외통신사》, 1998년 11월 12일.
17) 한만길 엮음, 『북한에서는 어떻게 교육할까』(서울 : 우리교육, 1999), pp. 237~247.

넷째로, 90년대를 거치면서 학생들의 가치관에 변화의 조짐이 보이고 있다. 북한에서는 학급이나 조직에서의 임원 선발, 대학생 선발, 직장 배치에 이르기까지 개인의 성적과 능력이 가장 중요한 요인은 아니다. 선발과 배치에 있어 개인의 출신성분, 부모의 당·정 간부의 여부, 그리고 최근에 경제력까지 가세한 개인의 가정배경이 큰 영향을 미치고 있다. 학생들은 이러한 사회 불평등 현상에 대해 체념하기도 하지만 내적으로 불만의 목소리가 적지 않다. 또한 학교와 사회에서의 부정과 비리를 목격하고 장마당을 체험하면서 청소년들의 생활 방식에 개인주의, 배금주의 경향이 스며들고 있다. 이는 학생들의 가치관이 외면적으로는 사회주의 이념을 추종하지만 내면적으로는 이와 배치되는 사고나 행동을 할 여지가 있음을 보여주는 것이다.

교육의 근간이 되는 대중적 학교교육의 파행적 모습이 북한 교육의 앞날에 암운을 드리우는 것과 대조적으로, 특수교육 부문을 중심으로 변화의 물결이 일고 있다. 이는 1984년 7월 22일에 김정일이 「교육사업을 더욱 발전시킬 데 대하여」라는 문건을 발표하면서 경제발전과 개방화 추세에 대비한 새로운 교육정책이 부분적으로 시행되고 있다.

과학기술분야의 영재를 육성하기 위해 1984년에 평양 제1고등중학교를 설립한 것이 그 대표적 예이다. 이와 더불어 국제무대에서 영어권 국가의 역할이 강화되는 추세에 따라 외국어 조기교육을 위해 평양 및 각도에 외국어 학원이 증설되었다. 제1외국어 교육에 있어서도 80년대 중반부터 러시아어·영어 병행교육에서 영어 위주로 전환했다. 90년대 들어 제1외국어의 인기순위가 러시아어에서 영어와 중국어로 자리바꿈을 했다.[18]

또한 과학기술, 정보통신의 중요성을 강조하면서 컴퓨터 교육을 강화하는 방향으로 나가고 있다. 1998년 2월 김정일이 컴퓨터 프로그램 작성 교

---

18) 《전교학》, 2000년 11월 21일. 《연합뉴스》, 2000년 11월 9일.

육을 지시한 이후, 98년부터 고등중학교 2학년 이상 학생들에게 의무적으로 컴퓨터 교육을 받게 하고 있다. 99년 11월에 김일성종합대학에 처음으로 컴퓨터과학대학을 설치했으며 기타 관련 대학에 「프로그램학과」를 신설토록 했다. 또한 개방화 추세에 대비하여 자본주의 시장경제 교육의 필요성을 강조하며 96년에 김일성종합대학에 「무역실무」라는 강좌가 개설되는가 하면 관리들의 해외연수 및 해외 유학생 파견이 이루어지고 있다.[19]

4. 과제와 전망

북한 교육의 특성과 내용을 과거와 현재 속에서 살펴보았고, 이에 기초하여 북한 교육의 과제와 전망을 몇 가지로 정리해볼 수 있다.

첫째, 정치사상교양을 근간으로 하는 교육정책은 앞으로도 지속될 것이다. 북한은 소련 및 동유럽 사회주의 체제의 몰락, 이어 90년대 중반 경제난과 식량난으로 체제위기를 겪으면서 주민들의 불만을 무마시키고 체제유지를 위한 수단으로서 사상교양을 강화해 왔다. 사상교양을 근간으로 하는 교육은 최근 제한적으로 대외적 개방을 추진하는 가운데 주민들의 사상이완 현상을 방지하고 김정일체제를 유지하기 위해 계속 강조될 것이다.

둘째, 학교운영의 정상화와 교육의 질적 수준의 향상이 향후 학교교육정책의 관건이 될 것이다. 의무교육제나 성인교육의 실시로 교육의 대중화 및 양적 확대를 이루었지만 이를 뒷받침해줄 재원의 부족으로 교육의 질적 수준을 확보하지 못하고 있다. 따라서 학교교육의 정상화를 위한 정책적 노력이 계속 이루어지겠지만, 이 문제는 북한 경제의 회복과 맞물려

---

19) 《전교학》, 2000년 11월 21일. 《연합뉴스》, 2000년 11월 16일.

있기 때문에 단기간에 달성하기가 쉽지 않을 것이다.

셋째, 북한이 현실적으로 당면하고 있는 경제난 극복과 대외적 개방을 위해 새롭게 시도하고 있는 외국어 교육, 과학기술 교육, 시장경제 교육은 앞으로도 계속 강조될 것이다. 그러나 북한은 이러한 변화를 전국적 규모로 확대할 만한 재원이나 여건을 갖추고 있지 않다. 또한 외래문물과 사조 유입이 체제를 위협하는 요인이 될 것을 경계하고 있기 때문에 제한적 범위에서 전개될 가능성이 크다.

사상교육을 우선시 하는 북한 교육은 지금까지 북한 체제유지에 결정적인 역할을 했고 앞으로도 상당기간 그럴 것이다. 그러나 문제는 이러한 북한 교육이 역으로 북한 체제를 정체시키고 발전을 저해하는 요인으로 작용한다는 사실이다. 현 북한 교육이 김정일체제를 정당화하고 주민들에게 수동적이고 획일적인 교육을 실시함으로써 교육이 오히려 개혁과 개방에 걸림돌이 되고 있다는 것이다.

다른 한편, 외국어 교육이나 과학기술 및 시장경제 교육의 강조는 북한 교육에 있어 극히 부분적인 변화이다. 그러나 이는 정책결정자가 세계교육의 흐름을 반영한 교육의 필요성을 인정하고 있는 것으로서, 이러한 정책이 시행되는 가운데 조금씩 점진적으로 학생들의 의식구조와 생활방식에 영향을 줄 것이다.

제2절
북한의 문예

1. 문예정책

남북한 문화예술은 해방 이후 서로 다른 가치관에 의해 독자적인 문예사관을 발전시켜 왔다. 북한의 문화는 통치자의 문화정책, 또는 당의 문예정책의 산물이라 말할 정도로 국가정책에 의해 인도되었다. 구체적으로 최고 통치자인 김일성·김정일의 교시에 의해 기본 방향이 설정되었다. 따라서 북한의 문학예술을 이해하기 위해서는 북한 사회의 근간이 되는 주체사상과 이를 바탕으로 형성된 주체문예 정책에 대한 역사적 검토가 필요하다. 이러한 인식하에 북한 문예의 성격, 문예정책의 변천과정, 문예이론, 분야별 문예활동 등을 살펴보고자 한다.

북한의 문화는 미적 가치의 추구라는 본래의 목적보다 대중을 공산주의적 혁명정신으로 교양하는 '당의 무기'로서의 기능을 수행한다. 이러한 문화예술의 성격은 김일성이 작가, 예술인들에게 내린 교시(1962. 11.)에 잘 나타나 있다. "문화예술은 절대로 혁명의 이익과 당의 노선을 떠나서는 안 되며 착취계급의 취미와 비위에 맞는 요소를 허용해서는 안 됩니다. 오직 당의 노선과 정책에 철저하게 의거한 혁명적 문화예술만이 진정으로 인민대중의 사랑을 받을 수 있으며 근로대중을 공산주의적 혁명정신으로 교양하는 당의 힘있는 무기로 될 수 있습니다."[20]

문예 작품들은 당 정책에 입각해 창작되며, 노동계급의 혁명 위업에 복무하며, 인민들의 취미와 비위에 맞는 형식으로 창작됨으로써 교양의 기능을 담당해야 한다고 명시하고 있다. 북한의 문화예술은 대중을 공산주의적 혁명정신으로 교양하는 당의 무기로서 문예의 기능이 미적 가치의 추구보다는 프로파간다라는 기능적 측면이 우선시되고 있다.

북한의 문예정책은 시대적 상황과 정치적 요구에 따라 일정한 변화를 거듭해 왔다. 일반적으로 북한의 문예정책은 체제 구축기, 체제 확립기, 김정일 체제 수립기의 세 단계로 대별할 수 있다.[21] 첫째, 체제 구축기에 해당하는 해방 이후부터 1950년대 후반까지는 마르크스-레닌주의가 문예정책의 주 기조를 이루었다. 초기 문예정책의 이론적 바탕은 사회주의적 사실주의였다. 북한은 사회주의 국가의 전통적인 문예이론인 사회주의적 사실주의를 수용하면서도 일제하 문예운동인 카프의 전통을 계승했다. 이는 초기 문예정책이 사회주의적 혁명이념과 더불어 민족성, 민족문화의 측면도 중시했음을 의미한다.

둘째, 체제 확립기에 해당하는 1960년부터 1980년대 중반까지는 이전의 마르크스-레닌주의 미학 및 카프 전통을 계승하던 성향으로부터 유일사상체계에 기초한 주체문예이론이 형성되는 시기이다. 유일사상체계의 확립이라는 정치환경 변화와 관련을 가지면서 과거의 문예관이 폐기되고 새로운 문예이론이 정립되었다. 사회주의적 사실주의에 대한 재해석이 이루어지고 '항일혁명문학'[22]과 이 중에서도 김일성의 항일혁명운동을 소재로 삼는 '수령형상문학'이 문학예술에서 중심적인 자리를 차지하게 되었

---

20) 『김일성저작선집』 제2권, p. 579. ; 『북한문제 이해』(서울 : 봉일교육원, 1999), p. 284에서 재인용
21) 정남철, "북한의 문화 정책과 사회 통합", 이온죽 외, 『남북한 사회통합론』(서울 : 삶과 꿈, 1997), pp. 350~369.
22) 『문학예술사전』(평양 : 과학백과사전출판사, 1972), p. 924. 김일성은 1967년 12월 최고인민회의에서 발표된 「공화국정부의 10대 정강」에서 항일혁명문학을 모든 문예창작의 중심에 놓을 것을 공식 천명했다.

다. 항일혁명문학과 수령형상문학의 대두는 문학예술을 통하여 김일성의 우상화작업을 추진하게 되었음을 의미한다. 여기서부터 북한 문학의 상투성·도식성·무갈등성 등 획일화의 폐단이 비롯되는 것이다.

셋째, 김정일체제 수립기는 90년대 이후 현재까지의 문예정책에 해당된다. 90년대에 들어서면 문예정책은 해방 이후 하나의 축으로 존재했던 마르크스-레닌주의에서 벗어나 주체사상만을 강조하는 경향을 보인다. 또 다른 주목할 만한 변화는, 김정일이 문예정책을 이끄는 실질적인 주체로 확고히 자리를 잡은 점이다.

특히 김정일에 의해 주도된 '주체문예이론'의 총화라 할 수 있는 「주체문학론」(1992)에서 사회주의적 사실주의를 대체하는 '주체사실주의'를 주장하고 있다. 이와 더불어 여전히 문학예술에서 혁명성을 중시하여 '수령형상문학'과 '항일혁명문학'을 강조하고 있으며 특히 '조선민족 제일주의'를 강조하는 것이 문학작품의 중요한 역할이라고 말하고 있다. '조선민족 제일주의'는 북한식 사회주의 체제의 정당성을 강조하기 위해 등장한 이론으로서, 80년대 여타 사회주의 체제의 몰락과 중국의 개혁·개방 등의 외적 변화와 압력에 대항해 북한 사회주의 체제의 상대적 독자성을 확보하기 위함이다.

2. 문예이론

북한의 주요한 문예이론은 주체문예이론, 종자론, 군중예술론, 사회주의적 사실주의 등으로 크게 분류할 수 있으며, 이외에도 속도전 이론, 전형화 이론, 영생주의론, 통속화 이론 등이 있다.

1) 주체문예이론

'주체문예이론'은 김일성 주체사상에 바탕을 둔 문예이론이다. 주체문예의 기본 목표는 주민들을 주체사상으로 무장시키는 것이다. 「주체문학론」에서 "인민대중의 자주성을 옹호하며 그것을 실현하기 위한 주체혁명위업 수행에 적극 복무하는 것은 우리 문학의 기본사명이다."[23]라고 밝히고 있다. '주체혁명위업'을 달성하기 위해 문학예술에서 주체를 세워야 하며, 주체를 세운다는 것은 인민의 이익과 나라의 실정에 맞는, 즉 인민적이며 혁명적인 문학예술로 발전시키는 것을 의미한다.[24]

주체문예이론은 논리상으로 문학예술의 '민족적 형식'과 사회주의적 혁명이념이라는 내용을 통합적으로 재해석하고 있다. 그러나 실제로는 중요한 개념의 변질을 확인할 수 있다. 문학예술에서 주체를 세운다는 것은 인민의 정서와 감정에 맞는 작품을 창작하는 것으로 민족적 문학형식을 강조하고 있다. 여기서 민족적 형식이란 항일무장투쟁 시기에 김일성의 지도 아래 창작되었다고 하는 '혁명적 문예형식'으로 '항일혁명문학'과 '수령형상문학'의 형식을 의미한다. 수령형상문학은 문자 그대로 수령의 위대성을 그리는 것이다. 즉, 주체문예이론에 있어 민족적 문예형식은 민족 전통에 기초한 것이 아니라 혁명적 투쟁 의식, 구체적으로 항일혁명문학과 수령형상문학의 형태로 귀결되고 있다. 그러므로 1960년대부터 수령형상문학과 항일혁명문학이 문학예술 작품에서 절대 다수를 차지하게 된다.

80년대 후반 주체문예이론에서는 민족주의적 경향이 더욱 강화되고 있고 이는 '조선민족제일주의'로 표현되고 있다. "문학이 조선민족제일주의 정신을 높이 발양시키는 데 이바지하게 하는 것은 그 사상교양적 기능을

---

23) 김정일, 『주체문학론』(평양 : 조선로동당출판사, 1992), p. 14.
24) 『주체사상에 기초한 문예이론』(평양 : 사회과학출판사, 1975), p. 7.

높이는 데서 중요한 의의를 가진다. 문학은 조선민족의 위대성을 실감있게 형상하여 우리 인민으로 하여금 조선사람으로 태어난 긍지와 자부심, 자기 민족의 훌륭한 창조물과 자기 민족의 힘과 지혜에 대한 긍지와 믿음, 민족의 장래에 대한 굳은 확신을 가지고 혁명투쟁과 건설사업을 더 잘해 나가도록 하여야 한다."[25] 북한이 민족주의를 강조하는 것은 건국 직후부터 지속되었던 북한 문화의 기본적인 흐름이지만, 여타 사회주의 체제가 몰락한 상태에서 북한이 사회주의 체제를 유지하고 있는 것 자체가 북한 사회주의 체제의 정당성을 입증해 주는 것이므로 이에 대해 자부심을 갖도록 문학의 사상교양적 기능을 높여야 한다는 것이다.

2) 종자론

주체문예이론이 미학원리라면 종자론은 예술창작에 임하는 실천강령이다. 문학예술에서 종자란 "작품의 핵으로서 작가가 말하려는 기본 문제가 있고, 형상의 요소들이 뿌리내릴 바탕이 있는 생활의 사상적 알맹이"[26]라는 것이다. 종자란 작품의 사상·예술적 핵으로서 작가가 말하려고 하는 기본 문제이자 북한 사회가 공동의 이념과 가치로 규정하는 일체의 가치 체계를 하나의 이데아로 집약한 것이라 할 수 있다. 종자의 의미가 작품 속에 담겨져 있는 핵심적인 미적 요소이자 사상적 요소라고 할 때, 사상성의 문제가 보다 중요하게 취급된다.

종자의 선택에 있어 가장 중요한 것은 "수령의 교시와 그 구현인 당정책의 요구에 맞는 것"이어야 하고 좋은 종자를 고르려면 "사물 현상을 정확히 볼 수 있는 높은 정치적 안목"을 가져야 한다고 지적한다. 종자론이 사

---

25) 김정일, 앞의 책, p. 17.

26) 한중모, 『주체적 문예리론의 기본(Ⅱ)』(평양 : 문예출판사, 1992), p. 11.

상적 알맹이를 중시하여 작품 창작에서 사상성이 더욱 중요해졌고, 사상적 알맹이는 수령의 교시와 당의 정책으로 한정되었다. 이러한 사실은 종자론이 김일성주의 실천이론의 하나일 수밖에 없음을 보여주는 것이다.[27]

3) 군중예술론

군중예술론은 창작의 주체가 개인보다는 군중이나 집단임을 강조한다. "공산주의적 문학예술을 건설하는 과정은 문학예술 건설에게 근로자들의 수준을 전문 작가·예술인들의 수준에 끌어올리며 군중문학예술을 전문예술의 수준에 끌어올리는 과정"[28]으로 "문예활동에서 전문일군 본위로 나가려는 경향을 철저히 경계하여야 하며 창작사업에서 신비주의를 바스고 문학예술을 군중적으로 널리 발전시켜야"[29] 할 것을 제시하고 있다.

북한은 건국 초기 문화정책에서부터 농촌 지역에 설치된 '민주선전실', 직장단위에 있는 각종 '문화 써클', 그리고 지역 단위의 '구락부'가 군중문화의 중심이 되도록 했다. 이러한 군중예술 혹은 군중문화는 주민들로 하여금 예술적 자질을 함양하고 능동적으로 문화예술 활동에 참여하게 함과 동시에 문화를 통하여 주민들을 정치적으로 교양하는 것을 목적으로 하고 있다.

'인민에 복무하는 문화예술'로서의 군중문화에 대한 강조는 최근의 문예정책에 그대로 반영되고 있다. 최근 김정일은 예술인들이 우수한 예술작품을 창작해서 군부대와 기층에 깊이 들어가 공연하는 것은 인민대중들에게 사상교양을 하는 중요한 방도이며 대중적인 사회문화생활을 활발히 전개하는 효과적인 방식이라고 제시하고 있다. 따라서 최근 수민들로 구

---

27) 『북한문제 이해』(서울 : 통일교육원, 1999), p. 293.
28) 『주체사상에 기초한 문예이론』, p.267.
29) 『김일성저작선집』 제5권, p. 462. ; 『북한문제 이해』, p. 294에서 재인용.

성된 군중예술단체로부터 전문예술단체에 이르는 대중공연은 대부분 '부
국강병' 건설에 기여하기 위한 것으로 건설현장, 협동농장 등에서 근로자
들의 사기를 높이고 사상교양을 강화하는 역할을 하고 있다.[30]

4) 사회주의적 사실주의

북한 문예정책의 이론적 바탕은 사회주의적 사실주의이다. 사회주의적
사실주의란 '민족적 형식에 사회주의적 내용을 담는 것'을 의미한다. 북한
에서 사회주의적 사실주의는 모든 문예의 근본이 되는 창작방법으로서
"혁명적인 내용, 계급적인 내용을 자기나라 인민이 좋아하고 그들의 구미
와 정서에 맞는 민족적 형식으로 표현함으로써 사람들을 공산주의적 혁명
정신으로 튼튼히 무장시키며, 자기나라 혁명을 위하여 적극 투쟁하는 렬
렬한 혁명가로 참된 공산주의자로 교양하는 데 이바지할 수 있다"[31]고 정
의하고 있다.

이러한 초기 사회주의적 사실주의의 의미는 주체사상의 형성과 더불어
개념의 변질을 거치게 된다. '사회주의적 내용'과 '민족적 형식'으로 구성
되는 사회주의적 사실주의의 의미가 주체사상에 기초해 '민족적 형식'을
새롭게 해석해냄으로써 의미의 변화를 끌어냈다. 북한의 사회주의적 사실
주의가 다른 사회주의 국가에서와 차이가 나긴 했지만 보다 뚜렷한 의미상
의 변화는 92년 「주체문학론」에서 '주체사실주의'를 제시하면서부터이다.

주체사실주의란 주체사상에 기초한 창작방법이다. 사회주의적 사실주
의에서는 계급투쟁과 사회주의 혁명의 완성을 사실로 그린다면, 주체사실
주의에서의 사실성은 반제 · 반미투쟁과 주체적 사회주의의 성립이라 할

---

30) 『2001 북한연감』(서울 : 연합뉴스, 2000), pp. 833~836.
31) 『문학예술사전』, p. 364.

수 있다. 사회주의적 사실주의에서 지향하는 전형성은 노동계급 의식이
투철한 혁명가라면 주체사실주의의 전형적 인물은 주체사상과 김일성 유
일체제를 내면화한 자주적 인간이라고 볼 수 있다.[32] 주체문예이론의 특
성으로서의 주체사실주의는 사회주의적 사실주의와 차별성을 갖고 있으
며, 문학의 중요한 역할을 조선민족제일주의를 고양하는 것이라고 분명히
밝히고 있다.

3. 분야별 문예활동

1) 문학

60년대부터 북한 문학에 '항일혁명문학'이 대두되었다. 항일혁명문학
은 50년대 말에 보급된 「항일빨치산참가자들의 회상기 1권~4권」에서 비
롯되었다고 볼 수 있다. 대표적인 혁명가극인 「피바다」, 「꽃파는 처녀」,
「한 자위대단원의 운명」 등이 항일혁명문학의 원칙하에 장편소설로 개작
되었다.

주체문예이론이 일반화된 70년대 문학예술은 김일성의 항일무장투쟁의
혁명적 위업을 찬양하는 '수령형상문학'으로 표현되었다. 김일성 혁명투
쟁과 그 과업의 위대성을 찬양하기 위해 70년 초반부터 80년 후반까지 전
15권에 이르는 혁명역사소설 「불멸의 역사」 총서가 집필되었다.

80년대 이후 북한 사회의 개방화에 대한 관심이 증폭되고 또 사회주의
현실을 실제적으로 드러내는 작품들이 이전 시기와 달리 나와 생산되면
서, 북한 문학이 그 내부로부터 부분적인 변화를 보이고 있다. 70년대의

---

32) 이우영, 『김정일 문예정책의 지속과 변화』(서울 : 민족통일연구원, 1998), pp. 34~35.

'생산현장 영웅'에 비교되는 80년대의 '숨은 영웅'의 등장을 통해 각 분야의 새로운 인간상을 그려내고 있다.[33] 이러한 현실주제문학 가운데서 체제 자체에 대한 비판은 나타나지 않지만 체제 내적인 갈등을 부분적으로 다룸으로써 북한 문학의 획일성을 극복하려 하고 있다. 하지만 여전히 인물의 고정성이나 결말의 도식성을 극복하지 못하고 있다. 또 다른 변화는, 북한의 문학사 「조선문학개관」에서 반인민적 반동적 작가로 규정되었던 이광수, 이인직, 최남선, 김소월, 한용운 등에 대한 긍정적인 재평가가 이루어지고 있다는 점이다.[34]

최근 북한 문학계는 후계체제 강화의 필요성으로 김정일을 찬양하는 작품들이 3,000여 편이나 창작되었다. 대부분의 문학작품이 김일성·김정일 가계 우상화, 당정책 선전, 체제찬양을 거양하는 것들이지만, 한편 주민들의 일상생활을 배경으로 하는 작품도 조금씩 배출되고 있다. 사상과 주제에 있어 김일성과 김정일, 당에 대한 충성을 다루는 것에는 변함이 없지만 줄거리가 남녀간 애정, 세대간·부부간 갈등 등 현실생활을 다룸으로써 주민들의 인기를 끌고 있다. 남녀간의 애정을 다룬 「청춘송가」(1987년 남태현 작)가 대표적인 예이다.[35]

2) 음악

'음악정치'라는 새로운 용어가 등장했을 만큼 북한 사회에서 음악에 대

---

33) 김종회편, "해방 후 북한문학의 전개와 실증적 연구 방향", 『북한문학의 이해』(서울 : 청동거울, 1999), p. 18. 김정일은 1980년 1월 조선작가동맹회의에서, 1986년 「혁명적 문학예술작품 창작에서 새로운 앙양을 일으키자」라는 글에서, 문학이 북한의 사회현실 및 인민대중과 괴리되지 않도록 현실 생활을 반영할 것이 교시되었다. 이러한 문예정책은 '숨은 영웅 형상 문학'으로 구체화되는데, 보통 사람들의 일상적인 삶에서 정치적 메시지를 찾는 것이다.

34) 위의 논문, pp. 21~23.

35) 『2001 북한연감』, pp. 833~836.

한 관심과 비중이 높다. '음악정치'라는 용어는 최근 등장했지만 실질적으로는 김정일이 지난 60년대 중반 문예사업 전반을 지도하면서 등장했다고 할 수 있다. 음악정치란 말 그대로, 노래로 어려움과 난관을 극복해 나가자는 김정일의 새로운 정치방식을 일컫는다. 또한 주민들에 대한 사상교양이 필요한 시점에 요점을 노랫말로 만들어 주민들이 널리 부르도록 지시했다. '가는 길 험난해도 웃으며 가자', '당신이 없으면 우리도 없다', '사회주의는 우리 거야' 등 북한에서 나온 수많은 노래들이 당의 정책과 사상을 반영하고 있었다.

최근까지 북한 가요의 특징은 김일성, 김정일에 대한 우상숭배 경향의 강화였다. 이러한 '수령형상문학'을 대표하는 작품으로는 김정일이 창작했다고 하는 '충성의 노래'(1953)와 혁명가극 「당의 참된 딸」의 주제가 '어디에 계십니까 그리운 장군님'(1971)을 꼽고 있다. 이러한 경향은 최근도 지속되고 있다. 예로, 1998년도에 창작된 노래의 주제를 알아보기 위하여 98년도 「조선예술」에 실린 가요의 주제를 분석해본 결과 총 79편 중 김 부자 우상화 주제의 가사가 34편(43%), 수령·당·국가에 대한 충성심 고취가 19편(24%)으로 두 가지 주제가 전체의 67%를 차지하고 있다.

그런데 1999~2000년 북한에서 나온 노래에 약간의 변화 조짐이 보이고 있다. 외형적으로는 90년대 후반과 마찬가지로 '백두밀영 고향집', '고향집에 피어난 김정일화', '정일봉의 밤이여'와 같이 김일성·김정일 부자, 체제보위의식을 높이는 노래들이 주류를 이루고 있다. 그러나 내면적으로는 청춘 남녀의 사랑을 나룬 노래들이 유행하고 있고 북한 당국도 이를 억지로 막지 않고 있다. 한때 사상성을 의심받았던 '휘파람'이 여전히 대중의 인기를 끌고 있는 점, 새로 발표되는 '나도 몰래', '제일 좋은 배지요'와 같은 노래들의 곡조가 더욱 경쾌해지고 명랑해진 점 등은 그 변화의 한 단면이다.[36]

3) 가극 및 연극

북한은 가극이나 연극이라는 용어 대신 공식적으로 피바다식 혁명가극이나 성황당식 혁명연극이라는 용어를 사용한다. 북한의 '혁명가극', '혁명연극'은 문학, 미술, 음악, 무용 등과 같이 하나의 독립된 장르로 인정되고 있다.

'혁명가극'이란 김일성이 30년대에 직접 창작했다는 연극을 70년대 초부터 김정일의 지도로 가극으로 각색한 작품을 말한다. 각색 과정에서 종전의 가극과는 판이하게 다른, 음악 · 무용 · 무대미술이 합쳐진 종합예술의 형식으로 탄생되었다. 김정일은 새로운 작품 창작을 독려하는 동시에 김일성이 항일빨치산 활동기에 창작하거나 공연했다는 항일혁명문학 작품들을 대상으로 혁명대작을 만드는 데 주도적인 역할을 했다. 그리하여 5대 혁명가극인 「피바다」(1971), 「당의 참된 딸」(1971), 「꽃파는 처녀」(1972), 「밀림아 이야기하라」(1972), 「금강산의 노래」(1973)가 제작되었다. 「피바다」나 「꽃파는 처녀」와 같은 주요 혁명가극들은 영화와 소설로도 재창작되었고, 현재까지도 연속 공연되고 있을 정도로 북한의 대표적인 문학예술 작품이 되었다.[37]

북한에서는 연극이 큰 빛을 보지 못하고 있다. 이유는 연극인들이 연극보다는 가극에 더 신경을 쓰고 있기 때문이다. 이런 가운데 기존의 연극을 새롭게 각색한 '혁명연극'이 탄생했다. 1978년 김정일이 연극 「성황당」을 대규모 무대에다 음악 · 무용 등을 가미, 새롭게 창작하도록 지시한 이후 새롭게 '성황당식 혁명연극'의 발전을 보게 되었다. 이후 공연된 연극들은 기존의 연극내용보다 웅장하고 화려한 무대와 음악 · 무용과 사상성을 가

---

36) 『2000 북한연감』(서울 : 연합뉴스, 1999), pp. 586~588. ; 『2001 북한연감』, pp. 850~856.
37) 『2000 북한연감』, pp. 588~590.

미했다. 김정일의 지도에 따라 새롭게 각색된 '혁명연극'으로 「성황당」, 「혈분 만국회의」, 「딸에게서 온 편지」, 「3인 일당」이 대표적이다. 이들 연극 모두 김일성의 항일빨치산 시기를 배경으로 한 '혁명연극'이다.[38]

4) 영화

북한에서 영화는 문학예술 분야 가운데서도 가장 강력한 당 사상사업으로 간주되고 있다. 영화에는 북한 사회주의 체제의 독자성과 주체사상, 수령과 당에 대한 충성심을 강조하는 체제지향적 특성이 반영되어 있다. 80년대 초 김일성, 김정일 후계체제가 공식적으로 출범하던 시기에, 이른바 '혈통의 순수성' 또는 정권의 정통성 홍보에 초점이 맞추어졌다. 그리하여 영화 부문의 수령형상문학으로 「조선의 별」, 「이름없는 영웅들」, 「민족의 태양」 등이 제작되었다. 10부작 「조선의 별」과 6부작 「민족의 태양」은 해방 전후 김일성 주석의 행적을, 20부작 「이름없는 영웅들」은 6·25전쟁을 시대적 배경으로 한 첩보물이다.

북한 영화는 긍정전형과 부정전형의 대립에서 긍정전형이 승리하는 구도로서, 악역은 미군·일제·반당분자·지주·자본가 등으로 설정되었다. 그러나 이러한 부정전형이 시대적 공감을 상실하게 됨에 따라 김정일의 지시 아래 '긍정전형을 통한 감화'를 추구하는 것으로 변화되었다. 이후 절대적 악역은 없어지고 제한적 오류를 범한 사람이 긍정적 주인공의 감화로 뉘우쳐 오류를 시정하는 것이 주테마가 되었다.

한편, 1990년대 들어 대내 영화제로서 '조선 영화축전'이 만들어졌으며, 1987년에는 국제영화제로서 이른바 '평양영화제'가 창실되어 2~3년마다 개최되고 있다. 또한 북한 영화계가 90년대 최대 성과로 꼽고 있는

---

38) 강현두, "언론과 예술", 최명 편, 『북한 개론』(서울 : 을유문화사, 1990), pp. 465~471.

것은 「민족과 운명」 시리즈의 제작이다. 「민족과 운명」은 50부작에 이르
는 엄청난 작업으로서 주체문예이론에 있어 '수령형상 창조'의 창작방침
을 재확인했다는 점, 북한 영화 50년사를 나름대로 정리했다는 점, 특히
소재의 다양화를 꾀했다는 점에서 나름대로 성과로 지적되고 있다.[39]

4. 최근 동향과 과제

북한의 문화예술은 김일성 유일사상과 김정일 통치체제의 확립을 위해
주민들에 대한 사상적 통합의 수단으로서 사용되어 왔다. 그에 따라 북한
의 문화는 다원적 구조로 발전하지 못하고, 오로지 당의 문예정책에 의해
획일화되는 양상을 보여 왔다. 주민들을 공산주의적 혁명사상으로 무장하
는 당의 무기, 또는 통치의 수단으로 간주하는 이러한 문학예술의 기본정
책은 최근에 '강성대국 건설에 이바지하는 작품의 창작'을 계속 강조하고
있는 데서도 보여진다.[40] 이와 같이 프로파간다의 기능적 측면이 중시되
는 기본 문예정책은 변하지 않고 있다.

90년대 김정일시대의 문예정책은 기본 문예정책이 견고히 유지되는 가
운데 부분적인 변화의 움직임을 보이고 있다. 그 변화란 주제와 소재의 다
양화이다. 우선 '항일혁명문학', '수령형상문학'의 대작주의에 대한 회의
가 평범한 일상생활에서 문학의 특성을 추출하는 경향을 보이고 있다. 또
한 소설문학의 특성이었던 '무갈등론'으로부터 부분적이긴 하지만 세대
간, 도농간, 남녀간의 갈등이 묘사되고 있는 현상을 들 수 있다.[41]

가요에 있어서도 북한 체제를 '밝고 명랑한 사회'로 묘사한 템포 빠른

---

39) 『2000 북한연감』, pp. 591~627. ; 『2001 북한연감』, pp. 836~850.
40) 『2001년 북한연감』, p. 831. 「조선문학」의 1999년 1월호 머리글의 내용으로.
41) 박태상, 『북한문학의 현상』(서울 : 깊은샘, 1999), p. 67.

노래가 등장하고 사상성을 배제하고 남녀간의 사랑을 표현한 노래가 많이 등장한 것도 그 연장선상으로 파악된다. 이미 80년대 말부터 유행한 '휘파람', '도시처녀 시집와요'와 최신곡 '나도 몰래', '제일 좋은 때지요' 등을 들 수 있다. 영화계의 변화로는 과거 사상성을 강조한 영화들이 특히 청소년들로부터 호응을 얻지 못했다. 그러므로 사상성을 밑에 깔고서 남녀간의 애정을 전면에 내세운 영화가 등장하기 시작했다. 이와 같이 소재와 주제의 다양화를 북한 문예의 작은 변화로 꼽을 수 있다.

80년대 이후 북한 문학예술의 이러한 독특한 성향과 부분적 변화가 언제까지 유지될지 또는 어떠한 방향으로 발전해 갈지는 명확히 예단할 수 없다. 그런 가운데서도 최근의 동향에 미루어 북한 문예정책의 방향을 나름대로 전망해볼 수 있겠다.[42]

첫째, 북한은 개혁·개방의 요구 속에서 체제유지를 강화하기 위해 문학예술에서 혁명성을 강조하는 수령형상문학이나 항일혁명문학이 꾸준히 강조될 것이나 그 내용이나 형식은 새로운 환경변화에 적합한 양식으로 변화할 것이다. 더 나아가 부분적인 수준에서라도 개방이 불가피하다고 인식한다면 새로운 양식의 문학예술창작은 더욱 강조될 수 있다. 문학예술이 갖는 정치적 기능을 유지하면서도 문학예술의 외양은 보다 세련화된 형태를 모색해 나갈 것이다.

둘째, 주민들의 다양한 문화적 욕구를 충족시키기 위한 문예정책이 추진될 것이다. 앞으로도 북한은 기존의 혁명적인 문학을 강화하거나 사상성이 짙은 예술작품을 강조하는 정책을 계속 추진해 나갈 것이다. 그러나 일반주민들은 이미 혁명적이 작품보다는 사상성이 덜한 일상생활을 다룬 작품에 더 끌리고 있다. 북한이 사상성은 떨어지나 주민들에게 인기가 있었던 '휘파람'과 같이 가볍고 밝은 노래의 창작 보급을 허용한 것이라든

---

42) 이우영, 앞의 책, pp. 66~70. 문예정책의 전망은 이 책의 내용을 정리했음.

지, 80년대에 숨은 영웅 형상화 문학을 제창한 것은 주민들의 문화적 요구를 부분적으로 수용한 결과라고 할 수 있다. 따라서 향후 북한 문예정책은 체제에 위협이 되지 않는 한 이러한 주민들의 문화적 취향을 반영하고 허용하는 방향으로 나갈 것이다.

이러한 전망에도 불구하고 북한 문예정책이 해결해야 할 과제는 사회주의 체제의 문예정책이 갖는 근본적인 한계를 어떻게 풀어나가느냐일 것이다. 사회주의 문화예술은 정치에 예속되어 있고, 집권세력의 정치적 결정이 작품창작에 절대적인 영향력을 미친다. 그런데 지배집단의 배타적이고 통제적인 문예정책은 사회변화에 따라 일정한 변화를 보이고 있는 사회구성원의 문화적 욕구와 일정한 간격이 생길 수밖에 없다. 또한 이러한 문화의 획일성은 북한이 체제개방을 시도하는 과정에서 외부의 문화적 충격을 유연하게 받아들일 수 있는 구조적 유연성을 갖지 못함으로 인한 문제점을 노출할 수 있을 것이다.

제3절

어문정책과 남북언어 통합 과제

1. 남북한 언어 이질화

인간의 언어는 의사소통의 수단이다. 언어를 매개로 간단한 의사 전달로부터 추상적 사고까지 표현할 수 있다. 개인의 교육수준이나 성격에 따라서 말씨와 그 내용이 달라지며, 그에 따라 각자의 인간성이 드러난다. 언어는 인간의 삶과 직결되어 있다. 따라서 남북한 언어의 이질화는 단순히 언어의 차이로 국한되지 않고 사고방식과 생활태도의 차이로 나타날 수 있기 때문에 그 문제의 중요성을 간과할 수 없다.

남한과 북한은 언어를 보는 시각에 큰 차이를 보이고 있다. 남한은 언어를 의사 소통의 수단이요, 사고의 바탕이며 인품을 가늠하는 척도로 본다. 북한에서는 언어를 단순한 의사 소통의 수단으로 보는 데 만족하지 않고 이를 공산혁명과 주민동원 및 통치의 중요한 수단으로 간주한다.[43] 이러한 본질적인 언어관의 차이는 남북한간 언어정책의 차이로 명백히 드러나고 있다.

북한의 어문정책은 김일성의 주체사상에 근거를 두고 있다. 주체사상에 기초하여 민족어 건설을 목표로 '주체언어이론'을 제시하고 있다. 주체년

---

43) 이현복, "남북한 언어의 이질화 현상과 전망", 최명 편,『북한 개론』(서울 : 을유문화사, 1990), p. 488.

어이론은 특히 언어의 사회적 본질을 중요시하여 "언어는 민족을 이루는 공통성의 하나, 언어는 나라의 과학과 기술을 발전시키는 힘있는 무기, 언어는 문화의 민족적 형식을 특징짓는 중요한 표징"[44]으로 정의하고 있다. 따라서 북한의 언어정책은 대남 전략면에서는 언어가 가지는 혁명적 역할을 높이는 것이고, 대내적으로는 공산주의의 혁명과 건설에 있어 정치사상 교양 및 주민의 조직·동원에 기여토록 하는데 목표를 두었다.[45]

북한의 언어정책은 분단 이후 수 차례에 걸쳐 변모를 거듭해 왔다. 변화의 골간은 문자개혁과 한글전용을 중심으로 하는 언어생활에서의 '주체성' 세우기 운동의 실행이었다. 해방 이후 한자 폐지와 한글전용 정책을 시작으로 말다듬기를 시작했고, 1966년에는 철자개혁과 함께 북한의 표준어로 '문화어'를 제시했다. 어학혁명의 구호 아래 시행된 말다듬기의 결과 새로운 말들이 많이 생겨났다. 대표적인 예로 '커튼'이라는 용어는 1964년 김일성 교시 이후 '창문보'로 다듬었다가 「다듬은 말」(1986)에서는 이를 폐기하고 '창가림'이 되었으며, 「조선어대사전」(1992)에는 '카텐', '창가림'으로 표기되어 있다. 이와 같이 북한의 문화어에는 남한과 다른 언어가 다수 포함되어 있는데, 이들이 바로 남북한 언어 이질화의 한 요인으로 작용하고 있다.

남북한 언어 이질화는 〈표 1〉에서와 같이 우선 어휘상의 차이에서 살펴볼 수 있다. 다듬은 어휘 가운데 어느 정도 이해할 수 있으나 생소한 느낌을 주는 것이 있는가 하면 북한사전을 찾지 않으면 이해하기 어려운 것도 많다. 그런데 어휘상의 차이보다 더 혼란을 일으키는 것은 〈표 2〉에서와 같이 낱말의 형태는 차이가 없으나 뜻이 달라진 말이 많다는 점이다. 남북간의 이 같은 언어 이질화 현상은 북한이 평양말을 중심으로 표준어인

---

44) 고영근, 『우리 언어문화의 뿌리를 찾아』(서울 : 한신문화사, 1996), p.95.
45) 이현복, 앞의 논문, p. 493.

‘문화어’를 설정한데다가, 한자말과 외래어에 대한 남북한간의 상이한 어
문정책에서 비롯되었다고 할 수 있다.

〈표 1〉 남북한 언어의 차이(형태가 다른 말들)

남 한	북 한	남 한	북 한
채소	남새	드라이클리닝	마른빨래
건조기	가물철, 가물때	건포마찰	마른수건마찰
화장실	위생실	멸균	균깡그리죽이기
우유	소젖	선축	먼저차기
건답	마른논	노크	손기척
혈구	피알	탈의실	옷벗는칸
보온재	열막이감	균등하다	고르롭다
사질	모래질	보증하다	담보하다
도시락	곽밥	(값이) 싸다	눅다

〈표 2〉 남북한 언어의 차이(형태는 같으나 뜻이 다른 말들)

낱말	남한 뜻	북한 뜻
어버이	아버지와 어머니	자신들의 수령을 흠모하여 친근히 부를 때 쓰는 말
아저씨	남자 어른을 친근하게 이르는 말	언니의 남편, 즉 형부
동지	서로 뜻이 같은 사람	로동계급의 혁명위업을 이룩하기 위한 투쟁 대오에서 같은 뜻을 가지고 싸우는 혁명가
일군	삯을 받고 육체노동을 하는 사람	혁명·건설을 위하여 일정한 부문에서 사업하는 사람
궁전	왕이 사는 집	사회적 사명을 띤 크고 훌륭한 건물
바쁘다	어떤 일을 하기에 시간이 모자라다	무엇을 하기 매우 어렵거나 막히다
보채다	성가시게 조르다	적극적으로 나서도록 자극하다

2. 북한의 어문정책

1) 한글전용

북한은 언어와 언어생활에서 일제 잔재를 없애고 까다롭고 어색한 한자말과 외래어를 다듬는 것을 기본 내용으로 하는 언어정책을 일관되게 전개했다. 해방 후 초기부터 교과서와 교재는 물론 문예작품들도 우리 글자로만 출판하고자 했다. 이미 1946년 말부터 《로동신문》, 《근로자》를 비롯한 많은 출판물이 순한글로 된 기사를 내보내기 시작했다. 그러다가 1949년 9월 '한글전용―한자폐지'를 단행했다. 공용문서는 물론이고 신문, 잡지 등 모든 글자 매체에서 한자가 사라지고 순한글만을 전용하도록 했다. 한글 전용에 이어 1956년 '조선어 철자법' 개정으로 모든 출판물에서 가로쓰기가 실시되었다. 종래의 오랜 관습이던 세로쓰기를 버리고 가로쓰기를 택한 것이다.[46]

2) 문화어

북한에서는 1966년 5월 14일 "조선어의 민족적 특성을 옳게 살려나갈 데 대하여"라는 김일성의 교시를 시작으로 '문화어'를 표준어로 삼고 있다. '문화어'라는 말은 표준어라는 말을 쓰면 남한의 서울말로 오해하기 쉽다는 이유로 김일성이 직접 만들어낸 용어이다. '문화어'는 평양말을 중심으로 하되 김일성 주석이 사용하던 방언들을 토대로 하여 다듬은 말이다. 사회주의를 건설하고 있는 혁명의 수도인 평양을 중심지로 하고 평양말을 기준으로 하여 언어의 민족적 특성을 보존하고 발전시켜야 한다는

---

46) 김민수, 『북한의 국어연구』(서울 : 고려대학교출판부, 1985), pp. 79~97.

것이다.[47] 이러한 문화어는 어학혁명이라고 불리는 말다듬기의 방법으로 한자말이나 외래어를 고유어로 바꾸고, 방언을 골라 격상시키고, 지명이나 이름도 고유어로 다듬는 작업을 꾸준히 실천해 나갔다.

3) 말다듬기 운동

해방 후 북한은 문맹퇴치와 한자폐지 운동을 전개하고 단기간에 이를 완수했다. 이 과정에서 철자법 개정과 어휘정리사업을 병행했다. 1947년 2월에는 조선어문연구회, 1949년 2월에는 학술용어사정위원회가 조직되어 학술용어에 대한 검토가 이루어지기 시작했다. 그런데 한자를 폐지하고 한글을 전용하면서 한자말의 동음이의어를 구별하는 데 어려움이 생기는 등 부작용이 일기 시작했다. 이를 극복하기 위하여 시작된 것이 '말다듬기 운동'이다.

말다듬기 운동은 1964년과 1966년 김일성의 교시[48]에서 비롯된 어휘정화운동으로서 나중에 문화어 운동으로 연결된다. 말다듬기의 기본 방향은 우리말에 스며든 쓸데없는 한자말과 외래어를 고유한 우리말로 고치고 고유어에 기초하여 우리말을 체계적으로 발전시키는 것이다.[49] 김일성의 교시에 나타난 말다듬기의 기본 방향을 종합해서 요약하면 다음과 같다.

(1) 한자어의 경우 첫째, 한자말에서 계속 써야 할 것과 버려야 할 것을 구분하고, 버릴 것은 사전에서도 빼버린다(상전 → 뽕밭, 돈사 → 돼지우리). 다만 과학논문이나 정치보고, 군대에서 쓰이는 정치술어와 군사용어는 혼란을 피하여 예외로 하고 추후로 미룬다(련합회, 분과회, 사업보고). 둘째,

47) "조선어의 민족적 특성을 옳게 살려나갈데 대하여", 1966년 5월 14일, 『문화어학습』(1968. 3)

48) "조선어를 발전시키기 위한 몇가지 문제", 1964년 1월 3일, 『문화어학습』(1968.2) ; "조선어의 민족적특성을 옳게 살려나갈 데 대하여", 앞의 글.

49) 전수태 · 최호철, 『남북한 언어비교』(서울 : 도서출판 녹진, 1989), p. 160.

한자말이라도 이미 우리말로 굳어진 것은 그냥 둔다(방, 학교, 과학기술).

(2) 고유어의 경우 첫째, 고유어와 한자어의 두 체계를 고유어라는 하나의 체계로 만드는 것을 원칙으로 한다(못 → 나사못, 타래못, 나무못). 둘째, 비교적 많이 쓰이는 한자말도 그에 맞는 고유어가 있으면 방언에서도 찾아쓰고(불술기 ; '기차'의 함경도 방언) 새말은 고유어로 만들어 쓰며 고장 이름이나 사람이름도 고유어로 짓는다(붉은바위 ; 적암, 돌다리골 ; 석교동). 다만 한자말과 고유어가 그 뜻폭이 같지 않은 경우에는 모두 그대로 둔다(심장과 염통, 일기와 날씨).

(3) 외래어의 경우 우리말에 섞여 들어온 외래어를 정리하고(에끄자멘 → 시험, 클라스 → 학급) 새로 들어오는 외래어는 제때에 고친다(국광 → 북청, 오봉→차반).[50]

이러한 말다듬기는 몇 차례의 수정을 거듭한 끝에 「다듬은 말」(1986)로 그 결실을 맺었다. 1982년에 발표된 「다듬은 말」에는 약 5만 어휘가 실려 있었으나 1986년에 발표된 「다듬은 말」에는 어휘의 절반을 폐기하여 나머지 2만 5천 개의 어휘만을 확정해 놓았다. 그리고 1992년 사회과학원 언어학연구소에서 「조선말대사전」 2권을 출간한 바 있다. 이 사전을 통해 현재 북한의 언어 실상을 파악할 수 있다.[51]

4) 맞춤법과 사전 편찬

분단 이후 남북한의 언어생활은 서로 다른 언어정책의 기반 위에서 상이한 변화 과정을 겪게 되었다. 남북한은 모두 1933년에 제정된 「한글맞춤법통일안」을 언어규정의 근간으로 하고 있었다. 남한이 이를 1988년에

---

50) 정유진, "북한의 말다듬기", 김민수 편, 『김정일시대의 북한언어』(서울 : 태학사, 1997), pp. 120~121.
51) 이경희 · 이봉원, "오늘의 북한말 어떻게 달라졌나", 김민수 편, 위의 책, p. 278.

와서야 수정 · 보완한 것과 달리 북한은 이미 여러 차례의 개편을 거쳐 이와는 다른 규정을 갖게 되었다.

북한은 1948년 1월에 「조선어 신철자법」, 이어서 1954년 9월에 북한 맞춤법의 기본적 규범이 되는 「조선어 철자법」을 제정함에 따라 남북한 사이에 언어규범의 이질화가 본격적으로 드러나게 되었다. 1956년에 「조선어 외래어 표기법」을 만들었으며 이를 수정 · 보충하여 1958년에 「외래어 표기법」을 발표했다. 뒤이어 「조선어 문법 1」(1960), 「조선말규범집」(1966, 1987) 등을 출간하여 북한의 표준발음규정을 정리해 나갔다.

북한 맞춤법의 특징적인 내용은 다음과 같다.

(1) 한글 자모의 배열과 그 이름이 달라졌다. ㄱ, ㄷ, ㅅ의 명칭을 '기윽', '디읃', '시읏'으로 바꾸었다.

(2) 말첫머리의 'ㄹ'과 'ㄴ'을 발음하도록 하여 '로동', '녀성'과 같이 원음을 적으며 지금은 발음까지 그렇게 규정하고 있다.

(3) 사이시옷은 형태소가 결합되어 합성어를 만드는 경우에 '내'가'(냇가), '기'발'(깃발)과 같이 사이표(')를 넣어 표시했으나 66년부터 이를 쓰지 않고 '내가', '기발'로 쓰고 있다.

(4) '이' 모음 뒤의 연결어미 '어'를 '여'로 표기하여 '기어 → 기여', '개었다 → 개였다', '되어 → 되여'로 적고 있다.

(5) 외래어 표기에 있어 북한은 현지음이나 러시아어의 발음에 따라 적는 것을 원칙하고 삼고 있다. '소련 → 쏘련', '프라하 → 쁘라하', '폴란드 → 뽈스따', '탱크 → 땅크'로 적고 있다.[52]

이와 함께 조선말사전 편찬사업을 추진하여 1955년에 「조선어 소사전」이 출판되었으며, 뒤이어 1960년에 6권으로 된 「조선말사전」, 1966년에 「조선말규범집」, 1968년에 「현대조선말사전」, 1973년에 「조선문화어사

---

52) 이현복, 앞의 논문, pp. 498~499. ; 고영근, 앞의 책, pp. 104~106를 참고하여 정리함.

전」, 1981년에 「현대조선말사전(제2판)」, 1986년에 「다듬은 말」, 1992년
에 「조선말대사전」이 출판되었다.[53]

맞춤법이 초기에는 엄격한 형태주의(표의주의)를 표방하는 등 이질적인
요소가 많았으나 현재는 남한과 큰 차이가 없다. 1987년에 공포된 「조선
말규범집」을 보면 그동안 북한에서 개정했던 여러 부분 가운데서 1933년
의 「한글맞춤법통일안」으로 되돌아간 것이 많은 것을 발견할 수 있다.

3. 최근의 어문정책

1990년대에 접어들면서 김정일이 본격적으로 언어정책의 방향을 주도
하고 있음을 알 수 있다. 최근 김정일의 저작에서 발견되는 어문정책은 김
일성의 주체사상과 언어정책을 계승하고 있으며, 이를 개념화하고 방법론
적으로 세련화하는 데 힘을 기울이고 있다고 볼 수 있다. 또한 '우리식 사
회주의'를 정당화하기 위한 노력이 언어정책 측면에서도 이루어지고 있다
는 점이다.[54] '우리식 사회주의'의 틀 안에서 말다듬기나 사전편찬이 이루
어지고 있다. 그러나 부분적이긴 하지만 언어정책에 있어서 과거와 다른
변화의 모습이 보이고 있다.

우선 90년대 언어정책에 있어 주목할 만한 점은 말다듬기의 예외가 폭
넓게 적용되고 있는 점이다. 원래 말다듬기 운동에서 발전된 문화어의 특
징은 한자말과 외래어를 한글고유어로 대체한다는 것이다. 그리하여 많은
한자말과 외래어가 고유어로 다듬어졌다. 그러나 80년대 후반부터 한자말

---

53) 이봉원, "북한 표준 발음의 실상", 김민수 편, 앞의 책, p. 59.
54) 정승혜, "김일성 교시와 김정일 언어이론", 김민수 편, 위의 책, pp. 51~53. 김정일의 저작
　　으로는 1992년에 발간된 「주체문학론」과 1994년부터 1996년에 걸쳐 「문화어학습」, 「조선어
　　문」에 수록된 일련의 '김정일 담화'를 들 수 있다.

과 외래어가 다듬은 말과 함께 사용되거나 또는 다듬은 말이 폐기되고 원래의 한자말이나 외래어를 다시 되살려 쓰는 경향을 보이고 있다.[55] 외래어와 다듬은 말인 '젤리'와 '단묵'을 병행해서 사용하거나, 또는 다듬은 말인 '얼음보숭이'를 폐기하고 외래어인 '아이스크림'을 다시 사용한 것이 그 예이다. 이러한 경향은 〈표 3〉을 통해 살펴볼 수 있다.

〈표 3〉 다듬은 말의 변화 양상

	낱말	다듬은 말	조선말대사전(1992)에서의 쓰임
한자말을 고유어로 바꾼 예	식도	밥길	밥길(×), 식도
	증류수	김물	김물(×), 증류수
	기대값	기다리는 값	기다리는값(×), 기대값
	수신인	받는사람	받는사람(×), 수신인
	채광	빛받이	빛받이, 채광
	직장	곧은 밸	곧은 밸, 직장
	게시판	알림판	알림판, 게시판
	가발	덧머리	덧머리, 가발
외래어를 고유어로 바꾼 예	아이스크림	얼음보숭이	얼음보숭이(×), 아이스크림
	발코니	내민대	내민대(×), 발코니
	록음테프	록음띠	록음띠(×), 록음테프
	타일	사기판	사기판(×), 타일
	젤리	단묵	단묵, 젤리
	도너츠	가락지빵	가락지빵, 도너츠
	커버	덮개	덮개, 커버
	카텐	창가림, 창문보	창가림, 카텐

이와 같은 말다듬기의 변화는 북한의 실제석인 인이 헌신을 반영하여 이루어졌다고 할 수 있다. 주민들 사이에서 사용되지 않거나 적절하지 않

---

55) 정유진, 앞의 논문, pp. 119~141. 이 논문은 「다듬은 말」(1986)과 「조선말대사전」(1992)에 나온 단어를 분석하여 80년대와 90년대의 말다듬기의 변화 양상을 구체적으로 제시하고 있다.

은 다듬은 말을 폐기하거나 또는 주민들이 계속 사용하거나 세계 공통적 외래어인 본래말을 다시 사용케 했다는 점에서 이를 유추할 수 있다.

과거 북한의 언어정책이 말다듬기의 예외규정을 두었음에도 불구하고 80년대까지 학술 및 스포츠 용어에서도 말다듬기가 진행되어 왔다. 그러나 국제경기에 출전하거나 외부와 교류가 잦은 스포츠의 경우 국제공용어의 사용에 관심을 가지지 않을 수 없었다. 특히 90년대 후반 들어 북한이 국제공용어의 사용에 관심을 보이기 시작했다.

《로동신문》은 스포츠 용어들이 대부분 체육종목이 기원한 국가나 민족의 언어를 사용하고 있다면서 "국가와 민족을 초월해 국제공용어로 통하고 있다"고 강조했다. 따라서 축구, 권투, 배구, 농구 등 다른 종목의 용어들에 국제공용어를 사용할 것을 권했다. 예를 들자면, 축구경기에서 손다치기 → 핸들링, 11미터벌차기 → 패널티킥, 구석차기 → 코너킥, 시간 → 타임, 선 → 라인 등으로 사용해야 한다고 밝혔다. 또한 이 신문은 "우리의 앞으로 사회정치 생활분야에서 고유한 우리말을 적극 살려쓰는 한편, 자연과학 및 기술공학 분야에서 널리 쓰이고 있는 국제공용어를 이용하여 나라의 과학과 기술을 하루 빨리 세계적 수준으로 끌어올리기 위해 적극 노력해야 한다"고 했다.[56] 북한의 과학기술 분야의 발전과 개방에 따른 국제공용어 사용의 필요성을 제시하고 있다.

북한은 '주체언어이론'에 기초한 다양한 분야에서의 말다듬기 작업의 성과에 기초해서 앞으로도 계속해서 방언이나 사투리를 버리고 다듬은 말이나 문화어 사용을 권고할 것이다. 또한 언어생활에서의 주체성 세우기 운동을 강조하면서 이러한 언어정책은 사회주의권의 언어정책과 구별되는 '우리식 사회주의'의 우월성을 나타내주는 것임을 강조할 것이다. 이런 가운데서도 북한주민들의 실제적 언어 현실을 반영하고 북한 과학기술 분

---

56) 《오도신문》, 1999년 7월 5일.

야의 발전과 개방에 따른 국제공용어 사용의 필요성에 따라 한자어와 외
래어 사용의 확대가 불가피할 것이다.

4. 남북언어 통합 과제

분단 56여 년간 남북한간에는 상당한 언어적 이질화 현상을 노정하고 있다. 이러한 언어의 이질화는 단순히 언어 자체의 문제에만 국한되지 않고, 남북한간 사고와 행동양식의 이질화라는 민족적 문제로 비화되는 데에 문제의 심각성이 있다. 언어 이질화의 양상은 특히 한자어와 외래어 부문에서 심각하다. 북한에서는 수십 년에 걸쳐 말다듬기를 진행함으로써 한자어와 외래어 대부분이 고유어로 다듬어졌다. 북한이 말다듬기를 통해 한자어와 외래어를 고유어로 순화하고 있는 것은 긍정적으로 평가할 만한 일이지만 그만큼 남북한간 언어적 격차를 넓혀 놓았다.

장기간에 걸친 언어정책의 이질화로 언어규범이 대폭 상이해졌고 어떤 어휘나 문체는 의사소통에 지장을 줄 정도이다. 그러나 아직도 남북한 언어는 이질적 측면보다 동질적 측면을 더 많이 지니고 있다. 우선 '한글'이라는 공통된 언어와 문자를 사용하고 있다. 북한의 문화어 운동도 김일성의 '주체언어이론'이란 이념적 요소를 빼면 남한의 국어순화운동과 크게 다르지 않다.

게다가 최근 북한의 언어연구의 경향과 부분적인 언어정책의 변화는 상당히 주목할 가치가 있다. 고유어로 다듬어졌던 한자어와 외래어가 다시 사용되는 경향을 보이고 있다. 외래어 표기에 있어서도 초기에는 러시아어 발음을 표준으로 했기 때문에 일반 용어, 국가명, 수도명에 이르기까지 적지 않은 차이를 보였으나 현재는 원음주의에 충실한 표기법을 택하고 있어 유사해지고 있다. 이러한 변화는 북한 주민들의 현실적 언어생활의

변화를 반영한 것이자, 과학기술 분야의 학술용어 및 개방에 따른 국제 공용어 사용의 필요성을 인식한 결과로 보여진다.

북한 어문정책의 변화를 긍정적으로 인식하는 한편, 남북한 언어의 이질화를 극복하고 동질성을 회복하기 위한 적극적인 대책 마련이 필요하다. 그렇다면 남북 언어의 통합을 위하여 우리가 해야 할 일은 무엇인가.[57]

첫째, 언어의 이질화를 해소하고 동질성을 추구하기 위한 일차적 작업은 바로 이질화의 상태를 올바로 파악하는 것이다. 언어의 차이를 실감하고 문제의식을 그대로 느끼기 위해서는 북한의 서적이나 신문을 읽고 텔레비전이나 라디오를 시청할 수 있는 기회를 확대해야 할 것이다.

둘째, 북한어사전이나 남북 통합사전을 만들어 상대방의 말에 친숙하도록 해야 한다.

셋째, 맞춤법, 발음법, 외래어와 로마자 표기법 등의 언어규범을 통일할 수 있는 범민족적 기구를 두어야 한다. 양측의 전문학자들이 모여 달라진 맞춤법이나 표준말에 대한 논의를 거쳐 남북한간 민족어의 공통규범을 마련해야 할 것이다.

넷째, 우리말 순화운동을 범민족적으로 벌여야 한다. 북한은 수십 년에 걸친 문화어운동을 통해 많은 한자어와 외래어를 고유어로 다듬어 놓았다. 반대로 남한의 언어는 한자어와 외래어를 지나치게 무분별하게 사용한 감이 없지 않다. 그러므로 외래어의 순화를 위해 범민족 우리말 순화운동을 전개할 수 있는 상설기구를 설치해야 할 것이다.

언어는 '사상과 마음을 담는 그릇'이다. 남북한의 언어적 차이를 좁히는 것은 마음의 벽을 허물고 서로를 이해하는 계기가 되고, 21세기 통일을 위한 하나의 지름길이 될 수 있을 것이다.

---

57) 고영근, 앞의 책, pp. 135~145. 박갑수, "남북의 어휘와 국어교육", 『교육월보』(1994. 10.) 두 글에서 남북 언어통합의 과제를 정리했음.

조선민주주의인민공화국 사회주의헌법
조선로동당 규약

조선민주주의인민공화국 사회주의헌법

서 문

조선민주주의인민공화국은 위대한 수령 김일성동지의 사상과 령도를 구현한 주체의 사회주의조국이다.

위대한 수령 김일성동지는 조선민주주의인민공화국의 창건자이시며 사회주의조선의 시조이시다.

김일성동지께서는 영생불멸의 주체사상을 창시하시고 그 기치밑에 항일혁명투쟁을 조직령도하시여 영광스러운 혁명전통을 마련하시고 조국광복의 력사적위업을 이룩하시였으며 정치, 경제, 문화, 군사 분야에서 자주독립국가건설의 튼튼한 토대를 닦은데 기초하여 조선민주주의인민공화국을 창건하시였다.

김일성동지께서는 주체적인 혁명로선을 내놓으시고 여러 단계의 사회혁명과 건설사업을 현명하게 령도하시여 공화국을 인민대중중심의 사회주의나라로, 자주, 자립, 자위의 사회주의국가로 강화발전시키시였다.

김일성동지께서는 국가건설과 국가활동의 근본원칙을 밝히시고 가장 우월한 국가사회제도와 성치방식, 사회 관리체계와 관리방법을 확립하시였으며 사회주의조국의 부상번영과 주체혁명위업의 계승완성을 위한 확고한 토대를 마련하시였다.

김일성동지께서는 〈이민위천〉을 좌우명으로 삼으시여 언제나 인민들과 함께 계시고 인민을 위하여 한평생을 바치시였으며 숭고한 인덕정치로 인민들을 보살피시고 이끄시여 온 사회를 일심단결된 하나의 대가정으로 전변시키시였다.

위대한 수령 김일성동지는 민족의 태양이시며 조국통일의 구성이시다. 김일성동지께서는 나라의 통일을 민족지상의 과업으로 내세우시고 그 실현을 위하여 온갖 로고와 심혈을 다 바치시였다.

김일성동지께서는 공화국을 조국통일의 강유력한 보루로 다지시는 한편 조국통일의 근본 원칙과 방도를 제시하시고 조국통일운동을 전민족적인 운동으로 발전시키시여 온 민족의 단합된 힘으로 조국통일위업을 성취하기 위한 길을 열어놓으시였다.

위대한 수령 김일성동지께서는 조선민주주의인민공화국의 대외정책의 기본리념을 밝히시고 그에 기초하여 나라의 대외관계를 확대발전시키시였으며 공화국의 국제적 권위를 높이 떨치게 하시였다. 김일성동지는 세계정치의 원로로서 자주의 새시대를 개척하시고 사회주의운동과 쁠럭불가담운동의 강화발전을 위하여, 세계평화와 인민들 사이의 친선을 위하여 정력적으로 활동하시였으며 인류의 자주위업에 불멸의 공헌을 하시였다.

김일성동지는 사상리론과 령도예술의 천재이시고 백전백승의 강철의 령장이시였으며 위대한 혁명가, 정치가이시고 위대한 인간이시였다.

김일성동지의 위대한 사상과 령도업적은 조선혁명의 만년재보이며 조선민주주의인민공화국의 륭성번영을 위한 기본담보이다.

조선민주주의인민공화국과 조선인민은 조선로동당의 령도 밑에 위대한 수령 김일성동지를 공화국의 영원한 주석으로 높이 모시며 김일성동지의 사상과 업적을 옹호고수하고 계승발전시켜 주체혁명위업을 끝까지 완성하여나갈 것이다.

조선민주주의인민공화국 사회주의헌법은 위대한 수령 김일성동지의 주체적인 국가건설사상과 국가건설업적을 법화한 김일성헌법이다.

제1장 정 치

제1조 조선민주주의인민공화국은 전체 조선인민의 리익을 대표하는 자주적인 사회주의국가이다.

제2조 조선민주주의인민공화국은 제국주의침략자들을 반대하며 조국의 광복과 인민의 자유와 행복을 실현하기 위한 영광스러운 혁명투쟁에서 이룩한 빛나는 전통을 이어받은 혁명적인 국가이다.

제3조 조선민주주의인민공화국은 사람중심의 세계관이며 인민대중의 자주성을 실현하기 위한 혁명사상인 주체사상을 자기 활동의 지도적 지침으로 삼는다.

제4조 조선민주주의인민공화국의 주권은 로동자, 농민, 근로인테리와 모든 근로인민에게 있다.

근로인민은 자기의 대표기관인 최고인민회의와 지방 각급 인민회의를 통하여 주권을 행사한다.

제5조 조선민주주의인민공화국에서 모든 국가기관들은 민주주의중앙집권제원칙에 의하여 조직되고 운영된다.

제6조 군인민회의로부터 최고인민회의에 이르기까지의 각급 주권기관은 일반적, 평등적, 직접적 원칙에 의하여 비밀투표로 선거한다.

제7조 각급 주권기관의 대의원은 선거자들과 밀접한 련계를 가지며 자기 사업에 대하여 선거자들 앞에 책임진다.

선거자들은 자기가 선거한 대의원이 신임을 잃은 경우에 언제든지 소환할 수 있다.

제8조 조선민주주의인민공화국의 사회제도는 근로인민대중이 모든 것의 주인으로 되고 있으며 사회의 모든 것이 근로인민대중을 위하여 복무하는 사람중심의 사회제도이다.

국가는 착취와 압박에서 해방되여 국가와 사회의 주인으로 된 로동자, 농민, 근로인테리와 모든 근로인민의 리익을 옹호하며 보호한다.

제9조　조선민주주의인민공화국은 북반부에서 인민정권을 강화하고 사상, 기술, 문화의 3대혁명을 힘있게 벌려 사회주의의 완전한 승리를 이룩하며 자주, 평화통일, 민족대단결의 원칙에서 조국통일을 실현하기 위하여 투쟁한다.

제10조　조선민주주의인민공화국은 로동계급이 령도하는 로농동맹에 기초한 전체 인민의 정치사상적 통일에 의거한다.

국가는 사상혁명을 강화하여 사회의 모든 성원들을 혁명화, 로동계급화하며 온 사회를 동지적으로 결합된 하나의 집단으로 만든다.

제11조　조선민주주의인민공화국은 조선로동당의 령도 밑에 모든 활동을 진행한다.

제12조　국가는 계급로선을 견지하며 인민민주주의독재를 강화하여 내외적대분자들의 파괴책동으로부터 인민주권과 사회주의제도를 굳건히 보위한다.

제13조　국가는 군중로선을 구현하며 모든 사업에서 우가 아래를 도와주고 대중 속에 들어가 문제해결의 방도를 찾으며 정치사업, 사람과의 사업을 앞세워 대중의 자각적 열성을 불러일으키는 청산리정신, 청산리방법을 관철한다.

제14조　국가는 3대혁명붉은기쟁취운동을 비롯한 대중운동을 힘있게 벌려 사회주의건설을 최대한으로 다그친다.

제15조　조선민주주의인민공화국은 해외에 있는 조선동포들의 민주주의적민족권리와 국제법에서 공인된 합법적 권리와 리익을 옹호한다.

제16조　조선민주주의인민공화국은 자기 령역 안에 있는 다른 나라 사람의 합법적 권리와 리익을 보장한다.

제17조　자주, 평화, 친선은 조선민주주의인민공화국의 대외정책의 기본리념이며 대외활동 원칙이다.

국가는 우리 나라를 우호적으로 대하는 모든 나라들과 완전한 평등과 자주성, 호상존중과 내정불간섭, 호혜의 원칙에서 국가적 또는 정치, 경제, 문화적 관계를 맺는다.

국가는 자주성을 옹호하는 세계인민들과 단결하며 온갖 형태의 침략과 내정

간섭을 반대하고 나라의 자주권과 민족적, 계급적 해방을 실현하기 위한 모든 나라 인민들의 투쟁을 적극 지지성원한다.

제18조 조선민주주의인민공화국의 법은 근로인민의 의사와 리익의 반영이며 국가관리의 기본무기이다.

법에 대한 존중과 엄격한 준수집행은 모든 기관, 기업소, 단체와 공민에게 있어서 의무적이다.

국가는 사회주의법률제도를 완비하고 사회주의법무생활을 강화한다.

제2장 경 제

제19조 조선민주주의인민공화국은 사회주의적 생산관계와 자립적 민족경제의 토대에 의거한다.

제20조 조선민주주의인민공화국에서 생산수단은 국가와 사회협동단체가 소유한다.

제21조 국가소유는 전체 인민의 소유이다.

국가소유권의 대상에는 제한이 없다.

나라의 모든 자연부원, 철도, 항공, 운수, 체신 기관과 중요 공장, 기업소, 항만, 은행은 국가만이 소유한다.

국가는 나라의 경제발전에서 주도적 역할을 하는 국가소유를 우선적으로 보호하며 장성시킨다.

제22조 사회협동단체소유는 해당 단체에 들어 있는 근로자들의 집단적 소유이다.

토지, 농기계, 배, 중소공장, 기업소 같은 것은 사회협동단체가 소유할 수 있다.

국가는 사회협동단체소유를 보호한다.

제23조 국가는 농민들의 사상의식과 기술문화수준을 높이고 협동적 소유에 대한 전인민적 소유의 지도적 역할을 높이는 방향에서 두 소유를 유기적으로 결합시키며 협동경리에 대한 지도와 관리를 개선하여 사회주의적 협동경리제도를 공고발전시키며 협동단체에 들어 있는 전체 성원들의 자원적 의사에 따라 협동단체소유를 점차 전인민적 소유로 전환시킨다.

제24조 개인소유는 공민들의 개인적이며 소비적인 목적을 위한 소유이다.

개인소유는 로동에 의한 사회주의분배와 국가와 사회의 추가적 혜택으로 이루어진다.

터밭경리를 비롯한 개인부업경리에서 나오는 생산물과 그밖의 합법적인 경리활동을 통하여 얻은 수입도 개인소유에 속한다.

국가는 개인소유를 보호하며 그에 대한 상속권을 법적으로 보장한다.

제25조 조선민주주의인민공화국은 인민들의 물질문화생활을 끊임없이 높이는 것을 자기활동의 최고원칙으로 삼는다.

세금이 없어진 우리 나라에서 늘어나는 사회의 물질적 부는 전적으로 근로자들의 복리증진에 돌려진다.

국가는 모든 근로자들에게 먹고 입고 쓰고 살 수 있는 온갖 조건을 마련하여준다.

제26조 조선민주주의인민공화국에 마련된 자립적 민족경제는 인민의 행복한 사회주의생활과 조국의 륭성번영을 위한 튼튼한 밑천이다.

국가는 사회주의자립적민족경제건설로선을 틀어쥐고 인민경제의 주체화, 현대화, 과학화를 다그쳐 인민경제를 고도로 발전된 주체적인 경제로 만들며 완전한 사회주의사회에 맞는 물질기술적 토대를 쌓기 위하여 투쟁한다.

제27조 기술혁명은 사회주의경제를 발전시키기 위한 기본고리이다.

국가는 언제나 기술발전문제를 첫자리에 놓고 모든 경제활동을 진행하며 과학기술발전과 인민경제의 기술개조를 다그치고 대중적 기술혁신운동을 힘있게 벌려 근로자들을 어렵고 힘든 로동에서 해방하며 육체로동과 정신로동의 차이를 줄여나간다.

제28조 국가는 도시와 농촌의 차이, 로동계급과 농민의 계급적 차이를 없애기 위하여 농촌기술혁명을 다그쳐 농업을 공업화, 현대화하며 군의 역할을 높이고 농촌에 대한 지도와 방조를 강화한다.

국가는 협동농장의 생산시설과 농촌문화주택을 국가부담으로 건설하여준다.

제29조 사회주의, 공산주의는 근로대중의 창조적 로동에 의하여 건설된다.

조선민주주의인민공화국에서 로동은 착취와 압박에서 해방된 근로자들의 자주적이며 창조적인 로동이다.

국가는 실업을 모르는 우리 근로자들의 로동이 보다 즐거운 것으로, 사회와 집단과 자신을 위하여 자각적 열성과 창발성을 내여 일하는 보람찬 것으로 되게 한다.

제30조 근로자들의 하루 로동시간은 8시간이다.

국가는 로동의 힘든 정도와 특수한 조건에 따라 하루 로동시간을 이보다 짧게 정한다.

국가는 로동조직을 잘하고 로동규률을 강화하여 로동시간을 완전히 리용하도록 한다.

제31조 조선민주주의인민공화국에서 공민이 로동하는 나이는 16살부터이다.

국가는 로동하는 나이에 이르지 못한 소년들의 로동을 금지한다.

제32조 국가는 사회주의경제에 대한 지도와 관리에서 정치적 지도와 경제기술적 지도, 국가의 통일적 지도와 매개 단위의 창발성, 유일적 지휘와 민주주의, 정치도덕적 자극과 물질적 자극을 옳게 결합시키는 원칙을 확고히 견지한다.

제33조 국가는 생산자대중의 집체적 힘에 의거하여 경제를 과학적으로, 합리적으로 관리운영하는 사회주의경제관리형태인 대안의 사업체계와 농촌경리를 기업적 방법으로 지도하는 농업지도체계에 의하여 경제를 지도관리한다.

국가는 경제관리에서 대안의 사업체계의 요구에 맞게 독립채산제를 실시하며 원가, 가격, 수익성 같은 경제적 공간을 옳게 리용하도록 한다.

제34조 조선민주주의인민공화국의 인민경제는 계획경제이다.

국가는 사회주의경제발전법칙에 따라 축적과 소비의 균형을 옳게 잡으며 경제건설을 다그치고 인민생활을 끊임없이 높이며 국방력을 강화할 수 있도록 인민경제발전계획을 세우고 실행한다.

국가는 계획의 일원화, 세부화를 실현하여 생산장성의 높은 속도와 인민경제의 균형적 발전을 보장한다.

제35조 조선민주주의인민공화국은 인민경제발전계획에 따르는 국가예산을 편성하여 집행한다.

국가는 모든 부문에서 증산과 절약 투쟁을 강화하고 재정통제를 엄격히 실시하여 국가축적을 체계적으로 늘이며 사회주의적 소유를 확대발전시킨다.

제36조 조선민주주의인민공화국에서 대외무역은 국가 또는 사회협동단체가 한다.

국가는 완전한 평등과 호혜의 원칙에서 대외무역을 발전시킨다.

제37조 국가는 우리 나라 기관, 기업소, 단체와 다른 나라 법인 또는 개인들과의 기업 합영과 합작, 특수 경제지대에서의 여러가지 기업창설운영을 장려한다.

제38조 국가는 자립적 민족경제를 보호하기 위하여 관세정책을 실시한다.

제3장 문화

제39조 조선민주주의인민공화국에서 개화발전하고 있는 사회주의적 문화는 근로자들의 창조적 능력을 높이며 건전한 문화정서적 수요를 충족시키는데 이바지한다.

제40조 조선민주주의인민공화국은 문화혁명을 철저히 수행하여 모든 사람들

을 자연과 사회에 대한 깊은 지식과 높은 문화기술수준을 가진 사회주의,
공산주의 건설자로 만들며 온 사회를 인테리화한다.

제41조 조선민주주의인민공화국은 사회주의근로자들을 위하여 복무하는 참다
운 인민적이며 혁명적인 문화를 건설한다.

국가는 사회주의적 민족문화건설에서 제국주의의 문화적 침투와 복고주의
적 경향을 반대하며 민족문화유산을 보호하고 사회주의현실에 맞게 계승발
전시킨다.

제42조 국가는 모든 분야에서 낡은 사회의 생활양식을 없애고 새로운 사회주
의적 생활양식을 전면적으로 확립한다.

제43조 국가는 사회주의교육학의 원리를 구현하여 후대들을 사회와 인민을 위
하여 투쟁하는 견결한 혁명가로, 지덕체를 갖춘 공산주의적 새 인간으로 키
운다.

제44조 국가는 인민교육사업과 민족간부양성사업을 다른 모든 사업에 앞세우
며 일반교육과 기술교육, 교육과 생산로동을 밀접히 결합시킨다.

제45조 국가는 1년 동안의 학교전의무교육을 포함한 전반적 11년제의무교육
을 현대과학기술발전추세와 사회주의건설의 현실적 요구에 맞게 높은 수준
에서 발전시킨다.

제46조 국가는 학업을 전문으로 하는 교육체계와 일하면서 공부하는 여러가지
형태의 교육체계를 발전시키며 기술교육과 사회과학, 기초과학 교육의 과학
리론수준을 높여 유능한 기술자, 전문가들을 키워낸다.

제47조 국가는 모든 학생들을 무료로 공부시키며 대학과 전문학교 학생들에게
는 장학금을 준다.

제48조 국가는 사회교육을 강화하며 모든 근로자들이 학습할 수 있는 온갖 조
건을 부장한다.

제49조 국가는 학령전 어린이들을 탁아소와 유치원에서 국가와 사회의 부담으
로 키워준다.

제50조 국가는 과학연구사업에서 주체를 세우며 선진과학기술을 적극 받아들

이고 새로운 과학기술분야를 개척하여 나라의 과학기술을 세계적 수준에 올려세운다.

제51조 국가는 과학기술발전계획을 바로 세우고 철저히 수행하는 규률을 세우며 과학자, 기술자들과 생산자들의 창조적 협조를 강화하도록 한다.

제52조 국가는 민족적 형식에 사회주의적 내용을 담은 주체적이며 혁명적인 문학예술을 발전시킨다.

국가는 창작가, 예술인들이 사상예술성이 높은 작품을 많이 창작하며 광범한 대중이 문예활동에 널리 참가하도록 한다.

제53조 국가는 정신적으로, 육체적으로 끊임없이 발전하려는 사람들의 요구에 맞게 현대적인 문화시설들을 충분히 갖추어주어 모든 근로자들이 사회주의적 문화정서생활을 마음껏 누리도록 한다.

제54조 국가는 우리 말을 온갖 형태의 민족어말살정책으로부터 지켜내며 그것을 현대의 요구에 맞게 발전시킨다.

제55조 국가는 체육을 대중화, 생활화하여 전체 인민을 로동과 국방에 튼튼히 준비시키며 우리 나라 실정과 현대 체육기술발전추세에 맞게 체육기술을 발전시킨다.

제56조 국가는 전반적 무상치료제를 공고발전시키며 의사담당구역제와 예방의학제도를 강화하여 사람들의 생명을 보호하며 근로자들의 건강을 증진시킨다.

제57조 국가는 생산에 앞서 환경보호대책을 세우며 자연환경을 보존, 조성하고 환경오염을 방지하여 인민들에게 문화위생적인 생활환경과 로동조건을 마련하여준다.

제4장 국 방

제58조 조선민주주의인민공화국은 전인민적, 전국가적 방위체계에 의거한다.

제59조 조선민주주의인민공화국 무장력의 사명은 근로인민의 리익을 옹호하며 외래침략으로부터 사회주의제도와 혁명의 전취물을 보위하고 조국의 자유와 독립과 평화를 지키는데 있다.

제60조 국가는 군대와 인민을 정치사상적으로 무장시키는 기초 우에서 전군간부화, 전군현대화, 전민무장화, 전국요새화를 기본내용으로 하는 자위적 군사로선을 관철한다.

제61조 국가는 군대 안에서 군사규률과 군중규률을 강화하며 관병일치, 군민일치의 고상한 전통적 미풍을 높이 발양하도록 한다.

제5장 공민의 기본권리와 의무

제62조 조선민주주의인민공화국 공민이 되는 조건은 국적에 관한 법으로 규정한다.

공민은 거주지에 관계없이 조선민주주의인민공화국의 보호를 받는다.

제63조 조선민주주의인민공화국에서 공민의 권리와 의무는 〈하나는 전체를 위하여, 전체는 하나를 위히여〉라는 집단주의원칙에 기초한다.

제64조 국가는 모든 공민에게 참다운 민주주의적 권리와 사유, 행복한 물질문화생활을 실질적으로 보장한다.

조선민주주의인민공화국에서 공민의 권리와 자유는 사회주의제도의 공고발전과 함께 더욱 확대된다.

제65조 공민은 국가사회생활의 모든 분야에서 누구나 다같은 권리를 가진다.

제66조 17살 이상의 모든 공민은 성별, 민족별, 직업, 거주기간, 재산과 지식정도, 당별, 정견, 신앙에 관계없이 선거할 권리와 선거받을 권리를 가진다.

군대에 복무하는 공민도 선거할 권리와 선거받을 권리를 가진다.

재판소의 판결에 의하여 선거할 권리를 빼앗긴 자, 정신병자는 선거할 권리와 선거받을 권리를 가지지 못한다.

제67조 공민은 언론, 출판, 집회, 시위와 결사의 자유를 가진다.

국가는 민주주의적 정당, 사회단체의 자유로운 활동조건을 보장한다.

제68조 공민은 신앙의 자유를 가진다.

이 권리는 종교건물을 짓거나 종교의식같은 것을 허용하는 것으로 보장된다.

종교를 외세를 끌어들이거나 국가사회질서를 해치는데 리용할 수 없다.

제69조 공민은 신소와 청원을 할 수 있다.

국가는 신소와 청원을 법이 정한데 따라 공정하게 심의처리하도록 한다.

제70조 공민은 로동에 대한 권리를 가진다.

로동능력있는 모든 공민은 희망과 재능에 따라 직업을 선택하며 안정된 일자리와 로동조건을 보장받는다.

공민은 능력에 따라 일하며 로동의 량과 질에 따라 분배를 받는다.

제71조 공민은 휴식에 대한 권리를 가진다.

이 권리는 로동시간제, 공휴일제, 유급휴가제, 국가비용에 의한 정휴양제, 계속 늘어나는 여러가지 문화시설들에 의하여 보장된다.

제72조 공민은 무상으로 치료받을 권리를 가지며 나이많거나 병 또는 불구로 로동능력을 잃은 사람, 돌볼 사람이 없는 늙은이와 어린이는 물질적 방조를 받을 권리를 가진다. 이 권리는 무상치료제, 계속 늘어나는 병원, 료양소를 비롯한 의료시설, 국가사회보험과 사회보장제에 의하여 보장된다.

제73조 공민은 교육을 받을 권리를 가진다. 이 권리는 선진적인 교육제도와 국가의 인민적인 교육시책에 의하여 보장된다.

제74조 공민은 과학과 문학예술 활동의 자유를 가진다.

국가는 발명가와 창의고안자에게 배려를 돌린다.

저작권과 발명권, 특허권은 법적으로 보호한다.

제75조 공민은 거주, 려행의 자유를 가진다.

제76조 혁명투사, 혁명렬사가족, 애국렬사가족, 인민군후방가족, 영예군인은 국가와 사회의 특별한 보호를 받는다.

제77조 녀자는 남자와 똑같은 사회적 지위와 권리를 가진다.

국가는 산전산후휴가의 보장, 여러 어린이를 가진 어머니를 위한 로동시간의 단축, 산원, 탁아소와 유치원망의 확장, 그밖의 시책을 통하여 어머니와 어린이를 특별히 보호한다.

국가는 녀성들이 사회에 진출할 온갖 조건을 지어준다.

제78조 결혼과 가정은 국가의 보호를 받는다.

국가는 사회의 기층생활단위인 가정을 공고히 하는데 깊은 관심을 돌린다.

제79조 공민은 인신과 주택의 불가침, 서신의 비밀을 보장받는다.

법에 근거하지 않고는 공민을 구속하거나 체포할 수 없으며 살림집을 수색할 수 없다.

제80조 조선민주주의인민공화국은 평화와 민주주의, 민족적 독립과 사회주의를 위하여, 과학, 문화 활동의 자유를 위하여 투쟁하다가 망명하여온 다른 나라 사람을 보호한다.

제81조 공민은 인민의 정치사상적 통일과 단결을 견결히 수호하여야 한다.

공민은 조직과 집단을 귀중히 여기며 사회와 인민을 위하여 몸바쳐 일하는 기풍을 높이 발휘하여야 한다.

제82조 공민은 국가의 법과 사회주의적 생활규범을 지키며 조선민주주의인민공화국의 공민된 영예와 존엄을 고수하여야 한다.

제83조 로동은 공민의 신성한 의무이며 영예이다.

공민은 로동에 자각적으로 성실히 참가하며 로동규률과 로동시간을 엄격히 지켜야 한다.

제84조 공민은 국가재산과 사회협동단체재산을 아끼고 사랑하며 온갖 탐오랑비

현상을 반대하여 투쟁하며 나라 살림살이를 주인답게 알뜰히 하여야 한다.

국가와 사회협동단체 재산은 신성불가침이다.

제85조 공민은 언제나 혁명적 경각성을 높이며 국가의 안전을 위하여 몸바쳐 투쟁하여야 한다.

제86조 조국보위는 공민의 최대의 의무이며 영예이다.

공민은 조국을 보위하여야 하며 법이 정한데 따라 군대에 복무하여야 한다.

제6장 국가기구

제1절 최고인민회의

제87조 최고인민회의는 조선민주주의인민공화국의 최고 주권기관이다.

제88조 최고인민회의는 립법권을 행사한다.

최고인민회의 휴회중에는 최고인민회의 상임위원회도 립법권을 행사할 수 있다.

제89조 최고인민회의는 일반적, 평등적, 직접적 선거원칙에 의하여 비밀투표로 선거된 대의원들로 구성한다.

제90조 최고인민회의 임기는 5년으로 한다.

최고인민회의 새 선거는 최고인민회의 임기가 끝나기 전에 최고인민회의 상임위원회의 결정에 따라 진행한다.

불가피한 사정으로 선거를 하지 못할 경우에는 선거를 할 때까지 그 임기를 연장한다.

제91조 최고인민회의는 다음과 같은 권한을 가진다.

1. 헌법을 수정, 보충한다.

2. 부문법을 제정 또는 수정, 보충한다.

3. 최고인민회의 휴회중에 최고인민회의 상임위원회가 채택한 중요부문법을 승인한다.

4. 국가의 대내외정책의 기본원칙을 세운다.

5. 조선민주주의인민공화국 국방위원회 위원장을 선거 또는 소환한다.

6. 최고인민회의 상임위원회 위원장을 선거 또는 소환한다.

7. 조선민주주의인민공화국 국방위원회 위원장의 제의에 의하여 국방위원회 제1부위원장, 부위원장, 위원들을 선거 또는 소환한다.

8. 최고인민회의 상임위원회 부위원장, 명예부위원장, 서기장, 위원들을 선거 또는 소환한다.

9. 내각총리를 선거 또는 소환한다.

10. 내각총리의 제의에 의하여 내각 부총리, 위원장, 상, 그밖의 내각성원들을 임명한다.

11. 중앙검찰소 소장을 임명 또는 해임한다.

12. 중앙재판소 소장을 선거 또는 소환한다.

13. 최고인민회의 부문위원회 위원장, 부위원장, 위원들을 선거 또는 소환한다.

14. 국가의 인민경제발전계획과 그 실행정형에 관한 보고를 심의하고 승인한다.

15. 국가예산과 그 집행정형에 관한 보고를 심의하고 승인한다.

16. 필요에 따라 내각과 중앙기관들의 사업정형을 보고받고 대책을 세운다.

17. 최고인민회의에 제기되는 조약의 비준, 페기를 결정한다.

제92조 최고인민회의는 정기회의와 림시회의를 가신다.

정기회의는 1년에 1~2차 최고인민회의 상임위원회가 소집한다.

림시회의는 최고인민회의 상임위원회가 필요하다고 인정할 때 또는 대의원전원의 3분의 1이상의 요청이 있을 때에 소집한다.

제93조 최고인민회의는 대의원전원의 3분의 2이상이 참석하여야 성립된다.

제94조 최고인민회의는 의장과 부의장을 선거한다.

의장은 회의를 사회한다.

제95조 최고인민회의에서 토의할 의안은 최고인민회의 상임위원회, 내각과 최고인민회의 부문위원회가 제출한다.

대의원들도 의안을 제출할 수 있다.

제96조 최고인민회의 매기 제1차 회의는 대의원자격심사위원회를 선거하고 그 위원회가 제출한 보고에 근거하여 대의원자격을 확인하는 결정을 채택한다.

제97조 최고인민회의는 법령과 결정을 낸다.

최고인민회의가 내는 법령과 결정은 거수가결의 방법으로 그 회의에 참석한 대의원의 반수이상이 찬성하여야 채택된다.

헌법은 최고인민회의 대의원전원의 3분의 2이상이 찬성하여야 수정, 보충된다.

제98조 최고인민회의는 법제위원회, 예산위원회 같은 부문위원회를 둔다.

최고인민회의 부문위원회는 위원장, 부위원장, 위원들로 구성한다.

최고인민회의 부문위원회는 최고인민회의 사업을 도와 국가의 정책안과 법안을 작성하거나 심의하며 그 집행을 위한 대책을 세운다.

최고인민회의 부문위원회는 최고인민회의 휴회중에 최고인민회의 상임위원회의 지도밑에 사업한다.

제99조 최고인민회의 대의원은 불가침권을 보장받는다.

최고인민회의 대의원은 현행범인 경우를 제외하고는 최고인민회의, 그 휴회중에 최고인민회의 상임위원회의 승인없이 체포하거나 형사처벌을 할수 없다.

제2절 국방위원회

제100조 국방위원회는 국가주권의 최고군사지도기관이며 전반적 국방관리기관이다.

제101조 국방위원회는 위원장, 제1부위원장, 부위원장, 위원들로 구성한다.

국방위원회 임기는 최고인민회의 임기와 같다.

제102조 조선민주주의인민공화국 국방위원회 위원장은 일체 무력을 지휘통솔하며 국방사업전반을 지도한다.

제103조 국방위원회는 다음과 같은 임무와 권한을 가진다.

1. 국가의 전반적 무력과 국방건설사업을 지도한다.

2. 국방부문의 중앙기관을 내오거나 없앤다.

3. 중요군사간부를 임명 또는 해임한다.

4. 군사칭호를 제정하며 장령 이상의 군사칭호를 수여한다.

5. 나라의 전시상태와 동원령을 선포한다.

제104조 국방위원회는 결정과 명령을 낸다.

제105조 국방위원회는 자기 사업에 대하여 최고인민회의 앞에 책임진다.

제3절 최고인민회의 상임위원회

제106조 최고인민회의 상임위원회는 최고인민회의 휴회중의 최고주권기관이다.

제107조 최고인민회의 상임위원회는 위원장, 부위원장, 서기장, 위원들로 구성한다.

제108조 최고인민회의 상임위원회는 약간명의 명예부위원장을 둘 수 있다.

최고인민회의 상임위원회 명예부위원장은 최고인민회의 대의원 가운데서 오랜 기간 국가건설사업에 참가하여 특출한 기여를 한 일군이 될 수 있다.

제109조 최고인민회의 상임위원회 임기는 최고인민회의 임기와 같다.

최고인민회의 상임위원회는 최고인민회의 임기가 끝난 후에도 새 상임위원회가 선거될 때까지 자기 임무를 계속 수행한다.

제110조 최고인민회의 상임위원회는 다음과 같은 임무와 권한을 가진다.

1. 최고인민회의를 소집한다.

2. 최고인민회의 휴회중에 제기된 새로운 부문법안과 규정안, 현행부문법과

규정의 수정, 보충안을 심의채택하며 채택실시하는 중요부문법을 다음번 최고인민회의의 승인을 받는다.

3. 불가피한 사정으로 최고인민회의 휴회기간에 제기되는 국가의 인민경제발전계획, 국가예산과 그 조절안을 심의하고 승인한다.

4. 헌법과 현행 부문법, 규정을 해석한다.

5. 국가기관들의 법준수집행을 감독하고 대책을 세운다.

6. 헌법, 최고인민회의 법령, 결정, 국방위원회 결정, 명령, 최고인민회의 상임위원회 정령, 결정, 지시에 어긋나는 국가기관의 결정, 지시를 폐지하며 지방인민회의의 그릇된 결정집행을 정지시킨다.

7. 최고인민회의 대의원선거를 위한 사업을 하며 지방인민회의 대의원선거사업을 조직한다.

8. 최고인민회의 대의원들과의 사업을 한다.

9. 최고인민회의 부문위원회와의 사업을 한다.

10. 내각 위원회, 성을 내오거나 없앤다.

11. 최고인민회의 휴회중에 내각총리의 제의에 의하여 부총리, 위원장, 상, 그밖의 내각성원들을 임명 또는 해임한다.

12. 최고인민회의 상임위원회 부문위원회 성원들을 임명 또는 해임한다.

13. 중앙재판소 판사, 인민참심원을 선거 또는 소환한다.

14. 다른 나라와 맺은 조약을 비준 또는 폐기한다.

15. 다른 나라에 주재하는 외교대표의 임명 또는 소환을 결정하고 발표한다.

16. 훈장과 메달, 명예칭호, 외교직급을 제정하며 훈장과 메달, 명예칭호를 수여한다.

17. 대사권과 특사권을 행사한다.

18. 행정단위와 행정구역을 내오거나 고친다.

제111조 최고인민회의 상임위원회 위원장은 상임위원회사업을 조직지도한다.

최고인민회의 상임위원회 위원장은 국가를 대표하며 다른 나라 사신의 신임장, 소환장을 접수한다.

제112조 최고인민회의 상임위원회는 전원회의와 상무회의를 가진다.

전원회의는 위원전원으로 구성하며 상무회의는 위원장, 부위원장, 서기장들로 구성한다.

제113조 최고인민회의 상임위원회 전원회의는 상임위원회의 임무와 권한을 실현하는데서 나서는 중요한 문제들을 토의결정한다.

상무회의는 전원회의에서 위임한 문제들을 토의결정한다.

제114조 최고인민회의 상임위원회는 정령과 결정, 지시를 낸다.

제115조 최고인민회의 상임위원회는 자기 사업을 돕는 부문위원회를 둘 수 있다.

제116조 최고인민회의 상임위원회는 자기 사업에 대하여 최고인민회의 앞에 책임진다.

제4절 내 각

제117조 내각은 최고주권의 행정적 집행기관이며 전반적 국가관리기관이다.

제118조 내각은 총리, 부총리, 위원장, 상과 그밖에 필요한 성원들로 구성한다.

내각의 임기는 최고인민회의 임기와 같다.

제119조 내각은 다음과 같은 임무와 권한을 가진다.

1. 국가의 정책을 집행하기 위한 대책을 세운다.

2. 헌법과 부문법에 기초하여 국가관리와 관련한 규정을 제정 또는 수정, 보충한다.

3. 내각의 위원회, 성, 내각 직속기관, 지방인민위원회의 사업을 지도한다.

4. 내각 직속기관, 중요 행정경제기관, 기업소를 내오거나 없애며 국가관리기구를 개선하기 위한 대책을 세운다.

5. 국가의 인민경제발전계획을 작성하며 그 실행대책을 세운다.

6. 국가예산을 편성하며 그 집행대책을 세운다.

7. 공업, 농업, 건설, 운수, 체신, 상업, 무역, 국토관리, 도시경영, 교육, 과

학, 문화, 보건, 체육, 로동행정, 환경보호, 관광, 그밖의 여러 부문의 사업을 조직집행한다.

8. 화폐와 은행 제도를 공고히 하기 위한 대책을 세운다.

9. 국가관리질서를 세우기 위한 검열, 통제 사업을 한다.

10. 사회질서유지, 국가 및 사회협동단체의 소유와 리익의 보호, 공민의 권리보장을 위한 대책을 세운다.

11. 다른 나라와 조약을 맺으며 대외사업을 한다.

12. 내각 결정, 지시에 어긋나는 행정경제기관의 결정, 지시를 페지한다.

제120조 내각총리는 내각사업을 조직지도한다.

내각총리는 조선민주주의인민공화국 정부를 대표한다.

제121조 내각은 전원회의와 상무회의를 가진다.

내각 전원회의는 내각성원전원으로 구성하며 상무회의는 총리, 부총리와 그밖에 총리가 임명하는 내각성원들로 구성한다.

제122조 내각전원회의는 행정경제사업에서 나서는 새롭고 중요한 문제들을 토의결정한다.

상무회의는 내각전원회의에서 위임한 문제들을 토의결정한다.

제123조 내각은 결정과 지시를 낸다.

제124조 내각은 자기 사업을 돕는 비상설부문위원회를 둘 수 있다.

제125조 내각은 자기 사업에 대하여 최고인민회의와 그 휴회중에 최고인민회의 상임위원회 앞에 책임진다.

제126조 새로 선거된 내각총리는 내각성원들을 대표하여 최고인민회의에서 선서를 한다.

제127조 내각 위원회, 성은 내각의 부문별 집행기관이며 중앙의 부문별 관리기관이다.

제128조 내각 위원회, 성은 내각의 지도밑에 해당 부문의 사업을 통일적으로 장악하고 지도관리한다.

제129조 내각 위원회, 성은 위원회회의와 간부회의를 운영한다.

위원회, 성 위원회회의와 간부회의에서는 내각 결정, 지시 집행대책과 그밖의 중요한 문제들을 토의결정한다.

제130조 내각 위원회, 성은 지시를 낸다.

제5절 지방인민회의

제131조 도(직할시), 시(구역), 군 인민회의는 지방주권기관이다.

제132조 지방인민회의는 일반적, 평등적, 직접적 선거원칙에 의하여 비밀투표로 선거된 대의원들로 구성한다.

제133조 도(직할시), 시(구역), 군 인민회의 임기는 4년으로 한다.

지방인민회의 새 선거는 지방인민회의 임기가 끝나기 전에 해당 지방인민위원회의 결정에 따라 진행한다.

불가피한 사정으로 선거를 하지 못할 경우에는 선거를 할 때까지 그 임기를 연장한다.

제134조 지방인민회의는 다음과 같은 임무와 권한을 가진다.

1. 지방의 인민경제발전계획과 그 실행정형에 대한 보고를 심의하고 승인한다.

2. 지방예산과 그 집행에 대한 보고를 심의하고 승인한다.

3. 해당 지역에서 국가의 법을 집행하기 위한 대책을 세운다.

4. 해당 인민위원회 위원장, 부위원장, 사무장, 위원들을 선거 또는 소환한다.

5. 해당 재판소의 판사, 인민참심원을 선거 또는 소환한다.

6. 해당 인민위원회와 하급인민회의, 인민위원회의 그릇된 결정, 지시를 폐지한다.

제135조 지방인민회의는 정기회의와 림시회의를 가진다.

정기회의는 1년에 1 내지 2차 해당 인민위원회가 소집한다.

림시회의는 해당 인민위원회가 필요하다고 인정할 때 또는 대의원전원의 3분의 1 이상의 요청이 있을 때 소집한다.

제136조 지방인민회의는 대의원전원의 3분의 2 이상이 참석하여야 성립된다.

제137조 지방인민회의는 의장을 선거한다.

의장은 회의를 사회한다.

제138조 지방인민회의는 결정을 낸다.

제6절 지방인민위원회

제139조 도(직할시), 시(구역), 군 인민위원회는 해당 인민회의 휴회중의 지방주권기관이며 해당 지방주권의 행정적 집행기관이다.

제140조 지방인민위원회는 위원장, 부위원장, 사무장, 위원들로 구성한다.

지방인민위원회 임기는 해당 인민회의 임기와 같다.

제141조 지방인민위원회는 다음과 같은 임무와 권한을 가진다.

1. 인민회의를 소집한다.

2. 인민회의 대의원선거를 위한 사업을 한다.

3. 인민회의 대의원들과의 사업을 한다.

4. 해당 인민회의와 상급인민회의, 인민위원회, 내각과 내각 위원회, 성의 법령, 정령, 결정, 지시를 집행한다.

5. 해당 지방의 모든 행정사업을 조직집행한다.

6. 지방의 인민경제발전계획을 작성하며 그 실행대책을 세운다.

7. 지방예산을 편성하며 그 집행대책을 세운다.

8. 해당 지방의 사회질서유지, 국가 및 사회협동단체의 소유와 리익의 보호, 공민의 권리보장을 위한 대책을 세운다.

9. 해당 지방에서 국가관리질서를 세우기 위한 검열, 통제 사업을 한다.

10. 하급인민위원회 사업을 지도한다.

11. 하급인민위원회의 그릇된 결정, 지시를 폐지하며 하급인민회의의 그릇된 결정의 집행을 정지시킨다.

제142조 지방인민위원회는 전원회의와 상무회의를 가진다.

지방인민위원회 전원회의는 위원전원으로 구성하며 상무회의는 위원장, 부위원장, 사무장들로 구성한다.

제143조 지방인민위원회 전원회의는 자기의 임무와 권한을 실현하는데서 나서는 중요한 문제들을 토의결정한다.

상무회의는 전원회의가 위임한 문제들을 토의결정한다.

제144조 지방인민위원회는 결정과 지시를 낸다.

제145조 지방인민위원회는 자기 사업을 돕는 비상설부문위원회를 둘 수 있다.

제146조 지방인민위원회는 자기 사업에 대하여 해당 인민회의 앞에 책임진다.

지방인민위원회는 상급인민위원회와 내각에 복종한다.

제7절 검찰소와 재판소

제147조 검찰사업은 중앙검찰소, 도(직할시), 시(구역), 군 검찰소와 특별검찰소가 한다.

제148조 중앙검찰소 소장의 임기는 최고인민회의 임기와 같다.

제149조 검사는 중앙검찰소가 임명 또는 해임한다.

제150조 검찰소는 다음과 같은 임무를 수행한다.

1. 기관, 기업소, 단체와 공민들이 국가의 법을 정확히 지키는가를 감시한다.

2. 국가기관의 결정, 지시가 헌법, 최고인민회의 법령, 결정, 국방위원회 결정, 명령, 최고인민회의 상임위원회 정령, 결정, 지시, 내각 결정, 지시에 어긋나지 않는가를 감시한다.

3. 범죄자를 비롯한 법위반자를 적발하고 법적 책임을 추궁하는 것을 통하여 조선민주주의인민공화국의 주권과 사회주의제도, 국가와 사회협동단체 재산, 인민의 헌법적 권리와 생명재산을 보호한다

제151조 검찰사업은 중앙검찰소가 통일적으로 지도하며 모든 검찰소는 상급검찰소와 중앙검찰소에 복종한다.

제152조 중앙검찰소는 자기 사업에 대하여 최고인민회의와 그 휴회중에 최고

인민회의 상임위원회앞에 책임진다.

제153조　재판은 중앙재판소, 도(직할시)재판소, 인민재판소와 특별재판소가 한다.

판결은 조선민주주의인민공화국의 이름으로 선고한다.

제154조　중앙재판소 소장의 임기는 최고인민회의 임기와 같다.

중앙재판소, 도(직할시) 재판소, 인민재판소의 판사, 인민참심원의 임기는 해당 인민회의 임기와 같다.

제155조　특별재판소의 소장과 판사는 중앙재판소가 임명 또는 해임한다.

특별재판소의 인민참심원은 해당 군무자회의 또는 종업원회의에서 선거한다.

제156조　재판소는 다음과 같은 임무를 수행한다.

1. 재판활동을 통하여 조선민주주의인민공화국의 주권과 사회주의제도, 국가와 사회협동단체 재산, 인민의 헌법적 권리와 생명재산을 보호한다.

2. 모든 기관, 기업소, 단체와 공민들이 국가의 법을 정확히 지키고 계급적 원쑤들과 온갖 법위반자들을 반대하여 적극 투쟁하도록 한다.

3. 재산에 대한 판결, 판정을 집행하며 공증사업을 한다.

제157조　재판은 판사 1명과 인민참심원 2명으로 구성된 재판소가 한다. 특별한 경우에는 판사 3명으로 구성하여 할 수 있다.

제158조　재판은 공개하며 피소자의 변호권을 보장한다.

법이 정한데 따라 재판을 공개하지 않을 수 있다.

제159조　재판은 조선말로 한다.

다른 나라 사람들은 재판에서 자기 나라 말을 할 수 있다.

제160조　재판소는 재판에서 독자적이며 재판활동을 법에 의거하여 수행한다.

제161조　중앙재판소는 조선민주주의인민공화국의 최고재판기관이다.

중앙재판소는 모든 재판소의 재판사업을 감독한다.

제162조　중앙재판소는 자기 사업에 대하여 최고인민회의와 그 휴회중에 최고인민회의 상임위원회앞에 책임진다.

제7장 국장, 국기, 국가수도

제163조　조선민주주의인민공화국의 국장은 〈조선민주주의인민공화국〉이라고 쓴 붉은 띠로 땋아올려 감은 벼이삭의 타원형테두리 안에 웅장한 수력발전소가 있고 그 우에 혁명의 성산 백두산과 찬연히 빛나는 붉은 오각별이 있다.

제164조　조선민주주의인민공화국의 국기는 기발의 가운데에 넓은 붉은 폭이 있고 그 아래우에 가는 흰 폭이 있으며 그 다음에 푸른 폭이 있고 붉은 폭의 기대달린 쪽 흰 동그라미 안에 붉은 오각별이 있다.

기발의 세로와 가로의 비는 1대 2이다.

제165조　조선민주주의인민공화국의 국가는 〈애국가〉이다.

제166조　조선민주주의인민공화국의 수도는 평양이다. (끝)

조선로동당 규약

(1980. 10. 13 제6차 당대회 개정)

조선로동당은 위대한 수령 김일성동지에 의해 창건된 주체형의 혁명적 맑스-레닌주의당이다.

위대한 수령 김일성동지는 1926년 우리나라에서 처음으로 되는 공산주의적 혁명조직으로서 타도제국주의동맹을 결성했으며 오랜 항일혁명투쟁을 통해 당창건을 위한 조직적, 사상적 기반을 마련했으며 이에 기초하여 영광스러운 조선로동당을 창건하였다.

조선로동당은 우리나라에서 로동계급과 전체 근로대중의 선봉적, 조직적 부대이며 전체 근로대중 조직체 중에서 최고형태의 혁명조직이다.

조선로동당은 조선민족과 조선인민의 리익을 대표한다.

조선로동당은 로동자, 농민, 근로〈인테리〉를 망라하는 근로인민들 가운데서 근로대중의 리익과 사회주의, 공산주의 운동의 승리를 위하여 헌신적으로 복무하는 선봉적 투사들로서 조직한다.

조선로동당은 오직 위대한 수령 김일성동지의 주체사상, 혁명사상에 의해 지도된다.

조선로동당은 항일혁명투쟁시기에 위대한 수령 김일성동지에 의해 이룩된 영광스러운 혁명전통을 계승발전시킨다.

조선로동당은 자본주의사상과 마찬가지로 국제공산주의 운동과 로동계급운동에서 나타난 수정주의, 교조주의를 비롯한 온갖 기회주의를 반대하고 맑스-레닌주의의 순결성을 고수하기 위하여 견결히 투쟁한다.

조선로동당의 당면목적은 공화국 북반부에서 사회주의의 완전한 승리를 이록하여 전국적 범위에서 민족해방과 인민민주주의의 혁명과업을 완수하는데 있으며 최종목적은 온 사회의 주체사상화와 공산주의사회를 건설하는데 있다.

조선로동당은 당의 유일사상체계를 세우는 것을 당건설과 당활동의 기본원칙으로 삼는다.

조선로동당은 주체사상에 기초한 전당의 사상의지적 통일단결을 단속 강화한다.

조선로동당은 프로레타리아 독재를 실시하며 사회주의, 공산주의 건설의 총로선으로서 천리마운동과 사상, 기술, 문화혁명을 추진한다.

조선로동당은 로동계급의 영도적 역할을 높임으로써 로농동맹을 기초로 한 전조선의 각계각층 애국적 민주력량들과의 통일전선을 강화하기 위하여 투쟁한다.

조선로동당은 인민들의 물질적 및 문화적 수준을 끊임없이 높이는 것을 최고의 활동원칙으로 삼는다.

조선로동당은 사람과의 사업을 당사업의 기본으로 삼는다.

조선로동당은 모든 당사업의 기본원칙으로서 계급로선과 군중로선을 관철한다.

조선로동당은 항일유격대식 사업방법, 청산리정신 및 청산리방법을 철저히 관철한다.

조선로동당은 온 사회의 혁명화, 로동계급화, 인테리화를 촉진하고 사회주의의 물질, 기술적 토대를 공고히 하며 나아가서 사회주의제도를 강화하고 사회주의의 완전한 승리를 촉진시키기 위한 투쟁에서 사상, 기술, 문화혁명을 활발히 수행한다.

조선로동당은 남조선에서 미제국주의 침략군대를 몰아내고 식민시통치를 청산하며 그리고 일본 군국주의의 재침기도를 좌절시키기 위한 투쟁을 전개하고 남조선 인민들의 사회민주화와 생존권투쟁을 적극 지원하고 조국을 자주적 평화적으로 민족대단결의 원칙에 기초하여 통일을 이룩하고 나라와 민족의 통일적 발전을 이룩하기 위해 투쟁한다.

조선로동당은 자주성과 프로레타리아 국제주의원칙에 기초하여 사회주의 나라들과의 단결과 국제공산주의운동과의 련대성을 강화하고 세계의 모든 신흥세력나라 인민들과의 친선, 협조관계를 발전시키며 아시아, 아프리카, 라틴아메리카 인민들의 반제민족해방 운동과 자본주의 나라들의 로동계급과 그밖의 인민들의 혁명투쟁을 지지하고 광범한 련합전선을 실현하여 미국을 우두머리로 하는 제국주의와 지배주의를 반대하며 평화와 민주주의, 민족적 독립과 사회주의 공동위업의 승리를 쟁취하기 위하여 투쟁한다.

제1장 당 원

1. 조선로동당 당원은 당과 수령, 조국과 인민을 위하여 사회주의와 공산주의를 위하여 헌신하는 주체형의 공산주의 혁명투사이다.
2. 조선로동당 당원은 당의 유일사상체계로 확고히 무장된 조선공민으로서 당의 로선과 정책을 옹호, 관철하기 위하여 견결히 투쟁하며 당규약을 준수하는 근로자들이 될 수 있다.
3. 조선로동당 당원은 규정된 후보기간을 마친 후보당원 가운데서 받아들인다. 그러나 특별한 경우에는 입당청원자를 후보기간을 거치지 않고 직접 당원으로 받아들일 수 있다.

   만 18세부터 입당할 수 있다.

   입당절차는 다음과 같다.

   1) 후보당원으로 입당하려는 사람은 입당청원서와 당원 2명의 입당보증서를 당세포에 제출하여야 한다.

      사회주의로동청년동맹원이 입당할 때에 시(구역)·군 사회주의 로동청년동맹 위원회의 입당보증서는 당원 1명의 보증서를 대신할 수 있다.

후보당원이 입당할 때에는 입당청원서와 입당보증서를 당세포에 제출하지 않아도 된다.

그러나 당세포가 필요하다고 인정하는 경우에는 다른 입당 보증서를 제출하여야 한다.

2) 입당보증인은 최소한 2년 이상의 당년한을 가져야 한다.

입당보증인은 피보증인의 사회, 정치생활을 잘 알아야 한다.

입당보증인은 보증의 진실성에 대하여 당앞에 책임을 진다.

3) 입당문제는 개별적으로 심사하며, 당세포총회에서 입당청원자의 참가밑에 토의 결정하며 그 결정은 시(구역)·군당위원회의 비준을 받아야 한다.

입당보증인은 입당문제를 토의하는 회의에 참가하지 않아도 된다. 시(구역)·군당위원회는 입당문제에 대한 당세포의 결정을 1개월내에 심의 해결하여야 한다.

4) 특수한 환경에서 일하는 사람의 입당문제는 당중앙위원회에서 특별히 제정한 규정과 절차에 따라 심의한다.

5) 타당에서 출당한 사람이 입당하려면 최소한 3년 이상의 당년한을 가진 당원 3명의 보증이 있어야 한다.

타당에서 평당원으로 있었던 사람의 입당은 시(구역)·군당위원회가, 시(구역)·군급의 위원 및 간부로 있었던 사람의 입당은 관할 도(직할시)당위원회가, 도(직할시), 중앙위원회 및 간부로 있었던 사람의 입당은 당중앙위원회가 각각 최종적으로 비준한다.

6) 후보당원의 후보기간은 1년으로 한다.

당세포는 후보당원에게 당원의 자격을 갖추도록 도와주어야 한다.

당세포는 후보당원의 후보기간이 끝남에 따라 당원심사총회에서 그의 입당자격 여부를 심의 결정한다.

특별한 경우에는 후보당원의 후보기간이 끝나지 않아도 그를 당원으로 받아들일 수 있다.

만일 후보당원의 입당 준비정도가 불충분하다고 인정되는 경우에는 후보기간을 1년을 초과하지 않은 범위에서 연기할 수 있다.

후보당원이 후보기간을 마친 후에도 자격이 없다고 인정되는 경우에는 후보명부에서 삭제된다.

후보기간을 연기하거나 후보당원을 명부에서 삭제시키는 당세포의 결정은 시(구역)·군당위원회의 비준을 받아야 한다.

7) 후보당원이나 후보기간을 거치지 않고 직접 당원이 된 자의 입당일시는 당세포총회에서 입당을 결정한 날로 한다.

4. 당원의 임무는 다음과 같다.

1) 당원은 당의 유일사상체계가 확고히 서 있어야 한다.

당원은 당과 수령에 무한히 충성하고 우리 당의 유일사상체계로 확고히 무장하며 당의 요구에 따라 생각하고 행동하며 당의 로선과 정책을 무조건 접수하고 옹호하며 이를 철저히 관철하여야 한다.

당원은 당의 혁명전통을 깊이 연구 체득하고 그것을 옹호하며 로동과 생활에 적용해 나가야 한다.

당원은 당의 유일사상에 어긋나는 자본주의사상, 봉건적 유교사상, 수정주의, 교조주의, 사대주의, 종파주의, 지방주의 및 가족주의를 반대하여 견결히 투쟁하며 주체사상에 기초한 당의 통일과 단결을 눈동자와 같이 고수하여야 한다.

2) 당원은 당성을 부단히 단련하기 위한 높은 조직의식을 가지고 당생활에 자발적으로 참가하여 자신을 혁명화 로동계급화하여야 한다.

당원은 당회의와 당학습을 비롯한 당의 조직 및 사상생활에 충분히 참가하고 당조직의 결정과 자기에게 부여된 임무를 정확히 수행하며 자신의 당생활을 정기적으로 총화하며 비판과 사상투쟁을 통하여 자기를 혁명가로 단련시켜야 한다.

당원은 직위와 공로에 관계없이 전체당원들에게 다같이 적용되는 당규율을 자발적으로 준수하고 규율 위반에 대하여는 견결히 투쟁하여야 한다.

3) 당원은 혁명적인 학습기풍을 확립하고 자기의 정치, 사상, 문화 및 기술수

준을 부단히 향상시켜야 한다.

당원은 주체사상, 당의 로선과 정책 및 혁명전통을 깊이 학습하며 경제 및 선진과학기술 지식을 습득하고 현실상황을 료해하며 자신의 문화수준을 향상시키기 위해 노력해야 한다.

4) 당원은 혁명적 군중로선을 관철하며 일상적으로 대중과 함께 일하여야 한다. 당원은 대중에게 당의 로선과 정책을 일상적으로 해설하여 주며 그들을 교양 개조하여 당주위에 굳게 결속시키고 혁명과업의 수행을 위하여 그들을 동원하며, 대중의 의견을 정확히 접수하여 그들의 요구를 제때에 해결하여 주어야 한다.

5) 당원은 로동과 생활에서 대중의 규범이 되며 모든 사업에서 선봉적 역할을 하여야 한다.

당원은 집단의 혁명과 투쟁을 지도하며 자신과 가족의 혁명화에 모범을 보여야 한다. 당원은 로동을 사랑하고 로동법을 자발적으로 지키며 어렵고 힘든 일에 앞장서며 자기가 맡은 사업에 정통하며 맡은바 임무를 모범적으로 수행하여야 한다.

당원은 보수주의와 소극성을 반대하며 기술혁신운동에 적극적으로 참가하여 로동생산 능률을 부단히 제고하고 기업관리운영에 솔선 참가하며 국가와 사회재산을 애호하여 나라의 경제를 절약해야 한다.

6) 당원은 고상한 공산주의적 도덕성을 소유하고 조직과 집단을 사랑하며 조직과 집단의 리익을 위하여 개인의 리익을 희생할 각오가 있어야 한다.

당원은 높은 혁명적 자립정신을 발휘하고 모든 애로에 대하여 과감히 투쟁해야 한다.

당원은 항상 소박, 솔직, 겸손하여야 하며 사리와 공명을 탐내지 말고 당과 함께 솔직하며, 인간성이 풍부히고 문화적이어아 하며 국법과 사회실서 및 공중도덕 준수에 모범이 되어야 한다.

7) 당원은 사회주의조국을 튼튼히 보위하여야 한다.

당원은 일상적으로 긴장된 동원 태세를 갖추고 군사지식을 배워 적의 침

략으로부터 전취물을 튼튼히 보위하며 조국통일의 대사변에 대비할 각오
가 되어 있어야 한다.

8) 당원은 혁명규율과 질서를 준수하고 어느 때 어느 곳에서나 안일과 나태
함이 없이 혁명적인 경각성을 높이고 당, 국가 및 군사비밀을 엄수하여야
한다.

9) 당원은 사업과 생활에서 나타나는 문제에 대하여 당조직에 보고하여야
한다.

당원은 당의 유일사상에 어긋나는 현상뿐만 아니라 사업과 생활에서 나타
나는 모든 결함과 부정적인 경향을 반대하여 투쟁할 뿐만 아니라 그것에
대하여 당중앙위원회에 이르기까지 관계 당위원회에 신속히 보고하여야
한다.

10) 당원은 규정된 당비를 매달 납부하여야 한다.

5. 당원의 권리는 다음과 같다.

1) 당원은 당회의와 당출판물을 통하여 당의 로선과 정책 수행 및 당사업 발
전을 위하여 도움이 되는 의견을 발표할 수 있다.

2) 당원은 당회의에서의 투표권과 각급 당조직의 지도기관 선거에서 선거권
과 피선거권을 가진다.

3) 당원은 당회의에서 정당한 리유와 근거가 있는 한 어떤 당원을 막론하고
비판할 수 있으며, 당의 유일사상에 어긋나는 어떠한 지시의 준수도 거절
할 수 있다.

4) 당원은 자기의 사업과 생활에 대한 문제를 토의·결정하는 당회의에 참가
할 것을 요구할 수 있다.

5) 당원은 당중앙위원회에 이르기까지 각급 당위원회에 어떤 신소나 청원을
제기하고 그에 대한 심의를 요구할 수 있다.

6) 후보당원의 임무는 당원의 임무와 같다. 후보당원의 권리는 선거권과 피
선거권 및 결의권이 없는 이외에는 당원의 권리와 같다.

7) 당의 규율을 위반하는 당원은 당의 책벌을 받는다.

① 당의 유일사상에 어긋나는 행동을 하거나 당의 로선과 정책을 반대하
여 파벌조성행위를 하거나 적과 타협하는 등 당에 엄중한 손실을 끼친
당원은 출당시킨다.

② 당원의 칭호를 박탈하지 않을 정도의 과오를 범한 당원에 대하여는 과
오의 경중에 따라 문책, 엄중경고, 또는 권리정지나 후보당원으로 강등
하는 책벌을 적용한다.

③ 당책벌의 목적은 과오를 범한 당원을 교양하는데 있다.

당의 책벌은 과오를 범한 동기와 원인 및 그 과오의 결과를 상세히 규
명한 후에 신중하게 과해야 한다.

④ 당책벌은 본인의 참가하에 그가 속한 당세포총회에서 토의·결정한다.

특별한 경우에는 본인이 참가하지 않아도 책벌을 토의·결정할 수 있다.

중앙위원회, 도(직할시) 시(구역)·군당위원회는 당규율을 위반한 당
원에게 직접 책벌을 내릴 수 있다.

당원에게 책벌을 적용할데 대한 당세포의 결정은 시(구역)·군당위원
회의 비준을 받아야 하고 당원자격 박탈에 대한 당세포의 결정은 도
(직할시) 당위원회의 비준을 받아야 한다.

출당에 대한 당세포의 결정이 비준되기 전에는 특별한 경우를 제외하
고는 당원의 당증을 회수하지 못하며 당생활 참가를 허용해야 한다.

⑤ 당중앙위원회 위원, 후보위원 및 준후보위원에 대한 책벌은 당중앙위
원회전원회의에서, 도(직할시)·시(구역)·군당위원회의 위원, 후보
위원 및 준후보위원에 대한 책벌은 해당 당위원회의 전원회의에서 결
정한다.

당세포는 중앙위원회, 도(직할시) 시(구역)·군당위원회의 위원, 후보
위원 및 준후보위원이 당규율을 위반한 경우에 위반당원에 대한 책벌
을 해당 당위원회에 제의할 수 있다.

그러나 당세포는 도(직할시)·시(구역)·군당위원회의 위원, 후보위
원 및 준후보위원이 범한 과오가 해당 위원회 사업과 직접적인 관련이

없을 때에는 엄중경고까지의 책벌을 결정할 수 있으며 그 결정은 해당 당위원회의 비준을 받아야 한다.

6. 종파 및 기타 다른 분파에 참가한 당원에 대한 당규율문제의 심의는 다음과 같은 규정에 의하여 진행된다.

평당원 또는 시(구역)·군기관의 간부로 있던 당원의 문제는 도(직할시) 당위원회에서, 도(직할시) 또는 중앙당기관의 간부로 있던 당원의 문제는 당중앙위원회에서 심의한다.

7. 당중앙위원회, 도(직할시)·시(구역)·군당위원회는 당규율문제와 관련된 당원의 청원을 지체없이 심의 해결하여야 한다.

8. 당세포는 항상 책벌을 받은 당원을 방조하여야 하며, 만일 책벌을 받은 당원이 자기의 과오를 깊이 뉘우치고 그것을 시정하기 위하여 노력하고 있으며 실제로 행동이 개선되고 있는 경우에는 그 책벌을 해제하는데 대한 문제를 총회에서 토의 결정하여야 한다.

당원이 받은 책벌을 해제하는데 대한 당세포의 결정은 해당 시(구역)·군당위원회의 비준을 받아야 한다.

당중앙위원회, 도(직할시)·시(구역)·군당위원회의 위원, 후보위원 및 준후보위원이 받은 책벌의 해제는 그 책벌의 적용을 최종적으로 결정한 해당 당위원회에 의해서 결정된다.

9. 정당한 리유없이 6개월 이상 당생활에 참가하지 않는 당원에 대하여 당세포는 총회에서 제명을 결정할 수 있으며 이에 대한 결정은 시(구역)·군당위원회의 비준을 받아야 한다.

10. 당원의 등록과 이동은 당중앙위원회가 제정한 규정과 절차에 의하여 처리된다.

제2장 당의 조직원리와 조직구조

11. 당은 민주주의 중앙집권제 원칙에 의하여 조직한다.

1) 각급 당조직의 지도기관은 민주주의적으로 선거하고, 선출된 당지도기관은 선거한 당조직에 대해 자기의 사업에 관하여 정기적으로 총화·보고한다.

2) 당원은 당조직에 복종하며 소수는 다수에 복종하며 하급당조직은 상급당조직에 복종하며 모든 당조직은 당중앙위원회에 절대 복종한다.

3) 모든 당조직은 당의 로선과 정책을 무조건 옹호 관철하며 하급당조직은 상급당조직의 결정을 의무적으로 집행하여야 한다.

  상급당조직은 하급당조직의 사업을 계통적으로 지도 검열하며 하급당조직은 상급당조직에게 자기의 사업에 대하여 정기적으로 보고한다.

12. 각급 당조직은 지역 또는 생산 및 로동단위에 따라 조직한다.

  어느 한 지역을 담당한 당조직은 그 지역의 일부를 담당한 모든 당조직들에 대하여 상급당조직으로 되며, 어느 한 분야의 전체사업을 담당한 당조직은 그 분야의 일부사업을 담당한 모든 당조직들에 대하여 상급당조직으로 된다.

13. 각급 당위원회는 각 해당 단위의 최고지도기관이며 정치적 총참모부이다.

  집단적 지도는 모든 당위원회의 기본활동지침이다. 각급 당위원회는 새로운 중요한 문제들을 집단적으로 토의 결정하여 그것을 집행하여야 하며 이에 개인적 책임성과 창발성을 엄밀히 결합시켜야 한다.

  각급 당조직은 해당 지역 또는 분야에서 제기되는 문제들을 자립적으로 토의 결정할 수 있다. 그러나 이 결정들은 당의 로선과 정책에 어긋나서는 안 된다.

14. 급 당조직의 최고지도기관은 나음과 같다.

1) 전당의 최고지도기관은 당대회이며 당대회가 없을 때는 당대회가 선출한 당중앙위원회가 최고지도기관이 된다.

도(직할시)·시(구역)·군당의 최고지도기관은 해당 당대표회이며, 당대표
회가 없을 때는 당대표회가 선출한 해당 당위원회가 최고지도기관이 된다.

초급당조직의 최고지도기관은 당총회(당대표회)이며, 당총회(당대표회)
가 없을 때는 당총회(당대표회)가 선거한 해당당위원회가 최고지도기관
이 된다.

2) 당대회 또는 당대표회의 대표자는 차하급당조직의 당대표회 또는 당총회
에서 선거한다.

당대회 대표자의 선출비율은 당중앙위원회가 결정하며, 도(직할시)·시
(구역) 군당조직의 당대표회 대표자의 선출비율은 당중앙위원회가 작성
한 규정에 따라 해당 당위원회가 결정한다.

당중앙위원회 위원, 후보위원 및 준후보위원의 수는 당대회가 결정한다.

도(직할시)·시(구역)·군당위원회 위원, 후보위원 및 준후보위원수와
초급당위원회의 위원수는 당중앙위원회가 규정한 기준에 근거하여 해당
당대표회 또는 총회에서 결정한다.

당중앙위원회, 도(직할시)·시(구역) 군당위원회의 준후보위원은 생산로
동에 직접 참가하는 핵심당원중에서 선출된다.

각급 당조직의 지도기관선거는 당중앙위원회가 규정한 선거세칙에 따른다.

15. 당중앙위원회와 도(직할시)·시(구역)·군당위원회 위원, 후보위원, 준후
보위원의 제명 또는 보선은 해당 당위원회 전원회의에서 실시된다.

당중앙위원회와 도(직할시) 시(구역)·군당위원회 위원 가운데서 결원이 생
겼을 경우에는 그 결원된 수만큼 당위원회 보조위원 가운데서 보선한다.

만약 필요시는 당위원회 결원은 위원회의 후보위원이 아닌 다른 당원으로
보선될 수 있다.

초급당조직 집행기관위원의 제명 및 보선은 해당 당총회(당대표회)에서 실
행된다.

초급당이 하급당의 규모가 방대하거나 널리 분산되어 있고 또 업무의 특수
성으로 인해 당총회(당대표회) 소집이 불가능 할 경우에는 초급당위원회가

결원보충을 위한 보선을 실시할 수 있다.

상급당위원회는 결원된 하급당위원회의 책임비서(비서) 또는 비서(부비서)를 임명할 수 있다.

각급 당기관의 후보위원 및 준후보위원은 해당 당위원회 전원회의에 참가하되 발언권만 가진다.

16. 당회의는 해당 당조직에 소속된 당원(당위원 또는 대표자) 총수의 3분의 2 이상이 참가하여야만 성립될 수 있고 제기된 문제의 결정은 해당 당회의 참가자의 과반수 찬성을 요한다.

17. 각급 당위원회내에는 필요한 부서를 설치한다.

부서의 설치 및 폐지의 권한은 당중앙위원회가 가진다.

18. 도(직할시)·시(구역)·군당위원회 및 그들과 동등한 기능을 수행하는 당위원회의 조직과 해산은 당중앙위원회의 비준을 받아야 하며, 초급당위원회 및 분초급당위원회의 조직과 해산은 도(직할시)당위원회가 비준하고 소수당원을 가진 초급당위원회 또는 부문당위원회 및 당세포의 조직과 해산은 시(구역)·군당위원회가 비준한다.

도(직할시)·시(구역)·군당위원회는 당조직의 조직과 해산에 대하여 당중앙위원회에 보고하여야 한다.

19. 당중앙위원회는 어떤 당조직을 막론하고 당의 로선과 정책 및 당규약을 엄중하게 위반하거나 실천을 태만히 한 경우에 그 당조직을 해산하고 소속당원을 개별적으로 심의하며 그들을 재등록하여 새로운 당조직을 조직할 수 있다.

20. 당중앙위원회는 정치, 경제, 군사적으로 중요한 지역과 부문 및 특수한 환경에 적합한 당조직의 구성, 당조직의 활동방법과 기타 낭건설의 제반문제에 관해 다르게 결정할 수 있다.

제3장 당의 중앙조직

21. 당의 최고지도기관은 당대회이다.

당대회는 5년에 1회 당중앙위원회가 소집한다.

당중앙위원회는 필요에 따라 당대회를 규정된 기간보다 빨리 또는 늦게 소집할 수 있다.

당중앙위원회는 당대회의 소집기일과 의정을 3개월 전에 공고하여야 한다.

22. 당대회의 기능은 다음과 같다.

1) 당중앙위원회 및 당중앙검사위원회의 사업 총화

2) 당강령과 규약의 채택 또는 수정보완

3) 당로선과 정책 및 전략전술에 관한 기본문제 결정

4) 당중앙위원회 및 당중앙검사위원회 선거

23. 당중앙위원회는 당대회 사이에 모든 당사업을 조직 지도한다.

당중앙위원회는 전당에 유일사상체계를 철저히 확립하며, 당의 로선과 정책을 수립하고 그 수행을 조직 지도하며 당과 혁명대열을 공고히 하고 행정 및 경제사업을 지도 조정하며 혁명적 무력을 조직, 그들의 전투능력을 높이고 기타 정당 및 국내외기관의 활동에서 당을 대표하며 당의 재정을 관리한다.

24. 당중앙위원회는 당중앙위원회 전원회의를 6개월에 1회 이상 소집한다.

당중앙위원회 전원회의는 해당시기에 당이 직면한 중요문제 등을 토의 결정하며 당중앙위원회 정치국과 정치국 상무위원회를 선거하며 당중앙위원회 총비서와 비서를 선거하고 당중앙위원회의 비서국과 군사위원회를 조직한다.

당중앙위원회는 당중앙위원회 검열위원회를 선출한다.

25. 당중앙위원회 정치국과 정치국 상무위원회는 전원회의와 전원회의 사이에 당중앙위원회 명의로 당의 모든 사업을 조직, 지도한다.

26. 당중앙위원회 비서국은 필요시, 당인사 및 당면문제 등 당내문제를 토의, 결정하며 그 결정의 집행을 조직, 지도한다.

27. 당중앙위원회 군사위원회는 당군사정책 수행방법을 토의 결정하며 인민군을 포함한 전무장력강화와 군수산업발전에 관한 사업을 조직, 지도하며 우리나라의 군대를 지휘한다.

28. 당중앙위원회 검열위원회는 반당·반혁명적 종파행위 및 기타 당의 유일사상에 어긋나는 행위를 하거나 당의 로선과 정책 및규약을 준수하지 않아 당규율을 위반한 당원에게 책임을 추궁하며 당규율문제와 관련된 도(직할시)당위원회의 제의 및 당원의 신소를 심의 해결한다.

29. 당중앙검사위원회는 당의 재정경리사업을 검사한다.

30. 당중앙위원회는 당대회와 당대회 사이에 당대표자회를 소집할 수 있다. 당대표자회의 대표자 선거절차와 대표자 선출비율은 당중앙위원회가 결정한다. 당대표자회는 당의 로선과 정책 및 전략전술에 관한 긴급한 문제들을 토의 결정하며 자기의 임무를 수행하지 못한 당중앙위원회 위원, 후보위원 또는 준후보위원을 제명하고 그 결원을 보선한다.

제4장 도(직할시)의 당조직

31. 도(직할시)당조직의 최고지도기관은 도(직할시)당대표회이다.

도(직할시)대표회는 3년에 1회 도(직할시)당위원회가 소집한다.

도(직할시)대표회는 필요에 따라 규정된 기간보다 빨리 또는 늦게 소집할 수 있다.

도(직할시)당위원회는 도(직할시)당대표회의 소집일과 의정을 2개월 전에 하급당조직들에 통지하여야 한다.

32. 도(직할시)당대표회의 기능은 다음과 같다.

1) 도(직할시)당위원회와 도(직할시)당검사위원회의 사업 총화

2) 도(직할시)당위원회 및 도(직할시)당검사위원회 선출

3) 당대회에 파견할 대표자 선출

33. 도(직할시)당위원회의 기능은 다음과 같다.

당원들과 근로대중 속에 당의 유일사상체계를 확립하는 사업을 조직 지도한다.

당원과 근로대중을 당의 유일사상으로 굳게 무장시키고 그들이 당로선과 정책을 철저히 옹호 수행하며 당의 유일사상에 어긋나는 자본주의사상, 봉건적 유교사상, 수정주의, 교조주의, 맹종주의, 종파주의, 지방주의 및 가족주의에 대해 견결히 투쟁하도록 감독하고 주체사상에 기초한 당의 통일과 단결을 계속 강화해야 한다.

간부대열을 튼튼히 꾸리고 그들의 후비대를 육성하며 당력량을 합리적으로 배치하고 당생활을 조직, 지도하며 하급당조직을 강화하고 그들의 활동을 감독한다.

당원 및 근로대중에 대한 주체사상, 당정책, 혁명전통교양 및 계급교양이 주 내용인 공산주의 교양과 사회주의적 애국교양을 강화해야 하며 혁명화, 로동계급화를 통해 그들을 당두리에 결속시켜야 한다.

근로대중의 조직을 강화하고 그들이 자기 기본과업을 성공적으로 완수할 수 있도록 지도, 조정하며 행정 및 경제사업을 적절히 지도하여 혁명과업수행을 보장한다.

로농적위대를 강화하고 그 전투력 향상을 조직적으로 지도하며 군사동원사업을 보장한다.

도(직할시)당위원회의 재정을 관리하며 소관 사업에 관해 당중앙위원회에 정기적으로 보고한다.

34. 도(직할시)당위원회는 도(직할시)당전원회의를 4개월에 1회 이상 소집한다.

도(직할시)당위원회 전원회의는 당의 로선과 정책의 수행방법을 토의 결정하며 도(직할시)당위원회의 책임비서 및 비서를 선거하며, 비서처를 조직하고, 도(직할시)당위원회의 군사위원회와 검열위원회를 선거한다.

도(직할시)당위원회 집행위원회는 전원회의와 전원회의 사이에 도(직할시)

당위원회 명의로 당내사업을 조직, 집행하며 행정 및 경제사업을 지도한다.

도(직할시)당위원회 회의는 1개월에 2회 이상 소집한다.

도(직할시)당위원회 비서는 인사행정 및 당내문제에 대해 필요시마다 토의 결정하고 그 결정사항을 집행한다.

도(직할시)당위원회 군사위원회는 당의 군사정책 수행방법을 토의 결정하며 그 집행을 조직, 지도한다.

35. 도(직할시)당위원회 검열위원회는 반당 또는 반혁명적 종파행위 등 당의 유일사상체계에 어긋나는 행위를 하거나, 당로선 및 정책과 규약을 준수하지 않아 당규율을 위반한 당원에게 책임을 추궁하며, 당규율문제와 관련된 시(구역)·군당위원회의 제의 및 출당에 대한 결정을 최종적으로 비준하며 당규율 문제와 관련된 당원의 신소를 해결한다.

제5장 시(구역)·군의 당조직

36. 시(구역)·군당조직의 최고지도기관은 시(구역)·군당대표회이다.

시(구역)·군당대표회는 시(구역)·군당위원회가 3년에 1회 소집하고 필요에 따라 시(구역)·군당대표회는 규정된 기간보다 빨리 또는 늦게 소집할 수 있다.

시(구역)·군당위원회는 시(구역)·군당대표회의 소집일자와 의정을 1개월 전에 산하 당조직들에 통지하여야 한다.

37. 시(구역)·군당대표회의 기능은 다음과 같다.

1) 시(구역)·군당대표회의와 시(구역) 군당검사위원회의 사업 총화

2) 시(구역)·군당대표회의와 시(구역)·군당검사위원회 선거

3) 도(직할시)당대표회에 파견할 대표자 선거

38. 시(구역)·군당위원회의 기능은 다음과 같다.

당원들과 근로대중 속에 당의 유일사상체계를 철저히 확립하는 사업을 조직 수행한다.

당원과 근로대중을 당의 유일사상으로 무장시키고 그들의 당로선과 정책을 철저히 옹호 수행하며, 당의 유일사상체계에 어긋나는 자본주의사상, 봉건적 유교사상, 수정주의, 교조주의, 맹종주의, 종파주의, 지방주의 및 가족주의를 반대하여 견결히 투쟁할 것을 보장하며 주체사상에 기초한 당의 통일과 단결을 계속 강화한다.

간부대열을 강화하고, 그들을 교양하며 간부후비대를 육성하고, 그들을 조직적으로 훈련한다.

당원의 당생할을 조직, 지도하며 당의 핵심을 연구 주지시키고 그 대열을 확대시키며 당원 확대사업을 정기적으로 조직·수행하며 당의 력량을 적절히 배치하고 당원과 후보당원을 등록한다.

당원과 근로대중에 대해 주체사상, 당정책과 혁명전통교양 및 계급교양이 주내용인 공산주의교양과 사회주의적 애국교양을 강화하며 혁명화·로동계급화를 통해 그들을 당두리에 결속시킨다.

당기층조직을 합리적으로 조직하며 초급당조직의 집행기관을 강화하며 그들의 기능과 역할의 부단한 향상을 위하여 매일같이 지도·방조한다.

근로대중의 조직들을 강화하고 임무를 정확히 할 수 있도록 그들에게 사업방향과 방법을 제시하며 그 리행을 감독한다.

행정 및 경제사업을 정확히 지도하여 혁명과업의 성과적 수행을 보장한다.

로농적위대를 강화하고 그들의 정치사상교양과 군사훈련을 강화하여 전투태세를 완비하며 군사동원사업을 보장한다.

시(구역)·군당위원회의 재정을 관리하며 자기의 사업에 관해 상급당위원회에 정기적으로 보고한다.

39. 시(구역)·군당위원회는 전원회의를 3개월에 1회 이상 소집한다.

시(구역)·군당위원회 전원회의는 당의 로선과 정책의 집행방법을 토의, 결정하며 시(구역)·군당위원회의 집행위원회·책임비서 및 비서를 선거하고 비서처를 조직하며, 시(구역)·군당위원회의 군사위원회와 검열위원회를 선거한다.

시(구역)·군당위원회의 집행위원회는 전원회의와 전원회의 사이에 시(구역)·군당위원회의 명의로 당내사업을 조직하고 행정 및 경제사업을 지도한다.

시(구역)·군당위원회 집행위원회는 1개월에 2회 이상 회의를 소집한다.

시(구역)·군당위원회 비서처는 문제제기시마다 인사행정 등 당내사업에 관한 문제를 결정하며 그 결정을 집행한다.

시(구역)·군당위원회 군사위원회는 당의 군사정책 집행방법을 토의 결정하며 그 집행을 조직 지도한다.

40. 시(구역)·군당위원회 검열위원회는 반당·반혁명적 종파행위 등 당의 유일사상체계에 어긋나는 행위를 하거나 당의 로선과 정책 및 규약을 준수하지 않아 당규율을 위반한 당원에게 책임을 추궁하며, 당규율문제와 관련된 당원의 신소를 심의 처리한다.

제6장 당의 기층조직

41. 당의 최하기층조직은 당세포이다.

당세포는 당원생활의 거점이며 당주위에 대중을 집결시키고 대중속에서 당의 로선과 정책을 직접 수행하는 당의 전투단위이다.

42. 당의 기층조직의 조직방법은 다음과 같다.

1) 당세포는 당원 5명에서 30명까지의 단위에 조직한다.

당원 5명 미만의 단위에는 당세포를 두지 않고, 그 단위의 당원 또는 후보당원은 린접당세포에 소속시키거나 작업성격과 린접관계를 고려하여 2개

이상 단위의 당원을 합병하여 1개의 당세포를 조직할 수 있다.

특수한 경우에는 당원 3~4명이 있는 단위 또는 30명 이상의 단위에도 당세포를 조직할 수 있다.

당원 3명 미만의 단위에는 시(구역)·군당위원회가 추천하는 당원을 책임자로 하는 당소조를 조직할 수 있다.

2) 당원 31명 이상이 있는 단위에는 초급당조직을 둔다.

3) 초급당조직과 당세포 사이에 당원 31명 이상이 있는 생산단위나 기타 생활단위에는 부문(마을)당조직을 둘 수 있다.

4) 초급당, 부문당 또는 당세포의 조직형성만으로는 당기층 조직구성이 부적당한 경우에는 초급당조직과 부문당조직 사이에 있는 생산단위나 기타 활동단위에 분초급당위원회를 조직할 수 있다.

5) 이상의 모든 당조직형태가 현실에 부합되지 않는 경우에는 당중앙위원회의 비준을 얻어 실정에 맞는 다른 당조직형성을 취할 수 있다.

43. 당기층조직의 최고지도기관은 해당조직의 총회(대표회)이다.

1) 당세포총회는 1개월에 1회 이상 소집한다.

2) 초급당, 분초급당, 부문(마을)당의 총회(대표회)는 3개월에 1회 이상 소집한다.

초급당조직이 500명 이상의 당원 또는 후보당원으로 구성되어 있거나 그 솔하 조직들이 널리 분산되어 있을 경우에는 초급당조직의 총회를 1년에 1회 이상 소집할 수 있다.

44. 당의 기층조직은 1년 임기의 해당조직을 집행기관을 선거한다.

1) 당세포는 총화에서 비서와 부비서를 선거한다.

2) 초급당위원회, 분초급위원회, 부문(마을)당위원회는 각각 당총회(대표회)에서 선거하며 비서, 부비서는 각각 당위원회 회의에서 선거한다.

초급당 및 분초급당위원회는 필요에 따라 각각 집행위원회를 선거할 수 있다.

초급당위원회는 1개월에 3회 이상, 분초급당위원회와 부문(마을)당위원회는 1개월에 2회 이상 회의를 소집하며 집행위원회가 조직된 초급당 및 분초급당위원회는 1개월에 1회 이상 위원회 회의를 소집하며 집행위원회 회의는 1개월에 2회 이상 소집한다.

3) 중앙기관의 당조직은 당지도위원회를 조직할 수 있다.

45. 당기층조직의 임기는 다음과 같다.

1) 당원들과 근로대중 속에서 당의 유일사상체계를 철저히 확립하며 그들을 당의 유일사상으로 튼튼히 무장시키며 그들이 당의 로선과 정책을 무조건 접수하여 끝까지 옹호 관철하도록 하며, 당의 유일사상에 어긋나는 자본주의사상, 봉건적 유교사상, 수정주의, 교조주의, 맹종주의, 종파주의, 지방주의 및 가족주의에 대해 견결히 투쟁하며 주체사상에 기초한 당의 통일과 단결을 끊임없이 강화한다.

2) 하급간부대열을 튼튼히 꾸리고 그들을 조직적으로 훈련시키며, 당핵심을 주지, 교양하며 부단히 그 대열을 확대, 강화한다.

3) 당원들의 당생활을 강화하고 그들의 당성을 단련한다.

당원들 속에 당규약학습을 정기적으로 조직하며, 그들에게 항상 혁명을 위한 사고와 행동을 하도록 하고, 모든 활동에서 선봉적인 역할을 하도록 당의 임무를 부여하며, 높은 정치 사상적 수준에서의 당회의와 당생활 총화를 수행하며 당원의 당생활을 철저히 파악하고, 그들을 교양하며, 당원들을 혁명가로 개조하고 비판을 통한 사상투쟁을 강화한다.

당원이 과오를 범했을 경우에는 책임을 추궁하고 그 과오를 시정하도록 그를 방조한다.

4) 당원 적임자를 발견 등록하며 그들을 조직적으로 교양하여 심사후 자격자를 입당시키며 후보당원과 새로 입당한 당원들을 교양 훈련시킨다.

5) 당원들과 근로대중의 사상교양사업을 강화한다.

당원들과 근로대중에 대해 주체사상, 당정책, 혁명전통교양 및 계급교양이 주내용인 공산주의 교육과 사회주의적 애국교양을 강화하며 혁명화 로동계급화를 통해 그들을 당두리에 결속시킨다.

6) 근로대중의 요구와 의견을 겸손히 접수하고 그것을 제때에 해결하여주며 그들의 물질문화 생활수준을 향상시키기 위하여 부단히 노력하며 모든 단위와 직장에서 계통과 질서를 확립하며 반혁명 분자들에 대한 투쟁을 강화한다.

7) 근로대중의 사회조직을 강화하고 그들에게 사업방향과 방법을 제시하며 그들이 자기의 의무를 정확히 수행하도록 감독한다.

8) 모든 사업활동에서 항일유격대식 사업방법 및 청산리정신과 방법을 적용하고 정치사업을 선행시키며 행정 및 경제사업에 대한 효과적인 지도를 통해 혁명과업을 성과적으로 보장한다.

모든 당원들과 근로대중이 그들의 혁명과업을 충실히 수행하고 생산과 건설에서 끊임없이 혁신을 일으키며 3대혁명붉은기쟁취운동과 사회주의경쟁운동에 적극 참가하여 기술 혁신운동을 촉진하며 로동생산능률을 제고하고 로동규율을 강화하며 법령을 준수하고 국가와 사회재산을 애호 절약하도록 그들을 조직, 고무한다.

9) 로농적위대를 강화하고 그들의 정치, 사상, 교양 및 군사훈련을 강화하여 당이 부를 때 항시 동원할 수 있도록 준비한다.

10) 당원과 후보당원을 등록하며 당비를 각출하여 자기 사업에 관해 상급당위원회에 정기적으로 보고한다.

제7장 조선인민군대내 당조직

46. 조선인민군은 항일무장투쟁의 영광스러운 혁명전통을 계승한 조선로동당의 혁명적 무장력이다.

47. 조선인민군대내의 각급 단위에 당조직을 구성하며 조선인민군의 전체 당조

직을 망라하는 조선인민군 당위원회를 조직한다.

조신인민군 당위원회는 도(직할시)당위원회와 같은 기능을 수행한다. 조선인민군 당위원회는 조선로동당 중앙위원회에 직속하며 그 지도밑에 사업하고 자기 사업에 대하여 당중앙위원회에 정기적으로 보고한다.

48. 조선인민군대내 각급 당조직의 기능은 다음과 같다.

전군을 주체사상으로 교양하기 위해 투쟁한다.

당원들과 군인들 속에서 당의 유일사상체계를 공고히 확립하며 그들이 당과 수령, 조국과 인민을 위해 서슴없이 생명을 바칠 수 있는 진정한 혁명전사가 될 수 있도록 단련한다.

간부대열을 강화하며 간부후비대를 육성하고 그들의 당성을 끊임없이 단련하도록 당원의 당생활을 조직, 지도하며 당대열을 확대, 강화한다.

당원과 군인들에 대해 주체사상, 당정책 및 혁명전통교양과 계급교양을 주 내용으로 하는 공산주의교양과 사회주의적 애국교양을 강화하며 혁명화 로동계급화를 통해 그들을 당두리에 결속시킨다.

조선인민군대내 사회주의로동청년동맹 조직들을 강화하고 그들의 기능과 역할을 높이도록 지도한다.

당군사로선과 주체적 전략전술을 수행하기 위해 군사사업에 관한 당위원회의 집단적 지도를 강화하며 인민군을 일당백의 혁명적인 무장력으로 강화, 발전시키기 위해 3대혁명붉은기쟁취운동과 붉은기중대운동을 적극 전개한다.

당원과 전사들이 언제나 지체없이 행동할 수 있도록 경계태세를 견지토록 하고 항상 완벽한 전투태세를 갖도록 고무한다.

당원과 전사들에게 높은 혁명적 동지애 및 군관과 전사, 군대와 인민간의 고귀한 전통적 단결정신을 발휘히도록 유도한다.

49. 조선인민군대내 각급 당조직들은 조신로동당의 규약괴 당중잉위원회가 비준한 지시와 규정에 따라 조직되고, 사업을 수행한다.

50. 조선인민군대내 각급 당조직들은 지방 당조직들과 긴밀한 연계를 가져야 한다.

조선인민군대의 당위원회는 당중앙위원회의 비준을 얻어 정치 및 군사간부
를 주둔지역의 도(직할시) · 시(구역) · 군당위원회 및 공장 기업소의 초급당
위원회 위원으로 추천할 수 있다.

제8장 정치기관

51. 당중앙위원회는 필요에 따라 정치, 경제 및 군사분야의 중요한 부문에 정치
기관들을 조직한다.

중앙기관에 조직된 정치국(정치부) 및 그들에게 소속한 정치기관들은 해당
부문에서 당원들과 근로대중에게 정치사상교양 사업을 조직 수행하며, 해당
단위내에 조직된 당위원회 집행기관으로서의 기능을 수행한다.

조선인민군 총정치국과 그 소속정치기관은 해당 당위원회의 집행기구로서
당정치사업을 조직하고 수행한다.

52. 조선인민군 총정치국과 중앙기관내에 조직된 정치국(정치부)은 당중앙위
원회 직속이며 그 지도하에 사업을 수행하고 담당사업에 관해 당중앙위원회
에 정기적으로 보고한다.

53. 중앙기관내에 조직된 정치국(정치부)들은 하급정치기관들을 지도함에 있
어서 해당 지방당위원회들과 긴밀한 연계를 가져야 한다.

54. 정치기관들은 당의 로선과 정책을 수행함에 있어서 당원들과 근로대중을
동원키 위하여 당열성자회의를 소집할 수 있다.

55. 정치기관들은 로동당의 규약과 당중앙위원회가 비준한 지시와 규정에 따
라 조직되고 사업한다.

제9장 당과 로동대중의 조직

56. 근로대중의 조직들은 광범한 근로대중의 정치조직이며 항일혁명투쟁의 영광스러운 전통을 계승하는 당의 외곽조직이다.

근로대중의 조직들은 광대한 대중의 사상교양조직이며, 당과 대중을 연결하는 인전대이며 당의 충실한 보조자이다.

사회주의로동청년동맹은 우리의 혁명과업을 직접 계승하는 청년들의 혁명적 조직이며 당의 전투적 후비대이다.

근로대중의 조직들은 당의 지도하에 자기의 사업을 진행한다.

57. 근로대중의 조직들은 동맹원들 속에서 당의 유일사상체계를 튼튼히 꾸리며 동맹대열을 강화하며 조직생활과 사상교양사업을 강화하고 혁명화를 통해 동맹원들을 당두리에 결속시키며 3대혁명붉은기쟁취운동과 사회주의경쟁운동을 전개하며 동맹원들을 혁명과 건설에 적극 동원한다.

58. 각급 당조직들은 로동대중의 간부대열들을 강화하고 근로대중조직의 모체를 통하여 대중과의 사업체계를 수립하며 근로대중의 특성에 맞게 사업방향과 방법을 정확히 제시하며 그들이 자발적으로 자기 임무를 수행하도록 감독하여야 한다.

제10장 당의 재정

59. 당의 재정은 당원들의 당비, 당이 운영하는 기관들과 기업소들로부터의 수입 및 기타 수입으로 충당된다.

60. 당원 및 후보당원의 당비는 월수입의 2%로 한다.

집필자 약력

김수민
학력 | 동국대학교 정치학 학사
　　　동국대학교 정치학 석사
　　　하와이대학교 정치학 박사
논문 | "북한 정권의 정통화 시도 : 1945~1950"
　　　"The Soviet's Policy toward Korea : 1945~1948"
　　　"남북한 평화체제 건설"
현재 | 선문대학교 사회과학부 2 교수(북한학 전공)

곽승지
학력 | 동국대학교 정치학 학사
　　　동국대학교 정치학 석사
　　　동국대학교 정치학 박사
저서 | 『북한조감』(공저)
논문 | "북한의 '우리식사회주의'의 성격에 관한 연구"
　　　"김정일시대의 북한이데올로기 : 현상과 인식" 등
현재 | 연합뉴스 영문뉴스국 북한팀장
　　　서경대학교 겸임교수

고유환
학력 | 동국대학교 정치학 학사
　　　동국대학교 정치학 석사
　　　동국대학교 정치학 박사
경력 | 동국대, 인천대 강사
　　　한국정치학회 이사
저서 | 『한반도 평화체제의 모색』(공저)
　　　『김정일 연구』(공저)
　　　『21세기의 남북한 정치』(공저)
　　　『북한정치의 이해』(공저)
논문 | "북한 사회주의체제의 구조적 위기와 김정일정권의 진로", 『한국정치학회보』 30집2호

(1996년 여름호)

"북한의 권력구조 개편과 김정일정권의 발전전략", 『국제정치논총』 제38집 3호(1998)

"남북정상회담 이후 한반도 정세 전망", 『정책연구』 통권 136호(2000 가을 · 겨울)

"김정일의 위기 대응과 생존전략", 『현대북한연구』 3권 2호(경남대 북한대학원, 2000)

Unification Policies of Two Koreas and Outlook for Unity, *Korea Focus*, Vol.8, No.6(Nov-Dec 2000)

현재 | 동국대학교 북한학과 교수

북한연구학회 이사

통일부 정책자문위원

민주평화통일자문회의 상임위원

전신욱

학력 | 한양대학교 정치학 학사

한양대학교 행정학 석사

고려대학교 행정학 박사

저서 | 『민족통일과 북한』(공저)

논문 | "북한의 노동정책"

"북한의 권력재편"

현재 | 서경대학교 행정학과 교수

서경대 통일문제연구소 소장

중국 길림성 사회과학원 객좌교수

김용현

학력 | 동국대학교 정치학 학사

동국대학교 정치학 석사

동국대학교 정치학과 박사과정 수료

저서 | 『통일 · 북한 핸드북』, 평화문제연구소, 1997(공저)

『한국정치의 쟁점과 과제』, 정익사, 1997(공저)

『한국현대사』 1 · 2 · 3권, 녹두, 1993(공저) 외 다수

논문 | "북한 경제의 현황과 전망", 『정치비평』, 한국정치연구회, 1999 하반기

"김정일체제와 북한의 지도인맥", 『동향과전망』, 한국사회과학연구소, 1996 가을호

"통일연구의 현황과 과제", 『통일문제연구』, 평화문제연구소, 1996 하반기

"대북 쌀 지원 문제와 남북관계", 『동향과전망』, 한국사회과학연구소, 1996 여름호

"북한인민군대의 형성과정에 관한 연구", 동국대 석사 논문, 1994

"북한의 투자환경", 『북한연구』, 대륙연구소, 1993년 겨울호 외 다수

현재 | 동국대학교 북한학과 강사

권오윤

　학력 | 동국대학교 정치학 학사

　　　　동국대학교 정치학 석사

　　　　동국대학교 정치학 박사

　경력 | 전 동국대 강사, 전 경남대 강사

　현재 | 동국대학교 국제관계학과 교수

　저서 |『북한체제변화론』,

　　　　『현대지역정치론』(공저),

　　　　『21세기 국제관계와 한반도』(공저) 등

　논문 | "북한 동원체제의 변화에 관한 연구"

　　　　"통일을 대비한 교육방안"

　　　　"북한의 노동동원을 위한 이데올로기 변화"

　　　　"북한에서의 사회주의적 생산관계와 생산력발전에 관한 고찰" 외 다수

유광진

　학력 | 동국대학교 정치학 학사

　　　　동국대학교 정치학 석사

　　　　동국대학교 정치학 박사

　저서 |『정보화 사회와 윤리』

　　　　『현대정치이데올로기』(공저)

　　　　『한국현대사회사의 재구성』(공저)

　　　　『한국정치의 쟁점과 과제』(공저)

　논문 | "북한정치체계와 최근 동향"

　　　　"김정일체제의 특성과 전망"

　　　　"민족주의 특성과 남북한 관계"

　　　　"남북한체제의 변화와 통일" 외 다수

　현재 | 동국대학교 정치외교학과 교수

　　　　동국대학교 언론정보대학원장

　　　　민주평화통일자문회의 상임위원

강성윤

　학력 | 동국대학교 행정학과 졸업

　　　　동국대학교 정치학 석사

　　　　동국대학교 정치학 박사

　경력 | 국토통일원 정책자문위원, 민주평화통일자문회의 자문위원,

　　　　중국 사회과학원 아ㆍ태연구소 객원교수

　　　　일본 慶應義塾대학 방문교수

저서 | "북한의 대일외교정책과 전개", 『북한의 대외관계』(공저), 서울 : 대왕사, 1987

"북한의 정치문화와 정치사회화", 『북한의 정치』(공저), 서울 : 을유문화사, 1990

"북한학 연구의 현황과 과제", 『분단 반세기 북한 연구사』(북한연구학회편), 서울 : 한울 ACADEMY, 1999

논문 | "조선로동당의 형성에 관한 연구", 『안보연구』 제19호, 동국대학교 안보연구소, 1990

"북 · 일 수교회담의 현황과 전망", 『동아세아연구논총』, 제7집, 제주대학교 동아세아연구소, 1997

"김정일정권의 안정화가능성과 북한체제의 변화전망, 『아세아태평양지역연구』, 제1권 제1호, 전남대 아세아태평양지역연구소, 1998

"南北朝鮮經濟合作的/與課題", 『東北亞FORUM』, 吉林大學 東北亞FORUM 編輯部, 1998

"동북아의 새로운 국제 질서와 민족적 통일 과제", 『한민족FORUM』, 1999, 5월

현재 | 동국대학교 북한학과 교수

북한연구학회 회장

대학통일문제연구소 협의회 감사

통일부 정책자문위원

민병천

학력 | 서울대학교 문리과대학 정치학 학사

동국대학교 정치학 석사

동국대학교 정치학 박사

경력 | 1971. 4~1996. 2 : 동국대학교 부교수, 교수

1972. 1~1993. 2 : 동국대학교 안보연구소장

1987. 2~1989. 4 : 동국대학교 부총장

1991. 3~1995. 2 : 동국대학교 총장 겸 의료원장('91. 3~'94. 3)

저서 | 『한국안보론』, 대왕사, 1978.

『한국방위론』, 고려원, 1983

『민족통일론』, 고려원, 1985

『신통일론』, 고려원, 1992

『평화통일론』, 대왕사, 2001

『평화안보톤』, 대왕사, 2001

현재 | 서경대학교 총장

동국대학교 명예교수

김연철

학력 | 성균관대학교 정치외교학과 석사

성균관대학교 정치외교학과 박사

경력 | 민화협 정책위원, 경실련 통일협회 정책위원
저서 | 『1950년대 북한의 노동정책』(공저) (역사비평사, 1998)
논문 | "바세나르 체제와 미국의 대북경제 제재" (경남대, 2000)
　　　 "탈냉전을 위한 남북관계 개선전략" (세종연구소 국가전략, 1999)
　　　 "북한의 배급제 위기와 시장개혁 전망" (삼성경제연구소, 1997) 외 다수
현재 | 삼성경제연구소 북한연구팀 수석연구원

진희관

학력 | 동국대학교 정치학 학사
　　　 동국대학교 정치학 석사
　　　 동국대학교 정치학 박사
경력 | 동국대 강사, 평화문제연구소 연구원
저서 | 동북아평화연구회 편, 『국민의 정부 대북포용정책』(공저), 서울 : 밀레니엄북스, 1999
　　　 동북아평화연구회 편, 『문답으로 풀어본 대북포용정책』(공저), 서울 : 밀레니엄북스,
　　　 1999
논문 | "조총련연구 : 역사와 성격을 중심으로"
　　　 "재일한국인 사회형성과 조총련 결성배경 연구"
　　　 "북일관계 연구 : 북한의 대일인식 변화를 중심으로" 외 다수
현재 | 일본 리츠메이칸(立命館)대학교 국제지역연구소 특별연구원

신효숙

학력 | 고려대학교 교육학 학사
　　　 한국정신문화연구원 한국학대학원 석사
　　　 한국정신문화연구원 한국학대학원 철학박사
경력 | 선문대, 한국외국어대, 서강대, 숭실대, 동국대 강사
저서 | 『북한의 문화 형성과 대중교육』(교육과학사, 2001)
논문 | "소군정기 북한의 교육정책"
　　　 "해방 후 북한 고등교육체계의 형성과 특징—김일성 종합대학의 창립과 운영을 중심으
　　　 로", 『북한연구학회보』제2권 제2호(서울 : 북한연구학회, 1998)
　　　 "소련군정기 북한의 교육개혁", 『현대북한연구』제2권 1호(서울 : 경남대 북한대학원,
　　　 1999)
　　　 "사회주의체제 붕괴 이후 러시아 성인교육", 『앤드라고지 투데이』제2권 3호(서울 : 한
　　　 국성인교 육학회, 1999)
　　　 "여성통일교육 활성화 방안 : 대학 및 평생교육기관을 중심으로", 『분단·평화·여성』
　　　 (서울 : 민주평화통일자문회의 북한연구회, 2000)
현재 | 서강대, 숭실대, 이화여자대학교 강사
　　　 서울대학교 한국문화연구소 특별연구원